国家社科基金项目资助(17BTY015)

中学生健康素养与体质健康治理研究

侍崇艳 著

东南大学出版社
SOUTHEAST UNIVERSITY PRESS
·南京·

内 容 提 要

本书主要解读了健康素养与体质健康的内涵,并依托大样本数据,揭示了两者之间的紧密联系。在对中学生健康素养和体质健康现状及其影响因素分析基础上,探讨了两者的治理困境,并提出了创新性的治理路径,旨在促进学校、家庭、社会多方协同合作,共同提升中学生健康水平。

图书在版编目(CIP)数据

中学生健康素养与体质健康治理研究 / 侍崇艳著.
— 南京 : 东南大学出版社,2024.8
  ISBN 978-7-5766-0684-3

Ⅰ.①中… Ⅱ.①侍… Ⅲ.①中学生–身体素质–健康教育–研究 Ⅳ.①G623.82

中国版本图书馆 CIP 数据核字(2022)第 254690 号

策划编辑:张丽萍 责任编辑:陈佳 责任校对:子雪莲 封面设计:王玥 责任印制:周荣虎

中学生健康素养与体质健康治理研究
Zhongxuesheng Jiankang Suyang Yu Tizhi Jiankang Zhili Yanjiu

著　　者	侍崇艳
出版发行	东南大学出版社
出 版 人	白云飞
社　　址	南京市四牌楼 2 号(邮编:210096　电话:025 - 83793330)
网　　址	http://www.seupress.com
电子邮箱	press@seupress.com
经　　销	全国各地新华书店
印　　刷	广东虎彩云印刷有限公司
开　　本	700 mm×1000 mm　1/16
印　　张	20.75
字　　数	418 千字
版　　次	2024 年 8 月第 1 版
印　　次	2024 年 8 月第 1 次印刷
书　　号	ISBN 978-7-5766-0684-3
定　　价	78.00 元

本社图书若有印装质量问题,请直接与营销部联系,电话:025 - 83791830。

前 言 | PREFACE

　　健康，是生命之基，国家之本。伴随社会进步和人民生活水平的提高，健康素养与体质健康日益成为社会各界关注的焦点。少年强，则中国强，少年健康，则中国健康。作为国家的未来和民族的希望，青少年中学生的健康素养和体质健康水平不仅关乎其个体未来生命历程的健康，更关乎国家的繁荣和民族的昌盛。为此，对我国中学生健康素养和体质健康进行深入研究，不仅具有重大的理论和现实意义，更是我们肩负的历史使命。

　　本书正是基于这样的时代背景和现实需求应运而生。本书旨在以全面、系统的视角，对我国中学生健康素养与体质健康这一核心问题进行深入剖析。全书不仅对健康素养和体质健康的内涵进行了深入解读，还依托全国范围内大样本调查数据，展示了当前我国中学生健康素养与体质健康的现实样态，揭示了两者之间的紧密关系，为理解这一复杂问题提供了全新的视角。本书还结合理论分析了当前我国中学生健康素养和体质健康治理中的现实困境，并在此基础上创新性地提出了治理路径。希望通过本书的研究，能够为相关部门和学校提供有益的参考和借鉴，为全面提升我国中学生健康素养和体质健康水平贡献一份力量。

　　当然，我深知健康素养与体质健康的治理是一个复杂而系统的工程，亟须全社会的共同努力和持续推动。期待本书的出版能够引起更多关注和重视，激发更多研究和实践,共同推动我国中学生健康素养与体质健康事业的不断发展。

本研究尝试从健康素养和体质健康的相关关系等方面对我国中学生健康素养和体质健康治理做了一些探索性研究,肯定会存在疏漏。我会在今后的研究中逐步完善,同时也恳请读者批评指正。

最后,衷心感谢课题研究过程中给予帮助和支持的南京体育学院体育教育与人文学院的沈鹤军教授、美国俄亥俄州立大学的李卫东教授、南京体育学院的陈海波教授、金陵中学河西分校的陈志山教授和南京体育学院的师生等,特别感谢课题组成员以及参与本课题工作的研究生(郑清、徐本茹、韩萍萍、费颖妮、潘子悦、黄玉、刘田野、孙敏、王泽坤和张得鹏等)的支持与合作,感谢他们的智慧和汗水!特别感谢所有参与调研和研究的老师和同学,感谢他们一如既往地支持与帮助。同时,也要感谢广大读者对本书的关注和支持,希望本书能够为您带来启示和帮助。

让我们携手共进,为我国中学生的健康事业贡献我们的智慧和力量,共同书写更加美好的未来。

侍崇艳

2023.12

目 录 CONTENTS

绪　论

● 一、研究背景

（一）国内外对青少年学生健康素养和体质健康的重视

少年强，则中国强，青少年是国家的未来和民族的希望，青少年学生健康素养和体质健康水平是一个国家生命力的体现，其不仅影响个人的健康和福祉，同时也影响家庭的幸福、民族的兴衰和国家的强弱[1]，因此全球各个国家十分注重提升青少年群体的健康素养和体质健康水平，各地政府相继推出各类政策提升青少年学生群体健康素养和体质健康的水平。

在提高青少年学生健康素养水平方面，2021年5月世界卫生组织公布了第74届世界卫生大会的议程项目《2022—2023年规划预算方案》[2]，要求世界各国根据初级卫生保健的战略和全面基本服务方案，提供"以人为本"的优质卫生服务，以促进青少年学生健康素养水平提升。美国卫生与公共服务部2010年出台了《健康素养提升国家行动计划》（*National Action Plan to Improve Health Literacy*）文件专门提高全民健康素养水平，先后出台的《健康人群2010》（*Health People 2010*）、《健康人群2020》（*Health People 2020*）和《健康人群2030》（*Health People 2030*）等文件都将健康素养作为促进美国全民健康的重要指标。澳大利亚卫生保健安全和质量委员会（Australian Commission on Safety and Quality in Health Care，ACSQHC）出台了《健康素养：采取行动提升安全与质量》（*Health Literacy：Taking Action*

---

① 蔡瑞金,薛小安,季浏,等. MPA或VPA等时替代课堂10 min LPA对高中生体质健康的影响[J].武汉体育学院学报,2021,55(3);82-91.

② 世界卫生组织.第七十四届世界卫生大会最新情况[EB/OL].(2021-05-27)[2022-07-20]https://www.who.int/zh/news/item/27-05-2021-update-from-the-seventy-fourth-world-health-assembly-27-may-2021.

to Improve Safety and Quality)文件提高全民健康素养,并于 2017 年出台了针对不同部门和人群提高健康素养水平的具体举措与实施方案。我国党和人民政府也十分关注提升我国全体居民的健康素养,制定并实施多种方案大力开展全民健康素养促进工作。2008 年,国家原卫生部发布了《中国公民健康素养——基本知识与技能(试行)》和《中国公民健康素养促进行动工作方案(2008—2010 年)》,在全国范围内开启了健康促进行动;2009 年,国家基本公共服务健康教育项目将"健康素养"作为重要内容;2012 年颁布的《国家基本公共服务体系建设"十二五"规划》和 2014 年颁布的《全民健康素养促进行动规划(2014—2020 年)》都将"居民健康素养水平"列为重要指标;随后 2016 年出台的《"健康中国 2030"规划纲要》以及 2019 年出台的《健康中国行动(2019—2030 年)》等文件都提出到"2030 年全国居民健康素养水平不低于 30%",健康素养被列为健康中国建设的重要内容①。2020 年,《中华人民共和国基本医疗卫生与健康促进法》正式实施,其中规定:"国家建立健康教育制度,保障公民获得健康教育的权利,提高公民的健康素养。"2021年,教育部等五部门联合发布了《关于全面加强和改进新时代学校卫生与健康教育工作的意见》,要求提升学生健康素养水平,增加体育锻炼时间②。虽然世界各国颁发了系列政策和措施提升国民健康素养,但相关调查发现,美国近 88% 的成人健康素养水平不足③,美国超 1/4 的青少年缺乏健康素养④;在欧洲,近一半成年人健康素养水平不高,没能力去照顾自己和他人的健康;2019 年底爆发的新型冠状病毒肺炎疫情凸显健康素养水平不高依然是一个被全世界低估的公共卫生健康问题⑤,且有研究表明居民健康素养水平与新型冠状病毒肺炎疫情防控知信行存在密切关系⑥,健康素养在新型冠状

---

① 司建平,王先菊,郭清. 河南省大学生健康素养影响因素及提升路径研究[J]. 卫生软科学,2022,36(9):90-96.
② 要不断提升学生体质健康水平[J]. 教学管理与教育研究,2021(18):124.
③ National Center for Education Statistics. The nation's report card: A first look: 2013 mathematics and reading(NCES 2014—451)[R]. Washington D C: Institute of Education Sciences, U. S. Department of Education,2013.
④ Sanders L M, Federico S, Klass P, et al. Literacy and child health: A systematic review[J]. Archives of Pediatrics & Adolescent Medicine, 2009, 163(2): 131-140.
⑤ Zarocostas J. How to fight an infodemic[J]. The Lancet, 2020, 395(10225):676.
⑥ 闫玮,庄天艺,杨培荣,等. 宝鸡市居民健康素养与新型冠状病毒肺炎疫情防控知信行的关系[J]. 西安交通大学学报(医学版),2022,43(3):468-475.

病毒肺炎肆虐时期比以往任何时期都重要①,在该背景下健康素养提升更需被关注②,需要进一步持续加强健康素养促进工作研究。

在青少年学生体质健康促进方面,许多国家已出台各类体质健康促进文件,并建立体质健康监测和评估系统等,希望通过提高人们的体质健康来增强人口的整体健康③,欧美、日本和我国等诸多国家甚至将提升人们的体质健康水平作为国家全局的战略。1966 年,欧洲委员会实施了"全民体育"政策来促进民众的健康,另外 1975 年颁布的《欧洲全民体育宪章》也要求通过体育促进全民健康,后来 1991 年和 2001 年的《欧洲体育宪章》也要求以体育来促进身心健康。在美国,民众较为关注的事项就是青少年体质健康水平提升④。美国于 1860 年开始对青少年进行体质测试,在 19 世纪,美国学校体育的主要目的就是提高青少年体质,强健其体魄⑤;1955 年,美国总统 Dwight D. Eisenhower 成立了"全国青少年体质总统委员会"以促进青少年体质健康水平的提升;美国总统 John F. Kennedy 通过提高青少年体质健康标准来促进美国青少年健康水平⑥⑦,并于 1958 年开始进行全国范围内的青少年体质健康调查,调查标准也由原来的基于军事标准的表现转向与健康相关的健康测试;同时美国在学校体育领域先后开展了"最佳体能"(Physical Best)课程和 SPARK(SPARK 是"Sport、Play、Active、Recreation、Kids"的缩写)项目,并结合家庭体育和学校体育开展了 CATCH(Child and Ado-

---

① Sentell T, Vamos S, Okan O. Interdisciplinary perspectives on health literacy research around the world: More important than ever in a time of COVID-19 [J]. International Journal of Environmental Research and Public Health, 2020, 17(9): 3010.

② Abel T, McQueen D. Critical health literacy and the COVID-19 crisis[J]. Health Promotion International, 2020, 35(6): 1612 - 1613.

③ Hernandez L M. Health literacy: Improving health, health systems, and health policy around the world: Workshop summary[M]. Washington D C: National Academies Press, 2013.

④ Kraus H, Hirschland R P. Minimum muscular fitness tests in school children[J]. Research Quarterly American Association for Health, Physical Education and Recreation, 1954, 25(2): 178 - 188.

⑤ 李卫东,侍崇艳,殷鼎. 美国学校体育的历史演变[J]. 体育学研究,2018,1(4):16 - 20.

⑥ Stodden D, Sacko R, Nesbitt D. A review of the promotion of fitness measures and health outcomes in youth[J]. American Journal of Lifestyle Medicine, 2017, 11(3): 232 - 242.

⑦ Conrad C C. The president's council on physical fitness and sports[J]. The American Journal of Sports Medicine, 1981, 9(4): 199 - 202.

lescent Trial for Cardiovascular Health，即"儿童青少年心血管健康"）项目①。日本也是极其重视提高青少年学生体质健康水平，1963年出台了《小学低、中年级运动能力测验实施要案》，1976年开始在全日本范围内进行系统的国民体质健康测试，并先后出台了《体育振兴法》《关于普及振兴体育的基本策略》《21世纪振兴体育计划》，辅以《学校营养午餐法》《饮食教育》等政策法规"综合治理"青少年体质和健康问题。

  健康不仅能够促进人的全面发展，也能够促进经济和社会的发展。国民平安健康长寿是我国各族人民的共同心愿，也是我国国家富强、民族振兴、人民幸福的重要标志。为此，我国党中央高度重视、积极推进健康中国建设，提高人民健康水平，并一直非常重视青少年体质健康水平的提升。相关研究发现，2000年后我国知网中可搜索到的青少年健康促进的相关政策有736项②，从2007年中共中央、国务院下发的《关于加强青少年体育增强青少年体质的意见》③，到2016年国务院印发的《关于强化学校体育促进学生身心健康全面发展的意见》④，再到2020年国家体育总局和教育部联合印发的《关于深化体教融合促进青少年健康发展的意见》⑤，无一不彰显了党和国家对青少年体质健康促进的高度重视和对青少年体质健康问题治理的决心。同时，2019年国务院办公厅印发的《体育强国建设纲要》明确提出到2035年我国青少年健康状况要明显改善，将促进青少年养成健康生活方式作为学校体育教育的重要内容之一，并把学生体质健康水平纳入政府、教育行政部门、学校的考核体系，全面实施青少年体育活动促进计划⑥。随着社会的发展，青少年体质健康问题也不断呈现出新的态势，因此世界各国一致将青少年体质健康水平提升作为国家的一项战略，要求持续提升青少年学生的体质健康水平。

① 周铭扬,谢正阳,缪律,等.青少年体质健康促进的社会治理研究:国外镜鉴、基本原则与路径设计[J].天津体育学院学报,2021,36(1):29-36.
② 侍崇艳,韩萍萍,张美玲,等.基于PMC指数模型的青少年体质健康促进政策量化评价与实证研究[J].体育与科学,2022,43(6):73-85.
③ 肖晶.中国共产党建党百年来学校体育发展历程与未来展望[J].青少年体育,2022(1):78-82.
④ 李华."健康中国"背景下高职体育发展路径探索与研究[J].体育视野,2021(20):37-38.
⑤ 云颖,范乾辉.海南中考体育项目设置改革研究[J].当代体育科技,2022,12(7):7-10.
⑥ 李小伟.新时代体育与健康课程如何促进学生全面发展[J].中国学校体育,2019(11):23-24.

(二) 青少年学生健康素养和体质健康不佳的危害迫切需要治理

随着对健康研究的不断深入,健康素养与体质健康水平较低引起的危害也逐渐被研究者挖掘出来,健康素养与体质健康也获得了人们高度关注。健康素养是指个体有能力获得、理解和使用信息与服务,为自己和他人提供与健康相关决定和行动的能力[1],个体通过获得和使用卫生服务对公共卫生产生重要影响[2][3]。在我国,一般认为个人健康素养由健康知识与理念、健康生活方式与行为素养、基本技能素养三部分构成[4]。健康素养是衡量个体健康水平的重要指标,其在个人层面(减少健康不平等)和社会层面(健康政策的持续发展)都在改善健康结果方面发挥着作用[5]。为此,健康素养还被认为是提高美国健康和医疗保健质量的货币,然而,遗憾的是,近 20 年的相关研究显示健康素养水平偏低是全球的一个普遍现象。如有学者对 2004 年之前发表的 85 篇研究中的 31 129 名被调查者健康素养调查的数据显示,超过 1/4 的个体健康素养普遍较低,近一半的个体健康素养较低或处于边缘水平[6]。2011 年,欧洲健康素养联盟(European Health Literacy Consortium,HLS-EU)在欧盟 8 个成员国进行的一项健康素养调查显示,参与调查的欧洲人口中,近一半的健康素养能力有限或欠佳[7]。丹麦全国性的调查显示

① CDC of USA. How does healthy people define health literacy? [EB/OL]. (2021 - 03 - 06)[2022 - 07 - 22]. https://health. gov/our-work/national-health-initiatives/healthy-people/healthy-people-2030/health-literacy-healthy-people-2030.

② Vandenbosch J, Van den Broucke S, Vancorenland S, et al. Health literacy and the use of health-care services in Belgium[J]. Journal of Epidemiology and Community Health, 2016, 70(10): 1032 - 1038.

③ Sørensen K, Pelikan J M, Röthlin F, et al. Health literacy in Europe: Comparative results of the European health literacy survey(HLS-EU)[J]. European Journal of Public Health, 2015, 25 (6): 1053 - 1058.

④ 贾秋萍,周金松,郭燕,等. 南京市江宁区居民健康素养调查[J]. 健康教育与健康促进,2019,14 (3):224 - 228.

⑤ Kutcher S, Wei Y E, Coniglio C. Mental health literacy: Past, present, and future[J]. Canadian Journal of Psychiatry Revue Canadienne De Psychiatric, 2016, 61(3): 154 - 158.

⑥ Michael, K, Paasche-Orlow, et al. The Prevalence of Limited Health Literacy[J]. Journal of General Internal Medicine, 2005.

⑦ Sørensen K, Pelikan J M, Röthlin F, et al. Health literacy in Europe: comparative results of the European health literacy survey (HLS-EU)[J]. European Journal of Public Health, 2015(6): 1053 - 1058.

39.12%的人健康素养不足或有问题[1],我国的大规模调研亦显示2022年全国居民健康素养水平仅为27.78%[2]。健康素养水平低不仅影响个体健康状况,而且可能加剧公共健康问题。如相关研究表明,健康素养是预防非传染性疾病的重要工具,健康素养水平低的人群接种流感疫苗的可能性较低,健康素养水平低导致弱势人群中糖尿病相关问题的负担加重[3]。亦有研究表明,健康素养水平低的人健康产出和健康服务运用也较差[4][5],且健康素养较低的人比具备健康素养水平的人每年多支出143~798美元[6],美国因健康素养水平低而造成的损失为1 060亿~2 380亿美元[7],低健康素养与较差的健康状况、频繁使用卫生服务、较长的住院时间和高死亡率相关。此外,研究还发现健康素养低与不良的健康行为有关,如健康素养低与吸烟行为

---

[1] Svendsen M T, Bak C K, Srensen K, et al. Associations of health literacy with socioeconomic position, health risk behavior, and health status: a large national population-based survey among Danish adults[J]. BMC Public Health, 2020, 20(1).

[2] 2022年全国居民健康素养水平达到27.78%[J]. 中国农村卫生,2023,15(09):1.

[3] Bennett I M, Chen J, Soroui J S, et al. The contribution of health literacy to disparities in self-rated health status and preventive health behaviors in older adults[J]. The Annals of Family Medicine, 2009, 7(3): 204-211.

[4] Berkman N D, Sheridan S L, Donahue K E, et al. Low health literacy and health outcomes: An updated systematic review[J]. Annals of Internal Medicine, 2011, 155(2):97-107.

[5] DeWalt D A, Berkman N D, Sheridan S, et al. Literacy and health outcomes[J]. Journal of General Internal Medicine, 2004, 19(12): 1228-1239.

[6] Australian Commission on Safety and Quality in Health Care. Health literacy: Taking action to improve safety and quality[M]. Sydney: ACSQHC, 2014.

[7] Vernon J A, Trujillo A, Rosenbaum S J, et al. Low health literacy: Implications for national health policy[R]. Washington D C: Department of Health Policy, School of Public Health and Health Services, The George Washington University, 2007.

和预防服务使用率低、身体活动量低①②③④⑤⑥⑦⑧⑨等有关,已有研究表明吸烟对学生肺功能及健康体适能等亦会产生一定危害⑩,同时国内外大量研究表明身体活动影响体质健康状况⑪⑫⑬。随着社会变得越来越复杂,人们越来越多地受到错误信息的狂轰滥炸,因而面对复杂的健康卫生保健系统,成为一个有健康素养的人,成了一个越来越大的挑战。

青少年超重和肥胖的增加,以及有氧能力等体质健康指标的下降,已经成为不争的事实和全世界关注的焦点。如肥胖和超重是美国青少年体质健

① Vandenbosch J, Van den Broucke S, Vancorenland S, et al. Health literacy and the use of health-care services in Belgium[J]. Journal of Epidemiology and Community Health, 2016, 70(10): 1032 - 1038.

② Berkman N D, Sheridan S L, Donahue K E, et al. Low health literacy and health outcomes: An updated systematic review[J]. Annals of Internal Medicine, 2011, 155(2): 97 - 107.

③ Sørensen K, Pelikan J M, Röthlin F, et al. Health literacy in Europe: Comparative results of the European health literacy survey(HLS-EU)[J]. European Journal of Public Health, 2015, 25 (6): 1053 - 1058.

④ Bostock S, Steptoe A. Association between low functional health literacy and mortality in older a-dults: Longitudinal cohort study[J]. BMJ(Clinical Research Ed.), 2012, 344: e1602.

⑤ Kickbusch I, Pelikan J M, Apfel F, et al. Health literacy: The solid facts[M]. Geneva: WHO Regional Office for Europe, 2013.

⑥ VON Wagner C, Knight K, Steptoe A, et al. Functional health literacy and health-promoting be-haviour in a national sample of British adults[J]. Journal of Epidemiology and Community Health, 2007, 61(12): 1086 - 1090.

⑦ Palumbo R. The Italian Health Literacy Project: Insights from the assessment of health literacy skills in Italy[J]. Health Policy, 2016, 120(9): 1087 - 1094.

⑧ Fernandez D M, Larson J L, Zikmund-Fisher B J. Associations between health literacy and pre-ventive health behaviors among older adults: Findings from the health and retirement study[J]. BMC Public Health, 2016, 16: 596.

⑨ Jayasinghe U W, Harris M F, Parker S M, et al. The impact of health literacy and life style risk factors on health-related quality of life of Australian patients[J]. Health and Quality of Life Out-comes, 2016, 14: 68.

⑩ 徐百超, 孔德志, 骆丁, 等. 吸烟对在校大学生肺功能及健康体适能的影响[J]. 中华健康管理学杂志, 2021, 15(4): 379 - 384.

⑪ 马晓凯, 朱政, 孙晨, 等. 儿童青少年中高强度身体活动时长特征及其与体质健康关系探究[J]. 体育科学, 2022, 42(4): 43 - 49.

⑫ Bermejo-Cantarero A, Álvarez-Bueno C, Martínez-Vizcaino V, et al. Relationship between both cardiorespiratory and muscular fitness and health-related quality of life in children and adoles-cents: A systematic review and meta-analysis of observational studies[J]. Health and Quality of Life Outcomes, 2021, 19(1): 127.

⑬ 张磊. 青少年身体活动、久坐行为与体质健康关系的实证研究[J]. 广州体育学院学报, 2019, 39 (3): 101 - 104.

康方面面临的最大问题。日本的青少年生长发育均比以前有所提前,男女生身高都有较大幅度提高,然而其男女生的最大握力和抛球平均距离都有不同程度的降低。我国学生体质健康状况整体优良率依然不佳,始于1985年每五年一次的全国学生体质健康调研显示,我国学生肺活量、身体素质等相关指标呈现下降趋势,尤其是爆发力、灵敏、柔韧等身体素质指标测试结果令人担忧[1],最近的一次全国学生体质健康调研即第八次全国学生体质与健康调研结果发现学生近视率依然偏高且肥胖率上升、学生握力水平下降等[2],青少年的体质健康问题迫切需要引起重视。同时《"健康中国2030"规划纲要》也强调对于青少年群体要有针对性地采取措施,加强青少年体育活动,让青少年学生的体质健康达到相应标准。这说明未来需要更多的研究关注如何提高中学生的体质健康水平。

(三) 提升青少年学生健康素养和体质健康水平是学校教育的重要任务

"少年强则国强",提升国民健康素养和体质健康水平是一项长期艰巨的工程,须从广大青少年学生抓起。儿童青少年时期是人一生中身体、认知和情绪发展的重要时期。青少年时期的健康行为是形成终身健康行为和健康服务参与模式的重要时期[3],而健康行为影响健康结果。研究表明,改善青少年的健康被认为提供了"三重红利",因为这可以促进青少年发展,改善长期的健康轨迹,并为下一代提供最健康的开始[4]。研究还发现,人的生命早期阶段对生命历程中保持、恢复和促进健康具有重要意义[5]。当前我国有

[1] 教育部. 教育部关于2005年全国学生体质与健康调研结果公告[EB/OL]. (2007-05-22)[2022-07-20]. http://www.moe.gov.cn/srcsite/A17/moe_943/moe_947/200705/t20070522_80580.html.
[2] 教育部体育卫生与艺术教育司. 第八次全国学生体质与健康调研结果发布[J]. 中国学校卫生, 2021,42(9):1281-1282.
[3] Sawyer S M, Afifi R A, Bearinger L H, et al. Adolescence: A foundation for future health[J]. The Lancet, 2012, 379(9826): 1630-1640.
[4] Patton G C, Sawyer S M, Santelli J S, et al. Our future: A Lancet commission on adolescent health and wellbeing[J]. The Lancet, 2016, 387(10036): 2423-2478.
[5] Bröder J, Okan O, Bauer U, et al. Advancing perspectives on health literacy in childhood and youth[J]. Health Promotion International, 2020, 35(3): 575-585.

7 200 余万名在校中学生,普通高中在校生约 2 400 余万名[1],中学生是未来健康中国和体育强国建设的中坚力量,其健康素养和体质健康水平的高低不仅影响其个人现在和未来的健康状况[2],同时影响未来健康中国建设和体育强国的速度、力度、质量和高度。

2021 年 8 月,《教育部等五部门关于全面加强和改进新时代学校卫生与健康教育工作的意见》要求"把新时代学校卫生与健康教育工作摆在更加突出位置,提升学生健康素养",并要求"到 2035 年,健康素养水平基本实现现代化"[3]。学校教育是影响青少年健康成长的重要因素,青少年健康水平取决于健康素养和体质健康的水平,因此学校教育的重要任务是提高学生体质健康水平和健康素养水平。

●二、研究目的与意义

(一) 研究目的

众多研究发现人的健康状况很大程度上受健康素养以及体质健康的影响,对于中学生健康发展更是具有深远意义。健康素养代表着人类健康服务的能力,或者说维持和促进人体健康的能力,而体质健康代表着生理方面的健康状况。可以看出,健康素养和体质健康都是人健康状况的反映,在一定程度上可以作为健康水平的重要体现。有鉴于此,两者在内涵上有着相对的共性,那么两者之间的关系如何? 在中学生中如何体现? 这一科研命题尚未得到很好解答。

目前,对于我国中学生这一群体的健康素养和体质健康之间的关系研究尚少,两者之间的关系没有明确的定论。因此,本研究基于此背景,旨在

① 教育部发展规划司. 普通高中学生数[EB/OL]. (2020-6-10)[2022-07-20]. http://www. moe. gov. cn/jyb_sjzl/moe_560/jytjsj_2019/qg/202006/t20200610_464560. html.
② Bröder J, Okan O, Bollweg T M, et al. Child and youth health literacy: A conceptual analysis and proposed target-group-centred definition[J]. International Journal of Environmental Research and Public Health, 2019, 16(18): 3417.
③ 教育部. 教育部等五部门关于全面加强和改进新时代学校卫生与健康教育工作的意见[EB/OL]. (2021-08-10)[2022-04-02]. http://www. moe. gov. cn/srcsite/A17/moe_943/moe_946/202108/t20210824_553917. html.

对我国中学生健康素养和体质健康的基本状况进行了解,主要讨论体质健康与健康素养之间的关系,对提高我国青少年学生健康发展提供借鉴与参考。基于此,本研究的主要目的有如下几点:

1. 了解并深度阐释我国中学生的健康素养状况和影响因素。按照我国《全国居民健康素养监测调查问卷》(适合≥15 岁的中国居民)的设计,对我国中学生(15 岁以上)的健康素养进行测评。同时,根据社会人口学指标进行分组,比较不同组别(如不同性别、年级、城乡等)之间中学生健康素养水平的差异,并进行分析与解释。此外,根据调查对象的社会人口学指标分析这些指标对中学生健康素养的影响。

2. 了解并深度阐释我国中学生的体质健康状况及影响因素。按照教育部《国家学生体质健康标准(2014 年修订)》(以下简称《标准》)的规定,获取调查对象的体质健康测试数据,测试内容包括体重指数、肺活量、坐位体前屈、立定跳远、50 m 跑、引起向上(男)/1 min 仰卧起坐(女)、1 000 m 跑(男)/800 m 跑(女)。然后,根据《标准》对学生体质健康进行分析和评价。同时,根据社会人口学指标进行分组,比较不同组别(如不同性别、不同年级、不同地区等)之间中学生体质健康水平的差异,并进行分析与解释。最后,根据调查对象的社会人口学指标分析这些因素对中学生体质健康的影响。

3. 分析我国中学生的健康素养和体质健康之间的关系。为了找出健康教育和健康促进理论新的科学实证证据,并且开拓这方面的理论知识,在上述研究基础上,采用统计学方法分析青少年体质健康与健康素养之间的关系,并结合理论对比二者之间的区别。

4. 我国中学生健康素养和体质健康的治理。针对当前社会现实、我国中学生健康素养和体质健康现状提出治理方略,以促进中学生健康素养和体质健康水平不断提升。

(二) 研究意义

1. 为中学生健康素养水平提升提供理论支撑和行动参考。基于不同人口学特征分析中学生健康素养水平现状和存在的问题,并提出有针对性的建议,有利于相关部门了解中学生健康素养的现状,并依据建议制定相关的政策。

2. 为中学生体质健康促进提供理论支撑和行动参考。基于不同人口学特征分析学生体质健康的现状和存在的问题,并提出有针对性的建议,有利于相关部门了解学生体质健康的现状,并依据建议制定相关的政策。

3. 为中学生健康素养和体质健康综合治理提供参考。基于健康素养和体质健康的关系,为相关部门综合治理中学生健康素养和体质健康提供参考。

● 三、研究对象与方法

(一) 研究对象

本研究以我国中学生健康素养、体质健康现状以及中学生健康素养与体质健康的相关性、中学生健康素养与体质健康治理主要研究对象。以全国中学生(年龄≥15 岁)为调查对象,考虑到年龄大于 15 岁的中学生以高中生为主,因此本研究的主要调查对象为 15 岁及以上的高中生,以下简称中学生。

(二) 研究方法

1. 文献资料法

在文献收集整理阶段,为了参考文献的深度和广度,依据研究目的,利用学校图书馆资源查阅与研究主题相关的书籍,通过检索中国知网(CNKI)、超星学术、CALIS 学位论文、谷歌学术(Google Scholar)、Web of Science 核心合集 SCIE/SSCI 数据库(外文)等数据库资源,查阅国内外有关中学生或青少年健康素养和体质健康、健康治理等相关资料,了解国内外相关领域的研究现状及成果,为研究奠定理论基础。

2. 问卷调查法

(1) 调查问卷

本研究采用结构性调查问卷《全国居民健康素养监测调查问卷》进行调查,问卷包括一般人口学信息和健康素养两个部分。一般人口学信息包括性别、年龄、省份、学校类型、民族、家庭居住地、家庭人口数、父亲学历和母亲学历等,本部分主要结合研究目的、专家意见和已有研究成果进行设计。

健康素养部分采取原卫生部编制的《全国居民健康素养监测调查问卷》（适合于≥15 岁的中国居民）中所有内容，包含基本知识和理念、健康生活方式与行为素养、基本技能三部分，涵盖了科学健康观、传染病防治、慢性病防治、安全与急救、基本医疗和健康信息六类健康问题；题型为判断题、单选题、多选题和情景题四类，其中情景题也包含单选题和多选题。问卷见附录一。

（2）问卷来源与内容

依据研究目的和研究现实，借鉴《健康素养监测评估技术指南》和全国居民健康素养调查等抽样方法[1][2]，本研究采取分层多阶段整群抽样方法，最终抽取 9 022 名中学生作为调查对象。向 9 022 名调查对象发放问卷，回收有效问卷 8 265 份，有效率为 91.6%，其中男生 4 060 人（49.1%），女生 4 205 人（50.9%）；汉族 7 420 人（89.8%），少数民族 845 人（10.2%）；15～18 岁7 816 人（94.6%），18 岁以上 449 人（5.4%）；按照经济划分的我国三大区中，其中东部、西部、中部分别为 3 228 人（39.0%）、2 245 人（27.2%）、2 792 人（33.8%）；城市 3 449 人（41.7%），乡镇 4 816 人（58.3%）；重点学校 2 889 人（35.0%），非重点学校 5 376 人（65.0%）；高一、高二、高三学生分别为4 123 人（49.9%）、3 556 人（43.0%）、586 人（7.1%）；家庭常住人口数 3 口以下的有 116 人（1.4%），3～4 口的为 5 387 人（65.2%），多于 4 口人的为2 762 人（33.4%）；父亲和母亲学历为大专以下的分别为 6 472 人（78.3%）、6 667 人（80.7%），父亲和母亲学历为大专及以上的分别为 1 793 人（21.7%）和 1 598 人（19.3%）。详见表 0-1。

表 0-1 调查对象的情况

人口学指标	选项	人数/人	占比/%
性别	男	4 060	49.1
	女	4 205	50.9

① 李小宁,李英华,郭海健.健康素养监测评估技术指南[M].南京:东南大学出版社,2013.
② 李英华,毛群安,石琦,等.2012 年中国居民健康素养监测结果[J].中国健康教育,2015,31(2):99-103.

续表

人口学指标	选项	人数/人	占比/%
民族	汉族	7 420	89.8
	少数民族	845	10.2
年龄	15～18 岁	7 816	94.6
	18 岁以上	449	5.4
地区	东部	3 228	39.1
	西部	2 245	27.2
	中部	2 792	33.8
城乡	城市	3 449	41.7
	乡镇	4 816	58.3
学校	重点学校	2 889	35.0
	非重点学校	5 376	65.0
年级	高一	4 123	49.9
	高二	3 556	43.0
	高三	586	7.1
家庭常住人口	3 口以下	116	1.4
	3～4 口	5 387	65.2
	4 口以上	2 762	33.4
父亲学历	大专以下	6 472	78.3
	大专及以上	1 793	21.7
母亲学历	大专以下	6 667	80.7
	大专及以上	1 598	19.3

（3）质量监控

为了确保调查质量，问卷统一采用纸质问卷，经过每一位调查对象的知情同意后，由经过培训的调查员统一发放与回收问卷。问卷发放前由调查员说明调查的目的与意义，并统一宣读填写指导语等，问卷发放后由调查对象当场自填完成。数据整理过程中，采用统一标准再次审核问卷质量，剔除无效问卷，由经过培训的数据录入员采用统一模板和标准录入，录入后采取抽测的方式检测数据录入的准确性。

（4）判定标准

依据《全国居民健康素养监测调查问卷》评定标准，单选题和判断题正确得1分，多选题正确得2分，错答、少答、多答、未答均为0分，正确回答80%及以上调查内容的视为具备健康素养，同理判定是否具备健康素养三个方面和六类健康问题的水平[①]。

问卷调查法的整体实施工作流程如图0-1所示。

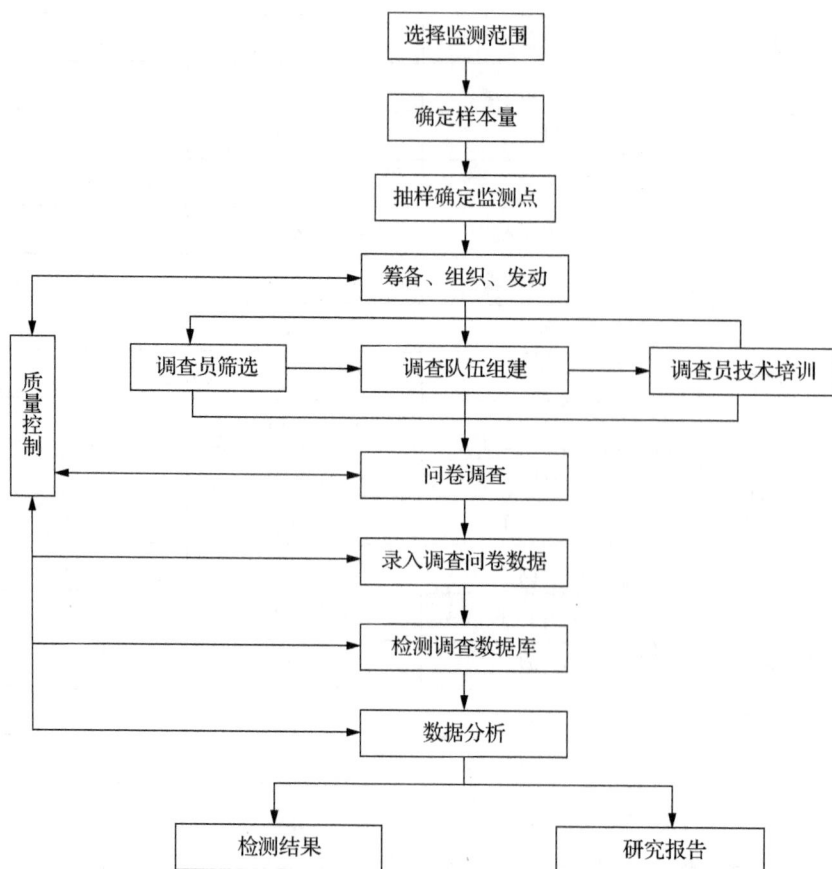

图0-1　问卷调查工作实施流程

---

① 聂雪琼,李英华,李莉.2012年中国居民健康素养监测数据统计分析方法[J].中国健康教育,2014,30(2):178-181.

3. 测试法

本研究依据《国家学生体质健康标准（2014 年修订）》[①]（以下简称《标准》）所规定的内容和测试要求，聘请测试员并经过技术培训后对抽样对象各指标进行测试，并将测试的各项指标进行记录。体质健康测试的具体内容与方法等见附录二。

（1）测试内容指标与方法

《标准》中规定的中学生（本研究中为年龄≥15 岁的高中生）体质健康测试的内容主要包括身体形态、身体机能和身体素质三个一级指标，其中评估身体形态的指标采用体重指数（BMI，即 Body Mass Index），又称为身体质量指数或体质指数，即体重（kg）/身高的平方（m²）；评估身体机能的指标采用肺活量；评估身体素质的指标分别为 50 m 跑、坐位体前屈、立定跳远、1 min 仰卧起坐（女）或引体向上（男）、800 m 跑（女）或 1 000 m 跑（男），如图 0 - 2 所示。对以上的内容采取《标准》规定的方法，由测试员进行测试。

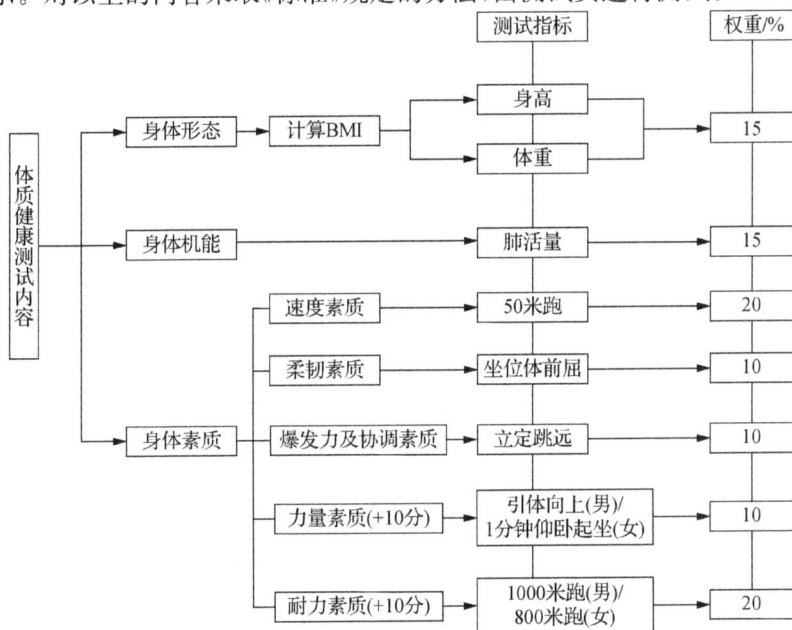

图 0 - 2　中学生体质健康测试指标与评分权重

① 教育部. 教育部关于印发《国家学生体质健康标准（2014 年修订）》的通知［EB/OL］.（2014 - 07 - 07）［2022 - 07 - 20］. http://www. moe. gov. cn/s78/A17/twys_left/moe_938/moe_792/s3273/201 407/t20140708_171692. html.

（2）评分方法

依据《标准》的评分方法对学生的各项体质健康测试的结果进行评分，学生体质健康测试的总分由标准分（满分120分）与附加分（满分20分）之和构成。各单项指标得分与权重乘积之和构成标准分，对男生引体向上和1 000 m跑、女生1 min仰卧起坐和800 m跑的实测成绩的加分指标进行加分，构成附加分。

同时学生的体质健康测试成绩还可以分为优秀、良好、及格和不及格四个等级，90.0分及以上为优秀，80.0～89.9分为良好，60.0～79.9分为及格，59.9分及以下为不及格[1]，如图0-3所示。

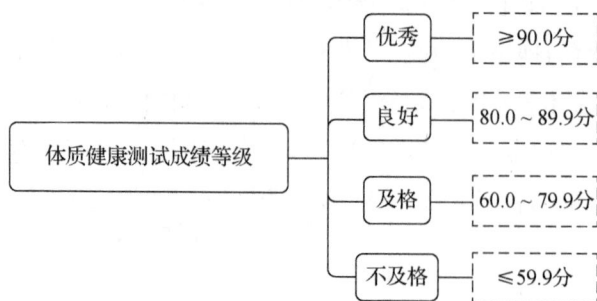

图0-3　学生体质健康测试成绩等级

（3）测试对象基本情况

抽取的测试样本中，总共获取7 523名学生的体质健康测试有效数据，其中男生3 739人（49.70%），女生3 784人（50.30%）；按照经济划分的我国三大区中，东部、中部、西部分别为2 766人（36.77%）、2 431人（32.31%）、2 326人（30.92%）；城市3 684人（48.97%）、乡镇3 839人（51.03%）；高一、高二、高三学生分别为3 822人（50.80%）、3 185人（42.34%）、516人（6.86%）。具体情况见表0-2和图0-4～图0-7。

表0-2　参与体质健康测试的中学生基本情况

项目	指标	人数/人	占比/%
性别	男	3 739	49.70
	女	3 784	50.30

---

[1]　教育部. 教育部关于印发《国家学生体质健康标准（2014年修订）》的通知[EB/OL]. (2014-07-07)[2022-07-20]. http://www.moe.gov.cn/s78/A17/twys_left/moe_938/moe_792/s3273/201 407/t20140708_171692.html.

项目	指标	人数/人	占比/%
地区	东部	2 766	36.77
	中部	2 431	32.31
	西部	2 326	30.92
城乡	城市	3 684	48.97
	乡镇	3 839	51.03
年级	高一	3 822	50.80
	高二	3 185	42.34
	高三	516	6.86

注:部分学生未参与本项测试。

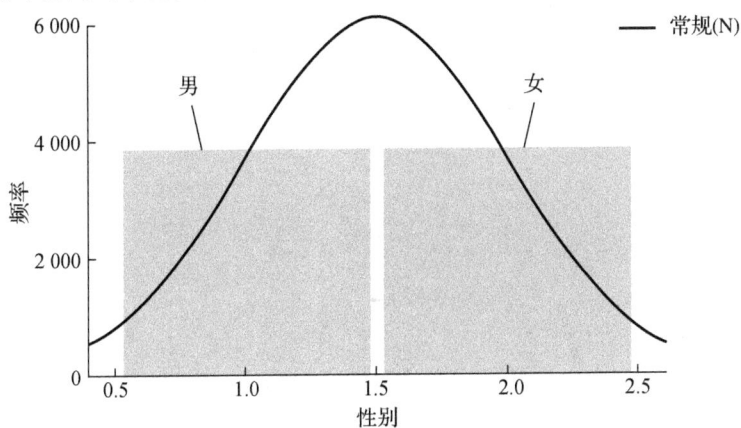

图 0 - 4 中学生性别分布

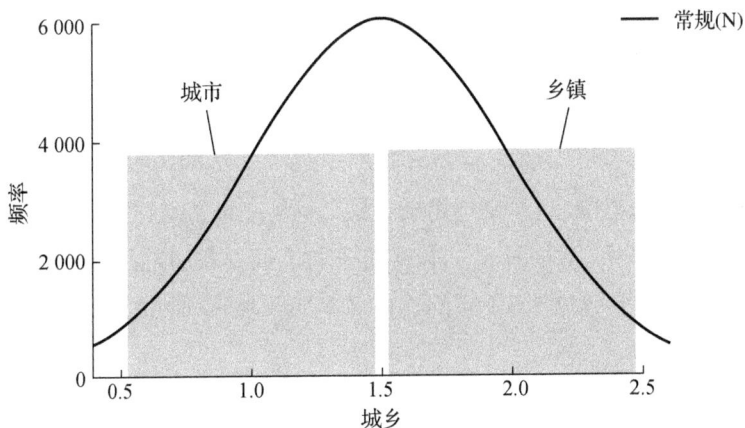

图 0 - 5 中学生城乡分布

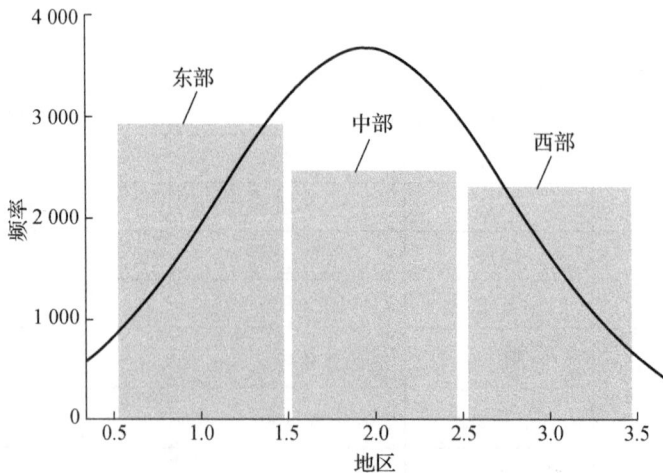

图 0-6　中学生所属地区分布

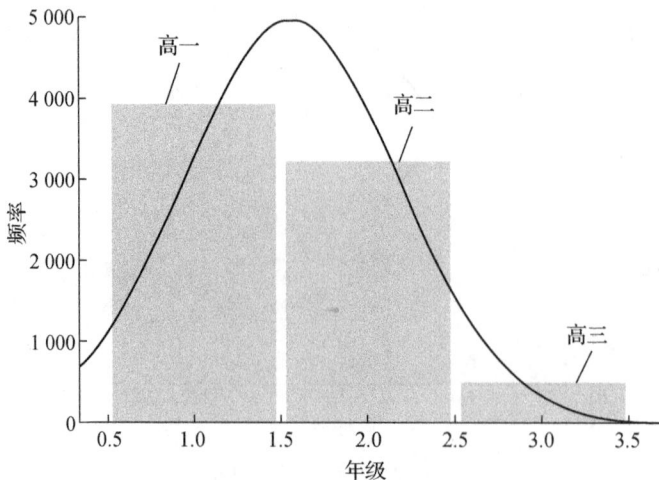

图 0-7　中学生所属年级分布

4. 专家访谈法

本研究专家访谈的内容主要有四部分,第一部分为健康素养问卷基本信息涉及的人口学指标的选择和体质健康测试结果的人口学指标;第二部分为问卷发放的范围、问卷量与发放方法等;第三部分为健康素养和体质健康的问题、原因和治理原因等。本研究采取了面对面、电话、微信语音和邮件等多种形式的访谈,访谈专家的具体名单如表 0-3 所示。

表 0-3　访谈专家名单

编号	姓名	最高学位	职称	研究方向
1	A	本科	二级教授	学校体育
2	B	博士	终身教授	体育教育
3	C	博士	教授	体育教育与心理
4	D	本科	二级教授	运动营养与健康教育
5	E	本科	教授	体育教育与运动心理
6	F	博士	副教授	健康教育
7	G	博士	研究员	身体活动与健康促进
8	H	硕士	副教授	身体活动与体质健康
9	I	博士在读	助理研究员	健康干预
10	J	本科	中学高级教师	体育教育
11	K	本科	中学高级教师	体育教育
12	L	硕士	中学高级教师	体育教育教学

5. 数理统计法

采取 Excel 2010 软件录入数据并生成数据库,通过 SPSS 25.0 软件进行数理统计。采用 Excel 2010 软件建立数据库,进行双录入与核查;使用 SPSS 25.0 统计软件进行数据清理与计算。人口经济学特征及具备健康素养人数等计数资料采用构成比及百分率表示,不同组间调查对象健康素养分布差异采用 χ^2 检验。采用二元 Logistic 回归模型分析健康素养的影响因素,变量赋值见下文,采用输入法筛选自变量,纳入标准为 $\alpha=0.05$,排除标准为 $\beta=0.10$,检验水准 $\alpha=0.05$。所有健康素养的得分和体质健康测试的结果与得分用均数±标准差($X\pm S$)表示,两样本均数的比较采用 t 检验,组间比较采用方差分析,采用相关分析的方法分析中学生健康素养与体质健康之间的关系等。

健康素养与体质健康研究综述

第一节　健康素养研究

●一、健康素养研究总体描述

个体健康素养影响其健康行为及其应对复杂健康系统的能力[①]，进而影响个体健康水平和幸福，因此关于健康素养的研究也一直是国内外学者重点关注的主题。在 Web of Science（简称 WOS）核心合集数据库中对健康素养相关研究进行总体描述，以 Health Literacy 为检索词在所有字段中查找文献，且检索时间截至 2021 年底，以此为条件共检索出 24 956 条文献，其中文献类型选择论文和综述论文，保持截止时间不变，检索结果显示有22 047条文献。

（一）发文期刊

从发文的期刊和数量方面看，利用 WOS核心合集自带统计功能对发表文献和发文量进行分析，经检索发现，发表健康素养类文献数量排名前十位的期刊为：*Public Environmental Occupation Health*（《公共环境职业健康》），共发表 5 480 篇；*Health Care Sciences Services*（《医疗保健科学服务》），共发表 2 120 篇；*Medicine General Internal*（《医学一般内科》），共发

---

① Lopez C, Kim B, Sacks K. Health literacy in the United States：Enhancing assessments and reducing disparities[J]. SSRN Electronic Journal，2022.

表 1 525 篇；*Health Policy Services*（《卫生政策服务》），共发表 1 407 篇；*Psychiatry*（《精神病学》），共发表 1 358 篇；*Nursing*（《护理》），共发表 1 312 篇；*Education Educational Research*（《教育和教育研究》），共发表 1 201 篇；*Medical Informatics*（《医学信息学》），共发表 929 篇；*Information Science Library Science*（《情报学和图书馆学》），共发表 879 篇；*Pediatrics*（《小儿科》），共发表 819 篇。总体可见这些期刊非常关注健康素养方面的研究。具体如图 1－1 所示。

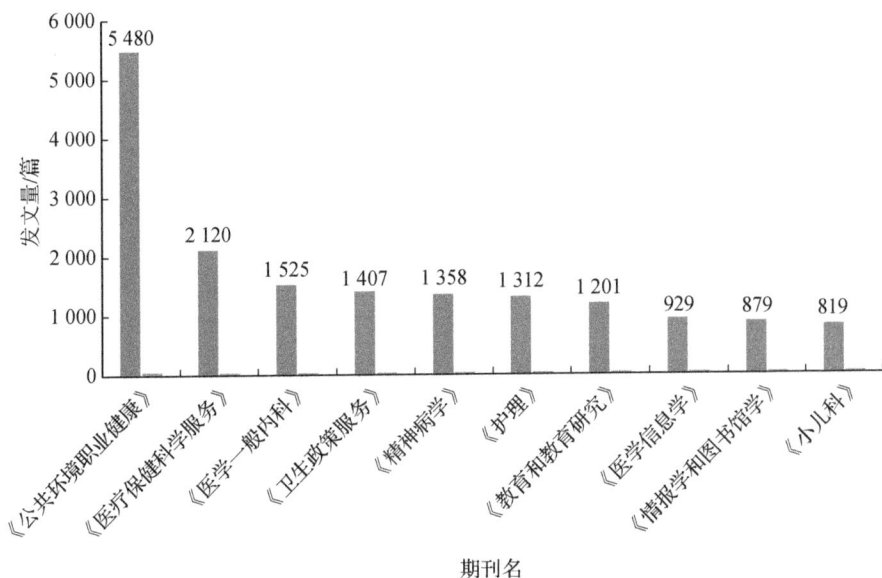

图 1－1 健康素养主题相关文献发文前十位期刊和发文量

（二）发文趋势

从发表文章的研究趋势方面看，健康素养相关文献的发表经过了起步阶段（1978—1991 年）、慢速发展阶段（1992—2001 年）和快速发展阶段（2002 年至今）。在起步发展阶段，每年发表的健康素养文章基本都为个位数，可见学者对于健康素养的关注度较小。在慢速发展阶段（1992—2001 年），健康素养的文章每年都在十位数，可见伴随社会发展，各群体对于健康的重视程度提升，学者对于健康素养的关注度逐渐提升，关于健康素养的研究文献也在缓慢增加中。2002 年后,健康素养的相关研究进入快速发展阶段,表现在关于健康素养的研究文献逐渐增加,学者对于健康素养的研究逐渐加深,关于健康素养的价值、测量工具和不同国家的健康素养的研究快速增加。具体如图 1－2 所示。

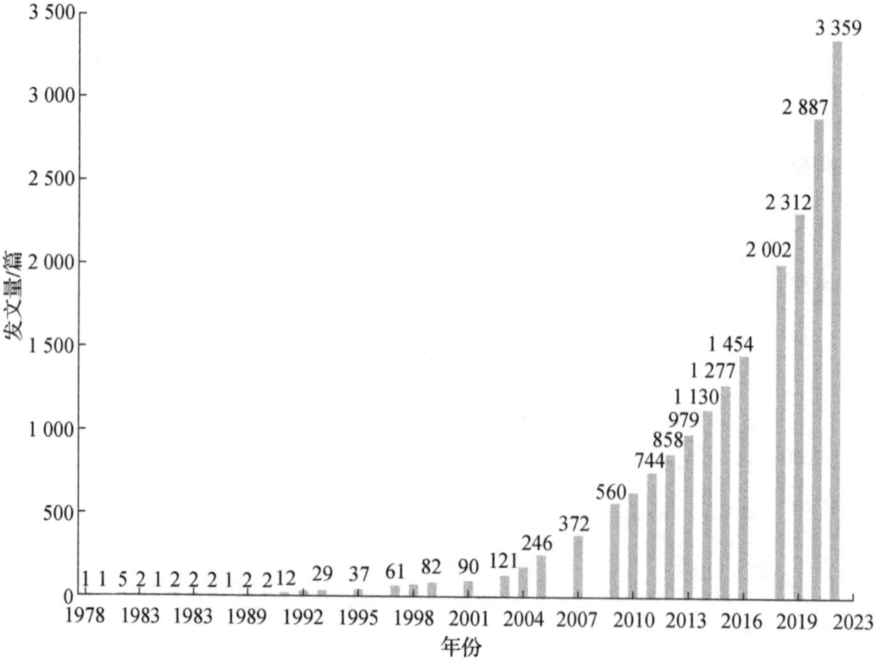

图 1－2　健康素养主题相关文献发文年份和数量

(三) 发文作者

从发文作者和数量方面看,利用 WOS 核心合集自带统计功能对发表文献作者和发文量进行分析,发现关注健康素养的学者较多,发表文章数量排在前十位的作者为:Wolf M S,共发表 214 篇文章;Jorm A F,共发表 127 篇文章;Davis T C,共发表 91 篇相关文章;Schillinger D,共发表 90 篇文章;Kripalani S,共发表 77 篇文章;Paasche-orlow M K,共发表 70 篇;Osborne R H,共发表 68 篇;Parker R M,发表 65 篇;Bailey S C,共发表 62 篇;Baker D W,共发表 58 篇。具体如图 1－3 所示。

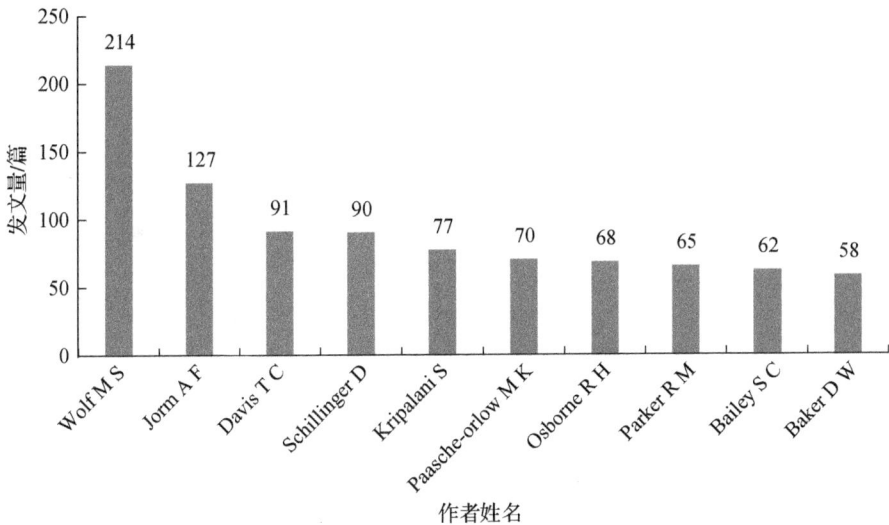

图 1 - 3　健康素养主题相关文献发文前十位作者和发文量

(四) 发文机构

　　研究机构对某一主题内容的发文数量多少反映了机构对此研究主题的重视程度和研究成果情况。从发文研究机构来看,利用 WOS 核心合集自带统计功能对发文机构和发文量进行分析,研究发现,发表健康素养文献数量排名前十位的机构为:University of California System(加州大学系统)发表 1 022 篇;Harvard University(哈佛大学)发表 750 篇;University of London(伦敦大学)发表 635 篇;University of North Carolina(北卡罗来纳大学)发表了 619 篇;State University System of Florida(佛罗里达州立大学系统)发表了 582 篇;University of Texas System(得克萨斯大学系统)发表了 563 篇;University of Sydney(悉尼大学)发表了 560 篇;University of Melbourne(墨尔本大学)发表了 516 篇;Northwestern University(西北大学)发表了 485 篇;Pennsylvania Commonwealth System of Higher Education Pcshe(宾夕法尼亚州联邦高等教育体系)发表了 467 篇,由此可以看出发文最多的是美国机构,可见美国的机构对健康素养的研究最多,也反映了这些机构在健康素养研究机构中处于科学研究的中心地位。具体如图 1 - 4 所示。

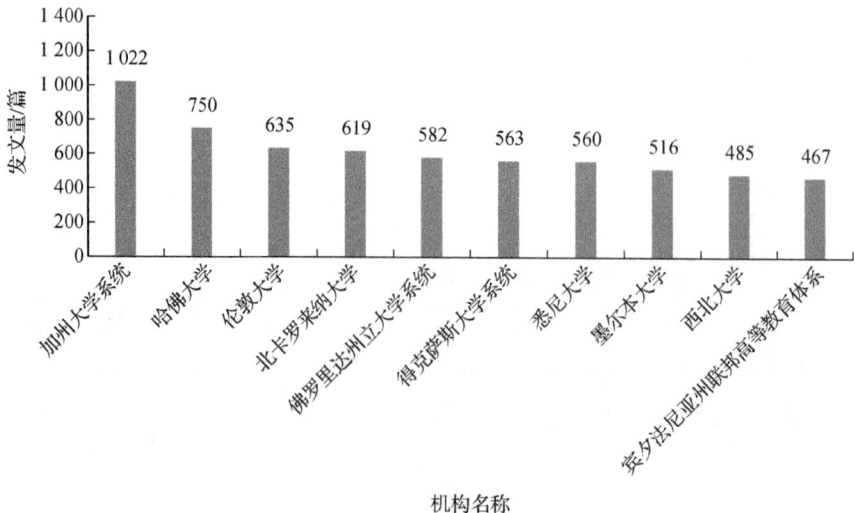

图 1-4 健康素养主题相关文献发文前十位机构和发文量

（五）发文国家

从发文国家和数量方面看，利用 WOS 核心合集自带统计功能对发文的国家和发文量进行分析。结果显示研究健康素养的国家较多，其中发文数量排在前十位的国家或地区分别为：美国（11 013 篇）、澳大利亚（2 878 篇）、英国（1 943 篇）、加拿大（1 449 篇）、德国（932 篇）、中国（877 篇）、荷兰（706 篇）、印度（479 篇）、瑞典（462 篇）、瑞士（378 篇），其中美国的发文量是第二名澳大利亚发文量的近 4 倍，而澳大利亚发文量是我国发文量的 3 倍多，可见我国学者发文量还较少，美国在健康素养的研究中处于世界科学较为中心的地位。具体如图 1-5 所示。

（六）发文语种

从发文语种和数量方面看，利用 WOS 核心合集自带统计功能对发文的语种和发文量进行分析，在 WOS 数据库中检索健康素养相关主题文献的 22 047 篇记录中，按文献语言将其分类，可分为英语 21 706 篇、德语 164 篇、西班牙语 64 篇、葡萄牙语 41 篇、法语 26 篇、日语 7 篇、韩语 7 篇、匈牙利语 6 篇、土耳其语 6 篇、波兰语 5 篇。采用英文撰写的文献有 21 706 篇，而采用其他语言撰写的文献都不超过 200 篇，可见健康素养主题的发文使用语言中

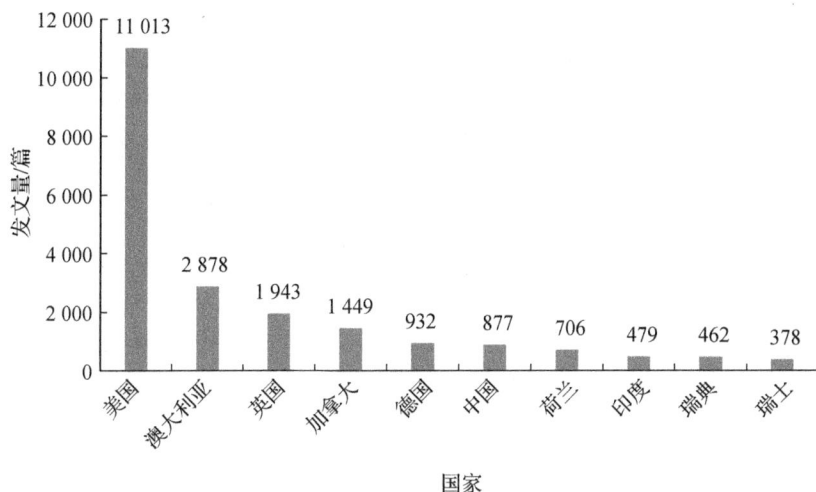

图1-5 健康素养主题相关文献发文前十位国家和发文量

英语占据绝对的主体地位。具体如图1-6所示。

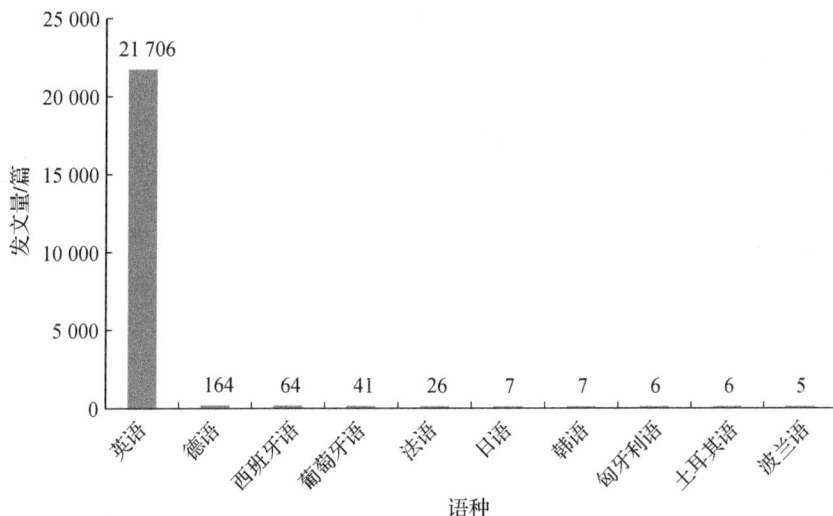

图1-6 健康素养主题相关文献发文前十位语种与发文量

●二、健康素养概念的研究

健康素养是现代人追求健康和幸福的基础,尤其是当前信息爆炸的时代,社会变得越来越复杂,人们越来越多地受到健康卫生等方面错误信息的轰炸,面对复杂的健康保健系统,成为一个具备健康素养的人是一个越来越强的挑战[1],因此健康素养逐渐成为健康研究和公共健康促进的一个热点话题[2]。在该研究领域,学者对于健康素养的概念、健康素养的测量与评价、健康素养与健康产出的关系、健康素养的现状以及健康素养的干预与治理等方面做了大量研究。

关于健康素养的概念和内涵的研究,不同历史时期、不同国家、不同学者、基于不同视角和研究目的对于健康素养概念的认识和阐释也有所不同。健康素养是一个舶来词,最早提出健康素养的是美国学者 Simonds,他于1974 年在《健康教育作为一项社会政策》(*Health Education as Social Policy*)一文中首次使用"健康素养(health literacy)"一词,作者在将健康教育作为影响健康系统、教育系统和大众传播的政策问题进行讨论时,呼吁为所有学校年级制定"健康素养"的最低标准[3][4]。这一术语的早期使用表明健康素养与教育之间存在联系。随后健康素养在健康领域、医学保健领域、政策领域和实践领域获得了密切关注[5][6],不同组织和个人对健康素养逐渐开始研究,并对健康素养的内涵进行了界定,健康素养也产生了很多的概念[7],其中比较具有代表性的健康素养概念如表 1-1 所示。世界卫生组织认为健康素养是"认知和社会技能,它决定了个人以促进和保持身体健康的方式获得、理解和使用信息的动机和能力",它反映了个体处理与应对复杂社会的健康需求需具备的能力,主要将个人健康素养放置于个人健康、家庭和社会的健

---

① Kickbusch I, Pelikan J M, Apfel F, et al. Health literacy: The solid facts[M]. Geneva: WHO Regional Office for Europe, 2013.

② Bröder J, Chang P, Kickbusch I, et al. IUHPE position statement on health literacy: A practical vision for a health literate world[J]. Global Health Promotion, 2018,25(4):79-88.

③ Simonds S K. Health education as social policy[J]. Health Education Monographs, 1974, 2(1_suppl): 1-10.

④ Peerson A, Saunders M. Health literacy revisited: What do we mean and why does it matter? [J]. Health Promotion International, 2009, 24(3): 285-296.

⑤ Parker R M, Baker D W, Williams M V, et al. The test of functional health literacy in adults[J]. Journal of General Internal Medicine, 1995,10(10):537-541.

⑥ Sørensen K, Van den Broucke S, Fullam J, et al. Health literacy and public health: A systematic review and integration of definitions and models[J]. BMC Public Health, 2012, 12(1): 80.

⑦ Nielsen-Bohlman L, Panzer A M, Kinding D A, et al. Health literacy: A prescription to end confusion[M]. Washington D C: National Academies Press, 2004.

表1-1 健康素养概念一览表

序号	时间	作者或机构	概念内容
1	1998 年	世界卫生组织①	健康素养是一种认知和社会技能,它决定了个人为促进和保持良好健康而获取、理解和使用信息的动机和能力
2	1999 年	美国医学会②（American Medical Association's）	健康素养是一系列技能,包括在卫生保健环境中执行基本阅读和数字任务的能力,具备足够健康素养的患者能够阅读、理解卫生保健信息并据此采取行动
3	2000 年	Nutbeam③	健康素养是个人认知和社会技能,这些技能决定了个人获取、理解和使用信息以促进和保持身体健康的能力
4	2000 年	美国卫生与人类服务部（US Department of Health and Human Services）④	个体获得、理解和处理基本的健康信息或服务并做出正确的健康相关决策的能力
5	2000 年	医疗保健战略中心（Center for Health Care Strategies Inc）⑤	健康素养是阅读、理解医疗保健信息并采取行动的能力

① World Health Organization. Health promotion glossary：WHO/HPR/HEP/98.1[R]. Geneva：WHO，1998.

② Hoc A D. Committee on health literacy for the American Council on scientific Affairs, American Medical association. health literacy：report of the Council on scientific Affairs[J]. Jama, 1999, 281(6)：552-557

③ Nutbeam D. Health literacy as a public health goal：A challenge for contemporary health education and communication strategies into the 21st century[J]. Health Promotion International, 2000,15(3)：259-267.

④ US Department of Health and Human Services. Healthy people 2010[M]. Washington, District of Columbia：GPO,2009.

⑤ Center for Health Care Strategies Inc. (CHCS). Fact sheet：What is health literacy? [M]. Princeton：CHCS,2000.

续表

序号	时间	作者或机构	概念内容
6	2004 年	医学研究所(Institute of Medicine)①	个人获取、理解、处理健康信息和服务,并做出适当健康决策所需的能力
7	2003 年 2005 年 2006 年	Zarcadoolas②③④	健康素养包括广泛的技能和能力,是人们为了寻找理解评估和使用卫生信息和概念,以做出明智的选择,减少健康风险和提高生活质量的技能和能力
8	2006 年	Kickbusch, Wait & Maag⑤	在日常生活中做出合理健康决策的能力,如在家里,社区,工作场所,医疗保健系统,市场和政治舞台等,这是一项重要的赋权战略,可以提高人们对自己健康的控制、寻找健康信息的能力以及承担健康责任的能力
9	2006 年	Paasche-Orlow & Wolf⑥	个人拥有做出与健康相关的决定的必要技能,这意味着必须始终在需要完成的具体任务的背景下检查健康素养。必须强调对健康素养进行情境评价的重要性
10	2006 年	Smith, Tang & Nutbeam⑦	决定个人获取理解和使用信息以促进和保持最佳健康的动机和能力的认知和社交技能
11	2007 年	Commission Of The European⑧	阅读,过滤和理解健康信息以形成合理判断的能力

① Institute of Medicine Board on Neuroscience and Behavioral Health Committee on Health Literacy. Health literacy: a prescription to end confusion[M]. National Academies Press, 2004.

② Zarcadoolas C, Pleasant A, Greer D S. Elaborating a definition of health literacy: A commentary [J]. J Health Commun, 2003, 8: 119－120.

③ Zarcadoolas C, Pleasant A, Greer D S. Understanding health literacy: An expanded model[J]. Health Promot International, 2005, 20(2): 195－203.

④ Zarcadoolas C, Pleasant A, Greer D S. Advancing health literacy: A framework for understanding and action[M]. San Francisco, CA.: Jossey Bass, 2006.

⑤ Kickbusch I, Wait S, Maag D, et al. Navigating health: the role of health literacy[J]. Alliance for Health and the Future, International Longevity Centre, UK. 2006.

⑥ Paasche-Orlow M K, Wolf M S. The causal pathways linking health literacy to health outcomes [J]. American Journal of Health Behavior, 2007, 31(1): 19－26.

⑦ Smith B J, Tang K C, Nutbeam D. WHO health promotion glossary: New terms[J]. Health Promot International, 2006, 21(4):340－345.

⑧ Commission of the European Commission. Together for health: A Strategic Approach for the EU 2008—2013[J]. White Paper, 2008(11).

续表

序号	时间	作者或机构	概念内容
12	2008 年	Doney, Pavlekovic, Zlatel,等①	获得、解释和理解基本卫生信息和服务的能力以及利用这些信息提升健康的能力
13	2008 年	Rootman & Gordon-El-Bihbety②	在整个生命过程中,获取、理解、评估和交流信息的能力,作为促进、维持和改善各种环境中健康的一种方式
14	2008 年	Mancuso③	在人的一生中不断发展的过程,包括能力、理解力和沟通的属性。健康素养的属性与获得健康素养所需的能力所包含的技能、战略和能力相结合
15	2008 年	澳大利亚统计局(Australian Bureau of Statistics)④	理解和使用与健康问题有关的信息所需的知识和技能,例如药物和酒精,疾病预防和治疗,安全和事故预防,急救,紧急情况和保持健康
16	2008 年	中华人民共和国卫生部⑤	健康素养,是指人的这样一种能力:它使一个人能够获取和理解基本的健康信息和服务,并运用这些信息和服务做出正确的判断和决定,以维持并促进自己的健康
17	2009 年	美国卫生与人类服务部(US Department of Health and Human Services)⑥	健康素养是指个人获取、理解、处理基本的健康信息和服务,并利用这些信息和服务,做出有利于提高和维护自身健康决策的能力

---

① Doney D,Pavlekovic G,Zlatel-krageli L J,et al. Health promotion and disease prevention: A handbook for teachers, researchers, health professionals and decision makers[M]. Skopje-Lage: Hans Jacobs Publishing Company, 2007.

② Rootman I, Gordon-El-Bihbety D. A vision for a health literate Canada[M]. Ottawa: Canadian Public Health Association, 2008.

③ Mancuso J M. Health literacy: A concept/dimensional analysis[J]. Nursing and Health Sciences, 2008, 10(3): 248-255.

④ Australian Bureau of Statistics. Year book Australia:2008[M]. Canberra: Australian Bureau of Statistics, 2008.

⑤ 中华人民共和国卫生部. 健康 66 条:中国公民健康素养读本[M].北京:人民卫生出版社, 2008:3-4.

⑥ US Department of Health and Human Services. Healthy people 2010[M]. Washington,DC: GPO,2009.

续表

序号	时间	作者或机构	概念内容
18	2009 年	Yost 等①	个人有能力阅读和理解与健康有关的印刷材料，识别和解释以图形格式（图表，图形和表格）呈现的信息，并进行算术运算以做出适当的健康和护理决策
19	2009 年	Adams 等②	理解和解释书面、口头或数字形式的健康信息含义的能力，以及这如何激励人们接受或忽视与健康相关的行动
20	2009 年	Adkins，Corus 等③	通过使用各种技能来实现与健康相关的目标，从不同形式的沟通中获得意义的能力
21	2009 年	Freedman，等④	个人和团体在多大程度上可以获得处理、理解、评估和采取行动所需的信息，以做出有益于社区的公共卫生决策
22	2013 年	Kickbusch ，Pelikan & Apfel⑤	健康素养与素养相关联，需要人们获取、理解、评估和应用健康信息以在日常生活中做出判断和决定的知识、动机和能力。关于保健、疾病预防和健康促进，以维持或提高生命过程中的生活质量
23	2013 年	World Health Organization(WHO)⑥	个人和社区获取，理解，评估和使用信息和服务以做出健康决策所需的个人特征和社会资源

---

① Yost K J，Webster K，Baker D W，et al. Bilingual health literacy assessment using the Talking Touchscreen/la Pantalla Parlanchina：Development and pilot testing[J]. Patient Education and Counseling，2009，75(3)：295 - 301.

② Adams R J，Stocks N P，Wilson D H，et al. Health literacy：A new concept for general practice？[J]. Australian Family Physician，2009，38(3)：144 - 147.

③ Adkins N R，Corus C. Health literacy for improved health outcomes：Effective capital in the marketplace[J]. The Journal of Consumer Affairs，2009，43 (2)：199 - 222.

④ Freedman D A，Bess K D，Tucker H A，et al. Public health literacy defined[J]. American Journal of Preventive Medicine，2009，36(5)：446 - 451.

⑤ Kickbusch I，Pelikan J M，Apfel F，et al. Health literacy：The solid facts[M]. Geneva：WHO Regional Office for Europe，2013.

⑥ World Health Organization. Health promotion glossary：Health literacy[R]. Geneva：WHO，2013.

续表

序号	时间	作者或机构	概念内容
24	2015 年	Sørensen,等①	健康素养与识字有关,需要人们的知识,动机和信心来获取,理解,评估和应用健康信息,以便在日常生活中的医疗保健、疾病预防和健康促进方面做出判断和决定,以促进和维持整个生命周期中的生活质量
25	2020 年	美国卫生与人类服务部（US Department of Health and Human Services)②	个人健康素养是个人有能力查找、理解和使用信息与服务为自己和他人提供与健康相关的决策和行动的程度；组织健康素养是组织公平地使个人能够查找、理解和使用信息和服务,为自己和他人提供与健康相关的决策和行动的程度
26	2021 年	World Health Organization(WHO)重新定义③	健康素养是指通过日常活动、社会交往和跨代积累的个人知识和能力。个人知识和能力是由组织结构和资源的可获得性调节的,这些资源使人们能够以促进和保持自己和周围人的良好健康和福祉的方式获取、理解、评估和使用信息和服务
27	2022 年	Arriaga 等④	健康素养包括获取、理解、评估和应用卫生信息的知识、动机和能力,以便在日常生活中就卫生保健、疾病预防和健康促进作出判断和决定,以维持或改善整个生命过程中的生活质量

康背景中⑤;而后美国医学会⑥提出"健康素养是一系列技能,包括在卫生保

① Sørensen K，Pelikan J M,Röthlin F, et al. Health Literacy in Europe：Comparative Results of the European health literacy survey (HLS-EU)[J]. European Jonrnal of Public Health ,2015,25(6);1053－1058.

② US Department of Health and Human Services. What is health literacy? [EB/OL]. (2022－04－22)[2022－07－20]. https://health. gov/healthypeople/priority-areas/health-literacy-healthy-people-2030.

③ World Health Organization. Health promotion glossary of terms 2021[R]. Geneva;WHO,2021.

④ Arriaga M，Francisco R，Nogueira P, et al. Health Literacy in Portugal：Results of the Health Literacy Population Survey Project 2019－2021[J]. International Journal of Environmental Research and Public Health, 2022, 19(7);4225.

⑤ McQueen D V, Kickbusch I, Potvin L. Health and modernity：The role of theory in health promotion[M]. New York;Springer, 2007.

⑥ Hoc A D, Committee on health literacy for the American Council on scientific Affairs, American Medical association. Health literacy；report of the Council on scientific Affairs[J]. JAMA,1999,281(6);552－557.

健环境中执行基本阅读和数字任务的能力,具备足够健康素养的人能够阅读、理解卫生保健信息并据此采取行动。"同样的还有 Sørensen 等[1]认为健康素养与素养密切相关,需要知识、动机和能力来获取、理解、评估和应用健康信息,以形成判断并在医疗保健、疾病预防和健康促进方面做出决定,以维持和促进整个生命过程中的生活质量,他们将健康素养界定于医学范围之内,但前者主要侧重对健康相关材料的阅读和理解能力,及通过文字材料完成指定任务的能力,强调健康素养的个人功能,而后者强调了健康素养是社会和个人共同因素的共同功能,超越了个人获取信息的范围,关注到了信息使用,且关注了人的整个生命历程,该类健康素养按照 Nutbeam[2] 的观点即由功能性健康素养上升到了批判性健康素养。因为当寻求卫生信息和服务的人的期望、偏好和技能符合提供信息和服务的人的期望、偏好和技能时,就会出现健康素养。健康素养源于教育、卫生服务以及社会和文化因素的融合,并汇集了来自不同领域的研究和实践[3]。世界卫生组织欧洲区域办事处、世界卫生组织、欧盟健康素养项目[4](HLS-EU)、Nielsen-Bohlman 等[5]都强调了健康素养的综合功能,同时 2021 年世界卫生组织对健康素养的概念还进一步拓展到了跨代积累的知识和能力,而 2020 年美国卫生与人类服务部(US Department of Health and Human Services)发布的 Health People 2030[6] 中将健康素养分为个人健康素养和组织健康素养等,将健康素养拓展到了组织机构的健康素养方面。而健康素养也是美国《健康人群2030》(Health People 2030)的核心,以达到"消除健康差距,实现健康公平,提高健康素养,以改善所有人的健康和福祉"的目标。新定义强调人们使用

[1] Sørensen K, Van den Broucke S, Fullam J, et al. Health literacy and public health: A systematic review and integration of definitions and models[J]. BMC Public Health, 2012, 12(1): 80.

[2] Nutbeam D. Health literacy as a public health goal: A challenge for contemporary health education and communication strategies into the 21st century[J]. Health Promotion International, 2000,15(3):259-267.

[3] Nielsen-Bohlman L, Panzer A M, Kinding D A, et al. Health literacy: A prescription to end confusion[M]. Washington, DC.: National Academies Press, 2004.

[4] Kickbusch I, Pelikan J M, Apfel F, et al. Health literacy: The solid facts[M]. Geneva: WHO Regional Office for Europe, 2013.

[5] Nielsen-Bohlman L, Panzer A M, Kinding D A, et al. Health literacy: A prescription to end confusion[M]. Washington, DC.: National Academies Press, 2004.

[6] US Department of Health and Human Services. What Is Health Literacy? [EB/OL](2022-04-22) [2022-07-20]. https://health.gov/healthypeople/priority-areas/health-literacy-healthy-people-2030.

健康信息及其公共卫生的观点,采用新的方法来研究和促进个人健康素养,还鼓励人们从理解转向行动,从关注自身健康转向关注社区健康的技能;同时认为组织应承担提高民众健康素养方面的责任,即 *Health People 2030* 认为健康信息和服务的生产者在提高个人健康素养方面可以发挥作用,即强调了组织有责任公平地提高民众的健康素养问题[①]。当前我国对于组织健康素养的研究相对较少,基于中国知网全文数据库可以发现只有2篇相关的文章[②③],而组织健康素养可以在提高个人健康素养方面发挥作用,且提高个人健康素养也是各组织的重要职责,因此关于组织健康素养方面的研究亟需关注。

由此可见虽然世界各国和组织等关于健康素养的研究数量逐渐增加,内涵也不断丰富,但对健康素养的概念并没有形成统一的共识。目前有两种观点接受度较广:一种是世界卫生组织[④]指出"健康素养代表着认知和社会技能,这些技能决定了个体具有动机和能力去获得、理解和利用信息,并通过这些途径促进和维持健康";另一种是美国国家医学会[⑤]和美国卫生与人类服务部[⑥]的定义,"健康素养是指个体获得、理解和处理基本的健康信息或服务并做出正确的健康相关决策的能力",这一概念由我国学者引入并被卫生行政部门所认可[⑦],同时我国由原卫生部于2008年发布了《中国公民健康素养——基本知识与技能(试行)》(共66条),并将健康素养分为健康基本

---

① Zarcadoolas C, Pleasant A, Greer D S. Elaborating a definition of health literacy: A commentary [J]. Journal of Health Communication, 2003, 8: 119 - 120.

② 田新华,陈英,赵德春,等.图书馆组织健康素养行动策略[J].图书馆,2022(2):75 - 81.

③ 吕鸣,王秀波,张士靖,等.健康素养促进型组织的概念内涵、测量工具及其影响因素[J].医学与哲学,2022,43(8):29 - 32.

④ Kickbusch I, Pelikan J M, Apfel F, et al. Health literacy: The solid facts[M]. Geneva: WHO Regional Office for Europe, 2013.

⑤ Hoc A D, Committee on health literacy for the American Council on scientific Affairs, American Medical association. Health literacy: report of the Council on scientific Affairs[J]. Jama, 1999, 281(6): 552 - 557.

⑥ US Department of Health and Human Services. Healthy People 2010[M]. Washington, DC.: GPO, 2009.

⑦ 李新华.《中国公民健康素养:基本知识与技能》的界定和宣传推广简介[J].中国健康教育, 2008,24(5):385 - 388.

知识与理念、健康生活方式与行为素养以及基本技能素养三个部分[①]。该文件的出台奠定了我国健康素养的研究基础,我国学者对于健康素养概念的界定、健康素养维度的确定和健康素养的测评等主要以该文件为依据进行了大量研究。为此,本文中所表达的健康素养概念均指个人健康素养,即个体获得、理解和处理基本的健康信息或服务并做出正确的健康相关决策的能力。

●三、健康素养测量与评价的研究

健康素养概念的辗转变化代表着人们对该主题的认识逐渐深入和扩展,而对健康素养价值的探索对指导健康素养评估(以及对不同研究结果进行比较)具有十分重要的意义。健康素养的测量和评价是提升健康素养的前提,健康素养评估工具被认为是健康决策、健康行为和选择健康的依据(进而可改变健康素养的决定工具),且评估和监测健康素养情况对于支持改善健康素养情况的干预措施和政策至关重要[②]。因此各国组织机构和学者基于对健康素养的不同认识、测量对象和主题的差异等,对健康素养的测量(方式、工具、语言、适用对象)和评价等进行了大量研究。

研究发现第一份健康素养测评工具于 1993 年问世,随后测评工具逐渐增加。从测评方式上来看,健康素养的测评分为主观测评、客观测评和综合性测评三种方式,三种不同测评方式所采用的测评工具和产生的测评结果也有所不同。相关学者研究发现,客观测评工具数量最多、运用也最为广泛。其中,国外主观测评工具包括经典的 eHEALS[③] 量表在内共有 7 种测

---

① 中华人民共和国卫生部. 健康 66 条:中国公民健康素养读本[M]. 北京:人民卫生出版社,2008.

② McQueen D V, Kickbusch I, Potvin L. Health and modernity:The role of theory in health promotion[M]. New York:Springer, 2007.

③ Norman C D, Skinner H A. eHEALS:The eHealth literacy scale[J]. Journal of Medical Internet Research, 2006, 8(4):e27.

评;国外客观测评工具包括两大经典系列量表REALM[①] 和 TOFHLA[②] 等
15 种,而应用频次排名前三的客观测评工具依次为 NVS[③]、S-TOFHLA[④]、
REALM-S[⑤];综合性测评工具共有 5 种,这类工具中使用最为广泛的是
HLS-EU-Q[⑥]。从测评工具测评的健康素养的主题来看,健康素养评估工具
可分为一般健康素养评估工具和特定主题的健康素养评估工具。一般健康
素养工具有多种版本,用于不同的语言和人群,例如,REALM 有 16 个版
本[⑦],NVS 有 15 个版本[⑧],TOFHLA 有 6 个版本[⑨],S-TOFHLA 有 13 个版
本[⑩],HLQ 有 19 个版本[⑪]。在特殊健康素养工具中,HLS-EU-Q 在三个领
域(保健、健康预防和健康促进)调查健康素养,并且还有许多工具来衡量特
定疾病,例如慢性非传染性疾病,尤其是糖尿病、高血压和癌症等健康素养,

① Don N. Health literacy as a public health goal: A challenge for contemporary health education and communication strategies into the 21st century[J]. Health Promotion International, 2000, 15(3): 259 - 267.
② 吕鸣,王秀波,张士靖,等. 健康素养促进型组织的概念内涵、测量工具及其影响因素[J]. 医学与哲学, 2022, 43(8): 29 - 32.
③ 李新华.《中国公民健康素养: 基本知识与技能》的界定和宣传推广简介[J]. 中国健康教育, 2008, 24(5): 385 - 388.
④ US Department of Health and Human Services. Healthy people 2010[M]. Washington, DC.: GPO, 2009.
⑤ Nielsen-Bohlman L, Panzer A M, Kinding D A, et al. Health literacy: A prescription to end confusion[M]. Washington, DC.: National Academies Press, 2004.
⑥ Doney D, Pavlekovic G, Zlatel-krageli L J, et al. Health promotion and disease prevention: A handbook for teachers, researchers, health professionals and decision makers[M]. Skopje-Lage: Hans Jocobs Publishing Company, 2007.
⑦ Davis T C, Long S W, Jackson R H, et al. Rapid estimate of adult literacy in medicine: A shortened screening instrument[J]. Family Medicine, 1993, 25(6): 391 - 395.
⑧ Haghdoost A A, Rakhshani F, Aarabi M, et al. Iranian Health Lliteracy Questionnaire(IHLQ): An instrument for measuring health literacy in Iran[J]. Iranian Red Crescent Medical Journal, 2015, 17(6): e25831.
⑨ Parker R M, Baker D W, Williams M V, et al. The test of functional health literacy in adults[J]. Journal of General Internal Medicine, 1995, 10(10): 537 - 541.
⑩ Baker D W, Williams M V, Parker R M, et al. Development of a brief test to measure functional health literacy[J]. Patient Education and Counseling, 1999, 38(1): 33 - 42.
⑪ Neill B O, Goncalves D, Ricci-Cabello I, et al. An overview of self-ad ministered health literacy instruments[J]. PLoS One, 2014, 9(12): e109110.

具有普遍使用的潜力①。而我国学者刘薇等对国外的健康素养的测评工具进行梳理发现,当前关于健康素养测评工具主要有 27 种②,同时该学者的研究结果显示英语和西班牙语为测评工具的主要语言,研究主要集中于美国和欧洲国家,具体 26 种测评工具的名称、语种和测评的方式等如表 1-2 所示。国际上使用最广泛的工具之一是欧洲健康素养调查(HLS-EU-Q),英文版被翻译成多种语言③,此外,其多种语言版本④⑤⑥⑦⑧⑨⑩已在各种人群中使用,成为国际上使用最广泛的工具之一。

我国健康素养测评工具起步较晚,但是随着近年来国家对健康素养的重视,这方面的研究有了很大的突破。我国首次居民健康素养测评始于 2008 年的《中国公民健康素养——基本知识和技能(试行)》。为了这次全国性的调查,原卫生部组织了有关专家研制了《中国居民健康素养调查问卷》。

---

① Sørensen K, Van den Broucke S, Pelikan J M, et al. Measuring health literacy in populations: Illuminating the design and development process of the European Health Literacy Survey Questionnaire(HLS-EU-Q)[J]. BMC Public Health,2013,13(1):948.

② 刘薇,贺珊. 国外健康素养测评工具系统综述[J]. 现代情报,2020,40(11):154-166.

③ Duong T V, Aringazina A, Baisunova G, et al. Measuring health literacy in Asia: Validation of the HLS-EU-Q47 survey tool in six Asian countries[J]. Journal of Epidemiology, 2017, 27(2): 80-86.

④ Duong V T, Lin I F, Sørensen K, et al. Health literacy in Taiwan: A population-based study [J]. Asia-Pacific Journal of Public Health, 2015, 27(8): 871-880.

⑤ Huang Y J, Chen C T, Lin G H, et al. Evaluating the European health literacy survey questionnaire in patients with stroke: A latent trait analysis using rasch modeling[J]. The Patient-Patient-Centered Outcomes Research,2018,11(1):83-96.

⑥ Huang Y J, Lin G H, Lu W S, et al. Validation of the European health literacy survey questionnaire in women with breast cancer[J]. Cancer Nursing,2018,41(2): E40-E48.

⑦ Chu-Ko F, Chong M L, Chung C J, et al. Exploring the factors related to adolescent health literacy, health-promoting lifestyle profile, and health status[J]. BMC Public Health,2021,21(1):2196.

⑧ Finbråten H S, Pettersen K S, Wilde-Larsson B, et al. Validating the European Health Literacy Survey Questionnaire in people with type 2 diabetes: Latent trait analyses applying multidimensional rasch modelling and confirmatory factor analysis[J]. Journal of Advanced Nursing,2017, 73(11):2730-2744.

⑨ Nakayama K, Osaka W, Togari T, et al. Comprehensive health literacy in Japan is lower than in Europe: A validated Japanese-language assessment of health literacy[J]. BMC Public Health, 2015,15(1):505.

⑩ Thao N T H, Thanh P H, Tai T P, et al. Reliability and validity of health literacy questionnaire (new vietnamese version of hls-eu-q47) among mothers of children under 3-year at two vaccination centers in hanoi in 2019[J]. Journal of Medical Research,2020,127(E6):3.

表 1 - 2 健康素养测评工具

工具编码	工具名	年份、作者	国别、语种	工具内容	样本量	测评层次	测评方式	测试时间	信度	效度	是否可获得
1	REALM	1991 Davis 等[1]	美国 英语	125 个医学术语按难度顺序排列	207	功能	面谈	3～5 min	Cr. α=0.99	—	否
2	REALM-S	1993 Davis 等	美国 英语	66 个医学术语按难度顺序排列	230	功能	面谈	1～2 min	Cr. α=0.99	PIAT-R (r=0.97) SORT-R (r=0.96) WRRT-R (r=0.88)	是
3	TOFHLA	1995 Parker 等[2]	美国 英语 西班牙语	50 个阅读理解题,17 个计算题	505	功能交流	纸质问卷	<22 min	Cr. α=0.98	REALM (r=0.74)	否
4	MA RT	1997 Hanson-Divers[3]	美国 英语	42 个医学术语	405	功能	面谈	—	Cr. α=0.98	与 WRAT 关联度高	是

① Davis T C,Crouch M A,Long S W,et al. Rapid assessment of literacy levels of adult primary care patients[J]. Family Medicine,1991,23(6):433－435.
② Parker R M, Baker D W, Williams M V,et al. The test of functional health literacy in adults[J]. Journal of General Internal Medicine, 1995,10(10):537－541.
③ Hanson-Divers E C. Developing a medical achievement reading test to evaluate patient literacy skills: A preliminary study[J]. Journal of Health Care for the Poor and Underserved,1997,8(1):56－69.

续表

工具编码	工具名	年份、作者	国别、语种	工具内容	样本量	测评层次	测评方式	测试时间	信度	效度	是否可获得
5	S-TOFHLA	1999 Baker 等①	美国 英语	4个计算题,2篇阅读	211	功能交流	纸质问卷	<12 min	Cr. α=0.68(计算) Cr. α=0.97(阅读)	REALM (r=0.80)	是
6	REALM-R	2003 Bass 等②	美国 英语	8个常用和被期望理解的单词	157	功能	面谈	<2 min	—	WRAT-R (r=0.64)	是
7	NVS	2005 Weiss 等③	美国 英语 西班牙语	6个营养标签的阅读应用题	500	功能交流	纸质问卷	3 min	Cr. α=0.76(NVS-E) Cr. α=0.69(NVS-S)	REALM (r=0.84)	是
8	REALM-TEEN	2006 Davis 等④	美国 英语	66个词汇按难度顺序排列	1 533	功能	面谈	2~3 min	Cr. α=0.94	WRAT-R (r=0.83) SORT-R (r=0.93)	是

① Baker D W, Williams M V, Parker R M, et al. Development of a brief test to measure functional health literacy[J]. Patient Education and Counseling, 1999, 38(1):33 - 42.

② Bass P F, Wilson J F, Griffith C H. A shortened instrument for literacy screening[J]. Journal of General Internal Medicine, 2003, 18(12):1036 - 1038.

③ Weiss B D, Mays M Z, Martz W, et al. Quick assessment of literacy in primary care: The newest vital sign[J]. The Annals of Family Medicine, 2005, 3(6): 514 - 522.

④ Davis T C, Wolf M S, Arnold C L, et al. Development and validation of the Rapid Estimate of Adolescent Literacy in Medicine(REALM-Teen):A tool to screen adolescents for below-grade reading in health care settings[J]. Pediatrics, 2006, 118(6):e1707 - e1714.

续表

工具编码	工具名	年份，作者	国别，语种	工具内容	样本量	测评层次	测评方式	测试时间	信度	效度	是否可获得
9	SAHLSA	2006 Lee等①	美国 英语	50个题目	403	功能交流	面谈	3~6 min	Cr. α=0.92	REALM (r=0.76)	是
10	eHEALS	2006 Norman等②	加拿大 英语	8个题目	664	功能交流	纸质问卷	—	Cr. α=0.88	—	是
11	REALM-F	2007 Arozullah等③	美国 英语	7个医学术语	1 336	功能	面谈	<2 min	—	REALM (r=0.95)	是
12	HHLT	2007 Baronepel等④	以色列 希伯来语	12个阅读和计算题目	119	功能交流	面谈	—	Cr. α=0.98	—	是

① Lee S Y D,Bender D E,Ruiz R E,et al. Development of an easy-to-use Spanish Health Literacy test[J]. Health services Research,2006,41:1392-1412.
② Norman C D,Skinner H A. eHEALS:The eHealth literacy scale[J]. Journal of Medical Internet Research,2006,8(4):e27.
③ Arozullah A M,Yarnold P R,Bennett C L,et al. Development and validation of a short-form,rapid estimate of adult literacy in medicine[J]. Medical Care,2007,45(11):1026-1033.
④ Baron-Epel O,Balin L B,Daniely Z,et al. Validation of a hebrew health literacy test[J]. Patient Education and Counseling,2007,67(1/2):235-239.

续表

工具编码	工具名	年份、作者	国别、语种	工具内容	样本量	测评层次	测评方式	测试时间	信度	效度	是否可获得
13	Talking Touchscreen	2009 Yost①	美国 英语 西班牙语	138个题目	231	功能交流	计算机辅助	—	—	—	部分可获取
14	CHC Test	2009 Steckelberg 等②	德国 德语	72个考查阅读、计算、信息获取能力的题目	322	功能交流	纸质问卷	<90 min	Cr.α=0.91	—	否
15	SAHL-S & E	2010 Lee 等③	美国 英语 西班牙语	18个题目	403	功能交流	面谈 纸质问卷	2~3 min	Cr.α=0.80 (SAHL-S) Cr.α=0.89 (SAHL-E)	SAHL-S: SAHISA (r=0.88) S-TOFHLA (r=0.62) SAHL-E REALM (r=0.94); English TOFHLA.(r=0.68)	是

① Yost K J,Webster K,Baker D W,et al. Bilingual health literacy assessment using the Talking Touchscreen/la Pantalla Parlanchina:Development and pilot testing.[J]. Patient Education and Counseling,2009,75(3):295-301.

② Steckelberg A,Hülfenhaus C,Kasper J,et al. How to measure critical health competences:Development and validation of the Critical Health Competence Test(CHC Test)[J]. Advances in Health Sciences Education,2009,14(1):11-22.

③ Lee S Y D,Stucky B D,Lee J Y,et al. Short assessment of health literacy-Spanish and English:A comparable test of health literacy for Spanish and English speakers[J]. Health Services Research,2010,45(4):1105-1120.

续表

工具编码	工具名	年份，作者	国别，语种	工具内容	样本量	测评层次	测评方式	测试时间	信度	效度	是否可获得
16	METER	2010 Rawson等①	美国英语	40个医学术语，40个非医学术语	155	功能	纸质问卷	2 min	Cr.α=0.93	REALM (r=0.74)	是
17	HILSI	2010 McCormack等②	美国英语	25个考察听说知识应用能力的题目	889	功能交流	计算机辅助	12 min	Cr.α=0.86	S-TOFHLA (r=0.47)	是
18	HLSI-SF	2012 Bann等③	美国英语	10个考察读写，计算，口语能力的题目	889	功能交流	面谈 纸质问卷	5~10 min	Cr.α=0.86	TOFHLA (r=0.97)	是
19	AAHLS	2013 Chinn等④	美国英语	14个考察不同能力的题目	146	功能交流批判	面谈 纸质问卷	7 min	Cr.α=0.75	—	部分可获取

① Rawson K A,Gunstad J,Hughes J,et al. The METER:A brief,self-administered measure of health literacy[J]. Journal of General Internal Medicine,2010,25(1):67-71.

② McCormack L,Bann C,Squiers L,et al. Measuring health literacy:A pilot study of a new skills-based instrument[J]. Journal of Health Communication,2010,15(sup2):51-71.

③ Bann C M,McCormack L A,Berkman N D,et al. The health literacy skills instrument:A 10-item short form[J]. Journal of Health Communication,2012,17(sup3):191-202.

④ Chinn D,Mccarthy C. All Aspects of Health Literacy Scale(AAHLS):Developing a tool to measure functional,communicative and critical health literacy in primary healthcare settings[J]. Patient Education and Counseling,2013,90(2):247-253.

续表

工具编码	工具名	年份、作者	国别、语种	工具内容	样本量	测评层次	测评方式	测试时间	信度	效度	是否可获得
20	HELMS	2013 Jordan等①	澳大利亚 英语	29个考察知识获取、应用能力的题目	683	功能交流 批判	纸质问卷	—	Cr.α=0.73	—	是
21	MAHL	2013 Massey等②	美国 英语	24个题目	1 208	功能交流	纸质问卷	—	Cr.α=0.83	—	是
22	HLS-EU-Q47	2013 Sorensen等③	欧洲 英语	47个针对疾病预防、健康护理的题目	99	功能交流 批判	面谈计算机辅助	20~90 min	Cr.α= 0.51~0.91	CCHL (r=0.61)	是
23	HLS-CH	2014 Wang等④	瑞士加拿大 英语	158个考察不同能力的题目	1 255	功能交流 批判	电话访谈	30 min	—	—	否

① Jordan J E, Buchbinder R, Briggs A, et al. The Health Literacy Management Scale(HeLMS): A measure of an individual's capacity to seek, understand and use health information within the healthcare setting[J]. Patient Education and Counseling, 2013,91(2):228-235.
② Massey P, Prelip M, Calimlim B, et al. Findings toward a multidimensional measure of adolescent health literacy[J]. American Journal of Health Behavior, 2013,37(3):342-350.
③ Sørensen K, Van den Broucke S, Pelikan J M, et al. Measuring health literacy in populations: Illuminating the design and development process of the European Health Literacy Survey Questionnaire(HLS-EU-Q)[J]. BMC Public Health, 2013,13(1):948.
④ Wang J, Thombs B D, Schmid M R. The Swiss Health Literacy Survey: Development and psychometric properties of a multidimensional instrument to assess competencies for health[J]. Health Expectations: An International Journal of Public Participation in Health Care and Health Policy, 2014,17(3):396-417.

续表

工具编码	工具名	年份、作者	国别、语种	工具内容	样本量	测评层次	测评方式	测试时间	信度	效度	是否可获得
24	CCHLS	2018 Pleasant 等①	美国 英语 西班牙语	5个考察不同能力的题目	633	功能交流	面谈 纸质问卷	3 min	Cr.α=0.8	—	是
25	HLS-EU-Q12	2018 SBerg F H等②	挪威 英语	12个题目	900	功能交流 批判	电话访谈	—	Cr.α=0.85	HLS-EU (r=0.80)	是
26	HLS-EU-Q16	2019 Chiara 等③	意大利 英语	16个题目	452	功能交流 批判	电话访谈	—	Cr.α=0.799	—	是

表格来源：Kickbusch I, Pelikan J M, Apfel F, et al. Health literacy: The solid facts[M]. Geneva: WHO Regional Office for Europe, 2013.

① Pleasant A,Maish C,O'Leary C,et al. A theory-based self-report measure of health literacy: The calgary charter on health literacy scale[J]. Methodological Innovations,2018,11(3):1－9.

② Finbräten H S, Wilde-Larsson B, Nordström G,et al. Establishing the HLSQ12 Short Version of the European Health Literacy Survey Questionnaire: Latent Trait Analyses Applying Rasch Modelling and Confirmatory Factor Analysis[J]. BMC Health Services Research,2018,18(1):1－17.

③ Lorini C, Lastrucci V, Mantwill S, et al. Measuring Health Literacy in Italy:A Validation Study of the HLS-EU-Q16 and of the HLS-EU-Q6in Italian Language,Conducted in Florence and Its Surroundings[J]. Annali Dellistituto Superiore Di Sanita,2019,55(1):10－18.

该问卷适用于15～69周岁的人群，在后续几次全国性的调查中表现良好，获得了广泛的好评。这也是当前我国公开的、关于健康素养测评最为权威的测评工具。测评内容主要包含了现阶段我国城乡居民必须理解或掌握的最基本的健康相关信息。有别于国外健康素养的定义和测量指标，我国健康素养调查依据《中国公民健康素养——基本知识与技能（试行）》公告的内容，将健康素养划分为基本健康知识和理念、健康生活方式与行为素养以及基本技能素养三个方面，界定了健康素养的内涵，符合健康行为的形成与发展需要，具有以健康知识普及和信念形成为基础、以技能掌握为支撑的行为改变模式。此外，根据我国存在的主要健康问题，将健康素养分为"科学的健康观、传染病防治素养、慢性病防治素养、安全与急救素养以及基本医疗素养"五类。这种划分紧密结合了影响健康的主要因素，抓住居民普遍关注的健康问题，切合一段时期内卫生工作的重点和任务，为健康素养的促进和干预明确了工作重点和方向。

而后，2012年，原卫生部在充分借鉴《中国公民健康素养——基本知识与技能（试行）》和国际经验的基础上，开展了全国城乡居民健康素养监测，从三个方面评价居民健康素养水平：① 我国城乡居民健康素养的总体水平；② 从基本健康知识和理念素养、健康生活方式与行为素养、基本技能素养三个维度评价居民健康素养水平；③ 从科学健康观素养、传染病防治素养、慢性病防治素养、安全与急救素养、基本医疗素养和健康信息素养六类健康问题评价居民健康素养水平。问卷共80个题目，满分为100分。题型有判断题、单选题、多选题和材料分析题。问卷得分≥80分，则判定具备基本健康素养。后来国家进一步优化调查问卷，并在此基础上颁布了《2015年全国居民健康素养监测调查问卷》[1]，测评方法依然为问卷得分80％以上判定为具备健康素养，其他三个维度的健康素养和六类健康问题的判定方法与之前的相同。

近些年，关于青少年学生健康素养测评的研究更是引起广泛关注[2][3]。在青少年学生健康素养水平测量方面，当前研究结果因测评工具、测评范

① 黄玉.江苏省高中生健康素养与体质健康的关系研究[D].南京：南京体育学院，2019.
② Ormshaw M J, Paakkari L T, Kannas L K. Measuring child and adolescent health literacy: A systematic review of literature[J]. Health Education, 2013(5): 433-455.
③ Bröder J, Okan O, Bauer U, et al. Health literacy in childhood and youth: A systematic review of definitions and models[J]. BMC Public Health, 2017, 17(1): 361.

围、测评方法和测评对象年龄段不同而呈现差异性。国外青少年学生健康素养测评中使用的测评工具主要有 REALM-teen[①]、HEAP items[②]、S-TOFHLA[③]等,测评对象的年龄段分别为 10～19 岁、11～18 岁、6～19 岁,其中第一种和第三种年龄段测评的健康主题主要为医药,第二种年龄段测评的主题内容主要为身体活动、营养/饮食和抽烟。在我国青少年学生健康素养研究中,对健康素养水平的测评工具主要分为两类,一类为国外问卷经翻译后再结合国内社会文化背景改编而成的测评工具,一类为国内自制健康素养测评工具,后一类测评工具结合我国人群特点,以国家颁布的《中小学健康教育指导纲要》和《中国公民健康素养——基本知识与技能(2015 年版)》(以下简称《健康素养 66 条》)为参考和借鉴进行编制[④]。如余小鸣等[⑤]开发并构建了小学、初中和高中学生三级健康素养评估框架,以衡量健康素养的四个方面:知识、概念、技能和行为。郭帅军等[⑥]自制包括基本情况、健康知识、健康理念、基本技能素养和健康行为的调查问卷评估高中生的健康素养水平。魏保建等[⑦]在《健康素养 66 条》的基础上设计了《中小学生健康素养测量问卷》,问卷的基本内容包括 61 个项目,涵盖三个不同的维度:基本知识和概念、健康的生活方式和行为以及基本技能。赵慧慧等[⑧]参考相关文献资料与《健康素养 66 条》,制定了知识、行为和技能维度的小学生健康素养

① Davis T C, Wolf M S, Arnold C L, et al. Development and validation of the Rapid Estimate of Adolescent Literacy in Medicine(REALM-Teen): A tool to screen adolescents for below-grade reading in health care settings[J]. Pediatrics, 2006, 118(6): e1707 - e1714.

② Hubbard B, Rainey J. Health literacy instruction and evaluation among secondary school students [J]. American Journal of Health Education, 2007, 38(6): 332 - 337.

③ Chisolm D J, Buchanan L. Measuring adolescent functional health literacy: A pilot validation of the test of functional health literacy in adults[J]. Journal of Adolescent Health, 2007, 41(3): 312 - 314.

④ 李学坤,刁梦萍,刘卉萌,等.江西省中学生健康素养评估量表研制及应用评价[J].实用临床医学,2021,22(3):84 - 90.

⑤ 余小鸣,郭帅军,王璐,等.高中生健康素养评价问卷的结构框架及信效度分析[J].中国学校卫生,2014,35(5):672 - 674.

⑥ 郭帅军,余小鸣,潘勇平,等.北京市高中生健康素养水平及影响因素分析[J].中国学校卫生,2016,37(10):1480 - 1482.

⑦ 魏保建,黄名,李春玉.青少年健康素养的研究进展[J].中国儿童保健杂志,2016,24(3):264 - 265.

⑧ 赵慧慧,周春兰,谢衍庆,等.广州市 3 135 名小学生健康素养现状及影响因素分析[J].护理学报,2020,27(17):30 - 34.

调查问卷。妲兰画等①依据《中小学健康教育指导纲要》并参考《系列中小学健康教育教师教学指导用书》，编制的包括心理健康、健康行为与生活方式、应急安全与危险预防、疾病预防和青少年健康五个维度的健康素养问卷。孙慧彦等②根据《中小学健康教育指导纲要》编制了包括心理健康、健康行为与生活方式、应急安全与危险预防、疾病预防和青少年健康五个维度的健康素养问卷，并在该纲要的基础上，制定了包括一般信息、健康知识、健康行为和健康教育需求的原始问卷，对1~3、4~6和7~9年级的学生进行了问卷调查。冷艳等③依据《中小学健康教育指导纲要》和《中国公民健康素养——基本知识与技能（2015年版）》编制了一份问卷，分三个部分进行调查，以测量中小学生的健康素养、疾病预防与管理素养。李亚君等④编制了健康素养问卷，包括知识与观念、行为与技能，以及安全与应急素养、健康素养和疾病预防与管理素养等。王翎懿等⑤在 Nutbeam 的功能性、互动性和评价性健康素养理论的基础上，参考中国的相关政策文件，编制了一份包含54个项目的健康素养问卷。杨伟康等⑥编制了一份原创的健康素养调查问卷，包括基本健康知识和概念、健康生活方式和行为、健康素养技能等项目。另一类是将现有的国际测量工具本地化。如我国台湾学者 Chang 等⑦将 TOFHLA 量表的简短版本翻译成中文，并对其进行了修订，为中国青少年开发了36项功能健康素养测试的简短版本，适用于17至18岁的高中生，用于计划和实

---

① 妲兰画,刘雪婷,李金星,等.2018年乌鲁木齐市第十五小学小学生健康素养现状调查结果分析[J].预防医学情报杂志,2020,36(3):292-296.

② 孙慧彦,吕香莲,罗永园,等.海口市中小学生健康知识行为及健康教育需求[J].中国学校卫生,2019,40(11):1727-1730.

③ 冷艳,魏霞,李凤霞,等.山东省高年级小学生健康素养影响因素分析[J].中国健康教育,2019,35(8):680-684.

④ 李亚君,范正,孙桐,等.山东省小学生健康素养现状及影响因素分析[J].中国学校卫生,2019,40(3):378-380.

⑤ 王翎懿,王宏,程绪婷,等.初中生健康素养量表的编制与信效度分析[J].现代预防医学,2016,43(23):4296-4300.

⑥ 杨伟康,薛志强,林丰,等.深圳市龙华新区小学生健康素养现状与影响因素分析[J].中国学校卫生,2015,36(11):1627-1629.

⑦ Chang L C,Guo J L, Liao L L, et al. A coalition partnership of vision health through a health-promoting school program for primary school students in Taiwan[J]. Global Health Promotion, 2017, 24(3): 23-31.

施健康教育方案前的评估。Guo 等①将 8 项健康素养评估工具(HLAT-8)翻译成中文,供中学生使用,发现 c-HLAT-8 的分数与台湾健康素养调查有适度的相关性,并且完全适用。北京大学公共卫生学院郭帅军等②修订了英文版的电子健康素养量表(eHEALS),并对 110 名高中生进行了评估。eHEALS 的中文版问卷在文化和语言上对原始调查表作了优化,一方面验证了其在我国使用的可行性,另一方面对促进我国青少年健康素养水平在国际层面的比较具有重要意义。国内开发或引进了一系列青少年学生健康素养问卷,但其中运用最为广泛的还是由国家行政部门组织专家研制的《全国居民健康素养监测调查问卷》,该问卷适用于我国 15~69 岁常住人口,由于大部分高中生属于该年龄段,所以对于高中生的健康素养测评采用该问卷的文献较多,如李静娟等③、周苍海等④、张艳青等⑤、崔子褀等⑥的研究均采用了该问卷。

关于健康素养的评判问题,对《全国居民健康素养监测调查问卷》测试结果中健康素养的评价主要包括三个部分的内容,具体的测定内容和判定方法如下⑦。

第一部分是健康素养的总体水平,又称为健康素养水平,在国家公布的相关文件中一般称为健康素养水平,如国家卫生健康委网站公布"2022 年全国城市居民健康素养水平为 31.94%"。健康素养水平指具备基本健康素养的人在总人群中所占的比例。判定具备基本健康素养的标准为问卷得分达到总分 80% 及以上,被判定具备基本健康素养。如 2022 年中国居民健康素

① Guo S J, Armstrong R, Waters E, et al. Quality of health literacy instruments used in children and adolescents: A systematic review[J]. BMJ Open, 2018, 8(6): e020080.

② 郭帅军,余小鸣,潘勇平,等.北京市高中生健康素养水平及影响因素分析[J].中国学校卫生,2016,37(10):1480-1482.

③ 李静娟,王艳,谢洪映,等.贵阳市高中生健康素养现状及其影响因素分析[J].中国学校卫生,2016,37(9):1399-1402.

④ 周苍海.西藏自治区山南市某中学高中生健康素养现状及其影响因素研究[J].安徽预防医学杂志,2019,25(3):200-202.

⑤ 张艳青,张茜,汪洋,等.2019 年淄博市部分高中生学习水平与健康素养的关联分析[J].预防医学论坛,2020,26(12):908-911.

⑥ 崔子褀,王现,玄泽亮,等.上海市徐汇区高中生健康素养水平及健康相关行为特征[J].上海预防医学,2020,32(6):468-472.

⑦ 中华人民共和国国家统计局.中国居民及重点人群健康素养监测统计调查制度[EB/OL].(2022-02-05)[2023-06-10].https://www.stats.gov.cn/fw/bmdcxmsp/bmzd/202302/t20230215_1907197.html.

养水平为 27.78%，即每 100 个 15～69 岁的居民中，有近 28 人具备了基本的健康素养。

第二部分是从基本健康知识和理念素养、健康生活方式与行为素养、基本技能素养三个方面评价居民健康素养水平。某方面健康素养水平，指具备某方面健康素养的人在总人群中所占的比例。判定具备某方面健康素养的标准：以考察某方面素养所有题目的分值之和为总分，实际得分达到该总分 80% 及以上者，被判定具备该方面的健康素养。如 2022 年中国居民基本技能素养水平为 26.00%，即每 100 个 15～69 岁的居民中，有 26 人具备了基本的技能健康素养。

第三部分是以公共卫生问题为导向，从科学健康观素养、传染病防治素养、慢性病防治素养、安全与急救素养、基本医疗素养和健康信息素养 6 类健康问题评价居民健康素养水平。某类健康问题素养水平，指具备某类健康问题素养的人在总人群中所占的比例。判定具备某类健康问题素养的标准：以考察某类健康问题素养所有题目的分值之和为总分，实际得分达到该总分 80% 及以上者，被判定具备该类健康问题素养。如 2022 年中国居民健康信息素养 39.81%，即每 100 个 15～69 岁的居民中，有近 40 人具备了基本的技能健康素养。

综上所述，当前国内外文献对成人和青少年学生健康素养测评最精确的方法还未达成共识，研究者倾向基于自身对健康素养的具体理解选择测评的方法，已有测评方法还不适应在各种背景和环境中测评健康素养水平，当前已有的健康素养测评工具的局限和测评结果的差异限制了健康素养研究成果的推广和应用[①]，因此在未来的研究中急需研究国际通用的健康素养测评工具，或者在相同背景下采用相对适宜的健康素养测评工具。从测量学的角度来说，设计问卷是为了了解受试对象某方面准确的信息。而不同人群由于生理、心理、社会适应等方面的不同，对于不同人群的健康素养测评工具需要具体化。就目前的研究来看，我国仅有少量的研究对此进行了探索。这对于我国人口众多、社会结构复杂的情况无疑是不合适的。但是，考虑到研究的操作性和可行性，且本研究的研究对象为 15 岁以上中学生的健康素养，为了便于与其他年龄段的居民健康素养和其他地区中学生的健

---

① Bröder J，Okan O，Bauer U，et al. Advancing perspectives on health literacy in childhood and youth[J]. Health Promotion International，2020，35(3)：575 - 585.

康素养形成对比,本研究选择我国相对权威且问卷条目相对适宜的《全国居民健康素养监测调查问卷》作为本研究的测评工具。

● 四、中学生健康素养现状与影响因素的研究

健康素养是影响个人行为和健康结果的一个重要因素[1],具备足够的健康素养被视为健康的先决条件,因为它使个人能够积极参与自我保健,在复杂的卫生服务系统中进行操作,获取和处理与健康有关的信息,并作出与健康有关的正确决定[2][3]。在当前疫情背景下,Okan 等学者认为健康素养是Covid-19 的社会疫苗[4],所以各国学者对健康素养进行了大量调研。

在健康素养现状方面,相关研究显示,有确凿的证据表明即使在富裕的发达国家,居民健康素养也较低[5]。在八个国家进行的首次欧洲人口健康素养比较调查的结果发现,近一半(47%)的受访者健康素养水平有限[6]。

相关研究显示,美国约有 90% 的成年人在日常生活中经常接收到各种场合的健康信息。然而,这些人中健康素养的普及率存在显著的不平等现象[7][8]。研究还表明,美国的少数种族和民族、非英语母语人群、低收入和/或低教育程度的人、年龄较大的人以及生活在农村社区的人,其健康素养相

① Goto E, Ishikawa H, Okuhara T, et al. Relationship of health literacy with utilization of health-care services in a general Japanese population[J]. Preventive Medicine Reports, 2019, 14: 100811.

② Paasche-Orlow M K, Wolf M S. The causal pathways linking health literacy to health outcomes [J]. American Journal of Health Behavior,2007, 31(1): 19 - 26.

③ Palumbo R. Examining the impacts of health literacy on healthcare costs: An evidence synthesis [J]. Health Services Management Research, 2017,30(4):197 - 212.

④ Okan O, Messer M, Levin-Zamir D, et al. Health literacy as a social vaccine in the COVID - 19 pandemic[J]. Health Promotion International, 2022;daab 197.

⑤ Bröder J, Chang P, Kickbusch I, et al. IUHPE position statement on health literacy: A practical vision for a health literate world[J]. Global Health Promotion,2018, 25(4): 79 - 88.

⑥ Sørensen K, Pelikan J M, Röthlin F, et al. Health literacy in Europe: Comparative results of the European health literacy survey(HLS-EU)[J]. European Journal of Public Health, 2015, 25 (6): 1053 - 1058.

⑦ Sentell T L, Halpin H A. Importance of adult literacy in understanding health disparities[J]. Journal of General Internal Medicine, 2006,21(8): 862 - 866.

⑧ Rikard R V, Thompson M S, McKinney J, et al. Examining Health Literacy Disparities in the United States: A Third Look at the National Assessment of Adult Literacy (NAAL)[J]. BMC Public Health, 2016,16(1): 975.

对较低①。对青少年健康素养的研究显示青少年的健康素养水平有限②,这些研究结果凸显了健康素养在不同人群之间存在的差异和不平等现象。

前加拿大学习委员会的一项研究估计,大约 2/3 的加拿大成年人和90% 的老年人无法获得、理解和使用健康信息和服务,无法为自己做出适当的健康相关决定③。研究还表明,加拿大社会中的某些群体同样不成比例地受到低健康素养的影响,特别是土著人群、老年人、新移民、低教育水平人群、英语/法语熟练度低的人以及接受社会援助的人④⑤。

相关研究还显示澳大利亚居民健康素养达到"精通"水平的仅占到12%⑥。

我国以《中国公民健康素养——基本知识与技能》为依据,进行的覆盖全国 31 个省(自治区、直辖市)的大规模居民健康素养调查研究显示,2020 年全国居民健康素养水平为 23.15%,比 2019 年的健康素养水平提升了 3.98%⑦;2021 年全国居民健康素养水平为 25.40%,较 2020 年的全国居民健康素养水平提高了 2.25%,其中城市居民的健康素养水平(30.70%)高于农村(22.0%)、东部地区居民健康素养水平(30.40%)高于中部(23.83%)和西部(19.42%),且 2021 年我国居民三个维度的健康素养较 2020 年得到了提升⑧,由此可以看出全国居民健康素养水平整体呈现上升趋势。

在青少年学生健康素养现状方面,来自学龄儿童健康行为调查(Health Behaviour in School-aged Children,HBSC)的芬兰数据显示,7 年级和 9 年

---

① Fleary S A, Ettienne R. Social disparities in health literacy in the United States[J]. Health Literacy Research and Practice, 2019,3(1): e47 - e52.

② Caldwell E P, Melton K. Health literacy of adolescents[J]. Journal of Pediatric Nursing, 2020, 55: 116 - 119.

③ Canadian Council on Learning. Health literacy in Canada: A healthy understanding[R]. Ottawa: Canadian Council on Learning, 2008.

④ Rootman I, Gordon-El-Bihbety D. A vision for a health literate Canada[R]. Ottawa: Canadian Public Health Association, 2008.

⑤ Mitic W, Rootman I. Inter-sectoral approach to improving health literacy for Canadians[R]. Vancouver: Public Health Association of British Columbia, 2012.

⑥ Adams R J, Appleton S L, Hill C L, et al. Risks associated with low functional health literacy in an Australian population[J]. The Medical Journal of Australia, 2009, 191(10): 530 - 534.

⑦ 卫生健康委. 2020 年全国居民健康素养水平升至 23.15%[EB/OL]. (2021 - 04 - 01)[2022 - 07 - 20]. http://www.gov.cn/xinwen/2021 - 04/01/content_5597287.htm.

⑧ 中华人民共和国中央人民政府. 稳步提升! 2021 年我国居民健康素养水平达到 25.40%[EB/OL]. (2022 - 06 - 08)[2022 - 07 - 20]. http://www.gov.cn/xinwen/2022 - 06/08/content_5694585.htm.

级学生中有 1/3 具有高水平的健康素养,约 60% 表现出中等水平[1]。立陶宛的 HBSC 结果显示,17.4% 的儿童具有高水平的健康素养,而 70.5% 的儿童具有中等水平[2]。在我国青少年学生等健康素养水平方面,一项针对我国台湾地区 6 年级学生健康素养的学校调查发现,44% 的儿童具有高水平的健康素养(高:16.3%;非常高:27.7%),而 56% 的儿童具有低健康素养(非常低:26.6%;低:29.5%)[3]。李静娟等[4]对于贵阳市随机抽样的 1 657 名高中生进行的健康素养水平调查发现,高中生健康素养水平为 6.8%;周沧海等[5]对西藏自治区山南市某高中的 600 名高中生调研发现其健康素养水平为 4.57%;张艳青等[6]对淄博市部分高中的 1 629 名学生调研发现其健康素养水平为 5.89%;崔子褥等[7]对上海市徐汇区的 10 个社区 355 名高中生进行调研后发现学生的健康素养水平为 27.32%;王娜[8]对商丘市 687 名高中生调研后发现该地区高中生健康素养水平为 14.8%;黄玉[9]对江苏省 1 248 名高中生进行调研发现该地区高中生健康素养水平为 10.5%;孟聪调查的湘西州高中生健康素养具备水平为 19.8%[10];胡梦君[11]对漳州市 671 名城区高中生进行调研发现该地区高中生健康素养水平为 50.5%。还有研究发现,山东省青少年的健康知识水平很低,只有 13.38%,也就是说,每 100 人中只有 13

① Paakkari O, Torppa M, Villberg J, et al. Subjective health literacy among school-aged children [J]. Health Education, 2018, 118(2): 182 – 195.

② Sukys S, Trinkuniene L, Tilindiene I. Subjective health literacy among school-aged children: First evidence from Lithuania[J]. International Journal of Environmental Research and Public Health, 2019, 16(18): 3397.

③ Shih S F, Liu C H, Liao L L, et al. Health literacy and the deter minants of obesity: A population-based survey of sixth grade school children in Taiwan[J]. BMC Public Health, 2016, 16: 280.

④ 李静娟,王艳,谢洪映,等. 贵阳市高中生健康素养现状及其影响因素分析[J]. 中国学校卫生, 2016,37(9):1399 – 1402.

⑤ 周苍海. 西藏自治区山南市某中学高中生健康素养现状及其影响因素研究[J]. 安徽预防医学杂志,2019,25(3):200 – 202.

⑥ 张艳青,张茜,汪洋,等. 2019 年淄博市部分高中生学习水平与健康素养的关联分析[J]. 预防医学论坛,2020,26(12):908 – 911.

⑦ 崔子褥,王现,玄泽亮,等. 上海市徐汇区高中生健康素养水平及健康相关行为特征[J]. 上海预防医学,2020,32(6):468 – 472.

⑧ 王娜. 商丘市高中生健康素养现状及影响因素分析[D]. 北京:北京体育大学,2019.

⑨ 黄玉. 江苏省高中生健康素养与体质健康的关系研究[D]. 南京:南京体育学院,2019.

⑩ 孟聪. 湘西州高中生健康素养与体育锻炼行为及其关系研究[D]. 吉首:吉首大学,2022.

⑪ 胡梦君. 高中生健康素养与课外体育锻炼行为及其关系研究:以漳州市芗城区为例[D]. 漳州:闽南师范大学,2022.

人具备基本的健康知识,特别是基本知识和概念能力以及健康和行为方面的能力都很低(分别为 12. 29% 和 15. 73%)①。综上所述,已有研究显示不同地区高中生健康素养水平不同,可能与测评主题、测评工具、定义标准、抽样方法和调查参与者的数量等因素有关②,然而大部分研究都认为我国青少年学生的健康素养水平相对较低,依然需要进一步进行研究。

在青少年学生健康素养的影响因素方面,有学者③检索了 1963—2004 年的美国健康素养研究主题的文献,纳入的 85 项研究包括 31 129 名调查对象,研究发现医学文献中的调查对象健康素养低是一个普遍现象,且与健康素养相关的最常见的人口特征是教育水平、年龄、种族④⑤⑥⑦⑧⑨⑩,即健康素养始终与教育、种族和年龄相关,并提出要简化卫生服务,改善健康教育,以改善健康差距。我国学者程丽楠等⑪指出青少年学生健康素养主要受到个体自身属性、教育系统、卫生系统和家庭系统四个方面的影响。同时也有研究发现,高中生健康素养与性别、年级、所在地区、家庭收入、家庭人口数、教学环

① 冷艳,魏霞,李凤霞,等. 山东省高年级小学生健康素养影响因素分析[J]. 中国健康教育,2019,35(8):680 - 684.

② 杜国平,张素琴,金丹,等. 江苏籍大一新生 2017—2018 年健康素养现状及影响因素[J]. 中国学校卫生,2021,42(3):459 - 464.

③ Paasche-Orlow M K, Parker R M, Gazmararian J A, et al. The prevalence of limited health literacy[J]. Journal of General Internal Medicine, 2005, 20(2): 175 - 184.

④ Beers B B, McDonald V J, Quistberg D A, et al. Disparities in health literacy between African American and non-African American primary care patients[J]. Journal of General Internal Medicine,2003, 18(sup 1): 169.

⑤ Hearth-Holmes M, Murphy P W, Davis T C, et al. Literacy in patients with a chronic disease: Systemic lupus erythematosus and the reading level of patient education materials[J]. The Journal of Rheumatology,1997,24(12): 2335 - 2339.

⑥ Moon R Y, Cheng T L, Patel K M, et al. Parental literacy level and understanding of medical information[J]. Pediatrics, 1998,102(2): e25.

⑦ Williams M V, Baker D W, Honig E G, et al. Inadequate literacy is a barrier to asthma knowledge and self-care[J]. Chest,1998,114(4): 1008 - 1015.

⑧ Artinian N T, Lange M P, Templin T N, et al. Functional health literacy in an urban primary care clinic[J]. The Internet Journal of Advanced Nursing Practice,2002,5(2): 1 - 8.

⑨ Schillinger D, Grumbach K, Piette J, et al. Association of health literacy with diabetes outcomes [J]. JAMA,2002,288(4): 475 - 482.

⑩ Al-Tayyib A A, Rogers S M, Gribble J N, et al. Effect of low medical literacy on health survey measurements[J]. American Journal of Public Health,2002,92(9): 1478 - 1481.

⑪ 程丽楠,王亚丽,高明灿,等. 吉林省初中生健康素养影响因素分析[J]. 中国健康教育,2017,33(2):107 - 110.

境、自评学习成绩、父母的学历和职业、学校健康教育[1][2][3][4][5]等因素有关。

已有研究显示不同地区高中生健康素养水平不同,可能与测量主题、测量工具、定义标准、抽样方法和调查参与者的数量等因素有关[6]。健康素养不是固定不变的,而是在一个人的一生中通过教育等途径发展起来的,并受到个人、环境和社会因素的影响[7],而学校类型是影响教育质量的一个重要因素,因此本研究将学校类型纳入到健康素养的调研中。同时已有的关于青少年学生健康素养调查对象的人数通常处于 500 至 1 500 人之间,且通常局限于某一个地区或某几个地区,缺少针对全国的大样本,因此本研究将基于我国比较权威和成熟的调查问卷对我国 31 个省(自治区、直辖市)等地区大于 15 岁的中学生(主要为高中生)进行调查,以了解我国中学生健康素养水平及其影响因素。

●五、中学生健康素养治理的研究

健康素养已经得到全球性的关注[8],其重要性已被当前的研究证实,但健康素养低下依然是全球性的问题。因此各组织和国家出台了一系列干预和治理措施来提升健康素养。

在健康素养干预方面,干预的措施有个人干预、小组干预、基于网络的干预、单组干预(发宣传页)和多组干预(聊天、讲座、培训课程、服务台、计算

---

① 张艳青,张茜,汪洋,等. 2019 年淄博市部分高中生学习水平与健康素养的关联分析[J]. 预防医学论坛,2020,26(12):908-911.
② 黄玉. 江苏省高中生健康素养与体质健康的关系研究[D]. 南京:南京体育学院,2019.
③ 刘丹,李涛. 长沙县高中生健康素养调查分析[J]. 河南预防医学杂志,2019,30(9):652-655.
④ 王娜. 商丘市高中生健康素养现状及影响因素分析[D]. 北京:北京体育大学,2019.
⑤ 胡劲松,朱江,周婧瑜,等. 长沙市高中生健康素养现况及其影响因素研究[J]. 中国健康教育,2016,32(8):750-751.
⑥ 杜国平,张素琴,金丹,等. 江苏籍大一新生 2017—2018 年健康素养现状及影响因素[J]. 中国学校卫生,2021,42(3):459-464.
⑦ Schulenkorf T,Sørensen K,Okan O. International understandings of health literacy in childhood and adolescence:A qualitative-explorative analysis of global expert interviews[J]. International Journal of Environmental Research and Public Health,2022,19(3):1591.
⑧ Kickbusch I,Pelikan J M,Apfel F,et al. Health literacy[M]. Copenhagen:WHO Regional Office for Europe,2013.

机程序和传单等)①;干预的内容有功能性健康素养、互动性健康素养和批判性健康素养、电子健康素养、口腔健康素养等;干预的人群有学生(大学生、中学生、小学生)、特殊人群(医护人员、病患)、老人等;干预的策略则有单一策略干预和混合策略干预②等。

在青少年健康素养干预方面,由于学校可以长期覆盖所有学龄儿童青少年③,学校场域已成为发展和提升健康素养水平目标的重要场域④⑤⑥。在学校中,由于学生来自不同社会经济和文化背景,因此一定程度上可以确保所有人都得到平等的提升培养健康素养的机会和帮助⑦⑧⑨⑩。在可持续健康促进行动的背景下,教育部门提供方法以解决影响健康和发展的各种环境层面问题,其中包括支持营养的计划,以实现在健康和学业成就方面取得

①　Visscher B B, Steunenberg B, Heijmans M, et al. Evidence on the effectiveness of health literacy interventions in the EU: A systematic review[J]. BMC Public Health,2018,18(1):1414.

②　Sheridan S L, Halpern D J, Viera A J, et al. Interventions for individuals with low health literacy: A systematic review[J]. Journal of Health Communication,2011,16(sup3): 30 - 54.

③　Inchley J, Currie D, Young T, et al. Growing up unequal: Gender and differences in young people's health and well-being[M]. Copenhagen: The WHO Regional Office for Europe,2016.

④　Eckman M H, Wise R, Leonard A C, et al. Impact of health literacy on outcomes and effectiveness of an educational intervention in patients with chronic diseases[J]. Patient Education and Counseling,2012,87(2):143 - 151.

⑤　Lewallen T C, Hunt H, Potts-Datema W, et al. The whole school, whole community, whole child model: A new approach for improving educational attainment and healthy development for students[J]. The Journal of School Health,2015, 85(11):729 - 739.

⑥　Paakkari L, Inchley J, Schulz A, et al. Addressing health literacy in schools in the WHO European Region[J]. Public Health Panorama 2019(5): 186 - 190.

⑦　Kickbusch I, Pelikan J M, Apfel F, et al. Health literacy: The solid facts[M]. Geneva: WHO Regional Office for Europe, 2013.

⑧　International Union for Health Promotion and Education. Health promoting schools: An effective approach to early action on non-communicable disease risk factors[M]. Geneva: World Health Organization, 2017.

⑨　Hunt P, Barrios L, Telljohann S K, et al. A whole school approach: Collaborative development of school health policies, processes and practices[J]. The Journal of School Health, 2015, 85 (11): 802 - 809.

⑩　Peralta L, Rowling L, Samdal O, et al. Conceptualizing a new approach to adolescent health literacy[J]. Health Education Journal,2017,76(7):787 - 801.

更好结果的目标[①②]。在可持续性和成本效益方面,基于学校的健康素养计划被认为是基于教育部门早期健康素养干预综合且有希望的举措[③]。

　　我国彭林丽等[④]对重庆市初中生进行为期 3 个月的与健康素养有关的健康教育培训干预后提升了学生的健康素养。程巧云等[⑤]对高一高二两个班在校学生进行健康素养干预,发现干预后学生健康素养水平和三个维度的健康素养水平均高于干预前水平,且干预后学生每天户外运动的时间、不偏食、不熬夜等健康行为形成率均高于之前。何文雅等[⑥]在学校环境中基于健康教育折页、健康教育展板巡展活动、健康素养讲座等综合干预,发现广州市小学生总体健康素养水平比干预前提高,且干预对象的健康知识和技能的改变好于健康行为的改变。张烯等[⑦]对初一—初二两个年级学生在学校进行了为期 6 个月的中医饮食营养知识、中医传统饮食文化、合理膳食等营养课程和健康促进相结合的综合干预,发现干预组学生饮食相关的素养明显提高。研究发现,我国青少年健康素养的干预的场域与国外的研究基本一致,主要干预场域都为学校,但干预的内容有所不同。我国青少年健康素养干预的内容主要集中于身体健康和成长、卫生和疾病预防、营养和健康的生活方式、社会适应和心理健康、安全和伤害预防等方面[⑧],同时也有饮食、中医等其他内容;干预的主要措施有课程、宣传小册子、播放健康知识短视频、讲座等;干预的范围主要是在各地区进行的小规模的健康素养干预,全

① Turner L, Calvert H G. The academic, behavioral, and health influence of summer child nutrition programs: A narrative review and proposed research and policy agenda[J]. Journal of the Academy of Nutrition and Dietetics, 2019, 119(6): 972 - 983.

② Colley P, Myer B, Seabrook J, et al. The impact of Canadian school food programs on children's nutrition and health: A systematic review[J]. Canadian Journal of Dietetic Practice and Research, 2019, 80(2): 79 - 86.

③ McDaid D. Investing in health literacy: What do we know about the co-benefits to the education sector of actions targeted at children and young people[M]. Copenhagen: European Observatory on Health Systems and Policies, 2016.

④ 彭林丽,王宏,何芳,等.重庆初中生健康素养干预效果评价[J].中国学校卫生,2018,39(1):26 - 28.

⑤ 程巧云,吴宏,郑文峰,等.健康促进学校模式下的健康素养干预效果评价[J].江苏预防医学,2020,31(6):704 - 706.

⑥ 何文雅,钟微,罗林峰,等.广州市小学生健康素养干预效果分析[J].中国初级卫生保健,2021,35(8):68 - 70.

⑦ 张烯,石劢,刘红双,等.食育干预对初中学生健康素养的影响[J].中国食物与营养,2021,27(1):75 - 81.

⑧ 胡玉华.中小学生群体健康素养的概念、测量及发展策略[J].中国教育学刊,2019(6):44 - 50.

国性的干预方案相对还较少①，中小学健康教育主要承担的课程是体育与健康课程，但基于体育与健康课程的干预相对还比较少。

在青少年学生健康素养治理方面，教育是被确定为解决全球健康素养水平低下问题的关键条件之一②。借鉴 1986 年《渥太华健康促进宪章》③和 2016 年《上海健康促进宣言》④，世界各地的诸多学者和从业人员一直在论证教育可以与其他部门协同提高健康素养方面的重要作用。教育部门为促进健康素养水平提升提供了许多重要条件。Nutbeam⑤ 在文章中表示，随着 2009—2019 近十年中关于健康素养主题研究论文数量的激增，许多国家政府亦出台国家战略来提升国民的健康素养水平。

在加拿大，健康素养促进政策主要基于健康促进观点，通过普及教育等途径来推动。相关政策文件如《渥太华健康促进宪章》⑥为全球健康素养促进提供了范例。加拿大的相关组织和机构对健康素养进行调查，并在该领域发挥了积极作用。2007 年，加拿大学习理事会发布了《加拿大人健康素养：国际成人素养和技能调查结果》(*Health Literacy in Canada*：*Initial results from the International Adult Literacy and Skills Survey*)⑦，调查显示加拿大人的健康素养水平较低。随后，国际成人健康素养和技能调查再次进行，相关研究强调了官方政策支持实践的必要性。2008 年，加拿大健康素养专家小组编写了《加拿大健康素养远景报告》⑧，其中提出了加拿大全民需具备获取和使用健康信息、照顾自己、家人和社区以及管理影响健康和福祉的环境的能力和机会的远景。该专家小组建议将提高健康素养的政策和计划纳

---

① 何桂香,周红生,邹宇华.健康素养及其干预研究进展[J].中国预防医学杂志,2013,14(5):388-390.

② Vamos S, Yeung P. Development of a core online health literacy course in Canada[J]. Pedagogy in Health Promotion, 2017, 3(2):90-99.

③ World Health Organization. The Ottawa charter for health promotion[M]. Geneva:WHO, 1986.

④ World Health Organization. Shanghai declaration on promoting health in the 2030 agenda for sustainable development[J]. Health Promotion International, 2017, 32(1):7-8.

⑤ Nutbeam D. Health education and health promotion revisited[J]. Health Education Journal,2019, 78(6):705-709.

⑥ World Health Organization. The Ottawa charter for health promotion[M]. Geneva:WHO, 1986.

⑦ Canadian Council on Learning. Health Literacy in Canada: Initial Results from the International Adult Literacy and Skills Survey 2007[R]. Ottawa: Canadian Council on Learning, 2007.

⑧ Rootman I, Gordon-El-Bihbety D. A vision for a health literate Canada[J]. Ottawa, ON: Canadian Public Health Association, 2008.

入加拿大战略,以维持可持续和有效的健康系统。之后 Vamos① 等人出版了《健康素养政策:加拿大的国家范例》一书,整合了健康素养专家小组的建议和工作,并发布了《提高加拿大人健康素养的跨部门方法》②行动计划,为各地区的健康素养和政策提供依据。该行动计划确定了发展知识、提高认识和建设能力、建设基础设施和伙伴关系三个基本组成部分,以及政府、卫生部门、教育部门、工作场所和企业、社区组织五个环境,被认为对提高人们健康素养的战略至关重要。尽管行动计划为提升健康素养提供了正确方向,但仍存在健康素养问题。

在美国 2010 年,有三项与健康素养相关的重大联邦级政策举措和法律共同实施,以帮助解决全国卫生素养水平低的问题,包括《平价医疗法案》《普通写作法案》和《提高健康素养的国家行动计划》。美国政策中其他值得注意的发展是支持这些联邦健康素养政策的国家标准和目标。例如,含有 7 项标准的《国家健康教育标准》(*National Health Education Standards*, NHES)最初是在 1995 年制定的,考虑了在广泛的健康背景下具有健康素养的个人的特征,并且对健康素养至关重要③。2007 年修订后的 NHES 包含 8 项标准,这些标准提供了一个框架,并继续强调"技能教学"。NHES 旨在调整课程、教学和评估K-12④。此外,修订后的《文化和语言适宜服务国家标准》(*Culturally and Linguistically Appropriate Services*, CLAS)包括针对所有个人和组织的 15 个行动步骤,旨在帮助消除卫生保健差异,促进卫生公平,以实施文化和语言上适当的服务⑤。*Health People 2020*⑥ 包括实现健

① Vamos S, Rootman I, Shohet L, et al. Health literacy policies: National examples from Canada [M]. International Handbook of Health Literacy. Policy Press, 2019:435-452.

② Mitic W, Rootman I. Inter-sectoral approach to improving health literacy for Canadians[R]. Vancouver: Public Health Association of British Columbia, 2012.

③ Joint Committee on National Health Education Standards. National health education standards: Achieving excellence[M]. 2nd ed. Washington D C:The American Cancer Society, 2007.

④ McQueen D V, Kickbusch I, Potvin L. Health and modernity: The role of theory in health promotion[M]. New York:Springer, 2007.

⑤ US Department of Health and Human Services Office of Minority Health. National standards for Culturally and Linguistically Appropriate Services(CLAS) in Health and health care[R/OL]. (2019-11-03)[2022-07-20]. https://thinkculturalhealth. hhs. gov/assets/pdfs/Enhanced-NationalCLASStandards. pdf.

⑥ US Department of Health and Human Services, Office of Disease Prevention and Health Promotion. National Action Plan to Improve Health Literacy[M]. Washington, DC. : U. S. Department of Health and Human Services, Office of Disease Prevention and Health Promotion, 2010.

康素养的目标。

在联邦制国家的德国,健康素养最近被认为是决策的一个重要议题。目前有三项国家一级的政策,其中一项具有约束力,代表已颁布的法律,而另外两项政策是保健伙伴网络的政策倡议,以及具有建议行动的行动计划。这三项政策举措是:(1)关于加强健康促进和预防的法律(预防法)①;(2)国家健康素养联盟;(3)德国国家健康素养行动计划②。德国国家卫生素养行动计划是由联邦卫生部支持的民间社会行为者和医疗保健、公共卫生、医学和教育专家制定的不具约束力的政策文件,可以被视为类似于其他国家(如加拿大和美国)的行动计划的指导文件。它确定了几个行动领域、实施原则和建议,以加强德国人口、组织、系统层面和政策部门的健康素养。

另外诸如葡萄牙等国家也出台了健康素养行动计划,以增强对儿童、青少年、成人和老人等整个生命历程的健康素养治理,以降低死亡率和发病率。

健康素养是健康促进的一个重要概念,它可以通过有效的健康促进和健康教育途径获得改善和提升。从以上几个国家的政策中可以看出世界各国都已经认识到健康素养的重要价值。健康素养作为一种有效资源,可以促使个体选择健康生活方式,合理有效地利用健康资源等为个人、机构和国家带来效益。当社会中多数成员具备较高的健康素养水平时,也会有效地促进全社会的健康行动,为整个社会带来效益。因此,将青少年培养为具有健康素养的个体,也是促进国家发展、社会和谐、公平发展的必需条件③。综上所述,健康素养已经引起全球关注,部分国家已经将健康素养提升为国家战略,但青少年学生健康素养整体还较低,依然需要进一步研究。

---

① German Government. Gesetz zur Stärkung der Gesundheitsförderung und der Prävention (Präventionsgesetz—PrävG)[M]. Bonn: Bundesgesetzblatt Jahrgang, 2015.

② Schaeffer D, Hurrelmann K, Bauer U, et al. Nationaler aktionsplan gesund-heitskompetenz: Die gesundheitskompetenz in Deutschland Stärken[M]. Berlin: KomPart, 2018.

③ 余小鸣. 学生健康素养的提升及对策[J]. 中国学校卫生, 2015, 36(7): 965 - 967.

第二节 体质健康研究

● 一、体质健康研究总体描述

体质健康是人类健康幸福生活的基石,关于体质健康的研究也一直是国内外研究的重要主题。在 WOS 核心合集数据库中对体质的相关研究进行总体描述,以 fitness 或 physical fitness 等为检索词在所有字段进行检索,检索时间截至 2021 年底,结果显示有近 16 万篇文章。其中相关主题的研究发表期刊主要在体育运动领域、生物医学领域、环境和健康领域等,这与体质的本身特质有关,提升体质健康不是某一个学科领域就能解决的问题,而是需要多学科多角度去研究。本研究主要从体育和健康学科的角度去了解和阐释体质的内容。

(一) 发文期刊

从发文的期刊和数量方面看,利用 Web of Science(简称 WOS)核心合集自带统计功能对发表文献和发文量进行分析,发现排名前十位的杂志是:*Sport Sciences*(《运动科学》)(23 740 篇)、*Ecology*(《生态学》)(21 149 篇)、*Evolutionary Biology*(《进化生物学》)(12 601 篇)、*Genetics Heredity*(《遗传学与遗传》)(10 335 篇)、*Public Environmental Occupational Health*(《公共、环境和职业健康》)(8 021 篇)、*Multidisciplinary Sciences*(《多学科科学》)(7 988 篇)、*Zoology*(《动物学》)(7 972 篇)、*Biology*(《生物学》)(7 514 篇)、*Physiology*(《生理学》)(5 872 篇)、*Biochemistry Molecular Biology*(《生物化学和分子生物学》)(5 630 篇)(图 1-7)。由发文的期刊可以看出,体质健康是一个多学科多领域关注和研究的主题。

(二) 发文年份

从发文年份和数量来看,利用 WOS 核心合集自带统计功能对文献的年度发文量进行分析,发现该研究主题最早出现在 1975 年,在过去的近半个世纪的

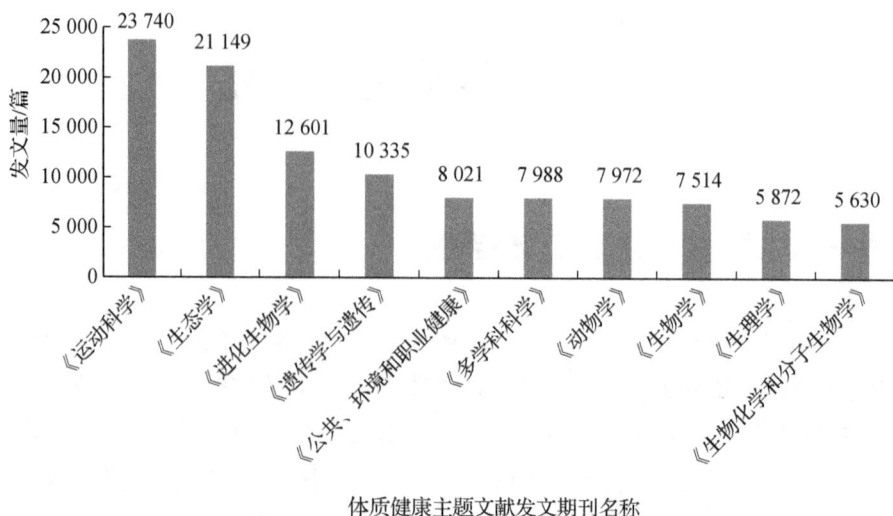

图1-7 体质健康主题文献发文前十位期刊名称和发文量

研究中,体质相关研究年度发文量呈现逐年稳步增长的趋势,2009—2021年发文量处于快速增长时期,其中,1991年开始年度发文量突破900篇,2010年突破5 000篇,2019年突破10 000篇(图1-8)。由此可以看出,1975—1990年,关注体质问题的学者相对较少且相关的文献也相对较少;1991—2009年学者逐渐意识到体质是值得研究的问题;2010—2021年,发文量呈井喷式上升,整个社会越来越关注体质健康的相关问题,这也推动着学术领域的科研进展。

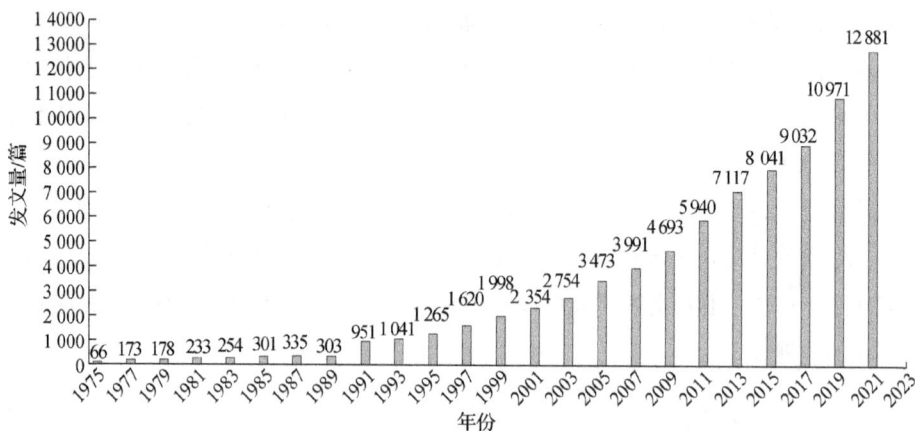

图1-8 体质健康主题相关研究文献的发文年份和发文量

（三）发文作者

从发文作者和数量来看,利用 WOS 核心合集自带统计功能对发表文献作者和发文量进行分析,在体质健康相关研究的作者中,发文量排名第一的作者是美国的 Blair S N(美国 Cooper 研究所,397 篇),其次是 Ruiz J R(西班牙格拉纳达大学,345 篇),再次是 Ortega F B(西班牙格拉纳达大学,273 篇)。除了少数作者发文量较高以外,发文量排名前十位的作者的发文量都在 150 篇左右(图 1-9)。这表明,体质健康相关问题的科研难度依旧较高,只有少数拥有优秀实验条件的作者有机会达成更多的创新。

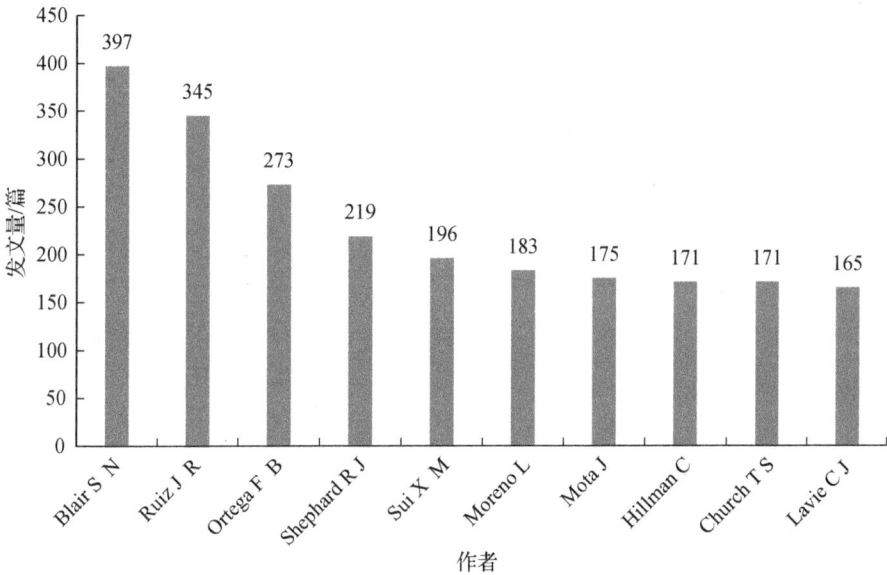

图 1-9　体质健康主题发文前十位作者及发文量

（四）发文国家

从发文国家和发文量来看,利用 WOS 核心合集自带统计功能对体质健康发文的国家/地区和发文量进行分析,可以发现文献分布在 201 个国家或地区,排在前 10 位的国家分别为:美国(57 318 篇)、英国(15 272 篇)、加拿大(12 295 篇)、中国(11 401 篇)、澳大利亚(10 407 篇)、德国(9 800 篇)、西班牙(8 632 篇)、法国(7 629 篇)、日本(6 826 篇)和巴西(5 135 篇)(图 1-10),可见美国、英国和加拿大三个国家在该领域有较大影响力,其中美国在体质相关研究中处于较为中心的地位。

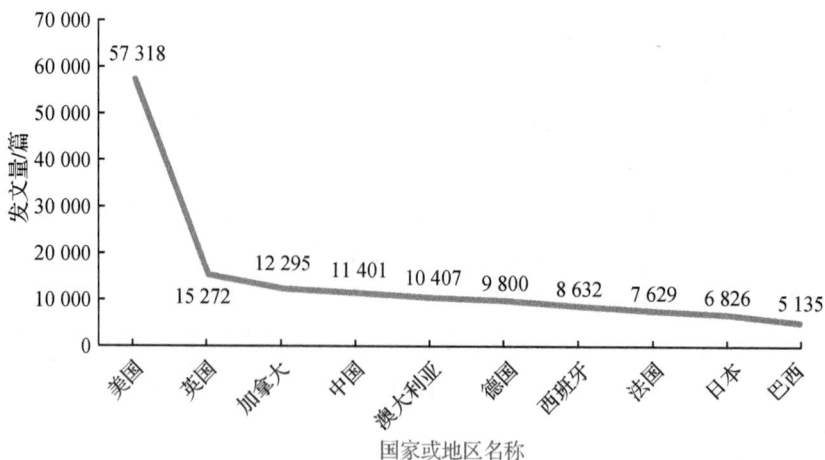

图 1－10　体质健康主题研究发文前十位国家及发文量

（五）发文语种

从发文语种和数量来看，利用 WOS 核心合集自带统计功能对发文的语种和发文量进行分析，发现文献所用语言主要有 29 种，排在前十位的发文语言和数量分别为：英语（156 239 篇）、德语（889 篇）、日语（634 篇）、西班牙语（493 篇）、葡萄牙语（325 篇）、法语（255 篇）、俄罗斯语（210 篇）、汉语（87 篇）、意大利语（73 篇）、韩语（45 篇），可见该主题的发文用语中英语占绝对的主体地位（图 1－11）。

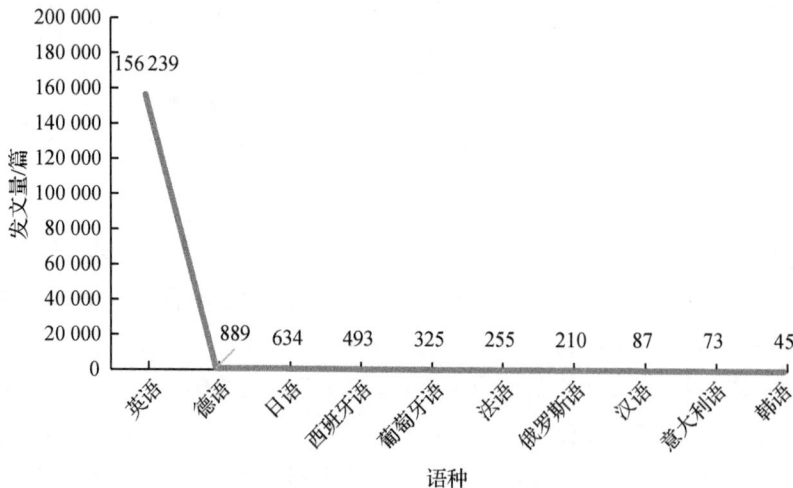

图 1－11　体质健康研究发文所用前十位语种与发文量

综上所述,世界各国的学者对于体质健康都比较关注,涌现了大量相关主题研究成果,同时研究数量呈现上升趋势,且发文的语种以英语为主;虽然发文以英文为主,但中国学者的发文量依然在相关主题研究中占第 4 位,可见世界各国学者对于体质健康的研究都很关心,而中国学者发文量同样较高。

●二、体质健康概念的研究

体质和健康属于人类自身所拥有的两项基本属性。关于体质健康的概念,从古至今国内外学者在不同时期从不同角度进行了不同界定,但仍未达成统一。

国外关于体质健康在不同时期有不同认识。世界卫生组织 1948 年认为健康是三维的,包括身体健康、心理健康和社会适应等。对于体质,美国体育学[①]会认为体质健康是指能以活力和警觉性执行日常任务而不会过度疲劳的能力,能够有足够的经历从事休闲活动,能应对紧急情况下遇到的高于平均水平的身体压力;Latorre Román 等[②]从生物学角度认为体质健康是健康的有效生物学标志,同时也阐释了体质和健康的关系;而美国总统身体健康与运动委员会从运动能力(movement capacity)的视角认为体质是一种运动能力,在此视域下建构的体质内容主要分为与运动技能有关的体质或体适能(Skill-related physical fitness)和与健康有关的体质或体适能(Performance-related fitness)[③][④],此概念在国际上得到了较为广泛的认同。

体质健康问题是我国从古至今一直关注的问题,我国诸多学者对体质健康也从不同角度进行了阐释。从古至今,我国学界和业界对体质的理解

---

① Clarke H H. Academy approves physical fitness definition[J]. Physical Fitness Newsletter, 1979, 25(9): 1.
② Latorre Román P Á, Moreno Del Castillo R, Lucena Zurita M, et al. Physical fitness in preschool children: Association with sex, age and weight status[J]. Child: Care, Health and Development, 2017, 43(2): 267 - 273.
③ President's Council on Physical Fitness and Sports. Definitions: Health, fitness, and physical activity[S]. Research Digest, 2000: 1 - 9.
④ 张兴奇, 方征. 美国体质概念的嬗变及对我国体质研究的启示[J]. 体育文化导刊, 2016(10): 62 - 67.

和阐释主要有"传统"和"现代"两种类型。传统"体质"的观点主要基于古代文明"养生"和"阴阳"等理论,如《黄帝内经》中指出经常保持阴阳相对平衡才是正常体质,但传统"体质"的观点在现今的体育和教育领域的科学实践相对较少。现代科学研究中的"体质"一词最早出自 1952 年 6 月毛泽东为新中国体育工作题写的"发展体育运动,增强人民体质"[1],该题词成了当时乃至现今我国体育事业发展的重要政策方针,同时揭开了体育界"现代体质"观的序幕。此时的体质多指身体素质,如速度、灵敏、力量、柔韧、耐力等。该种认识到 1982 年于泰山召开的体质研究会议明确了现代"体质"的概念后出现了改变[2],我国体质研究分会认为"体质是人体的质量",是人体在先天遗传和后天获得的基础上所表现出来的形态结构、生理功能、心理因素等综合的、相对稳定的特征。关于体质健康,何仲恺[3]和郇昌店[4]等学者认为体质是健康的物质基础,健康是体质的外在表现也是体质的最终目的,二者相互联系;体质是一种"特质",而健康是一种"状态",同时体质也是人体维持优秀健康状态的一种能力。我国《国家学生体质健康标准(2014 年修订)》(以下简称《标准》)中为了全面了解学生的体质健康状况,为精准治理学生体质健康问题提供参考,对"体质健康"内涵进行了界定,将"体质"作为"健康"的定语即"体质健康",以避免体质健康与三维健康观的健康概念相混淆[5],该概念与 1982 年体质研究分会对体质概念的界定的内涵基本一致[6],当前的很多学者仍在使用此概念[7][8]。《标准》对体质健康的构成和测试指标、评分方法等进行了规定,测试内容与指标体系主要包括身体形态(身高、体重、体重指数 BMI)、身体机能(肺活量)和身体素质(速度、力量、柔韧、灵敏、平衡

① 王俊超,解刘鑫.学生体质锻炼行为和自我效能感的关联[J].文体用品与科技,2019(24):210-211.
② 陈琦,麦全安.体质健康评价与运动处方[M].北京:高等教育出版社,2015.
③ 何仲恺.体质与健康关系的理论与实证研究[D].北京:北京体育大学,2001.
④ 郇昌店.我国青少年体质健康政策协同研究[D].上海:上海体育学院,2016.
⑤ 邹志春.上海市青少年体质指标体系的初步建立与应用研究[D].上海:上海体育学院,2011.
⑥ 徐本茹.南京市区中小学生身体活动水平、久坐行为与体质健康的现状与相关性研究:以南京市区部分中小学生为例[D].南京:南京体育学院,2022.
⑦ 季浏,尹小俭,吴慧攀,等."体教融合"背景下我国儿童青少年体质健康评价标准的探索性研究[J].体育科学,2021,41(3):42-54.
⑧ 李冲,史曙生.我国青少年体质健康治理现代化:基本逻辑、现实审思与未来展望[J].上海体育学院学报,2022,46(6):21-30.

和协调等）。

综上所述，关于体质健康的概念，在不同历史发展时期、不同学者从不同角度对它的理解和阐释有所不同，我们国家体育界对体质研究分会的概念比较认同[①]，《标准》也认同该概念，并对测试指标和测试方法做了比较详细的描述和要求。本研究的研究对象为我国中学生，为了便于理解和比较，本研究亦采用该概念，且体质健康测量的指标体系、测评方法和评分方法亦依据《标准》实施和评价。

● 三、体质健康测量与评价的研究

体质健康的测量与评价是了解个体或群体体质健康状况的前提，亦是青少年体质健康治理的基础。体质健康的测量与评价是个系统性工程，并且国内外学者进行了大量研究。二战以后，世界各国为促进儿童青少年健康发展，对体质健康进行了大量研究，并制定了体质健康测试指标体系及测试方法。中、日、美三国学生体质健康评价体系最初都是以军事准备为目的，进而向运动技能方面发展，逐渐过渡到与健康相关的综合体质健康评价指标体系[②]。

目前国外流行的体质测试方案有体力活动和身体素质总统挑战奖励计划、FitnessGram 测试、Chrysler 基金/AUU 身体素质测试、YMCA 青年体质测试、国家青年身体素质测试、欧洲青少年身体素质测试、国际身体素质测试等[③]。除此以外，还有日本新体力测定、加拿大 CAPL 测评等。欧洲体质健康测试与评价的指标有力量耐力、速度素质、柔韧素质、平衡素质等。测试成绩会按欧洲青少年体质测试标准进行评价，或者与以往体测数据进行对比，以供家长或者学校对学生的健康状况进行分析评价。

在美国具有较高知名度的 FitnessGram 测试，最初是由 Charles L.

① 陈琦,麦全安.体质健康评价与运动处方[M].北京:高等教育出版社,2015.
② 杨漾.上海学龄儿童青少年体质健康指标 LMS 曲线及相关参考标准的研究[D].上海:上海体育学院,2014.
③ 邹志春,庄洁,陈佩杰.国外青少年体质与健康促进研究动态[J].中国运动医学杂志,2010,29(4):485-489.

Sterling 针对肥胖问题而创设的身体健康的"成绩单"。而现在的 Fitness-Gram/ActivityGram 是一个教育评估和报告软件程序,它基于生理、流行病学、行为学和教学研究,运用行为识别和最新的技术,致力于身体健康与健康相关的参考标准,并强调身体活动。"有氧运动之父"、库珀研究所的创始人 Kenneth H. Cooper 博士认识到需要改善青少年的健康状况并促进体育教育。库珀研究所开发了 FitnessGram 来评估和衡量学生的身体健康水平。FitnessGram 测试系统主要测试与健康相关的体质,分别为心肺适能、肌肉力量、肌肉耐力、柔韧和身体成分,并针对不同指标分年龄段设置了评价标准[①]。FitnessGram 测评体系采用标准参照,能够弥补常模参照不能明确评价某一指标达到何种程度的缺陷,通过 Healthy Fitness Zone、Needs Improvement Zone 和 Needs Improvement—Health Risk zone 三个等级评定,为学生提供具有个体特征的报告和建议。1982 年,库珀研究所的 Fitness-Gram 诞生了第一张"学生健身成绩单",为学生的健身水平提供有意义的反馈,并支持学校的体育教育[②]。FitnessGram 评估了全美 20 000 多所学校中1 000 多万学生的体质健康水平。FitnessGram 根据科学建立的健康健身区标准来评估儿童的体质。学校和学区采用 FitnessGram 来做出有关体育课程的数据驱动决策,以促进青少年健康水平提升。自库珀研究所首次开发FitnessGram 以来的 40 年里,库珀研究所科学咨询委员会的研究、评估、验证和项目改进使 FitnessGram 成为"世界上最值得信任和最广泛使用的健身评估、教育和报告工具"[③]。库珀研究所科学咨询委员会对科学实践的持续承诺,包括使用基于健康结果的标准,推进了健康评估及标准的改进[④]。

日本 1998 年新修订的体力测试指标体系设置了不同年龄组的必测指标和选测指标,中学组别(12～19 岁)测试项目内容为立定跳远、20 m 折返跑

① Meredith M D, Welk G J. Fitnessgram and activitygram test administration manual[M]. 4th ed. Champaign: Human Kinetics, 2010.

② FitnessGram. How it started[EB/OL]. [2022 - 04 - 21]. https://fitnessgram.net/about/.

③ Plowman S A, Sterling C L, Corbin C B, et al. The history of FitnessGram©[J]. Journal of Physical Activity and Health, 2006, 3(S2): S5 - S20.

④ Welk G J, Janz K F, Laurson K R, et al. Development of criterion-referenced standards for musculoskeletal fitness in youth: Considerations and approaches by the FitnessGram scientific advisory board[J]. Measurement in Physical Education and Exercise Science, 2022, 26(4): 276 - 288.

或 1 500 m(男生)及 1 000 m(女生)中长跑走、反复侧并步、棒垒球掷远,另外还有 30 s 仰卧起坐、握力、坐位体前屈是每个年龄段都必须参加测试的项目[1]。日本体力测试具有不需要开发特殊器材、能够进行持续追踪个体体力水平等特点。

法国也特别重视学生体质健康,于 1975 年和 1985 年分别修订与颁布了《青少年身体测验标准》和《体质健康测试法》,测试内容也由关注学生的身体素质转向运动素质和健康素质[2]。

我国学生体质健康的测试与评价通常按照不同时期修订的《国家学生体质健康标准》进行。近几年,学校大多通过测量身高体重来计算 BMI 指数判定中学生身体形态状况,通过测量肺活量判定中学生身体机能状态,通过测量 50 m 跑判定中学生速度素质,通过测量坐位体前屈判定中学生柔韧素质,通过测量立定跳远判定中学生爆发力与协调能力,通过引体向上(男生)或 1 min 仰卧起坐(女生)测试中学生力量素质情况,通过测试 1 000 m 跑(男生)和 800 m 跑(女生)测试中学生耐力素质情况[3][4],并针对不同学龄段的学生体质测试的指标、测试的方法和评分标准做了明确界定。

综上,国内外学生体质测试评价的历史条件、评价内容、评价指标、评价方法、评价标准都存在较大差异。因此,在设定测试指标和评价标准时,要关注测评对象的特殊情况与特点,以及其身心发展变化,以保证测试与评价的真实性与有效性。本次研究对象为我国中学生,因此研究所用的测量指标和测量方法均参考《标准》进行。

●四、中学生体质健康现状与影响因素的研究

青少年学生体质健康问题是当前国内外学者非常关注的一个主题。关

① 高刚. 新时期优化青少年学生体质健康评价指标研究:以新疆地区为例[D]. 上海:华东师范大学,2014.
② 黄玉. 江苏省高中生健康素养与体质健康的关系研究[D]. 南京:南京体育学院,2019.
③ Sanders L M, Federico S, Klass P, et al. Literacy and child health: A systematic review[J]. Archives of Pediatrics & Adolescent Medicine, 2009, 163(2): 131–140.
④ 教育部体育卫生与艺术教育司. 第八次全国学生体质与健康调研结果发布[J]. 中国学校卫生,2021,42(9):1281–1282.

于学生的体质健康现状方面,我国学者主要依据《标准》的要求对不同地区的学生体质健康水平、影响因素等方面进行了大量研究。

在中学生体质健康水平方面,张新萍等[1]研究发现学生的体质健康发育不均衡,其身体形态发育渐好,但体能素质逐渐走低,表现出"外强中干"的特点;季成叶等[2]对我国乡村学生 1985—2005 年体格发育增长变化情况进行研究,发现一般乡村学生的身高低于富裕乡村学生但高于欠发达乡村学生,BMI 指标则呈现出富裕乡村学生超重肥胖流行,而欠发达乡村学生 BMI 低等特点;郭强等[3]研究发现儿童青少年身体形态在不同种族特征、经济水平和地区间差异较大;张洋等[4]基于 2000—2014 年的第四次国民体质健康监测数据资料发现青少年身体形态呈现持续增长趋势,肺活量和绝大多数身体素质指标在 2005 年以前大多都持续下降,2010 年开始止"跌"回升,出现上升拐点,肥胖检出率持续上升和视力不良问题仍然不容乐观,这与 2019 年的全国学生体质健康调研的结果一致;张锐等[5]基于 1985—2014 年的全国中小学生体质健康调研数据分析,发现中国汉族 7~18 岁的学生速度素质存在先升后降再升高的发展趋势,同时发现速度发展存在性别、城乡差异;张京舒等[6]利用 1985—2014 年的全国学生体质健康调研数据,发现中国近30 年来中国汉族 13~18 岁学生体质健康达标优良率呈现波动发展趋势。我国从 1985 年开启了每 5 年一次的全国学生体质健康测试,最新的即第八次全国学生体质健康测试结果已经发布,结果显示我国学生体质健康达标优良率稳步提高、学生身体形态发育指标不断改善、学生肺活量水平逐渐提高、学生身体素质逐渐好转等,但同时也显示我国学生的肥胖超重率和近视

① 张新萍,杨茜.中国学生体能素质持续下降的制度反思[J].武汉体育学院学报,2007,41(11):17-20.
② 季成叶,尹小俭.我国乡村学生 1985—2005 年体格发育增长变化[J].中国学校卫生,2011,32(10):1158-1163.
③ 郭强,尹小俭,季浏.世界各国儿童青少年腰围分布特征研究[J].中国体育科技,2012,48(5):109-115.
④ 张洋,何玲.中国青少年体质健康状况动态分析:基于 2000—2014 年四次国民体质健康监测数据[J].中国青年研究,2016(6):5-12.
⑤ 张锐,张弛,吴飞.1985—2014 年 7 次中国青少年体质健康监测的速度素质研究及长期发展预测[J].北京体育大学学报,2019,42(8):16-26.
⑥ 张京舒,闫晓晋,胡佩瑾,等.1985—2014 年中国汉族 13~18 岁学生体质健康达标优良率变化趋势及相关因素分析[J].中华预防医学杂志,2020,54(9):981-987.

率居高不下。

肥胖和超重不仅是我国青少年学生体质健康的一个重要主题,同时儿童青少年超重肥胖已成为一种全球性流行病,成为越来越严重的公共健康问题之一[1][2][3]。据研究从 1980 年到 2015 年,70 多个国家的肥胖患病率增加了一倍。全球估计有 1.08 亿儿童(约 5%)和 6.04 亿成年人(约 12%)肥胖,且在 14 岁以后随年龄增长而增加[4]。欧洲五分之一的学龄儿童超重或肥胖[5][6];美国超三分之一的儿童和青少年超重或肥胖[7];《中国居民营养与慢性病状况报告(2020 年)》显示,我国 6~17 岁儿童青少年超重肥胖率已达到 19.0%,成年居民超重或肥胖已经超过一半(50.7%),且各年龄组居民超重肥胖率继续上升[8]。已有研究表明超重肥胖易造成过早死亡,是 2 型糖尿病、心血管疾病、高血压、某些癌症和病毒感染等疾病的重要危险因

[1] Freitas L K P E, da Cunha Júnior A T, Knackfuss M I, et al. Obesity in adolescents and public policies on nutrition[J]. Ciência & Saúde Coletiva, 2014, 19(6): 1755−1762.

[2] Loos R J F, Yeo G S H. The genetics of obesity: From discovery to biology[J]. Nature Reviews Genetics, 2022, 23(2): 120−133.

[3] Han S, Agostini G, Brewis A A, et al. Avoiding exercise mediates the effects of internalized and experienced weight stigma on physical activity in the years following bariatric surgery[J]. BMC Obesity, 2018, 5: 18.

[4] Afshin A, Forouzanfar M H, Reitsma M B, et al. Health effects of overweight and obesity in 195 countries over 25 years[J]. The New England Journal of Medicine, 2017, 377(1): 13−27.

[5] Wang Y F, Lim H. The global childhood obesity epidemic and the association between socio-economic status and childhood obesity[J]. International Review of Psychiatry, 2012, 24(3): 176−188.

[6] Langford R, Bonell C, Jones H, et al. Obesity prevention and the health promoting schools framework: Essential components and barriers to success[J]. The International Journal of Behavioral Nutrition and Physical Activity, 2015, 12: 15.

[7] Kansra A R, Lakkunarajah S, Jay M S. Childhood and adolescent obesity: A review[J]. Frontiers in Pediatrics, 2020, 8: 581461.

[8] 国务院新闻办. 国务院新闻办就《中国居民营养与慢性病状况报告(2020 年)》有关情况举行发布会[EB/OL]. (2020−12−24) [2022−07−10]. http://www.gov.cn/xinwen/2020−12/24/content_5572983.htm.

素①②③④,且易诱发关节炎,降低人们生活质量⑤⑥,影响世界数百万人健康⑦,严重威胁公共健康。经研究发现儿童青少年的超重肥胖方面的研究成为体质健康方面的研究中重点关注的主题。许慧等⑧调研分析发现,我国中学生/青少年体质健康状况良好,但是肥胖情况和超重检出率和视力不良检出率逐渐增加;通过对各省不同调查结果的比较,发现不同地区与城乡间的体质健康水平也有较大的差距。目前,传统的体质健康现状研究较多关注儿童青少年的肌肉健康、身体形态、身体机能、身体素质。但近几年,叠加疫情影响,学生体质健康面临更多风险,而肥胖问题首当其冲。国内外需要对解决疫情下体质健康问题和肥胖问题进行更多研究。

在中学生体质健康影响因素方面,青少年学生体质健康的因素也一直是学者关注的重点内容之一。已有相关研究发现影响学生体质健康状况水平的因素是多方面的,可以归纳为:遗传因素、生活方式因素(如睡眠时间短、久坐、饮酒、抽烟等)、社会人口学因素(如性别、年龄、地区等)、体育锻炼

① Afshin A, Forouzanfar M H, Reitsma M B, et al. Health effects of overweight and obesity in 195 countries over 25 years[J]. New England Journal of Medicine, 2017, 377(1): 13 - 27.

② Must A, Spadano J, Coakley E H, et al. The disease burden associated with overweight and obesity[J]. JAMA, 1999, 282(16): 1523 - 1529.

③ Bhattacharya I, Ghayor C, Pérez Do minguez A, et al. From influenza virus to novel corona virus (SARS-CoV - 2)- the contribution of obesity[J]. Frontiers in Endocrinology, 2020,11:556962.

④ Sohn W, Lee H W, Lee S, et al. Obesity and the risk of primary liver cancer: A systematic review and meta-analysis[J]. Clinical and Molecular Hepatology, 2021, 27(1): 157 - 174.

⑤ Fontaine K R, Barofsky I. Obesity and health-related quality of life[J]. Obesity Reviews, 2001, 2(3): 173 - 182.

⑥ Jia H M, Lubetkin E I. The impact of obesity on health-related quality-of-life in the general adult US population[J]. Journal of Public Health, 2005, 27(2): 156 - 164.

⑦ World Health Organization. Obesity: Preventing and managing the global epidemic[R]. Geneva: WHO,2000.

⑧ 许慧,梁少慧. 2005—2014 年我国青少年体质健康现状比较分析[J]. 体育科技文献通报,2018, 26(1):13 - 14.

（如体育锻炼意识、时间、强度、频率等）、社会环境因素、教育因素等①②③④⑤⑥。

● 五、中学生体质健康治理的研究

在青少年学生体质健康的干预方面，学生体质健康干预被认为是健康促进研究的重要主题⑦。学生体质健康干预的领域以学校场域为主，或者家校社联合等场域。学者依据自己所处的研究领域进行干预，如体育研究领域和营养领域学者干预的主要内容是体育活动（体育教学活动、训练活动等）和学生饮食，干预的主要指标是身体素质指标⑧⑨⑩；医学领域也有研究者侧重营养和药物联合干预。

在青少年学生体质健康治理方面，伴随治理理论由"地方治理"到"公共治理"的发展，公共治理已经成为全球政府治国转型的普遍趋势，党的执政理念、治国方略等随之转型，其影响着社会的方方面面，包括青少年体质健康问题的治理。从近些年的青少年体质健康治理的文献看，一些学者从不

① 王莉,胡精超.中国省域国民体质健康空间分异格局研究[J].体育科学,2021,41(7):52-58.
② 季钢,王智强,董山山.青少年体质测评与健康生活方式现状调查分析[J].中国健康教育,2020,36(2):134-137.
③ 张磊.社会支持对青少年足球活动参与和体质健康影响的研究[J].首都体育学院学报,2019,31(1):68-74.
④ 桂祝,孙振波.民族地区青少年体质健康影响因素分析与干预措施——以贵州省为例[J].广州体育学院学报,2018,38(3):6-11.
⑤ Molarius A, Seidell J C, Sans S, et al. Educational level, Relative body weight, and changes in their association over 10 years: An international perspective from the WHO Monica Project[J]. American Journal of Public Health, 2000(90), 1260-1268.
⑥ Ratzan S C, Filerman G L, LeSar J W. Attaining global health: Challenges and opportunities [J]. 2000.
⑦ Mittelmark M B, Wise M, Nam E W, et al. Mapping national capacity to engage in health promotion: Overview of issues and approaches[J]. Health Promotion International, 2006, 21 (sup1): 91-98.
⑧ 何灿."云端运动会"促学生体质健康水平提升:以江苏省中小学体质健康干预与监测点校首届夏季云端运动会为例[J].中国学校体育,2022,41(3):68-69.
⑨ 陈甜,古松.气排球游戏教学对4~6岁幼儿基本动作技能及体质健康水平的影响[J].中国学校卫生,2022,43(11):1720-1724.
⑩ 李洁明,刘会平,洪煜,等.身体功能训练和饮食干预对肥胖男大学生功能性动作和体质健康的影响[J].中国学校卫生,2020,41(8):1138-1142.

同角度阐释了青少年学生体质健康的治理方略,一些学者从政策角度分析了我国青少年体质健康治理方略,表明我国青少年体质健康促进政策对于提升青少年体质健康水平起到积极作用,同时也指出我国青少年体质健康政策的研制中应增加青少年的参与度,并基于最新的科研证据制定政策[1],持续完善政策治理体系[2];部分学者从立法角度认为我国青少年体质健康的治理需加强立法和监督[3];从协同治理方面认为青少年体质健康的治理需完善部门参与协同治理的合作机制与自主参与意识[4][5],有学者基于科学技术的进步和人工智能的发展认为青少年体质健康的治理需推进大数据基础设施的构建等[6]。

综上所述,当前研究显示青少年体质健康方面仍然存在着一些比较现实的问题,如超重肥胖、近视、身体素质水平不高等,同时也显示了体质健康影响因素的多样性。不同研究领域的人基于其所在领域对青少年体质健康进行了积极治理,也取得了一定的成果。但由于治理对象是人,对其采取治理受诸多不确定因素的干扰,所以体质健康的治理研究是目前青少年体质健康研究领域的难点,也是未来如何应用到实际中的研究重点。除此之外,由于我国体质研究起步相对发达国家较晚,因此我国体质健康测试的科学性和测试指标的合理性、不同国家体质健康测试对比、体质健康测试后的干预等依然有进一步加深研究的空间。

---

① 侍崇艳,韩萍萍,张美玲,等.基于PMC指数模型的青少年体质健康促进政策量化评价与实证研究[J].体育与科学,2022,43(6):73-85.
② 时维金,徐士韦.我国青少年体质健康监测法律规制研究[J].体育文化导刊,2020(11):58-63.
③ 马德浩.发达国家青少年体质健康协同治理的经验与启示[J].沈阳体育学院学报,2022,41(5):69-75.
④ 霍鹏宇,史曙生,朱厚伟,等.学生体质健康协同治理的演化博弈及仿真研究[J].广州体育学院学报,2022,42(3):118-128.
⑤ 金剑.论新时代学生体质健康多元治理的现代化[J].体育学研究,2021,35(6):46-52+90.
⑥ 隋勇,张立国,李采丰,等.人工智能赋能青少年体质健康精准治理:现实困境、治理向度和实践路径[J].中国教育学刊,2023(7):72-77.

第三节　健康素养与体质健康的相关性研究

●一、健康素养与体质健康总体关系研究

不同学者针对不同人群对健康素养和体质健康进行了研究,对大学生群体研究发现,研究发现健康素养和体质健康是影响人体健康的重要指标且影响着学生的发展[①],且发现大学生电子健康素养与其体质健康有关[②];对中学生群体的研究发现中学生健康素养和体质健康存在正相关关系[③][④][⑤];针对老年人的研究结果发现,老年人健康素养水平与体质健康相关[⑥]。

●二、健康素养与身体形态关系的研究

关于健康素养和身体形态的相关研究中,大部分学者主要对健康素养和体重指数(BMI,下文简称为"BMI"),以及健康素养和肥胖等进行了重点研究。研究认为健康素养与人的 BMI 相关,如对国外青少年儿童群体的研究表明学生肥胖与父母的健康素养有关,学生肥胖与他们父母自身的健康素养密切相关[⑦]。亦有研究表明健康素养有限是儿童和成人群体肥胖和较

① 答英娟,张婷,徐苗,等.上海市大学生健康素养水平及相关因素分析[J].中国学校卫生,2015,36(10):1543-1545.
② 姜林辉,郭锡尧,卢碧燕,等.大学生电子健康素养与体质健康的相关性[J].中国学校卫生,2022,43(7):990-994.
③ 孙洪亮,谢谦梅,胡晓祥.镇江市中学生健康素养与体质健康相关关系研究[J].佳木斯教育学院学报,2014(3):243-244+246.
④ 黄玉.江苏省高中生健康素养与体质健康的关系研究[D].南京:南京体育学院,2021.
⑤ 熊晓玲,李春燕,牟彩莹,等.湖北省中学生健康素养现况与体质相关性分析[J].中国地方病防治杂志,2017(8):871.
⑥ Mõttus R,Johnson W,Murray C,et al. Towards understanding the links between health literacy and physical health[J]. Health Psychology,2014;33(2):164.
⑦ Chari R,Warsh J,Ketterer T,et al. Association between health literacy and child and adolescent obesity[J]. Patient education and counseling,2014,94(1):61-66.

高的 BMI 的决定因素①,对儿童群体的研究表明儿童健康素养与超重儿童的BMI的标准分呈负相关②,而对部分职业人员的相关研究中亦发现健康素养和 BMI 相关,如对成人医务工作者的研究发现 BMI 异常的医务人员的健康素养水平整体不高③。对于中学生的研究也发现,中学生健康素养和学生 BMI 得分成正相关关系,且关系显著④⑤。综上所述,健康素养和身体形态具有相关性,且健康素养和反映身体形态的重要指标 BMI 异常值呈相关关系,即身体素养越低 BMI 异常的数值越高。

●三、健康素养与身体机能关系的研究

关于健康素养与身体机能关系的研究中,部分学者从反映身体机能的重要指标肺活量的角度对健康素养和身体机能的关系进行了研究,黄玉⑥等学者研究发现高中生的健康素养总体得分与肺活量相关,从健康素养的三个方面和肺活量的相关性研究来看,基本健康知识与理念、健康生活方式与行为素养与肺活量无关,但高中生的基本技能素养与肺活量相关。一项针对老年人的研究发现,较低的健康素养增加了老年人随时间身体机能加剧下降的风险⑦;熊晓玲等⑧对武汉市初中生和高中生的健康素养和体质健康的关系进行研究后,发现体质健康总分和肺活量关系显著。

---

① Chrissini M K,Panagiotakos D B. Health literacy as a determinant of childhood and adult obesi-ty:A systematic review[J]. Journal of Adolescent Health,2021,33:9–39.
② Sharif I,Blank A E. Relationship between child health literacy and body mass index in over-weight children[J]. Patient education and counseling,2010,79(1):43–48.
③ 彭书芝,柳星月,裴梦云,等.上海市医务人员健康素养现状及其影响因素分析[J].全科护理,2022,20(33):4734–4739.
④ 熊晓玲,李春燕,牟彩莹,等.湖北省中学生健康素养现况与体质相关性分析[J].中国地方病防治杂志,2017(8):871.
⑤ 孙洪亮,谢谦梅,胡晓祥.镇江市中学生健康素养与体质健康相关关系研究[J].佳木斯教育学院学报,2014(3):243–244+246.
⑥ 黄玉.江苏省高中生健康素养与体质健康的关系研究[D].南京:南京体育学院,2021.
⑦ Smith S G,O'Conor R,Curtis L M,et al. Low health literacy predicts decline in physical func-tion among older adults:findings from the LitCog cohort study[J]. Journal of Epidemiology & Community Health,2015,69(5):474.
⑧ 熊晓玲,李春燕,牟彩莹,等.湖北省中学生健康素养现况与体质相关性分析[J].中国地方病防治杂志,2017(8):871.

●四、健康素养与身体素质关系的研究

关于健康素养与身体素质关系的研究,不同学者针对不同人群和指标进行了不同研究。一项最近针对康复患者的研究显示健康素养与心脏康复患者的握力和体能显著相关,研究还提示早期筛查健康素养对提升低健康素养心脏康复患者躯体功能的可能性[1]。Talebi N 等研究发现力量、柔韧等健康体能与学生健康素养呈正相关,健康素养水平提升可以促进体质提升[2];黄玉[3]发现江苏省高中生健康素养总得分、基本健康知识与理念方面得分、健康生活方式与行为素养方面得分、基本技能方面得分与体质测试总分存在显著正相关关系;熊晓玲等[4]对湖北省初中生和高中生的健康素养和体质健康的关系进行研究后,发现中学生健康素养和耐力类项目、速度、灵巧类项目等关系显著,孙洪亮等学者对镇江市中学生进行的研究也有类似的结果[5]。

关于健康素养和体质健康的关系研究中,已有研究对于健康素养与体质健康的关系从不同角度和不同人群进行了初步研究,并取得了一定的成果,为今后进一步研究奠定了一定的基础。但已有的研究基本基于某一地区的中学生群体健康素养和体质健康的关系进行了研究,缺少相对大样本的研究,为此,本研究期待基于全国范围内的抽样,对中学生的健康素养和体质健康的关系进一步深入探讨,以期为未来中学生健康素养和体质健康治理提供一定的数据支撑。

综上所述,关于健康素养和体质健康主题已成为广大学者关注和研究

① Kanejima Y, Izawa K P, Kitamura M, et al. Relationship between health literacy and physical function of patients participating in phase I cardiac rehabilitation: A multicenter clinical study [J]. Heart Vessels, 2023,38(8):1065-1074.

② Talebi N, Nikshenas M. Correlation of Health Literacy with Health-Related Physical Fitness in Overweight Female High School Students[J]. Journal of Health Promotion Management,2021, 10(4):37-46.

③ 黄玉. 江苏省高中生健康素养与体质健康的关系研究[D]. 南京:南京体育学院,2021.

④ 熊晓玲,李春燕,牟彩莹,等. 湖北省中学生健康素养现况与体质相关性分析[J]. 中国地方病防治杂志,2017(8):871.

⑤ 孙洪亮,谢谦梅,胡晓祥. 镇江市中学生健康素养与体质健康相关关系研究[J]. 佳木斯教育学院学报,2014(3):243-244+246.

的重点主题,且大量学者对于健康素养和体质健康的价值、概念、测评和治理等进行了大量的研究,并取得了丰硕的成果,为本研究奠定了坚实的理论基础。已有研究表明健康素养和体质健康对人的健康状况有重要的作用,对中学生的健康状况发展有重要的作用。从健康素养和体质健康的内涵分析来看,健康素养代表并反映了个体健康服务能力,以维持和促进人的健康状况。而体质健康指向了人生理层面的健康状况。可以看出,健康素养和体质健康共同是人健康状况的反映,一定程度可以作为健康水平的重要体现。有鉴于此,两者在内涵上有着相对的共性,那么两者之间的关系如何?在中学生中的关系如何?这一科研命题似乎还没有得到很好的解答。对于我国中学生而言,这一群体的健康素养和体质健康之间的关系的研究数量较少,且样本量较少,两者之间的关系还没有形成明确的定论。因此,本研究基于此背景,旨在对我国健康素养和体质健康的基本状况进行了解,分析两者的影响因素及其两者之间的关系,并提出治理路径,为我国中学生的健康促进研究提供参考。

我国中学生健康素养与人口学影响因素

第一节　我国中学生健康素养现状

●一、健康素养总体现状

基于 SPSS 25.0 通过统计发现我国中学生健康素养水平为 7.1%（590/8 265），少数民族学生的健康素养水平（10.2%）高于汉族（6.8%）；东部地区中学生健康素养具备水平（11.5%）高于中部（5.7%）和西部（3.2%）地区学生；城市学生健康素养水平（10.3%）高于农村学生（4.9%）；重点学校学生健康素养水平（9.6%）高于非重点学校学生（5.8%）；高二学生健康素养水平（8.6%）高于高一（6.5%）和高三（3.1%）学生；父亲学历为大专及以上的学生健康素养水平（9.9%）高于父亲学历为大专以下的学生（6.4%）；母亲学历为大专以上的学生健康素养水平（9.1%）高于母亲学历为大专以下的学生（6.7%）。而且，不同性别、年龄、家庭人口数的中学生健康素养水平差异均无统计学意义（P 值均大于 0.05）。结果见表 2-1。

表2-1　我国不同人口学指标的高中生健康素养及三个维度水平比较

人口学指标	选项	人数/人	统计值	基本健康知识和理念素养	健康生活方式与行为素养	基本技能素养	健康素养
性别	男	4 060(49.1)		314(7.7)	745(18.3)	805(19.8)	286(7.0)
	女	4 205(50.9)		328(7.8)	863(20.5)	897(21.3)	304(7.2)
			χ^2 值	0.01	6.23	2.86	0.11
			P 值	0.91	0.01	0.09	0.74
民族	汉族	7 420(89.8)		553(7.5)	1 441(19.4)	1 550(20.9)	504(6.8)
	其他民族	845(10.2)		89(10.5)	167(19.8)	152(18.0)	86(10.2)
			χ^2 值	10.03	0.06	3.91	13.11
			P 值	<0.01	0.81	0.05	<0.01
年龄/岁	15~17	7 816(94.6)		615(7.9)	1 540(19.7)	1 621(20.7)	572(7.3)
	≥18	449(5.4)		27(6.0)	68(15.1)	81(18.0)	18(4.0)
			χ^2 值	0.06	0.15	0.18	0.04
			P 值	2.04	5.63	1.89	7.02
地区	东部	3 228(39.1)		364(11.3)	757(23.5)	764(23.7)	371(11.5)
	中部	2 245(27.2)		145(6.5)	447(19.9)	454(20.2)	129(5.7)
	西部	2 792(33.8)		133(4.8)	404(14.5)	484(17.3)	90(3.2)
			χ^2 值	96.01	77.47	36.97	163.46
			P 值	<0.01	<0.01	<0.01	<0.01
家庭居住地	城市	3 449(41.7)		362(10.5)	817(23.7)	866(25.1)	356(10.3)
	乡镇	4 816(58.3)		280(5.8)	791(16.4)	836(17.4)	234(4.9)
			χ^2 值	61.49	67.67	73.82	90.48
			P 值	<0.01	<0.01	<0.01	<0.01

人口学指标	选项	人数/人	统计值	基本健康知识和理念素养	健康生活方式与行为素养	基本技能素养	健康素养
学校	重点	2 889 (35.0)		271(9.4)	716(24.8)	712(24.6)	277(9.6)
	非重点	5 376 (65.0)		371(6.9)	892(16.6)	990(18.4)	313(5.8)
			χ^2 值	16.12	80.46	44.6	40.2
			P 值	<0.01	<0.01	<0.01	<0.01
年级	高一	4 123 (49.9)		309(7.5)	744(18.0)	812(19.7)	266(6.5)
	高二	3 556 (43.0)		295(8.3)	763(21.5)	791(22.2)	306(8.6)
	高三	586(7.1)		38(6.5)	101(17.2)	99(16.9)	18(3.1)
			χ^2 值	3.16	16.17	12.87	29.1
			P 值	0.21	<0.01	0.00	<0.01
家庭人口/人	<3	116(1.4)		3(2.6)	17(14.7)	18(15.5)	5(4.3)
	3~4	5 387 (65.2)		422(7.8)	1 064(19.8)	1 097(20.4)	390(7.2)
	>4	2 762 (33.4)		217(7.9)	527(19.1)	587(21.3)	195(7.1)
			χ^2 值	4.41	2.25	2.74	1.51
			P 值	0.11	0.32	0.26	0.47
家庭年收入/万元	≥5	2 123 (25.7)		167(7.9)	452(21.3)	472(22.2)	181(8.5)
	<5	6 142 (74.3)		475(7.7)	1 156(18.8)	1 230(20)	409(6.7)
			χ^2 值	0.04	6.14	4.7	8.29
			P 值	0.84	0.01	0.03	<0.01
父亲学历	大专以下	6 472 (78.3)		471(7.3)	1 206(18.6)	1 260(19.5)	413(6.4)
	大专及以上	1 793 (21.7)		171(9.5)	402(22.4)	442(24.7)	177(9.9)
			χ^2 值	10.01	12.85	23.07	25.80
			P 值	<0.01	<0.01	<0.01	<0.01

人口学指标	选项	人数/人	统计值	基本健康知识和理念素养	健康生活方式与行为素养	基本技能素养	健康素养
母亲学历	大专以下	6 667(80.7)		497(7.5)	1 277(19.2)	1 331(20.0)	444(6.7)
	大专及以上	1 598(19.3)		145(9.7)	331(20.7)	371(23.2)	146(9.1)
			χ^2 值	4.72	2.00	8.34	11.93
			P 值	0.03	0.16	<0.01	<0.01
合计		8 265		642(7.8)	1 608(20.5)	1 702(21.3)	590(7.1)

注：人数括号内数字为占比(%)，其余括号内数字为水平(%)。

近些年国内外关于包括中学生在内的各类人群健康素养水平研究结果存在一定的差异。本次研究结果显示我国中学生健康素养水平为 7.1%，高于贵州贵阳市[①]、西藏自治区山南市[②]、山东淄博市[③]等地区的中学生健康素养水平，低于北京、吉林、广东和上海地区的中学生健康素养水平[④][⑤]。本研究对全国 31 个省中学生健康素养的调查结果与前人对我国部分地区调研的结果存在一定的差异，具体原因为：第一，健康素养水平不同可能与经济、文化、教育和卫生发展水平等因素的影响有关。已有文献认为政治、经济、文化、教育和卫生发展水平等因素影响和制约健康素养水平[⑥]，经济、教育、卫生发达地区人群的健康素养水平一般高于不发达地区人群。贵州贵阳市、西藏自治区山南市等地区的经济发展水平相对比较落后，教育和卫生水平相对较低，而北京、广东和上海等地区的经济和文化发展水平相对较高，教育和卫生发展水平相对高于全国平均水平，因此全国中学生的健康素养水

---

① 李静娟,王艳,谢洪映,等.贵阳市高中生健康素养现状及其影响因素分析[J].中国学校卫生, 2016,37(9):1399-1402.

② 周苍海.西藏自治区山南市某中学高中生健康素养现状及其影响因素研究[J].安徽预防医学杂志,2019,25(3):200-202+244.

③ 张艳青,张茜,汪洋,等.2019 年淄博市部分高中生学习水平与健康素养的关联分析[J].预防医学论坛,2020,26(12):908-911.

④ 崔子禅,王现,玄泽亮,等.上海市徐汇区高中生健康素养水平及健康相关行为特征[J].上海预防医学,2020,32(6):468-472.

⑤ 谭雪庆,余小鸣,宋玉珍,等.3 省市高中生健康素养与吸烟、饮酒行为的关联分析[J].中国健康教育,2017,33(3):199-202.

⑥ 国家卫生和计划生育委员会宣传司,中国健康教育中心.2013 年中国居民健康素养监测报告[R].北京,2014.

平相对高于前者而低于后者。第二，可能与测量主题、测量工具、判定标准、抽样方法、研究对象的纳入标准和数量等有关[①]。本研究选取全国 31 个省份 8 265 名中学生为调查对象，抽样范围和样本量大，且采用国家部门研制的健康素养测试问卷和判定标准，相对可以较为客观、全面地反映全国中学生的健康素养水平。

●二、健康素养三个方面素养现状

我国中学生基本健康知识和理论、健康生活方式与行为素养以及健康基本技能三个方面素养水平分别为 7.8％、20.5％和 21.3％。不同地区、不同家庭居住地、不同学校类型（重点/非重点学校）、不同父亲学历的中学生健康素养方面的水平均具有显著性统计学差异（P 值小于 0.01）（结果见表 2-1）。

基本健康知识与理念素养方面：不同民族、地区、家庭居住地、学校类型（重点/非重点学校）、父/母学历的中学生基本健康知识与理念的水平存在差异，且差异具有统计学意义，χ^2 值分别为 10.03、96.01、61.49、16.12、10.01/4.72，所有 P 值均小于 0.05（结果见表 2-1）。在该维度，少数民族、东部地区、家庭居住地为城市、重点学校、父母学历为大专及以上学生的基本健康知识与理念水平高于汉族、中西部、家庭居住地为农村、非重点学校、父母学历为大专及以下中学生的水平。在该维度，中学生回答正确率最高的是关于健康概念的理解（91.71％）、输液（92.69％）和不同危险警示图示（90.34％）等方面的安全与急救知识，这与相关学者对大学生调研的数据特征基本一致，但中学生回答的正确率略低于大学生（三者比例分别为97.01％、92.74％、92.31％）。

健康生活方式与行为素养方面：不同地区、家庭居住地、学校类型（重点/非重点学校）、年级、父亲学历的中学生健康生活方式与行为素养方面的水平不同，且差异具有显著性统计学意义，χ^2 值分别为 77.47、67.67、80.46、16.17、12.85，所有 P 值均小于 0.01。在该素养方面，学生回答正确率最高的是关于抑郁症方面的心理调节内容（96.32％）、利用基本公共卫生服务方

---

① Okan O, Bauer U, Levin-Zamir D, et al. International Handbook of Health Literacy：Research, practice and policy across the lifespan[M]. Bristol：Policy Press, 2019.

面免费获取健康知识的途径(94.16%)、水果和蔬菜是否可以被代替的营养
与膳食(90.15%)等问题。

　　基本技能素养方面:不同地区、家庭居住地、学校(重点/非重点)、年级、
父亲与母亲学历不同的中学生的健康基本技能素养水平存在差异,且具有
显著性统计学意义,χ^2 分别为 36.97、73.82、44.6、12.87、23.07 和 8.34,P
值均小于 0.01(结果见表 2-1)。在该素养方面,学生回答正确率最高的是
关于发生火灾时的正确逃生技能(89.07%),以及发生烈性传染病时的正确
做法(86.92%)与判断医疗机构合法性的途径(86.35%)等考验获取相关健
康信息的能力的问题。

　　我国中学生健康素养的三个方面素养水平呈现不均衡特点。

　　在健康素养的三个方面,健康技能素养水平(21.3%)最高,健康生活方
式与行为素养水平(20.5%)次之,健康基本知识与理念素养水平(7.8%)最
低,这与已有文献研究结果的趋势一致①,但三个方面的素养水平低于 2019
年大学生和 2020 年全国居民健康素养的三个方面水平(分别为健康技能水
平 23.1%,健康生活方式与行为素养水平 26.4%,基本技能素养水平
37.15%)②。已有大量相关研究表明,文化程度是影响健康素养及三个方面
水平的重要因素,文化程度越高,健康素养水平越高③④⑤。在健康素养的三
个方面,每个个体对健康知识的获取、健康理念的更新、健康技能的掌握、与
健康相关信息的获得与辨析、健康与卫生资源的利用意识与行为等都需要
基于一定的教育水平,而大学生较中学生接受的教育(包括健康知识与理念
的教育、健康行为的教育、健康能力的教育等)的时间较长,教育水平相对较
高,所以大学生健康素养三个方面的水平高于中学生,本研究结果也证实了
文化程度是影响个体和群体健康素养重要因素的观点。中学生健康素养三

①　侍崇艳,沈鹤军,张美玲,等.体育专业大学生健康素养:现实逻辑、潜在风险与治理策略[J].南
京体育学院学报,2020,19(10):68-74.

②　卫生健康委.2020 年全国居民健康素养水平升至 23.15%[EB/OL].(2021-04-01)[2022-07-
22]. http://www.gov.cn/xinwen/2021-04/01/content_5597287.htm.

③　李莉,李英华,聂雪琼,等.2012 年中国居民健康素养影响因素分析[J].中国健康教育,2015,31
(2):104-107.

④　Martin L T,Ruder T,Escarce J J,et al. Developing predictive models of health literacy[J].
Journal of General Internal Medicine, 2009, 24(11): 1211-1216.

⑤　Parker R,Kreps G L. Library outreach: Overcoming health literacy challenges[J]. Journal of
the Medical Library Association, 2005, 93(4 Suppl): S81.

个方面素养水平低于全国居民健康素养的三个方面素养水平,这与国家强化了健康教育和两次调研时间不同有关。党的十八大之后,党中央就把全民健康作为全面小康的重要基础,并将健康素养提升作为实施健康中国战略的重要内容和目标,印发并实施了《"健康中国 2030"规划纲要》《健康中国行动(2019—2030)》等文件,同时国家卫健委、教育部和国家体育总局等也会同各地区、各部门开展了健康促进行动,如出台了《中国高血压健康管理规范(2019)》《中国糖尿病健康管理规范(2020)》《中国儿童青少年身体活动指南》等相关规范,所以全民健康素养水平逐年提升,但本研究中学生健康素养调研时间为 2018 年,早于 2020 年的全国居民健康素养水平的调研时间,同时 2019 年末全球暴发了新型冠状病毒肺炎疫情,而疫情使得国家、地区、学校、家庭、媒体和个体等各主体加倍强化了健康教育,所以本研究的中学生健康素养水平和三个方面素养水平低于 2020 年的全国居民健康素养水平和三个方面素养水平,这也与健康素养三个方面素养的水平较前一年有所增长的相关研究结果相吻合[1],同时也证实了随着国家将"健康融入一切政策"的实施,我国到 2030 年全国居民健康素养水平提高到 30% 具有一定的可行性。

●三、健康素养六类问题素养现状

中学生健康素养的六类健康问题素养水平由高到低依次为基本医疗(88.3%)、健康信息(75.9%)、安全与急救(51.0%)、传染病预防(44.2%)、科学健康观(39.0%)和慢性病预防(5.5%)。不同类型家庭居住地的学生、不同年级学生的六类健康问题素养水平的差异具有显著性统计学意义(P值均小于 0.01)。地区差异除安全与急救,其他 5 类问题素养的差异均有显著性统计学意义(P 值均小于 0.01);不同学校类型除慢性病防治素养,其他 5 类问题素养均具有显著性统计学意义(P 值均小于 0.01)。具体见表 2-2。

表2-2 我国不同人口学指标的高中生健康素养六类问题素养比较

人口学指标	选项	人数/人	统计值	科学健康观素养	传染病防治素养	慢性病防治素养	安全与急救素养	基本医疗素养	健康信息素养
性别	男	4 060 (49.1)		1 506 (37.1)	1 579 (38.9)	211 (5.2)	1 989 (49.0)	3 330 (82.0)	2 850 (70.2)
	女	4 205 (50.9)		1 639 (39)	1 860 (44.2)	231 (5.5)	2 145 (51.0)	3 715 (88.3)	3 191 (75.9)
			χ^2 值	3.11	24.26	0.36	3.37	65.73	33.99
			P 值	0.08	<0.01	0.55	0.07	<0.01	<0.01
民族	汉族	7 420 (89.8)		2 839 (38.3)	3 106 (41.9)	367 (4.9)	3 755 (50.6)	6 385 (86.1)	5 483 (73.9)
	其他民族	845 (10.2)		306 (36.2)	333 (39.4)	75 (8.9)	379 (44.9)	660 (78.1)	558 (66.0)
			χ^2 值	1.35	1.88	23.14	10.05	38.06	23.83
			P 值	0.25	0.18	<0.01	<0.01	<0.01	<0.01
年龄/岁	15~18	7 816 (94.6)		2 994 (38.3)	3 262 (41.7)	428 (5.5)	3 926 (50.2)	6 664 (85.3)	5 723 (73.2)
	≥18	449 (5.4)		151 (33.6)	177 (39.4)	14 (3.1)	208 (46.3)	381 (84.9)	318 (70.8)
			χ^2 值	0.34	0.39	0.03	0.46	0.85	0.71
			P 值	3.94	0.94	4.66	2.59	0.06	1.24
地区	东部	3 228 (39.1)		1 335 (41.4)	1 403 (43.5)	264 (8.2)	1 654 (51.2)	2 756 (85.4)	2 404 (74.5)
	中部	2 245 (27.2)		915 (40.8)	950 (42.3)	79 (3.5)	1 124 (50.1)	1 955 (87.1)	1 666 (74.2)
	西部	2 792 (33.8)		895 (32.1)	1 086 (38.9)	99 (3.5)	1 356 (48.6)	2 334 (83.6)	1 971 (70.6)
			χ^2 值	0.65	13.48	83.84	4.28	12.10	13.41
			P 值	<0.01	<0.01	<0.01	0.12	<0.01	<0.01
家庭居住地	城市	3 449 (41.7)		1 437 (41.7)	1 600 (46.4)	272 (7.9)	1 885 (54.7)	3 096 (89.8)	2 714 (78.1)
	乡镇	4 816 (58.3)	4 123	1 708 (35.5)	1 839 (38.2)	170 (3.5)	2 249 (46.7)	3 949 (82.0)	3 327 (69.1)
			χ^2 值	32.76	55.69	75.35	50.87	0.96	96.31
			P 值	<0.01	<0.01	<0.01	<0.01	<0.01	<0.01

人口学指标	选项	人数/人	统计值	科学健康观素养	传染病防治素养	慢性病防治素养	安全与急救素养	基本医疗素养	健康信息素养
学校	重点	2 889 (35.0)		1 253 (43.4)	1 354 (46.9)	161 (5.6)	1 593 (55.1)	2 575 (89.1)	2 306 (79.8)
	非重点	5 376 (65.0)		1 892 (35.2)	2 085 (38.8)	281 (5.2)	2 541 (47.3)	4 470 (83.1)	3 735 (69.5)
			χ^2 值	53.32	50.55	0.44	46.61	53.48	102.24
			P 值	<0.01	<0.01	0.51	<0.01	<0.01	<0.01
年级	高一	4 123 (49.9)		1 453 (35.2)	1 641 (39.8)	209 (5.1)	1 983 (48.1)	3 404 (82.6)	2 929 (71.0)
	高二	3 556 (43.0)		1 455 (40.9)	1 562 (43.9)	220 (6.2)	1 867 (52.5)	3 146 (88.5)	2 689 (75.6)
	高三	586 (7.1)		237 (40.4)	236 (40.3)	13 (2.2)	284 (48.5)	495 (84.5)	423 (75.2)
			χ^2 值	27.62	13.83	16.91	15.44	53.28	20.61
			P 值	<0.01	<0.01	<0.01	<0.01	<0.01	<0.01
家庭人口/人	<3	116 (1.4)		41 (35.3)	49 (42.2)	5 (4.3)	54 (46.6)	102 (84.9)	85 (73.3)
	3~4	5 387 (65.2)		2 072 (38.5)	2 171 (40.3)	287 (5.3)	2 685 (49.8)	4 577 (85.0)	3 907 (72.5)
	>4	2 762 (33.4)		1 032 (37.4)	1 219 (44.1)	150 (5.4)	1 395 (50.5)	2 366 (85.7)	2 049 (74.2)
			χ^2 值	1.30	11.07	0.29	0.89	1.39	2.56
			P 值	0.52	<0.01	0.87	0.64	0.50	0.28
家庭年收入/万元	≥5	2 123 (25.7)		872 (41.1)	885 (41.7)	106 (5.0)	1 091 (51.4)	1 800 (84.8)	1 561 (73.5)
	<5	6 142 (74.3)		2 273 (37.0)	2 554 (41.6)	336 (5.5)	3 043 (49.5)	5 245 (85.4)	4 480 (72.9)
			χ^2 值	11.07	0.01	0.71	2.15	0.47	0.28
			P 值	<0.01	0.93	0.40	0.14	0.50	0.60
父亲学历	大专以下	6 472 (78.3)		2 356 (36.4)	2 664 (41.2)	345 (5.3)	3 197 (49.4)	5 501 (85.0)	4 714 (72.8)
	大专及以上	1 793 (21.7)		789 (44.0)	775 (43.2)	97 (5.4)	937 (52.3)	1 544 (86.1)	1 327 (74.0)
			χ^2 值	34.42	2.46	4.60	4.60	1.39	0.98
			P 值	<0.01	0.12	0.03	0.03	0.24	0.32

续表

人口学指标	选项	人数/人	统计值	科学健康观素养	传染病防治素养	慢性病防治素养	安全与急救素养	基本医疗素养	健康信息素养
母亲学历	大专以下	6 667 (80.7)		2 491 (37.4)	2 799 (42)	362 (5.4)	3 339 (50.1)	5 704 (85.6)	4 897 (73.5)
	大专及以上	1 598 (19.3)		654 (40.9)	640 (40.1)	80 (5.0)	795 (49.7)	1 341 (83.9)	1 144 (71.6)
			χ^2 值	6.94	1.98	0.46	0.06	2.75	2.27
			P 值	0.01	0.16	0.50	0.81	0.10	0.13
合计		8 265		3 145 (39.0)	3 439 (44.2)	442 (5.5)	4 134 (51.0)	7 045 (88.3)	6 041 (75.9)

注：人数括号内数字为占比(%)；其余括号内数字为水平(%)。

我国中学生健康素养的六类健康问题素养水平呈现不均衡特点。

在六类健康问题素养方面,我国中学生六类健康问题素养水平由高到低依次为基本医疗素养(88.3%)、健康信息素养(75.9%)、安全与急救素养(51.0%)、传染病预防素养(44.2%)、科学健康观素养(39.0%)和慢性病防治素养(5.5%),前三项高的主要原因可能与我国近几年医疗水平提高、信息化水平提升,以及国家对突发安全事件的后期安全教育重视有关,如针对提升基本医疗素养方面,国家卫健委组织各级健康教育专业机构在全国范围内开展了专题宣传和健康教育活动,如 2013 年和 2014 年宣传主题为科学就医和合理用药等,均与提升基本医疗素养有关。此外,相关研究也表明国家基本公共卫生服务项目也开展了相关健康教育活动,有效促进了全民基本医疗素养的提升[1]。2019 年我国颁布了《中华人民共和国基本医疗卫生与健康促进法》,并于 2020 年 6 月开始实施,这将继续提升我国居民基本医疗素养。健康信息素养是指发现、评估、理解和利用健康信息的能力[2],中学生的健康信息素养水平相对高于全国居民健康信息素养水平(35.93%),互联网时代健康信息量相对较大,当前中学生作为互联网原生代,其对信息的敏感度和辨别力相对高于中老年人,这可能也是引起差异的原因。在慢性病防治素养方面中学生(5.5%)低于 2020 年全国居民(26.73%),主要原因可

---

① 聂雪琼,李英华,李莉,等.2012—2016 年中国居民基本医疗素养水平及其影响因素[J].中国健康教育,2019,35(7):579-583+587.

② 孙晶晶,张帆,李梦蕾,等.国内外健康信息素养研究进展与趋势[J].医学信息学杂志,2021,42(8):34-37+53.

能是与慢性疾病的患者年龄相对较大有关,患者随年龄增加患病率也逐步升高(如 50—59 岁、60—69 岁、70 岁及以上各年龄段糖尿病患病率分别为 14.6%、18.9%、20.5%)[①],而中学生慢病患者比例相对较低(7.03%),所以学校针对中学生常见的如早恋、抑郁等心理、用眼卫生、体育锻炼等相关内容的健康教育相对较多,而针对慢性病防治的健康教育相对较少。调研也显示在所有健康素养相关的问题中,回答正确率几乎最低的两个问题都是有关慢病防治的问题,86.68%的中学生不明确吃豆腐、喝豆浆对心血管病患者有好处,增加优质蛋白的摄入量和防止过多消费肉类带来的不利影响;88.25%的中学生不知道中老年人饮奶可以减少骨质丢失,多运动可以预防骨质疏松等益处。

第二节 我国中学生健康素养人口学影响因素

● 一、健康素养总体

为了解健康素养总体水平的影响因素,以是否具备健康素养(是=1,否=0)为因变量,将单因素分析中有统计学意义的性别(男=1,女=2)、民族(汉族=1,少数民族=2)、地区(东部=1,中部=2,西部=3)、家庭居住地(城市=1,乡镇=2)、学校类型(重点=1,非重点=2)、年级(高一=1,高二=2,高三=3)、父亲学历(大专以下=1,大专及以上=2)、母亲学历(大专以下=1,大专及以上=2)为自变量进行多因素 Logistic 回归分析(α=0.05为纳入标准,α=0.10 为排除),结果显示:民族、地区、家庭居住地、学校类型、年级和父亲学历是中学生健康素养水平的影响因素,其中少数民族中学生健康素养水平是汉族学生健康素养水平的 2.08 倍,西部地区和中部地区中学生健康素养水平分别是东部地区学生的 0.24 倍和 0.60 倍,家庭居住地是乡镇的中学生健康素养水平是城市学生的 0.44 倍,非重点学校中学生健

---

① 国家卫生计生委疾病预防控制局.中国居民营养与慢性病状况报告.2015 年[M],北京:人民卫生出版社,2016.

康素养是重点学校学生的 0.74 倍,高二和高三学生健康素养水平分别是高一学生的 1.41 倍和 0.51 倍,父亲学历为大专及以上的中学生健康素养水平是父亲学历为大专以下的学生的 1.37 倍(具体见表 2 - 3)。

这与已有研究结果类似[1][2][3],对于其他群体的研究结果也都显示类似的结果,城市居民、东部地区居民的健康素养好于农村和西部居民,这可能是由于这些地区的经济发展水平相对较高,健康教育水平也比较高,所以城市和东部地区居民的健康素养好于农村和西部居民。

● 二、健康素养三个方面素养

为了解健康素养三个方面素养水平的影响因素,以是否具备健康素养三个方面素养(是=1,否=0)为因变量,将单因素分析中有统计学意义的性别(男=1,女=2)、民族(汉族=1,少数民族=2)、地区(东部=1,中部=2,西部=3)、家庭居住地(城市=1,乡镇=2)、学校类型(重点=1,非重点=2)、年级(高一=1,高二=2,高三=3)、父亲学历(大专以下=1,大专及以上=2)、母亲学历(大专以下=1,大专及以上=2)为自变量进行多因素Logistic回归分析(α=0.05 为纳入标准,α=0.10 为排除)。健康素养三个方面素养多因素分析显示,学校类型、家庭居住地和地区是影响健康素养三个方面素养水平的重要因素,其中非重点学校中学生健康素养的健康知识理念水平、生活方式与行为水平、基本技能素养水平均低于重点学校学生(OR值分别为 0.84、0.66、0.74)。家庭居住地在乡镇的中学生三个方面素养水平均显著低于城市学生(OR 值分别为 0.51、0.62、0.62)。西部地区中学生三个方面素养水平均显著低于东部地区(OR 值分别为 0.36、0.56、0.69)。另外,性别、年级和父亲学历都是学生健康生活方式与行为素养、基本技能素养水平的影响因素。具体见表 2 - 3。本研究中学生健康素养三个方面素养影响因素的研究结果与已有研究结果基本相似,研究认为家庭居住地和地区是影响中学生健康素养的重要因素。

① 侍崇艳,沈鹤军,张美玲,等. 体育专业大学生健康素养:现实逻辑、潜在风险与治理策略[J]. 南京体育学院学报,2020,19(10):68 - 74.
② 郭泰鼎,秦雪征. 中国居民健康素养的水平、差异及影响因素[J]. 人口与经济,2024(2):124 - 139.
③ 中华人民共和国中央人民政府. 2022 年全国居民健康素养水平达到 27.78%[EB/OL]. (2023 - 08 - 21)[2023 - 10 - 20]. https://www.gov.cn/lianbo/bumen/202308/content_6899405.htm.

表 2-3 我国中学生健康素养总体及三个方面素养水平影响因素的 Logistic 回归分析

[OR值95%]

项目	类别	健康知识与理念素养	健康生活方式与行为素养	基本技能素养	健康素养
性别	男	—	1.00	1.00	—
	女	—	1.19 (1.05—1.32)**	1.12 (1.00—1.25)*	—
民族	汉族	1.00	1.00	1.00	1.00
	少数民族	1.76 (1.37—2.26)**	1.282 (1.06—1.55)*	0.93 (0.77—1.13)	2.08 (1.30—2.70)**
地区	东部地区	1.00	1.00	1.00	1.00
	中部地区	0.61 (0.50—0.75)**	0.89 (0.78—1.02)	0.88 (0.77—1.00)	0.60 (0.46—0.71)**
	西部地区	0.36 (0.29—0.45)**	0.56 (0.49—0.64)**	0.69 (0.60—0.79)**	0.24 (0.19—0.31)**
家庭居住地	城市	1.00	1.00	1.00	1.00
	乡镇	0.51 (0.43—0.61)**	0.62 (0.55—0.69)**	0.62 (0.56—0.69)**	0.44 (0.36—0.52)**
学校	重点学校	1.00	1.00	1.00	1.00
	非重点学校	0.84 (0.70—0.99)*	0.66 (0.59—0.74)**	0.74 (0.66—0.83)**	0.71 (0.60—0.85)**
年级	高一	—	1.00	1.00	1.00
	高二	—	1.26 (1.12—1.41)**	1.16 (1.03—1.29)*	1.41 (1.18—1.68)**
	高三		0.95 (0.74—1.22)	0.78 (0.61—1.01)	0.51 (0.31—0.85)*
父亲学历	大专以下	1.00	1.00	1.00	1.00
	大专及以上	1.23 (0.96—1.58)	1.22 (1.03—1.45)*	1.30 (1.10—1.53)**	1.37 (1.06—1.77)*
母亲学历	大专以下	1.00	—	1.00	1.00
	大专及以上	1.04 (0.80—1.36)	—	0.99 (0.83—1.18)	1.02 (0.78—1.34)
常量		0.10	0.35	0.28	0.13

注：* 表示 0.01<P<0.05，** 表示 P<0.01。

●三、健康素养六类问题素养

为了解健康素养六类问题素养水平的影响因素,以是否具备健康素养六类问题素养(是＝1,否＝0)为因变量,将单因素分析中有统计学意义的性别(男＝1,女＝2)、民族(汉族＝1,少数民族＝2)、地区(东部＝1,中部＝2,西部＝3)、家庭居住地(城市＝1,乡镇＝2)、学校类型(重点＝1,非重点＝2)、年级(高一＝1,高二＝2,高三＝3)、父亲学历(大专以下＝1,大专及以上＝2)、母亲学历(大专以下＝1,大专及以上＝2)为自变量进行多因素Logistic 回归分析(α＝0.05 为纳入标准,α＝0.10 为排除)。健康素养六类问题素养多因素分析显示,家庭居住地和年级是我国中学生六类问题素养的共同影响因素,乡镇中学生六类问题素养水平均低于城市学生(OR 值分别为 0.76、0.71、0.42、0.74、0.51、0.60),高二年级学生六类问题素养水平显著高于高一年级学生(OR 值分别为 1.28、1.19、1.27、1.20、1.61、1.27);性别是科学健康观素养、传染病防治素养、基本医疗素养和健康信息素养四类问题素养的影响因素,女生在这四类问题素养均好于男生(OR 值分别为1.11、1.25、1.72、1.36);学校类型是影响除慢病防治素养之外的五大类问题素养的共同影响因素,其中非重点学校学生在科学健康观素养、传染病防治素养、安全与急救素养、基本医疗素养和健康信息素养这五个方面水平均低于重点学校学生(OR 值分别为 0.76、0.71、0.42、0.74、0.51、0.60);民族是影响除科学健康观素养和传染病防治素养之外的其他四类问题素养的共同影响因素,少数民族中学生相对于汉族中学生在慢病防治素养、安全与急救素养、基本医疗素养、健康信息素养四类问题素养水平的 OR 值分别为2.08、0.86、0.65、0.78,具体见表2-4。

健康素养六类问题素养多因素 Logistic 回归显示,家庭居住地和年级是我国中学生六类问题的共同影响因素,城市中学生在各方面的水平均高于农村,高二年级的六类问题素养水平均高于高一年级,这与前人的研究结果显示的影响因素基本一致。城市拥有较好的医疗资源、教育资源,因而城市中学生的健康素养水平和六类健康问题素养水平相对较高;高二年级接受健康教育的内容总体比高一多且接受的健康教育时间相对较长,尤其是高二年级增加了生物课程等内容,可能也是影响健康素养的重要因素。

表 2 - 4　我国中学生健康素养六类问题水平影响因素的 Logistic 回归分析

(OR值 95%CI)

变量	选项	人数/人	科学健康观素养	传染病防治素养	慢病防治素养	安全与急救素养	基本医疗素养	健康信息素养
性别	男	4 060	1.00	1.00	—	1.00	1.00	1.00
	女	4 205	1.11 (1.01—1.21)*	1.25 (1.14—1.37)**	—	1.09 (1.00—1.19)	1.72 (1.51—1.95)**	1.36 (1.23—1.51)**
民族	汉族	7 420	—	1.00	1.00	1.00	1.00	1.00
	少数民族	845	—	—	2.08 (1.57—2.74)**	0.86 (0.74—1.00)*	0.65 (0.54—0.79)**	0.78 (0.67—0.92)**
地区	东部地区	3 228	1.00	1.00	1.00	—	1.00	1.00
	中部地区	2 245	1.02 (0.91—1.14)	0.99 (0.88—1.10)	0.48 (0.37—0.63)**	—	1.19 (1.01—1.40)*	1.03 (0.91—1.17)
	西部地区	2 792	0.69 (0.62—0.78)**	0.82 (0.74—0.92)**	0.34 (0.26—0.43)**	—	0.89 (0.77—1.04)	0.85 (0.75—0.96)*
家庭居住地	城市	3 449	1.00	1.00	1.00	1.00	1.00	1.00
	镇乡村	4 816	0.76 (0.69—0.83)**	0.71 (0.64—0.77)**	0.42 (0.34—0.51)**	0.74 (0.67—0.81)*	0.51 (0.45—0.59)**	0.60 (0.54—0.67)**
学校	重点学校	2 889	1.00	1.00	—	1.00	1.00	1.00
	非重点学校	5 376	0.76 (0.69—0.84)**	0.74 (0.67—0.81)**	—	0.75 (0.68—0.82)**	0.63 (0.55—0.73)**	0.60 (0.54—0.67)**

续表

变量	选项	人数/人	科学健康观素养	传染病防治素养	慢病防治素养	安全与急救素养	基本医疗素养	健康信息素养
年级	高一	4 123	1.00	1.00	1.00	1.00	1.00	1.00
	高二	3 556	1.28 (1.16—1.41)**	1.19 (1.08—1.30)**	1.27 (1.04—1.55)*	1.20 (1.09—1.31)**	1.61 (1.40—1.84)**	1.27 (1.14—1.20)**
	高三	586	1.28 (1.05—1.55)**	1.01 (0.83—1.22)	0.52 (0.29—0.95)*	1.01 (0.84—1.23)	0.99 (0.76—1.29)	0.98 (0.79—1.22)
父亲学历	大专以下	6 472	1.00	—	1.00	1.00	—	—
	大专及以上	1 793	1.37 (1.18—1.58)**	—	1.04 (0.76—1.42)	1.18 (1.03—1.36)*	—	—
母亲学历	大专以下	6 667	1.00	—	—	—	—	—
	大专及以上	1 598	0.88 (0.75—1.02)	—	—	—	—	—

注：* 表示 $0.01 < P < 0.05$，** 表示 $P < 0.01$。

　　本研究结果显示学校类型是影响健康素养水平、三个方面素养和六类问题素养的重要因素,重点学校学生的健康素养水平高于非重点学校。且社会生态模型理论认为个人、人际、机构、社区和公共政策是影响人类健康行为的重要因素[1][2],基于社会生态模型的健康素养不仅受到个人健康行为、家庭关系、组织行为、国家政策和经济的影响,中学生所处的中观环境机构主要为家庭和学校,学校的健康教育理念、方式、内容、评价、环境和资源等因素也会潜移默化地影响学生的理念和行为习惯。重点学校教育资源比非重点学校的教育资源相对较丰富,师资整体教育教学水平比非重点学校高,其"健康第一的理念"相对较深,兼之教学水平高,所以重点学校中学生的健康素养水平相对较高。

① McLeroy K R, Bibeau D, Steckler A, et al. An ecological perspective on health promotion programs[J]. Health Education Quarterly, 1988, 15(4):351－377.
② 韩金勇,何佳莉.大众身体活动促进策略的国际经验与启示:基于社会生态模型分析框架[J].体育与科学,2021,42(6):61－69.

我国中学生体质健康现状与

人口学影响因素

第一节　我国中学生体质健康总体现状与
人口学影响因素

一、我国中学生体质健康总体现状

学生体质影响其现在和未来的健康水平。对中学生的体质健康可以从体质健康测试结果得分和体质健康测试结果等级两个方面反映。

（一）中学生体质健康测试总体得分

依据《标准》对中学生的体质健康测试的各项指标测试结果进行评分并计算总分,学生总得分均分为73.49分,依据《标准》60.0～79.9分为及格,可见中学生总体得分不高,仍需要进一步提升。从中学生体质健康测试的各项指标得分情况来看,其呈现"横看成岭侧成峰,远近高低各不同"的特征。各指标平均得分由高到低的排序为:体重指数＞50 m 跑＞肺活量＞1 000 m 跑(男生)＞坐位体前屈＞立定跳远＞800 m 跑(女生)＞1 min 仰卧起坐(女生)＞引体向上(男生)。其中 BMI 指标平均得分为93.40分,位于所有指标之首,可以反映学生身体形态整体情况较好。50 m 跑和肺活量平均得分为75.91分和72.61分,分列第二、三位。平均得分最低的三个指标分别为800 m 跑(女生)、1 min 仰卧起坐(女生)、引体向上(男生),平均得分为69.04分、65.14分、36.41分。其中高于平均分的指标为体重指数(BMI)

和 50 m 跑,低于平均分的指标为肺活量(72.61±23.42)、立定跳远(69.87±19.91)、坐位体前屈(70.72±17.77)、引体向上(男生)(36.41±31.80)、1 min 仰卧起坐(女生)(65.14±19.35)、800 m 跑(女生)(69.04±23.42)和 1 000 m 跑(男生)(72.22±23.38)。具体如表 3-1 和图 3-1 所示。

表 3-1　中学生体质测试总体得分情况

测试内容	计算得分($\overline{X}\pm S$)/分	排序
体重指数(BMI)(N=7 520)	93.40±12.48	1
肺活量(N=7 507)	72.61±23.42	3
50 m 跑(N=7 509)	75.91±16.94	2
立定跳远(N=7 520)	69.87±19.91	6
坐位体前屈(N=7 516)	70.72±17.77	5
引体向上(男生)(N=3 702)	36.41±31.80	9
1 min 仰卧起坐(女生)(N=3 718)	65.14±19.35	8
800 m 跑(女生)(N=3 700)	69.04±23.42	7
1 000 m 跑(男生)(N=3 618)	72.22±23.38	4
总得分平均分	73.49±10.80	——

注:部分学生未参与本项测试。

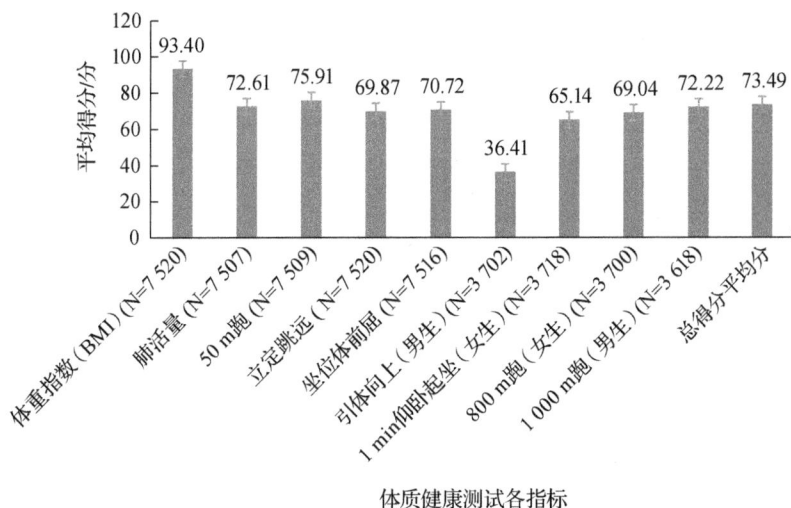

图 3-1　中学生体质测试各指标平均得分情况

（二）我国中学生体质测试总体等级

依据《标准》对中学生体质测试等级来看，中学生体质测试结果分为优秀、良好、及格和不及格四个等级，由表 3-2 和图 3-2 可知，中学生优良率为 27.6%，大部分学生处于及格等级，但依然有 9.6% 的学生不及格。

表 3-2　中学生体质测试等级情况

类别	优秀	良好	及格	不及格
人数/人	390	1 683	4 729	721
比例/%	5.2	22.4	62.9	9.6

注：部分学生未参与本项测试。

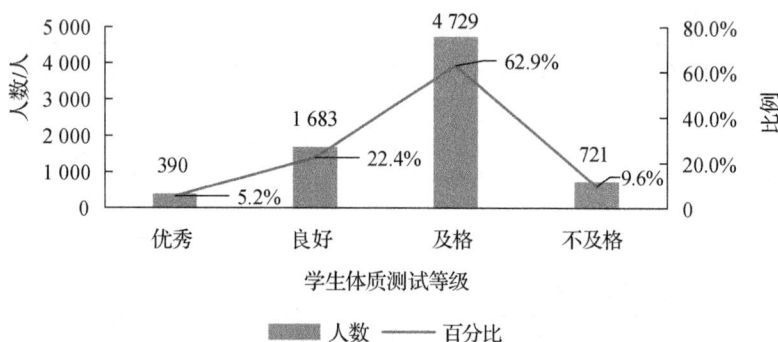

图 3-2　中学生体质测试等级情况

从中学生体质各指标测试结果的等级来看，呈现出"远近高低各不同"的特征。在及格率方面，由高到低分别为 BMI、50 m 跑、坐位体前屈、肺活量、立定跳远、1 min 仰卧起坐（女生）、800 m 跑（女生）和 1 000 m 跑（男生）、引体向上（男生）。在优良率方面，从高到低分别为 BMI（91.6%）、肺活量（39.4%）、50 m 跑（35.3%）、1 000 m 跑（男生）（33.7%）、立定跳远（32.3%）、800 m 跑（女生）（29.9%）、坐位体前屈（15.0%）、1 min 仰卧起坐（女生）（27.5%）、引体向上（男生）（10.8%），具体如表 3-3 所示。结合表 3-1 可以发现，虽然学生 50 m 跑的平均得分高于肺活量的平均得分，但学生肺活量指标的评价优良率高于 50 m 跑；同时学生坐位体前屈的平均得分排在所有测试项目的第 5 名，但是优良率排名为第 7 名；而无论是依据学生项目得分还是优良率，男生 1 000 m 跑的成绩均好于女生 800 m 跑，可见男生的耐力水平高于女生，而速度素质又好于耐力素质。

表3-3　中学生体质测试各指标评价等级情况

测试内容	类别	优秀	良好	及格	不及格	合计
BMI(N=7 520)	人数/人	5 668	1221	631	0	7 520
	比例/%	75.4	16.2	8.4	0	100
肺活量(N=7 507)	人数/人	1 704	1 256	3 690	857	7 507
	比例/%	22.7	16.7	49.2	11.4	100
50 m跑(N=7 509)	人数/人	1 485	1 164	4 441	419	7 509
	比例/%	19.8	15.5	59.1	5.6	100
坐位体前屈(N=7 516)	人数/人	805	1 265	4 812	634	7 516
	比例/%	10.7	16.8	64.0	8.4	100
1 min仰卧起坐(女生)(N=3 718)	人数/人	194	364	2 571	589	3 718
	比例/%	5.2	9.8	69.2	15.8	100
立定跳远(N=7 520)	人数/人	962	1465	4201	892	7 520
	比例/%	12.8	19.5	55.9	11.9	100
引体向上(男生)(N=3 702)	人数/人	240	158	916	2 388	3 702
	比例/%	6.5	4.3	24.7	64.5	100
800 m跑(女生)(N=3 700)	人数/人	570	536	1 946	648	3 700
	比例/%	15.4	14.5	52.6	17.5	100
1 000 m跑(男生)(N=3 618)	人数/人	738	480	1 736	664	3 618
	比例/%	20.4	13.3	48.0	18.4	100

注:部分学生未参与本项测试。

(三) 基于不同人口学因素的中学生体质测试总体得分

1. 不同性别和城乡中学生体质测试总体得分情况与差异

采用独立样本 t 检验判断不同性别和城乡间中学生体质测试总得分差异,数据剔除显著异常值。结果显示,女生体质测试总得分高出男生0.89分,乡镇学生的体质测试总得分高出城市学生0.28分,独立样本 t 检验结果显示 P 值分别为0.000和0.257,表明不同性别学生体质测试总得分存在显著性差异(表3-4,图3-3),但城乡间学生体质测试总分无差异(表3-4,图3-4)。

表 3-4　基于不同人口学因素的中学生体质测试总得分情况

类别	项目	人数/人	计算得分($\overline{X}\pm S$)	t/F 值	P 值	事后多重比较
性别	男	3 739	73.04±11.91	−3.577	0.000	—
	女	3 784	73.93±9.57			
城乡	城市	3 684	73.34±10.88	−1.135	0.257	—
	乡镇	3 839	73.62±10.73			
地区	东部	2 766	74.80±10.70	33.383	0.000	东部>西部 东部>中部 中部≈西部
	中部	2 431	72.56±10.72			
	西部	2 326	72.89±10.87			
年级	高一	3 822	74.32±10.84	34.021	0.000	高一>高二 高二>高三 高一>高三
	高二	3 185	72.94±10.89			
	高三	516	70.62±9.24			
合计		7 523	73.49±10.80	—	—	—

注:部分学生未参与本项测试。

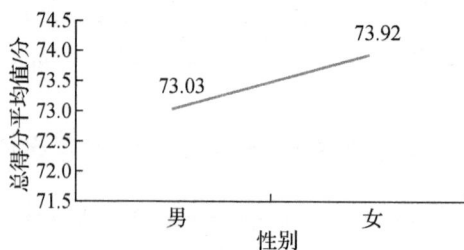

图 3-3　不同性别中学生体质测试总得分平均值

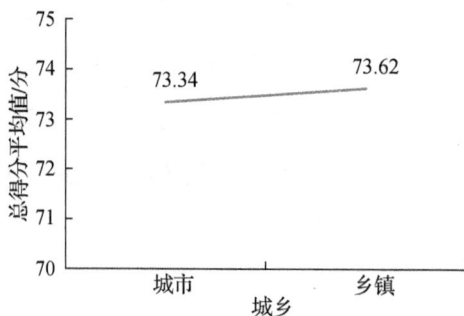

图 3-4　不同城乡中学生体质测试总得分平均值

2. 不同地区中学生体质健康测试总得分情况与差异

采用单因素方差分析法判断不同地区学生体质测试总分是否有差异。学生按照地区分为三组,剔除显著异常值。结果显示,三组学生体质测试总得分具有显著性差异($F=33.383, P<0.01$)(表3-4,图3-5)。经过进一步事后多重比较,发现东部地区学生的体质测试总分显著高于中部学生($P=0.000$),同时东部地区学生的体测总分显著高于西部学生($P=0.000$),而中部学生与西部学生无差异($P=0.646$)。

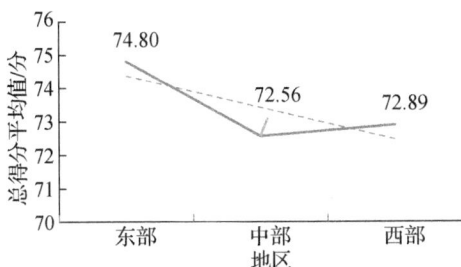

图3-5 不同地区中学生体质测试总得分平均值

采用单因素方差分析法判断不同年级学生体质测试总分是否有差异。学生按照年级分为三组,剔除显著异常值。结果显示,三组学生体质测试总得分具有显著性差异($F=34.021, P<0.01$)(表3-4,图3-6)。经过进一步事后多重比较,发现高一学生的体质测试总分显著高于高二学生($P=0.000<0.01$),同时也显著高于高三学生($P=0.000$),高二学生体质测试总分也显著高于高三学生($P=0.000$)。

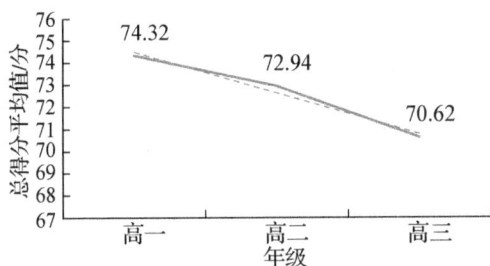

图3-6 不同年级中学生体质测试总得分平均值

(四) 基于不同人口学因素的中学生体质测试总体等级情况

以体质测试总分等级为因变量,性别、城乡、地区和年级等因素为自变量,采用卡方检验进行单因素分析,结果如表3-5所示。根据列联表卡方检

表 3-5　基于不同人口学因素的中学生体质测试等级情况

类别	项目	合计		优秀		良好		及格		不及格		统计值	
		人数/人	比例/%	人数/人	比例/%	人数/人	比例/%	人数/人	比例/%	人数/人	比例/%	χ^2值	P值
性别	男	3 739	49.70	291	7.8	774	20.7	2 218	59.3	456	12.2	173.841	0.000
	女	3 784	50.30	99	2.6	909	24.0	2 511	66.4	265	7.0		
城乡	城市	3 684	48.97	184	5.0	849	23.0	2 293	62.2	358	9.7	2.541	0.468
	乡镇	3 839	51.03	206	5.4	834	21.7	2 436	63.5	363	9.5		
地区	东部	2 766	36.77	166	6.0	718	26.0	1 667	60.3	215	7.8	54.522	0.000
	中部	2 431	32.31	111	4.6	466	19.2	1 593	65.5	261	10.7		
	西部	2 326	30.92	113	4.9	499	21.5	1 469	63.2	245	10.5		
年级	高一	3 822	50.80	250	6.5	910	23.8	2 343	61.3	319	8.3	84.643	0.000
	高二	3 185	42.34	134	4.2	706	22.2	2 011	63.1	334	10.5		
	高三	516	6.86	6	1.2	67	13.0	375	72.7	68	13.2		
合计		7 523	100	390	5.2	1 683	22.4	4 729	62.9	721	9.6	—	—

注：部分学生未参与本项测试。

验的使用条件,所有理论频数均>5,因此读取 Pearson Chi-Square 统计检验结果。在不同性别、地区和年级学生的体质测试总分的四个等级方面,结果显示,χ^2分别为 173.841、54.522、84.643,P 值均小于 0.01,表明其等级分布具有显著性统计学差异,但在城乡间不存在差异($\chi^2=2.541$,$P=0.468$)。

青少年体质健康水平一定程度上体现了我国经济实力以及教育水平,青少年体质健康水平也是综合国力的重要组成部分。青少年在中学阶段,身心健康进入快速发展的关键期。学生体质健康问题逐渐成为社会关注的重大问题[1]。因此,通过本次抽样测试研究,将我国中学生发展情况进行可视化统计处理,可以更好统筹措施,有的放矢地调控中学生体质健康发展。本次研究共测试了中学生体重指数(BMI)、肺活量、50 m 跑、立定跳远、坐位体前屈、引体向上(男生)、1 min 仰卧起坐(女生)、800 m 跑(女生)、1 000 m 跑(男生)等项目,并获取相关数据。

本研究非常重要的目的之一是了解中学生体质健康现状与影响因素。在中学生体质健康现状方面,经对调研获取的中学生体质测试数据进行分析,本研究显示中学生体质测试总分平均分为 73.49 分,依据《标准》中 60.0—79.9 分为及格,中学生体质测试总分评定等级为及格等级,与已有关于学生体质健康的研究结果等级基本一致。已有研究显示江苏省高中生体质测试总分的平均得分为 75.44 分,略高于本研究的中学生体质测试总分平均分,但评定等级都为及格等级,可见无论是全国还是江苏省学生的体质,整体状况都处于及格等级,体质健康状况不容乐观。中学生阶段是学生人生发展的重要时期,也是身体快速发育的时期,身体各器官逐渐走向成熟,但在该阶段学生主要处于求学期,学习任务繁重,心理压力大,忽视了体育锻炼等造成了学生身体素质下滑,学生体质健康状况处于不佳状态。但体质健康是儿童和青少年健康的强有力标志[2],且青少年学生健康水平不仅影

---

① 王志学,刘连发,张勇. 我国青少年体育发展的时代特征与治理体系探究[J]. 体育与科学,2017,38(5):69-75.
② Ortega F B, Ruiz J R, Castillo M J, et al. Physical fitness in childhood and adolescence: A powerful marker of health[J]. International Journal of Obesity, 2008, 32(1):1-11.

响现在的学习和生活[1][2],还影响未来的学习和生活,因此未来依然需要高度重视青少年学生体质健康的提升。

从中学生体质测试总分等级分布情况来看,中学生体质测试优良率为27.6％,即中学生体质测试总分分布在优良等级的学生占27.6％。本次调研结果高于教育部2016年组织的全国学生体质健康测试的结果(26.5％)而低于最近一次公布的2019年全国学生体质健康调研结果(33％)[3],产生该结果的原因可能是由于本研究进行体质测试的时间主要在2019年左右,比2016年全国学生体质健康测试调研时间迟,而近几年伴随国家和各地区对学生体质健康的精准治理,出台了一系列健康政策、青少年学生体质健康促进政策、学校体育政策和健康行动等,如2016年出台的《健康中国2030》《全民健身计划(2016—2020年)》等文件的出台,从全民健康的大局出发,将中小学生体质健康促进行动纳入了健康中国行动大格局,促进了学生体质健康的提升;同时在学校场域内,伴随《国务院办公厅关于强化学校体育促进学生身心健康全面发展的意见》《普通高中体育与健康课程标准(2017版)》的颁布,校园足球等活动的深入推进,强化学校开齐开足体育课、保证校内体育锻炼时间等一系列措施也促进了学生体质健康水平的提升。同时经济发展对学生生长潜能的激发、家校协同对学生体质健康水平的促进、学生健康意识的提高和生活方式的改善等都对学生的体质健康起到了一定的助推作用。但本研究结果还显示依然有9.6％的学生体测不及格,结合上文中学生体质测试总体成绩为73.49分,反映了我国学生体质健康状况不佳,尤其是不及格的学生占比依然较高,亟须进一步深入精准治理。

●二、我国中学生体质健康总体人口学影响因素

在中学生体质健康的人口学影响因素方面,本研究通过多元线性逐步

① Grissom J B. Physical fitness and academic achievement[J]. Journal of Exercise Physiology Online, 2005, 8(1):99-104.

② Hoeger W W K, Hoeger S A, Hoeger C I, et al. Lifetime physical fitness and wellness[M]. Cengage Learning, 2018.

③ 教育部. 中小学生体质健康优良率上升至33％[EB/OL]. (2021-12-22)[2022-07-20] http://www.moe.gov.cn/fbh/live/2021/53908/mtbd/202112/t20211223_589726.html.

回归法进行体质健康总得分多因素分析,结果显示性别、年级和地区是学生体质健康总成绩的人口学影响因素($P<0.001$),城乡不是中学生体质健康测试总得分的影响因素(见表3-6)。本研究结果显示女生的总得分高于男生,东部地区学生总得分高于中部和西部地区,高一年级学生总得分高于高二和高三学生。已有针对部分地区的研究结果亦显示女生体质健康水平高于男生[1],这与已有研究结果一致。本研究针对体质健康测试的各指标得分进一步分析发现女生在身体形态、身体机能和柔韧、爆发力、力量等身体素质指标得分方面均高于男生,这可能与体质测试评分标准、项目类别和男女生的本身差异性有关,女生一般比男生更爱美、更关注自己的身体形态。在年级方面,高一年级学生体质测试总得分高于高二和高三,这与已有研究结果一致[2][3],究其原因可能与体质测试评分标准有关,其次学生在初三升学考试中进行了体育加试,之前学生为了升学参加体育锻炼的时间增加,从而提升了体质健康水平,而这部分效应一直延续到高一,另外伴随学生年级升高、学业压力加大,学生久坐的时间增加而参加体育活动的时间减少,学生体质健康水平呈现下降趋势。东部地区学生总得分高于中部和西部地区,这与已有研究结果一致[4][5],已有研究显示东部经济发达地区和沿海地区的学生体质好于中部和西部学生,主要可能由于东部地区经济发达,一方面更加重视青少年学生的体质健康水平,另一方面,我国地域辽阔,东西部各地区在地理环境、经济文化发展等各方面均有不同,造成了学生的体质差异[6],另外经济发达的东部地区学生的营养也相对比较全面,可能也是造成学生体质健康水平相对较高的重要原因。

① 李迎. 青少年体质健康问题的性别差异研究:以上海市杨浦区中小学生为例[D]. 上海:上海体育学院,2013.
② 汪巧琴. 北京市海淀区中学生体质健康研究[D]. 北京:北京体育大学,2008.
③ 赵娜. 四川省中学生体质现状分析:以成都、自贡、达州为例[D]. 成都:成都体育学院,2015.
④ 宋逸,罗冬梅,胡佩瑾,等.1985—2014年中国汉族13~18岁中学生体质健康达标优秀率趋势分析[J].北京大学学报(医学版),2020,52(2):317-322.
⑤ 韩迪.1985—2010年我国青少年生长发育变化及健康公平性研究[D]. 苏州:苏州大学,2014.
⑥ 张亚平. 中国中小学生体质与健康状况的地域分异规律[D]. 西安:陕西师范大学,2011.

表 3-6　体质健康影响因素的多元线性回归分析结果

人口学影响因素	B	β	t 值	p 值
（常量）	128.525	6.341	20.268	<0.001
性别	1.015	0.248	4.1	<0.001
城乡	0.228	0.252	0.905	0.366
地区	−1.089	0.153	−7.11	<0.001

第二节　我国中学生身体形态现状与影响因素

中学生身高和体重是反映其生长发育形态的重要特征,能够较好地反映身体发育水平;BMI 指数能反映人体体格的发育状况和营养水平,反映体型的健康状况。基于不同人口学指标对学生的身高、体重、BMI 等身体形态各指标进行分析可以了解不同人口学指标下的学生身体形态的差异性。本研究采用抽样学生的身高和体重来计算 BMI 值。

一、身高

(一) 我国中学生身高总体现状

由表 3-7 可知,参与身高测试的学生共有 7 523 位,其中最矮的学生身高为 135 cm,最高的学生身高为 196 cm,平均值为 167.25 cm。

表 3-7　中学生身高情况总体描述(N=7 523)　　　　　单位:cm

N	最小值	最大值	均值
7 523	135	196	167.25±8.14

(二) 不同人口学特征的我国中学生身高

1. 不同性别中学生身高

性别方面,采用独立样本 t 检验判断男生和女生身高差异,研究数据剔除显著异常值。结果显示,男生的平均身高高于女生的平均身高 10 cm 有余,独立样本 t 检验结果显示 $P<0.01$(表 3-8),男女性别间的学生身高均值存在显著性差异,如图 3-7。该研究结果与已有研究结果类似,已有关于大学生群体的研究结果同样发现男大学生的身高高于女大学生[①]。这可能与男女生在生理结构和激素水平等方面存在差异有关,如男生的 Y 染色体中存在一个被称为 SRY 的基因,该基因能够促进生长激素的释放,从而促进男性长高;而女生只有 X 染色体而无该基因,缺少了该因素对女生身高的提升,因而限制了女生的身高。另外,男性的雄激素会促进肌肉和骨骼的生长,从而使男生在身高上稍高些;而女生的雌激素虽然也可以引导骨骼发育,促进女生身高的增长,但在青春期初期后,过高的雌激素水平可能导致生长板融合,使女孩的身高发育提前停止,而不是如同男孩的骨骼那样可以持续生长数年,从而导致了女生的身高低于男生。

表 3-8 不同性别中学生身高差异比较(N=7 523)

人口学指标	组别	身高		t 值	P 值
		人数/人	($\overline{X}\pm S$)/cm		
性别	男	3 739	172.59±6.52	74.58	0.00
	女	3 784	161.96±5.80		

注:部分学生未参与本项测试。

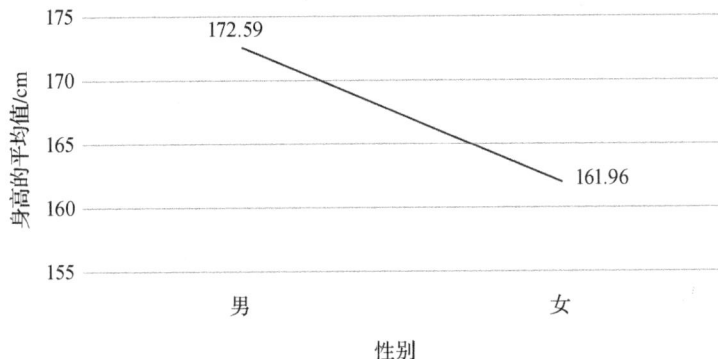

图 3-7 不同性别中学生身高平均值

2. 不同城乡中学生身高

城乡方面,采用独立样本 t 检验判断城市和乡镇中学生身高差异,研究

[①] 杨刚,张安琪.大学生身高影响因素实证分析[J].河南工程学院学报(自然科学版),2013,25(3):44-48.

数据剔除显著异常值。结果显示,虽然乡镇中学生的平均身高稍高于城市学生的平均身高,但独立样本 t 检验结果显示 $P>0.05$(表3-9),城市和乡镇学生的身高平均值不存在统计学差异,如图3-8。本研究显示城市中学生的平均身高为167.18 cm,乡镇中学生的平均身高为167.32 cm,两者虽然有一定的差别但无统计学差异,可见城乡可能不是学生身高的影响因素,其主要原因可能是由于身高受多种因素的影响,如城乡营养状况的改善、生活环境的改善等。

表3-9 不同城乡中学生身高差异比较(N=7 523)

人口学指标	组别	身高		t 值	P 值
		人数/人	$(\overline{X}\pm S)/\text{cm}$		
城乡	城市	3 684	167.18±8.18	-0.74	0.46
	乡镇	3 839	167.32±8.11		
合计		7 523	167.25±8.14	—	—

注:部分学生未参与本项测试。

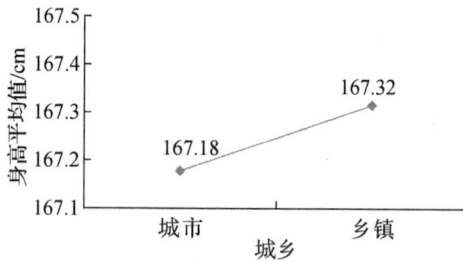

图3-8 不同城乡中学生身高平均值

3. 不同地区中学生身高

在地区方面,采用单因素方差分析法判断不同地区间学生身高是否有差异。学生按照地区分为三组,剔除显著异常值。结果显示,三组学生平均身高值具有显著性差异($F=55.84$,$P<0.01$)(表3-10)。同时发现东部地区学生的平均身高显著高于中部学生,且具有显著性统计学差异($P<0.01$),同时东部学生的平均身高显著高于西部学生的平均身高($P<0.01$),中部学生的平均身高显著高于西部($P<0.01$),如图3-9。本研究结果显示东部地区的中学生身高(168.23 cm)显著高于中部地区中学生身高(167.49 cm),同时二者均显著高于西部地区中学生身高(165.81 cm),可见

中学生的身高可能受到地区影响,这可能与经济发展水平、教育资源与投入、饮食习惯与营养摄入以及遗传等因素的差异有关。东部的经济发展水平和教育资源投入等都好于中部和西部,所以东部中学生的身高高于中部,中部又高于西部。

表 3-10 不同地区中学生身高差异比较(N=7 523)

人口学指标	组别	身高		F 值	P 值	事后多重比较
		人数/人	$(\overline{X}\pm S)$/cm			
地区	东部	2 766	168.23±8.25	55.84	0.00	东部>中部 东部>西部 中部>西部
	中部	2 431	167.49±7.65			
	西部	2 326	165.81±8.31			东部>中部>西部

注:部分学生未参与本项测试。

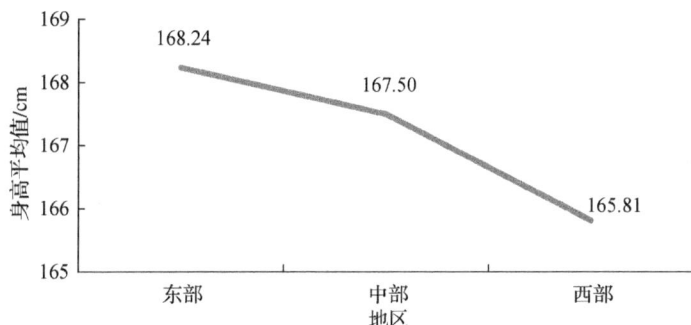

图 3-9 不同地区中学生身高平均值

4. 不同年级中学生身高

在年级方面,采用单因素方差分析法判断不同年级学生身高是否有差异。学生按照年级分为三组,剔除显著异常值。结果显示,三组学生平均身高值具有显著性差异($F=6.96$,$P<0.01$)(表 3-11)。进一步事后多重比较发现,高三年级学生的平均身高(168.47 cm)高于高二年级学生(167.27 cm),同时高二年级学生的平均身高(167.27 cm)高于高一年级学生(167.06 cm),但高一和高二年级学生身高平均值不具有统计学差异($P=0.63$),高二和高三学生身高平均值也不具有统计学差异($P=0.05$),只有高一和高三学生身高平均值具有显著性差异($P=0.00$),如图 3-10 所示。

表 3-11　不同年级中学生身高差异比较(N=7 523)

人口学指标	组别	身高		F 值	P 值	事后多重比较
		人数/人	($\bar{X}\pm S$)/cm			
年级	高一	3 822	167.06±7.97	6.96	0.00	高三≈高二 高三>高一 高二≈高一
	高二	3 185	167.27±8.36			
	高三	516	168.47±7.90			
合计		7 523	167.25±8.14	—	—	—

注:部分学生未参与本项测试。

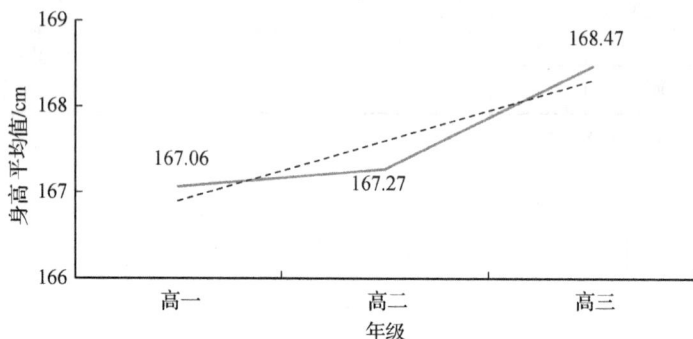

图 3-10　不同年级中学生身高平均值

●二、体重

(一)我国中学生体重总体现状

通过对数据进行描述性统计,研究显示我国中学生平均体重为 58.28 kg,最小体重 30 kg,最大 105 kg。

(二)不同人口学特征的我国中学生体重

1.不同性别中学生体重

性别方面,采用独立样本 t 检验判断男生和女生体重差异,研究数据剔除出显著异常值。结果显示,男生的平均体重为 62.81 kg,女生的平均体重为 53.81 kg,男生的平均体重比女生的平均体重多 10 kg 左右,独立样本 t 检验结果显示 $P<0.01$(表 3-12),男女性别间的学生体重均值存在显著性差异。如图 3-11。

表 3-12 不同性别中学生体重差异比较 (N＝7520)

人口学指标	组别	体重		t 值	P 值
		人数/人	$(\overline{X}\pm S)$/kg		
性别	男	3 738	62.81±12.98	34.64	0.00
	女	3 782	53.81±9.18		
合计		7 520	58.28±12.10	—	—

注:部分学生未参与本项测试。

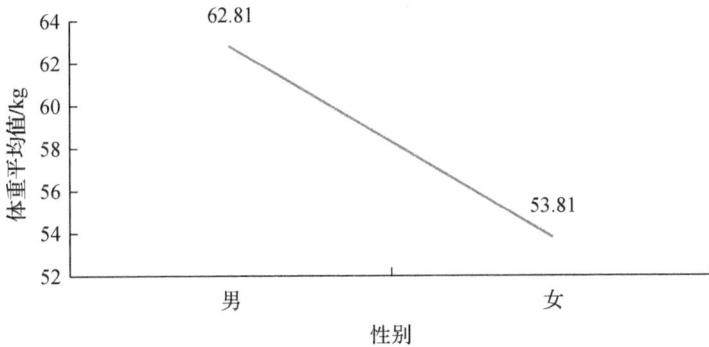

图 3-11 不同性别中学生体重平均值

2. 不同城乡中学生体重

城乡方面,采用独立样本 t 检验判断城市和乡镇中学生体重差异,研究数据剔除显著异常值。结果显示,乡镇中学生的平均体重(58.60 kg)高于城市学生的平均体重(57.95 kg),且独立样本 t 检验结果显示 $P<0.05$(表 3-13),城市和乡镇学生体重平均值存在统计学差异,如图 3-12。

表 3-13 不同城乡中学生体重差异比较 (N＝7520)

人口学指标	组别	体重		t 值	P 值
		人数/人	$(\overline{X}\pm S)$/kg		
城乡	城市	3 684	57.95±11.72	−2.325	0.02
	乡镇	3 836	58.60±12.44		
合计		7 520	58.28±12.10	—	—

注:部分学生未参与本项测试。

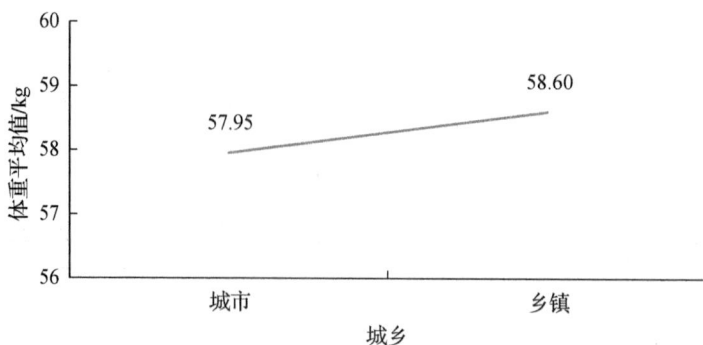

图 3－12　不同城乡中学生体重平均值

3. 不同地区中学生体重

在地区方面,采用单因素方差分析法判断不同地区学生体重是否有差异。学生按照地区分为三组,剔除显著异常值。结果显示,三组学生体重在地区方面具有显著差异($F＝68.68,P＜0.01$)(表 3－14)。经过进一步事后多重检验,发现东部地区学生的体重高于中部学生,但 $P＞0.05$,差异不具有统计学意义($P＝2.32$);东部地区学生的体重高于西部学生,且 $P＜0.01$,具有显著统计学差异;中部地区学生的体重显著高于西部学生,且具有显著统计学差异($P＜0.001$),如表 3－14 和图 3－13。

表 3－14　不同地区和年级中学生体重差异比较 (N＝7 520)

人口学指标	组别	体重		F 值	P 值	事后多重比较
		人数/人	($\bar{X}\pm S$)/kg			
地区	东部	2 763	59.57±12.65	68.68	0.00	东部≈中部 东部＞西部 中部＞西部 东部≈中部＞西部
	中部	2 431	58.96±12.60			
	西部	2 326	56.05±10.45			
年级	高一	3 819	57.67±11.92	26.30	0.00	高三＞高二 高三＞高一 高二＞高一 高三＞高二＞高一
	高二	3 185	58.47±12.22			
	高三	516	61.71±12.04			
合计		7 520	58.28±12.10	—	—	—

注:部分学生未参与本项测试。

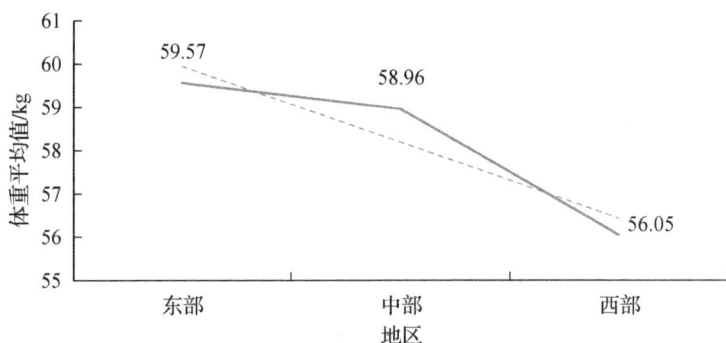

图 3 - 13　不同地区中学生体重平均值

4. 不同年级中学生体重

在年级方面,采用单因素方差分析法判断不同年级学生体重是否有差异。学生按照年级分为三组,剔除显著异常值。结果显示,体重在年级上存在显著差异($F=26.30,P=0.00$)(表 3 - 14)。经过进一步事后多重检验,发现高三学生的体重显著高于高二学生($P=0.00$);高三学生的体重显著高于高一学生($P=0.00$);高二学生的体重高于高一学生($P=0.02$),如表 3 - 14 和图 3 - 14。

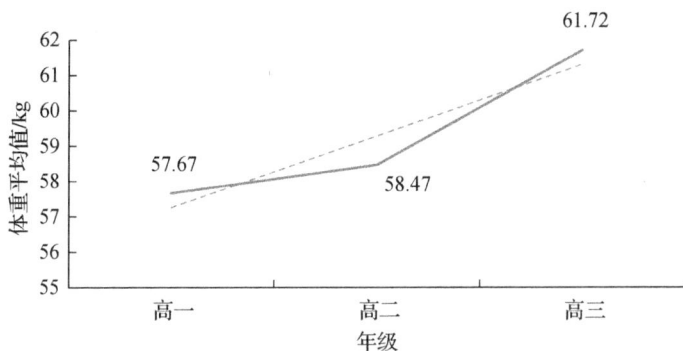

图 3 - 14　不同年级中学生体重平均值

三、体重指数(BMI)

(一) 我国中学生体重指数(BMI)总体现状

从中学生的平均 BMI 来看,中学生平均 BMI 为 20.76 kg/m², 依据《标准》换算成的等级为正常,平均得分为 93.40 分。

(二) 不同人口学特征我国中学生体重指数(BMI)现状

1. 不同性别中学生体重指数计算结果和得分

在性别方面,采用独立样本 t 检验判断男生和女生 BMI 计算结果和 BMI 得分差异,研究数据剔除显著异常值。基于体重和身高平方的比值计算 BMI,结果显示,男生的 BMI 计算结果显著高于女生,独立样本 t 检验结果显示 $P<$ 0.01(表 3-15),不同性别的学生 BMI 存在显著性差异,如图 3-15。同时结果还显示,女生的 BMI 得分显著高于男生,$P<0.01$(表 3-16),不同性别的学生 BMI 得分存在显著性差异;同时不同性别学生的 BMI 平均得分均为 90 分以上,显示无论是男生还是女生在 BMI 得分方面都比较好,如图 3-16。

表 3-15 不同性别和城乡中学生 BMI 计算结果差异比较(N=7 520)

人口学指标	组别	BMI		t 值	P 值
		人数/人	$(\overline{X}\pm S)$/kg/m²		
性别	男	3 738	21.03±3.88	6.65	0.00
	女	3 782	20.49±3.14		
城乡	城市	3 684	20.67±3.47	−2.09	0.04
	乡镇	3 836	20.84±3.60		
合计		7 520	20.76±3.54	—	—

注:部分学生未参与本项测试。

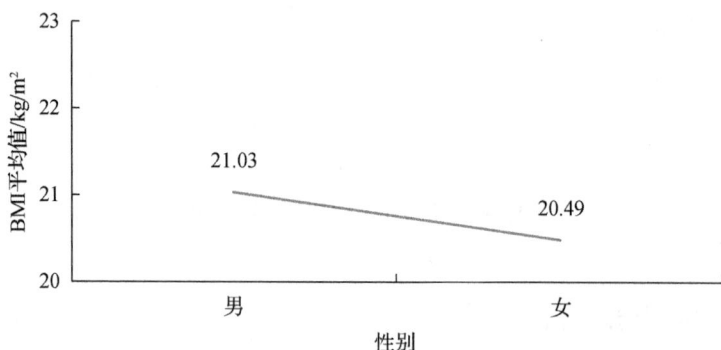

图 3-15 不同性别中学生 BMI 计算结果平均值

表 3-16 不同性别和城乡中学生 BMI 得分差异比较（N=7 520）

人口学指标	组别	BMI		t 值	P 值
		人数/人	($\bar{X}\pm S$)/分		
性别	男	3 738	92.50±13.16	−6.18	0.00
	女	3 782	94.28±11.70		
城乡	城市	3 684	93.76±12.12	2.50	0.01
	乡镇	3 836	93.04±12.80		
合计		7 520	93.40±12.48	—	—

注：部分学生未参与本项测试。

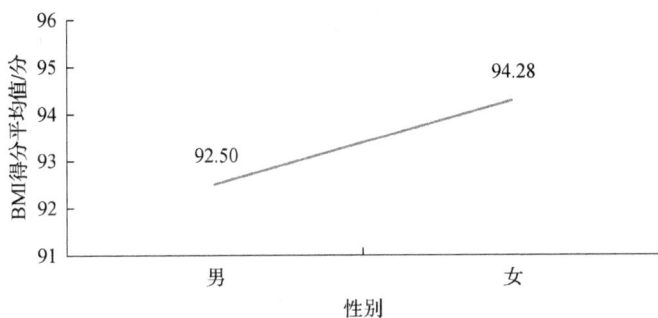

图 3-16 不同性别中学生 BMI 得分平均值

2. 不同城乡中学生体重指数计算结果和得分

在城乡方面，采用独立样本 t 检验判断城市和乡镇中学生 BMI 和 BMI 得分差异，研究数据剔除显著异常值。结果显示，乡镇学生的 BMI 高于城市学生，$P<0.05$（表 3-15），城市和乡镇学生 BMI 存在统计学差异，如图 3-17。同时结果还显示，城市学生 BMI 得分高于乡镇学生，$P<0.05$（表 3-16），城市和乡镇学生 BMI 得分存在统计学差异，如图 3-18。

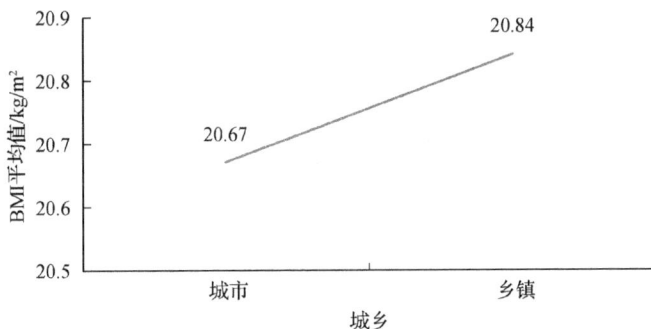

图 3-17 不同城乡中学生 BMI 计算结果平均值

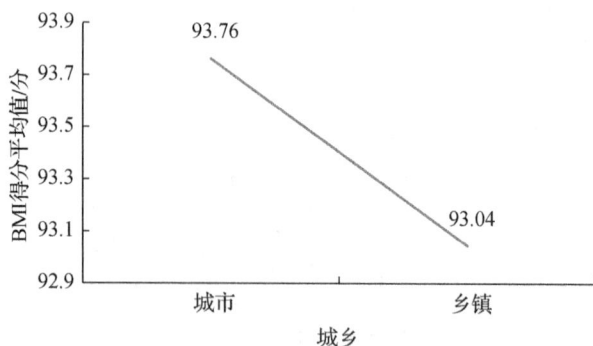

图 3-18　不同城乡中学生 BMI 得分平均值

3. 不同地区中学生体重指数计算结果和得分

在地区方面,采用单因素方差分析法判断不同地区学生 BMI 是否有差异。学生按照地区分为三组,剔除显著异常值。结果显示,BMI 在地区方面具有显著差异($F=59.91,P<0.01$)(表 3-17)。经过进一步事后多重检验,发现东部地区学生的 BMI($20.95 \ \mathrm{kg/m^2}$)与中部地区学生基本相同,$P>0.05$($P=1.00$),两组学生 BMI 无统计学差异;东部地区学生的 BMI 显著高于西部地区学生,且 $P<0.01$,两组 BMI 具有显著性统计学差异;中部地区学生的 BMI 显著高于西部地区学生,且 $P<0.01$,两组 BMI 具有显著性统计学差异($P=0.00$),结果如表 3-17 和图 3-19。

表 3-17　不同地区和年级中学生 BMI 计算结果差异比较(N=7 520)

人口学指标	组别	BMI		F 值	P 值	事后多重比较
		人数/人	($\overline{X}\pm S$)/kg/m²			
地区	东部	2 763	20.95±3.60	59.91	0.00	东部≈中部 东部>西部 中部>西部 东部≈中部>西部
	中部	2 431	20.95±3.82			
	西部	2 326	20.33±3.08			
年级	高一	3 819	20.59±3.53	22.41	0.00	高三>高二 高三>高一 高二>高一 高三>高二>高一
	高二	3 185	20.81±3.51			
	高三	516	21.68±3.64			
合计		7 520	20.76±3.54	—	—	—

注:部分学生未参与本项测试。

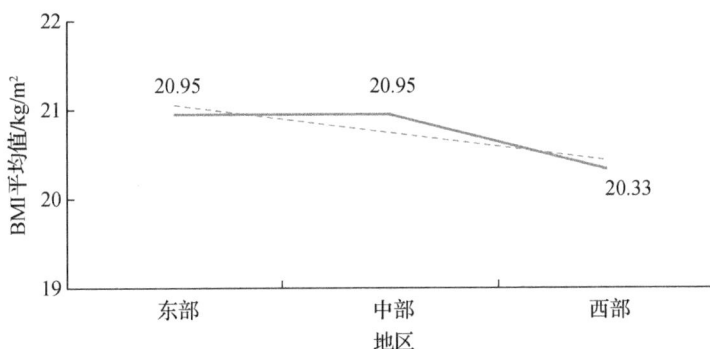

图 3-19 不同地区中学生 BMI 计算结果平均值

在地区方面,采用单因素方差分析法判断不同地区学生 BMI 得分是否有差异。学生按照地区分为三组,剔除显著异常值。结果显示,BMI 得分在地区方面具有显著差异($F=24.33$,$P<0.01$)(表 3-18)。经过进一步事后多重检验,发现东部地区学生的 BMI 得分与中部地区学生基本相同,$P>0.05$($P=0.83$),两组学生 BMI 得分无统计学差异;东部地区学生的 BMI 得分显著低于西部地区学生,且 $P<0.01$,两组学生 BMI 得分具有显著性统计学差异($P=0.00$);西部地区学生的 BMI 得分显著高于中部地区学生,且 $P<0.01$,两组学生 BMI 得分具有显著性统计学差异($P=0.00$),如表 3-18 和图 3-20。

表 3-18 不同地区和年级中学生 BMI 得分差异比较(N=7 520)

人口学指标	组别	BMI 得分		F 值	P 值	事后多重比较
		人数/人	$(\overline{X}\pm S)$/分			
地区	东部	2 763	92.64±12.97	24.33	0.00	东部≈中部 东部<西部 中部<西部
	中部	2 431	92.92±13.01			
	西部	2 326	94.80±11.13			
年级	高一	3 819	93.16±12.64	3.18	0.04	高一>高三 高二>高一 高二>高三 高二>高一>高三
	高二	3 185	93.80±12.27			
	高三	516	92.67±12.46			
合计		7 520	93.40±12.48	—	—	—

注:部分学生未参与本项测试。

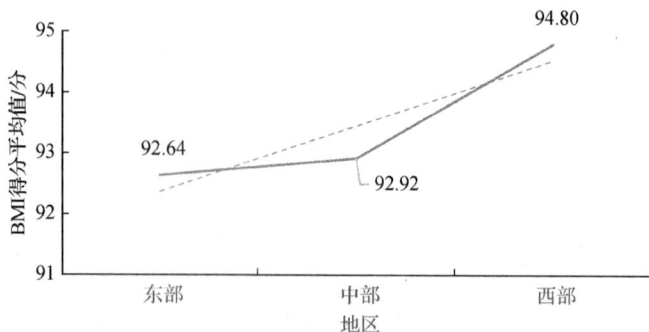

图 3 - 20　不同地区学生 BMI 得分平均值

4. 不同年级中学生体重指数计算结果和得分

在年级方面,采用单因素方差分析法判断不同年级学生 BMI 是否有差异。学生按照年级分为三组,剔除显著异常值。结果显示,BMI 在年级上存在显著差异($F=22.41,P=0.00$)(表 3 - 17)。经过进一步事后多重检验,发现高三学生的 BMI 显著高于高二学生($P=0.00$);高二学生的 BMI 高于高一学生($P=0.02$);高三学生的 BMI 高于高一学生($P=0.02$),如表 3 - 17 和图 3 - 21。

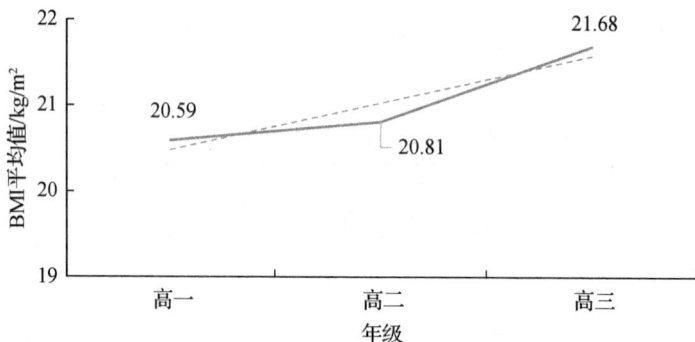

图 3 - 21　不同年级中学生 BMI 计算结果平均值

在年级方面,采用单因素方差分析法判断不同年级学生 BMI 得分是否有差异。学生按照年级分为三组,剔除显著异常值。结果显示,BMI 得分在年级上存在差异($F=3.18,P=0.04$)(表 3 - 18)。经过进一步事后多重检验,发现高一学生的 BMI 得分略低于高二学生,但 $P>0.05$,两组学生 BMI 得分无统计学差异($P=0.10$);高一学生 BMI 得分略高于高三学生,但 $P>$

0.05,两组学生 BMI 得分无统计学差异($P=0.79$);高二学生 BMI 得分稍高于高三学生,但 $P>0.05$,两组学生 BMI 得分无统计学差异($P=1.63$),如表 3-18 和图 3-22。

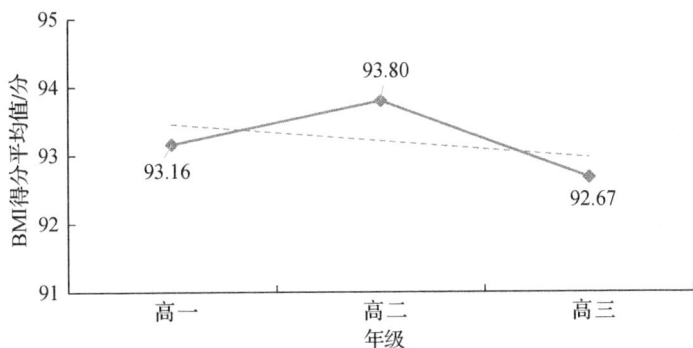

图 3-22 不同年级中学生 BMI 得分平均值

(三) 不同人口学特征中学生体重指数等级分布

1. 我国中学生体重指数等级分布总体现状

BMI 能反映人体体格的发育状况和营养水平,反映体型的健康状况。对中学生的身高和体重进行计算后得出 BMI 值,依据 BMI 值的分布区间将 BMI 分为四个等级,即低体重、正常、超重和肥胖。经统计分析发现学生不同类型 BMI 比率由高到低分别为:正常(75.4%)、超重(10.2%)、肥胖(8.4%)和低体重(6.0%)。其中 BMI 分布在正常体重范围的学生为 5 668 人,占比为 75.4%,在所有类型中占比最大,即超过 3/4 学生的整体身体形态状况比较好,但依然有 6.0% 的学生低体重、18.6% 的学生超重或肥胖。无论是超重、肥胖还是低体重,都不利于学生健康成长,后期还需要相关部门和个人协同作业,采用相关的教育手段或者其他手段对低体重和超重肥胖学生的身体形态进行干预,以促进学生的身体形态回归正常;同时帮助体态正常学生加强体重管理,使自己的身体形态一直保持在正常范围内,具体见表 3-19 和图 3-23。

表 3-19　中学生 BMI 等级整体情况(N=7 520)

类型	人数/人	占比/%
低体重	455	6.0
正常	5 668	75.4
超重	766	10.2
肥胖	631	8.4
合计	7 520	100

注:部分学生未参与本项测试。

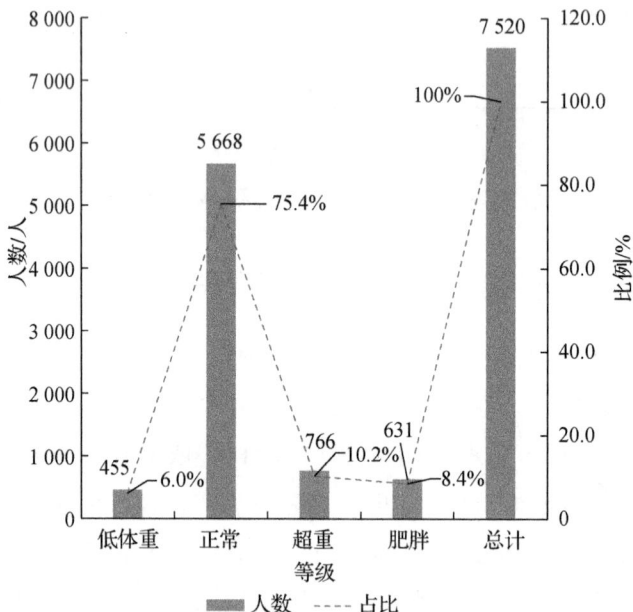

图 3-23　中学生 BMI 等级分布

2. 不同人口学特征的中学生体重指数等级分布现状

基于不同人口学指标对学生 BMI 进行分析可了解不同人口学指标下的学生身体形态的差异。依据《标准》中对不同学段学生身体形态评价的标准,将中学生身体形态按照 BMI 值分为低体重、正常、超重和肥胖四类。基于人口学特征分析学生的 BMI 差异,可精准识别学生身体形态方面存在的问题。

(1) 不同性别中学生体重指数等级分布

从不同性别方面来看学生的 BMI 等级分布,基于描述性统计发现,无论男生还是女生,两个组的人数和占比从多到少的排序都为正常、超重、肥胖和低体重(表 3-20,图 3-24)。

表3-20 不同人口学特征的中学生身体形态类型比较

人口学指标	选项	人数/人(比例/%)	身体形态类型(BMI等级)				统计值	
			低体重 人数/人(比例/%)	正常 人数/人(比例/%)	超重 人数/人(比例/%)	肥胖 人数/人(比例/%)	χ^2值	P值
性别	男	3 738(49.7)	245(6.6)	2 708(72.4)	414(11.1)	371(9.9)	38.19	0.00
	女	3 782(50.3)	210(5.6)	2 960(78.3)	352(9.3)	260(6.9)		
城乡	城市	3 684(49)	217(5.9)	2 816(76.4)	370(10.0)	281(7.6)	6.56	0.09
	乡镇	3 836(51)	238(6.2)	2 852(74.3)	396(10.3)	350(9.1)		
地区	东部	2 763(36.7)	171(6.2)	2 003(72.6)	328(11.9)	259(9.4)	54.05	0.00
	中部	2 431(32.3)	139(5.7)	1 806(74.3)	250(10.3)	236(9.7)		
	西部	2 326(30.9)	145(6.2)	1 857(79.8)	188(8.1)	136(5.8)		
年级	高一	3 819(50.8)	232(6.1)	2 846(74.5)	408(10.7)	333(8.7)	32.86	0.00
	高二	3 185(42.4)	198(6.2)	2 455(77.1)	274(8.6)	258(8.1)		
	高三	516(6.9)	25(4.8)	367(71.1)	84(16.3)	40(7.8)		
合计		7 520(100)	455(6.0)	5 668(75.4)	766(10.2)	631(8.4)	—	—

注:部分学生未参与本项测试。

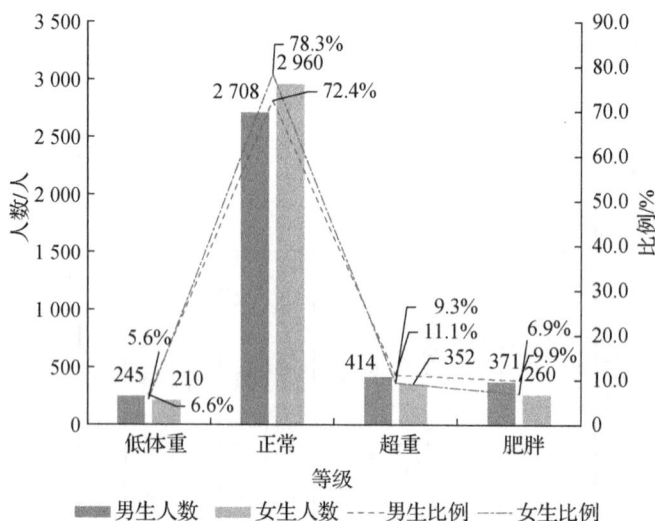

图 3-24 不同性别中学生 BMI 等级

在正常组，男生正常体重人数为 2 708 人，占所有男生的 72.4%；女生正常体重人数为 2 960 人，占所有女生的 78.3%，且女生正常身体形态的比例高于男生（表 3-20，图 3-24）。在超重和肥胖组，男生为 785 人，占男生总人数的 21.0%；女生为 612 人，占女生总人数的 16.2%（表 3-20，图 3-24）。在低体重组，男生为 245 人，占比 6.6%；女生 210 人，占比 5.6%（表 3-20，图 3-24）。可见男生超重肥胖率和低体重率都高于女生，因此未来在学校体育教育中，要着重加强男生相关低体重、超重/肥胖的危害、体重管理等相关内容的教育。

以 BMI 等级为因变量，性别因素为自变量，采用卡方检验进行单因素分析，结果如表 3-20 所示。根据列联表卡方检验的使用条件，所有理论频数均>5，因此读取 Pearson Chi-Square 统计检验结果。在不同性别学生的四个 BMI 等级方面，结果显示，$\chi^2=38.19$，$P=0.00<0.01$，表明不同性别学生四种 BMI 等级分布的差异具有显著性统计学意义。

（2）不同城乡中学生体重指数等级分布

从不同城乡方面来看学生的 BMI 等级分布，基于描述性统计发现，无论城市还是乡镇，两个组的人数和占比从多到少的排序都为正常、超重、肥胖和低体重（表 3-20，图 3-25），与上文总体和基于性别的 BMI 等级排序一致。

在正常组，城市有 2 816 人，占所有参与调研城市学生的 76.4%；乡镇正常体重人数为 2 852 人,占所有参与调研乡镇学生的 74.3%,可见乡镇学生的正常率低于城市学生(表 3-20,图 3-25)。在超重和肥胖组,城市总共有651 人,占参与调研城市学生的 17.6%;乡镇为 746 人,占参与调研乡镇总人数的 19.4%(表 3-20,图 3-25)。在低体重组,城市学生为 217 人,占比5.9%;乡镇学生 238 人,占比 6.2%(表 3-20,图 3-25)。可见乡镇学生的超重肥胖率和低体重率都高于城市,因此未来在学校体育教育中,要着重加强乡镇学生关于低体重、超重/肥胖的危害、体重管理等相关内容的教育。

以 BMI 等级为因变量,城乡因素为自变量,采用卡方检验进行单因素分析,结果如表 3-20 所示。根据列联表卡方检验的使用条件,所有理论频数均>5,因此读取 Pearson Chi-Square 统计检验结果。在不同城乡学生的四个 BMI 等级方面,结果显示,$\chi^2=6.56$,$P=0.09>0.05$,表明不同城乡学生四种 BMI 等级分布无统计学差异。

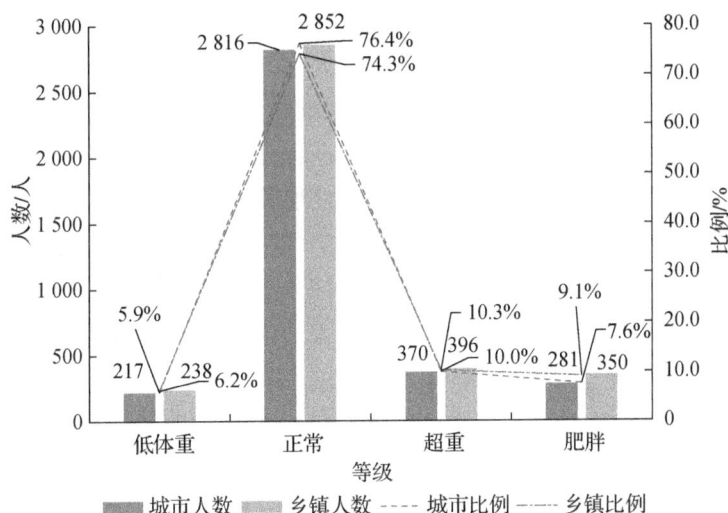

图 3-25 不同城乡中学生 BMI 等级

(3) 不同地区中学生体重指数等级分布

从不同地区方面来看学生的 BMI 等级分布,基于描述性统计发现,东部和中部两个组的人数和占比由多到少的排序为正常、超重、肥胖、低体重,而西部地区的排序则为正常、超重、低体重、肥胖(表 3-20,图 3-26),与上文总体和基于性别、城乡的 BMI 等级的排序基本一致。

在正常组,东部地区学生 2 005 人,占所有参与调研东部学生的 72.6%;中部地区学生 1 806 人,占所有参与调研中部学生的 74.3%;西部地区学生

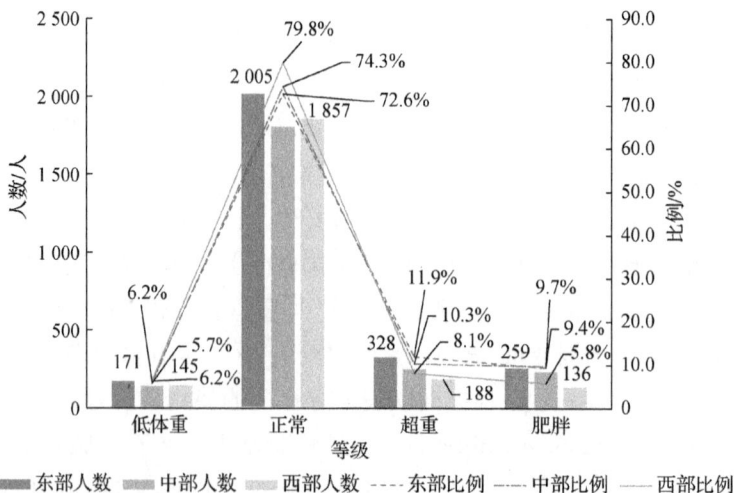

图 3-26 不同地区中学生 BMI 等级

1 857 人，占所有参与调研西部学生的 79.8%（表 3-20，图 3-26），可见西部学生的 BMI 正常率高于中部，中部学生的 BMI 正常率高于东部。在超重和肥胖组，东部地区学生 587 人，占东部调研总人数的 21.3%；中部地区学生 486 人，占中部调研总人数的 20.0%；西部地区学生 324 人，占西部调研总人数的 13.9%，地区学生可见东部超重肥胖率高于中部地区学生，中部地区学生超重肥胖率高于西部地区学生（表 3-20，图 3-26）。在低体重组，东部地区学生为 171 人，占比 6.2%；中部地区学生 139 人，占比 5.7%；西部地区学生 145 人，占比 6.2%，可见东部和西部地区学生的低体重率基本相同，但高于中部地区学生（表 3-20，图 3-26）。可见从地区方面考虑，未来学校体育教育中，要着重加强东部和中部地区学生关于超重和肥胖危害和治理方面的教育，着重加强东部和西部学生低体重危害和治理方面的教育，同时加强体重管理、合理膳食和营养等方面内容的教育。

以 BMI 等级为因变量，地区因素为自变量，采用卡方检验进行单因素分析，结果如表 3-20 所示。根据列联表卡方检验的使用条件，所有理论频数均>5，因此读取 Pearson Chi-Square 统计检验结果。在不同地区学生的 BMI 的四个等级方面，结果显示，$\chi^2 = 54.05$，$P = 0.00 < 0.01$，表明不同地区学生四种 BMI 等级分布的差异具有显著性统计学意义。

（4）不同年级中学生体重指数等级分布

从不同年级方面来看学生的 BMI 等级分布，基于描述性统计发现，高一、高二和高三三个组的人数和占比由多到少的排序都为正常、超重、肥胖和低体重(表3-20,图3-27)。

在正常组,正常率由高到低分别为高二、高一、高三学生,其中高一学生2 846人,占所有参与调研高一学生的74.5%;高二学生2 455人,占所有参与调研高二学生的77.1%;高三学生367人,占所有参与调研高三学生的71.1%(表3-20,图3-27)。在超重和肥胖组,超重肥胖率由高到低分别为高三、高一、高二学生,其中高一学生741人,占高一调研总人数的19.4%;高二学生532人,占高二调研总人数的16.7%;高三学生124人,占高三调研总人数的24.1%(表3-20,图3-27)。在低体重组,高一学生为232人,占比6.1%;高二学生为198人,占比6.2%;高三学生为25人,占比4.8%(表3-20,图3-27),低体重率由高到低分别为高二、高一、高三学生。可见从年级方面考虑学生BMI治理,未来学校体育教育中,要着重加强高三和高一年级学生关于超重和肥胖危害和治理方面的教育,着重加强高一和高二学生低体重危害和治理方面的教育,同时加强体重管理、合理膳食和营养等方面内容的教育。

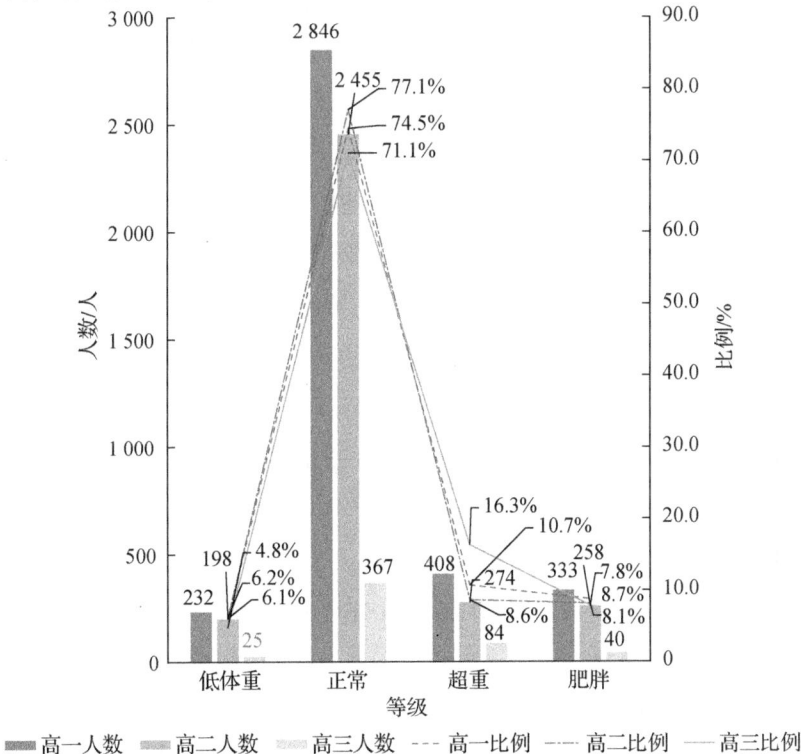

图3-27 不同年级中学生BMI等级

以 BMI 等级为因变量，年级因素为自变量，采用卡方检验进行单因素分析，结果如表 3-20 所示。根据列联表卡方检验的使用条件，所有理论频数均>5，因此读取 Pearson Chi-Square 统计检验结果。在不同年级学生的 BMI 的四个等级方面，结果显示，$\chi^2 = 32.86$，$P = 0.00 < 0.01$，表明不同年级学生四种 BMI 等级分布的差异具有显著统计学意义。

随着社会和科技的快速发展，儿童青少年超重/肥胖也成了一种全球性流行病，每年因肥胖增加造成 400 万人死亡，超重/肥胖成为一个亟待解决的重大公共健康问题，而超重/肥胖是身体形态的一种重要表现。本研究的重要目的之一是了解中学生的体质健康现状与影响因素，其中包括身体形态的现状与影响。在身体形态的现状方面，本研究主要从身高、体重和体重指数（BMI）三个方面来展示学生的身体形态。从三个指标测试结果来看，本研究显示男、女生平均身高分别为 172.59 cm、161.96 cm；男女生平均体重分别为 62.81 kg 和 53.81 kg，男女生的 BMI 分别为 21.03 kg/m² 和 20.49 kg/m²；从 BMI 指标计算得分和等级分类来看，BMI 是中学生所有测试指标中平均得分最高的一个指标，平均得分为 93.40 分，且 75.4% 的中学生身体形态正常，该数据显示我国超 3/4 的中学生身体形态正常，但依然有 18.6% 的中学生超重/肥胖、6% 的中学生低体重。研究结果显示我国中学生的超重肥胖率高于全球儿童的平均水平，而低于欧洲和美国。

已有研究显示全球 1.08 亿儿童的肥胖率为 5%，欧洲 1/5 的学龄儿童超重/肥胖，美国超 1/3 的儿童和青少年超重/肥胖[1]，可见我国中学生超重/肥胖情况好于欧美等国家，但我国中学生超重/肥胖呈爆发式增长[2]，且超重/肥胖易造成过早死亡，是 2 型糖尿病、心血管疾病、高血压、某些癌症和病毒感染等疾病的重要危险因素，且易诱发关节炎，降低人们生活质量，严重威胁公共健康，因此亟须采取措施治理中学生超重/肥胖问题。

---

[1] Kansra A R, Lakkunarajah S, Jay M S. Childhood and adolescent obesity：A review[J]. Frontiers in Pediatrics，2021，8：581461.

[2] 马军，蔡赐河，王海俊，等. 1985—2010 年中国学生超重与肥胖流行趋势[J]. 中华预防医学杂志，2012，46(9)：776-780.

(四) 我国中学生体重指数(BMI)的人口学影响因素

在身体形态的人口学影响因素方面,基于前文的分析结果,从学生 BMI 计算结果来看,本研究结果显示性别、城乡、地区和年级是中学生身体形态的相关因素(P 值均小于 0.05);从学生 BMI 计算评分后的得分来看,性别、城乡、地区和年级是中学生身体形态的相关因素,采用多元线性回归分析结果显示,回归方程显著,$F=18.565,P<0.001$,其中地区和性别是影响中学生 BMI 得分的显著正向影响因素($P<0.001$),如表 3-21。且女生的身体形态优于男生,高二学生身体形态优于高一和高三。在性别方面,女生身体形态优于男生,与王桂桂等学者研究结果一致[1],已有研究表明中学阶段女生对自我的关注度较男生更高,更加在意他人对自身评价和看法等[2],所以更加注重饮食和活动对身材的调控。

表 3-21　中学生 BMI 得分的多元线性回归分析结果

人口学影响因素	B	β	t 值	p 值
(常量)	89.233		109.087	<0.001
地区	0.963	0.063	5.421	<0.001
城乡	−0.440	−0.018	−1.505	0.132
年级	0.294	0.015	1.263	0.207
性别	1.663	0.067	5.795	<0.001

---

[1]　王桂桂. 北京培黎职业学院学生体质健康状况的研究[D].北京:首都体育学院,2016.
[2]　李昕容,冯瑶,常洪铭,等.高中生的身体意象与自尊、人际信任的关系[J].中国健康心理学杂志,2022,30(3):413-417.

第三节　我国中学生身体机能现状与影响因素

● 一、我国中学生身体机能

（一）我国中学生身体机能总体现状

　　肺活量是用来评价青少年呼吸系统机能状况的重要指标，不仅仅可以反映 身体生长发育状况，也检测肺功能的直观、最客观的指标。肺活量是用来评价青少年呼吸系统机能状况的重要指标，不仅仅可以反映身体生长发育状况，也是检测肺功能的直观、最客观的指标[①]，为此本研究采用肺活量指标来了解学生的身体机能现状。本研究调查显示参与调查的中学生肺活量测试结果的平均值为 3 203.98 mL，平均得分为 72.61 分，依据《标准》"90.0分及以上为优秀，80.0～89.9 分为良好，60.0～79.9 分为及格，59.9 分及以下为不及格"，发现中学生肺活量总体测试结果的等级评价为及格。经统计分析还发现学生不同类型肺活量等级比例由高到低分别为：及格（49.2%）、优秀（22.7%）、良好（16.7%）和不及格（11.4%）。其中有 88.6% 的学生肺活量等级在及格或及格以上，但依然有 11.4% 的学生在肺活量等级方面处于不及格水平，可见该部分学生的身体机能水平需要进一步提升。具体见表 3-22 和图 3-28。

表 3-22　中学生肺活量等级整体情况（N＝7507）

类型	人数/人	占比/%
优秀	1 704	22.7
良好	1 256	16.7
及格	3 690	49.2
不及格	857	11.4
总计	7 507	100

注：部分学生未参与本项测试。

[①]　王敏.广东省城乡 13～18 岁青少年体质健康现状比较研究[J].广州体育学院学报,2018,38(4)：105-107＋120.

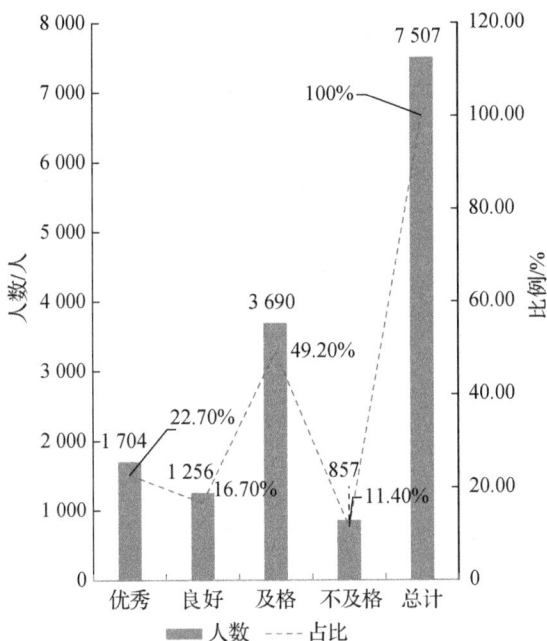

图 3-28 中学生肺活量等级分布

(二) 不同人口学特征中学生身体机能测试结果和得分现状

1. 不同性别中学生身体机能

对不同性别中学生的身体机能指标肺活量进行测试,有助于了解男女生在身体机能方面的差异,助力后期对中学生身体机能情况进行针对性治理。描述性统计发现中学男生肺活量的测试结果为 3 731.02 mL,女生的肺活量测试结果为 2 685.44 mL,男生的测试结果好于女生;但从测试的得分方面看,女生肺活量测试得分(73.34 分)高于男生(71.87 分)。在性别方面,采用独立样本 t 检验判断男生和女生肺活量测试结果和得分差异,研究数据剔除显著异常值。结果显示,男生的肺活量显著高于女生的肺活量,独立样本 t 检验结果显示 $P=0.000<0.01$(表 3-23,图 3-29),表明不同性别的学生肺活量存在显著性差异。同时结果还显示,女生的肺活量得分显著高于男生,但 $P=0.007<0.01$(表 3-24,图 3-32),表明不同性别的学生肺活量得分存在显著性差异。

表 3-23 不同性别和城乡中学生肺活量测试结果比较(N=7 507)

人口学指标	组别	肺活量		t 值	P 值
		人数/人	($\overline{X}\pm S$)/mL		
性别	男	3 723	3 731.02±1 012.08	49.667	0.000
	女	3 784	2 685.44±797.44		
城乡	城市	3 682	3 201.08±1 076.32	−2.35	0.814
	乡镇	3 825	3 206.78±1 023.44		
合计		7 507	3 203.98±1 049.64	—	—

注:部分学生未参与本项测试。

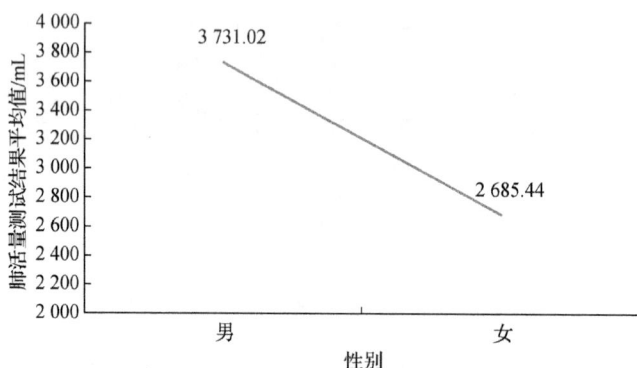

图 3-29 不同性别中学生肺活量测试结果平均值

表 3-24 不同性别和城乡中学生肺活量得分比较(N=7 507)

人口学指标	组别	肺活量		t 值	P 值
		人数/人	($\overline{X}\pm S$)/分		
性别	男	3 723	71.87±23.31	−2.713	0.007
	女	3 784	73.34±23.51		
城乡	城市	3 682	72.70±23.594	0.339	0.183
	乡镇	3 825	72.52±23.256		
合计		7 507	72.61±23.42	—	—

注:部分学生未参与本项测试。

2. 不同城乡中学生身体机能

在城乡方面,采用独立样本 t 检验判断城市和乡镇中学生肺活量和肺活量得分差异,研究数据剔除显著异常值。结果显示,乡镇学生的肺活量略高于城市学生,但 P>0.05(P=0.814)(表 3-22,图 3-31),表明城市和乡镇的学生肺活量不存在统计学差异。结果还显示,城市学生肺活量得分高于

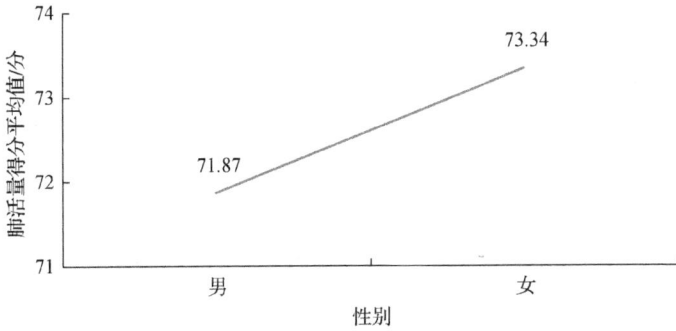

图 3-30　不同性别中学生肺活量得分平均值

乡镇学生,但 $P>0.05(P=0.183)$(表 3-24,图 3-32),表明城市和乡镇的学生肺活量得分不存在统计学差异。

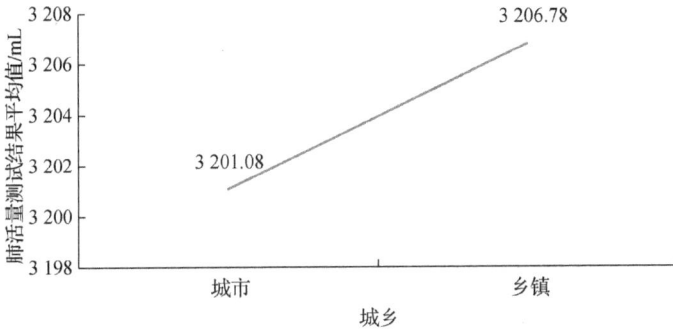

图 3-31　不同城乡中学生肺活量测试结果平均值

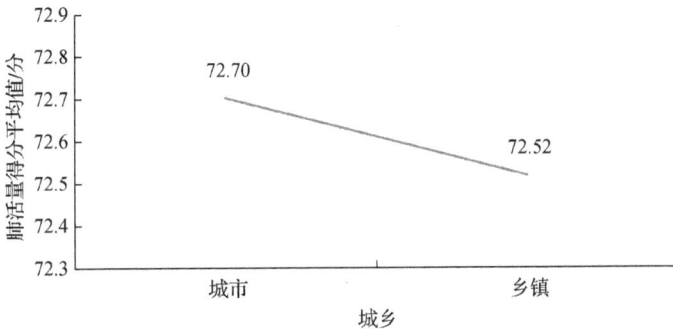

图 3-32　不同城乡中学生肺活量得分平均值

3. 不同地区中学生身体机能

在地区方面,采用单因素方差分析法判断不同地区学生肺活量是否有差异。学生按照地区分为三组,剔除显著异常值。结果显示,肺活量在地区方面具有显著差异($F=51.132,P=0.000<0.01$)。经过进一步事后多重检

验,发现东部地区学生的肺活量高于中部学生的肺活量,$P<0.01(P=0.000)$,两组学生肺活量存在显著性统计学差异;东部地区学生的肺活量显著高于西部学生肺活量,且 $P<0.01(P=0.000)$,两组肺活量具有显著性统计学差异;中部地区学生的肺活量高于西部学生肺活量,且$P<0.01(P=0.004)$,两组肺活量具有显著性统计学差异。结果见表 3 - 25 和图 3 - 33。

表 3 - 25 不同地区和年级是学生肺活量测试结果比较(N=7 507)

人口学指标	组别	肺活量		F 值	P 值	事后多重比较
		人数/人	$(\overline{X}\pm S)$/mL			
地区	东部	2 766	3 358.58±1 020.57	51.132	0.000	东部>中部 东部>西部 中部>西部 东部>中部>西部
	中部	2 415	3 162.52±949.34			
	西部	2 326	3 063.18±1 154.29			
年级	高一	3 819	3 226.77±1 082.12	6.055 5	0.002	高一≈高二 高一>高二 高一>高三 高一≈高二>高三
	高二	3 172	3 199.06±1 019.67			
	高三	516	3 065.60±975.45			
合计		7 507	3 203.98±1 049.64	—	—	—

注:部分学生未参与本项测试。

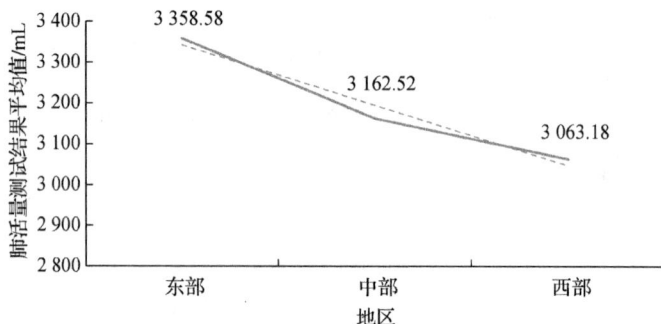

图 3 - 33 不同地区中学生肺活量测试结果平均值

在地区方面,采用单因素方差分析法判断不同地区间学生肺活量得分是否有差异。学生按照地区分为三组,剔除显著异常值。结果显示,肺活量得分在地区方面具有显著差异($F=75.052,P=0.000<0.01$)。经过进一步事后多重检验,发现东部地区学生的肺活量得分高于中部学生的肺活量得分,且 $P<0.01(P=0.000)$,表明东部和中部两组学生肺活量得分存在显著性统计学差异;东部地区学生的肺活量得分显著高于西部学生肺活量得分,且 $P<0.01(P=0.000)$,表明两组学生肺活量得分具有显著性统计学差异;

中部地区学生的肺活量得分显著高于西部学生肺活量得分,且 $P<0.01$($P=0.000$),表明两组学生肺活量得分具有显著性统计学差异。结果如表 3-26 和图 3-34。

表 3-26 不同地区和年级中学生肺活量得分比较(N=7 507)

人口学指标	组别	肺活量得分		F 值	P 值	事后多重比较
		人数/人	($\overline{X}\pm S$)/分			
地区	东部	2 766	76.52±20.69	75.052	0.000	东部>中部
	中部	2 415	72.02±22.72			东部>西部 中部>西部
	西部	2 326	68.57±26.29			东部>中部<西部
年级	高一	3 819	74.79±22.13	45.140	0.000	高一>高二
	高二	3 172	71.32±23.79			高二>高三 高一>高三
	高三	516	64.41±27.72			高一>高二>高三
合计		7 507	72.61±23.42	—	—	—

注:部分学生未参与本项测试。

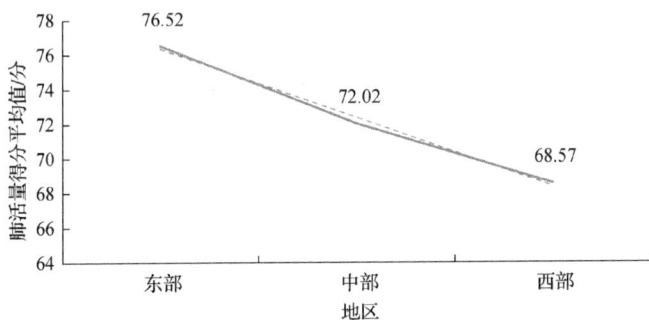

图 3-34 不同地区中学生肺活量得分平均值

4. 不同年级中学生身体机能

在年级方面,采用单因素方差分析法判断不同年级学生肺活量是否有差异。学生按照年级分为三组,剔除显著异常值。结果显示,肺活量在年级上存在显著差异($F=6.055\ 5$,$P=0.002<0.01$)。经过进一步事后多重检验,发现高一学生的肺活量与高二学生的肺活量基本相同($P=0.613>0.05$);高二学生的肺活量高于高三学生的肺活量($P=0.013<0.05$);高一学生的肺活量显著高于高三学生($P=0.002<0.01$)。结果如表 3-25 和图 3-35。

在年级方面,采用单因素方差分析法判断不同年级学生肺活量得分是否有差异。学生按照年级分为三组,剔除显著异常值。结果显示,肺活量得分在年级上存在显著差异($F=45.140$,$P=0.000<0.01$)。经过进一步事后

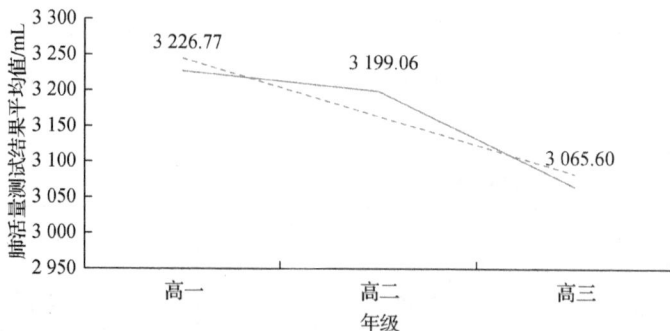

图 3-35　不同年级中学生肺活量测试结果平均值

多重检验,发现高一学生的肺活量得分显著高于高二学生的肺活量得分,且 $P<0.01(P=0.000)$,表明高一和高二学生肺活量得分存在显著性统计学差异;高一学生肺活量得分显著高于高三学生肺活量得分,且 $P<0.01(P=0.000)$,表明高一和高三学生肺活量得分存在显著性统计学差异;高二学生肺活量显著高于高三学生肺活量得分,且 $P<0.01(P=0.000)$,表明高二和高三学生肺活量得分存在显著性统计学差异。结果如表 3-26 和图 3-36。

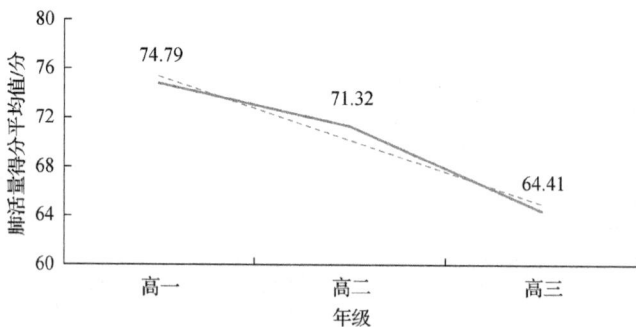

图 3-36　不同年级学生肺活量得分平均值

（三）不同人口学特征中学生身体机能等级分布

基于不同人口学指标对学生肺活量进行分析可了解不同人口学指标下的肺活量等级的差异。依据《标准》中对不同学段学生肺活量等级评价的标准,将中学生肺活量按照肺活量值分为优秀、良好、及格和不及格四类。基于人口学特征分析学生的肺活量等级差异,可精准治理学生身体机能方面存在的问题。

1. 不同性别中学生身体机能等级分布

从不同性别方面来看学生的肺活量等级分布,基于描述性统计发现,无论男生组还是女生组,两个组的人数和占比从多到少的排序都为及格、优秀、良好和不及格(表 3-27,图 3-37)。

表 3-27 不同人口学特征的中学生肺活量等级比较（N=7 507）

人口学指标	选项	人数/人（比例/%）	肺活量等级				统计值	
			优秀 人数/人（比例/%）	良好 人数/人（比例/%）	及格 人数/人（比例/%）	不及格 人数/人（比例/%）	χ^2 值	P 值
性别	男	3 723(49.6)	807(21.7)	735(19.7)	1 670(44.9)	511(13.7)	105.692	0.000
	女	3 784(50.4)	897(23.7)	521(13.8)	2 020(53.4)	346(9.1)		
城乡	城市	3 682(49.0)	843(22.9)	610(16.6)	1 799(48.9)	430(11.7)	0.802	0.849
	乡镇	3 825(51.0)	861(22.5)	646(16.9)	1 891(49.4)	427(11.2)		
地区	东部	2 766(36.8)	767(27.7)	548(19.8)	1 267(45.8)	184(6.7)	202.644	0.000
	中部	2 415(32.2)	469(19.4)	402(16.6)	1 256(52.0)	288(11.9)		
	西部	2 326(31.0)	145(6.2)	629(27.0)	1 167(50.2)	385(16.6)		
年级	高一	3 819(50.9)	945(24.7)	703(18.4)	1 820(47.7)	351(9.2)	32.86	0.000
	高二	3 172(42.3)	676(21.3)	487(15.4)	1 628(51.3)	381(12.0)		
	高三	516(6.9)	83(16.1)	66(12.8)	242(46.9)	125(24.2)		
合计		7 507(100)	1 704(22.7)	1 256(16.7)	3 690(49.2)	857(11.4)	—	—

注：部分学生未参与本项测试。

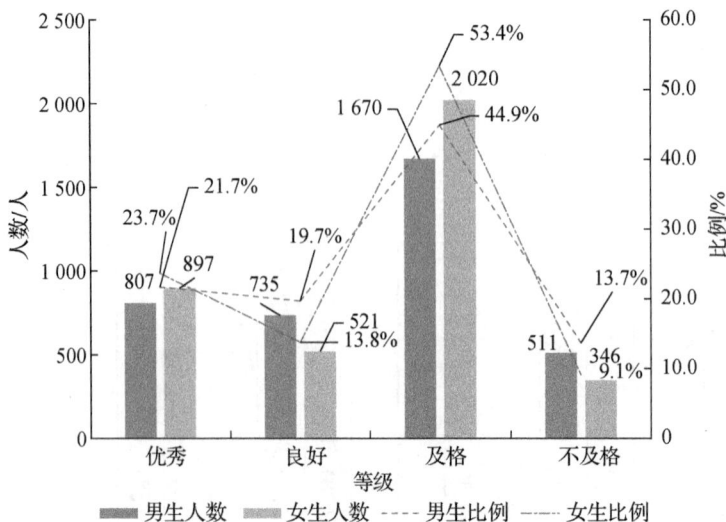

图 3-37 不同性别中学生肺活量等级

在及格等级组,男生组及格人数为 1 670 人,占所有参与调研男生的 44.9%;女生及格人数为 2 020 人,占所有女生的 53.4%,且女生肺活量测试及格的比例高于男生。在优秀和良好等级组,男生为 1 542 人,占男生总人数的 41.4%;女生为 1 418 人,占女生总人数的 37.5%,可见男生肺活量方面的优良率高于女生。在不及格等级组,男生为 511 人,占比 13.7%;女生 346 人,占比 9.1%,可见男女生的肺活量不及格率整体比较高,尤其是男生肺活量不及格率高于女生。结果见表 3-25 和图 3-37。可见男女生的身体机能都需要提升,因此未来在学校体育教育中,要着重加强身体机能提升方面内容的教育,特别是对男生。以肺活量等级为因变量,性别因素为自变量,采用卡方检验进行单因素分析,结果如表 3-27 所示。根据列联表卡方检验的使用条件,所有理论频数均>5,因此读取 Pearson Chi-Square 统计检验结果。在不同性别学生的四个肺活量等级方面,结果显示,$\chi^2 = 105.692$,$P = 0.000 < 0.01$,表明不同性别学生四种肺活量等级分布的差异具有显著性统计学意义。

2. 不同城乡中学生身体机能等级分布

从不同城乡方面来看学生的四个肺活量等级,基于描述性统计发现,无论城市还是乡镇,两个组的人数和占比从多到少的排序都为及格、优秀、良好和不及格(表 3-27,图 3-38),与上文总体和基于性别的肺活量等级排序一致。

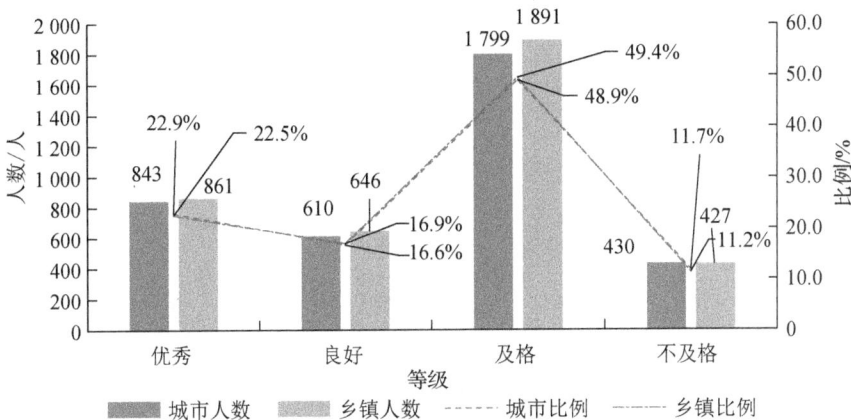

图 3-38 不同城乡中学生肺活量等级

在及格等级组,城市学生肺活量等级为及格的有 1 799 人,占所有参与调研城市学生的 48.9%;乡镇学生及格人数为 1 891 人,占所有参与调研乡镇人数的 49.4%,可见乡镇学生的肺活量及格率高于城市学生。在优秀和良好等级组,城市学生有 1 453 人,占所有参与调研城市学生的 39.5%;乡镇学生为 1 507 人,占乡镇调研总人数的 39.4%,可见城市学生的肺活量优良率略高于乡镇学生。在不及格等级组,城市学生有 430 人,占比 11.7%;乡镇学生为 427 人,占比 11.2%,可见城市学生不及格率略高于乡镇学生。结果见表 3-27 和图 3-38。因此未来在学校体育教育中,要着重加强乡镇和城市学生身体机能方面的教育。

以肺活量等级为因变量,城乡因素为自变量,采用卡方检验进行单因素分析,结果如表 3-27 所示。根据列联表卡方检验的使用条件,所有理论频数均>5,因此读取 Pearson Chi-Square 统计检验结果。在不同城乡学生的肺活量的四个等级方面,结果显示,$\chi^2=0.802$,$P=0.849>0.05$,表明不同城乡学生四种肺活量等级分布无统计学差异。

3. 不同地区中学生身体机能等级分布

从不同地区方面来看学生的肺活量等级分布,基于描述性统计发现,东部和中部地区肺活量四个等级比例由多到少的排序皆为及格、优秀、良好、不及格,而西部地区肺活量四个等级比例由多到少排序为及格、优秀、不及格、良好,结果见表 3-27 和图 3-39。

在及格等级组,东部地区学生 1 267 人,占所有参与调研东部学生的

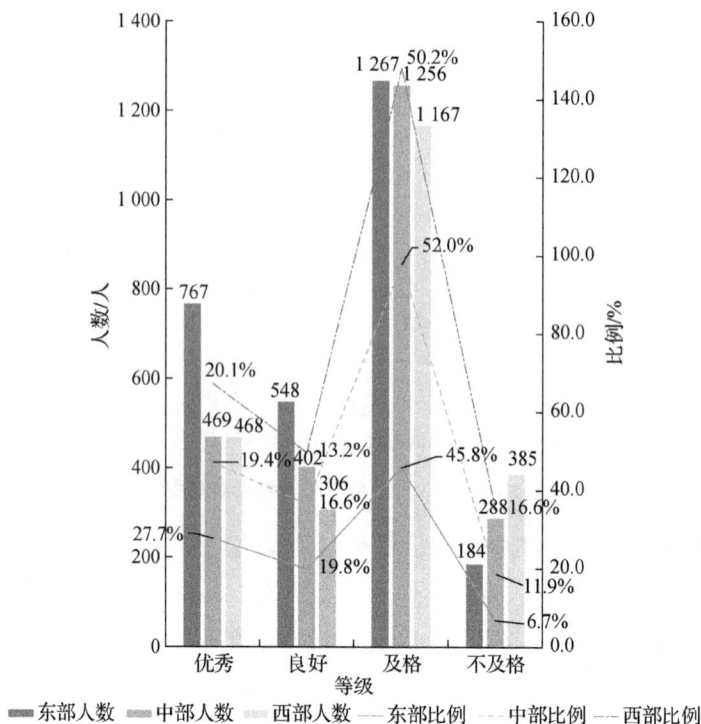

图 3-39 不同地区中学生肺活量等级

45.8%;中部地区及格学生为 1 256 人,占所有调研中部学生的 52.0%;西部地区及格学生 1 167 人,占所有参与调研西部学生的 50.2%,可见东部地区学生的及格人数高于中部高于西部。优秀和良好等级组,东部地区学生为 1 315 人,占东部调研总人数的 47.5%;中部地区学生 871 人,占中部调研总人数的 36.1%;西部地区学生 774 人,占西部调研总人数的 33.3%,可见东部学生的优良率高于中部学生,中部学生的优良率高于西部学生。在不及格等级组,东部地区学生为 184 人,占比 6.7%;中部地区学生为 288 人,占比 11.9%;西部地区学生为 385 人,占比 16.6%,可见不及格等级组人数占比最高的是西部,其次是中部和东部。基于以上分析可以发现,东部共 2 582 名学生及格,及格率为 93.3%;中部学生及格人数为 2 127 人,及格率为 88.1%;西部学生及格的人数为 1 941 人,及格率为 83.4%,从及格率方面看,东部的及格率高于中部,中部高于西部。结果见表 3-27 和图 3-39。可见从地区方面考虑,未来学校体育教育中,要着重加强中部和西部地区学生身体机能提升方面的教育,提升学生身体机能水平。

以肺活量等级为因变量,地区因素为自变量,采用卡方检验进行单因素分析,结果如表 3-27 所示。根据列联表卡方检验的使用条件,所有理论频数均>5,因此读取 Pearson Chi-Square 统计检验结果。在不同地区学生的肺活量的四个等级方面,结果显示,$\chi^2=202.644$,$P=0.000<0.01$,表明不同地区学生四种肺活量等级分布具有显著性差异(表 3-27,图 3-39)。

4. 不同年级中学生身体机能等级分布

从不同年级方面来看学生的肺活量等级分布,基于描述性统计发现,高一、高二两个组的不同肺活量等级人数和占比由高到低的排序都为及格、优秀、良好、不及格,而高三学生组的排序为及格、不及格、优秀、良好(表 3-27,图 3-40),可见高三学生不及格的比例相对较大。

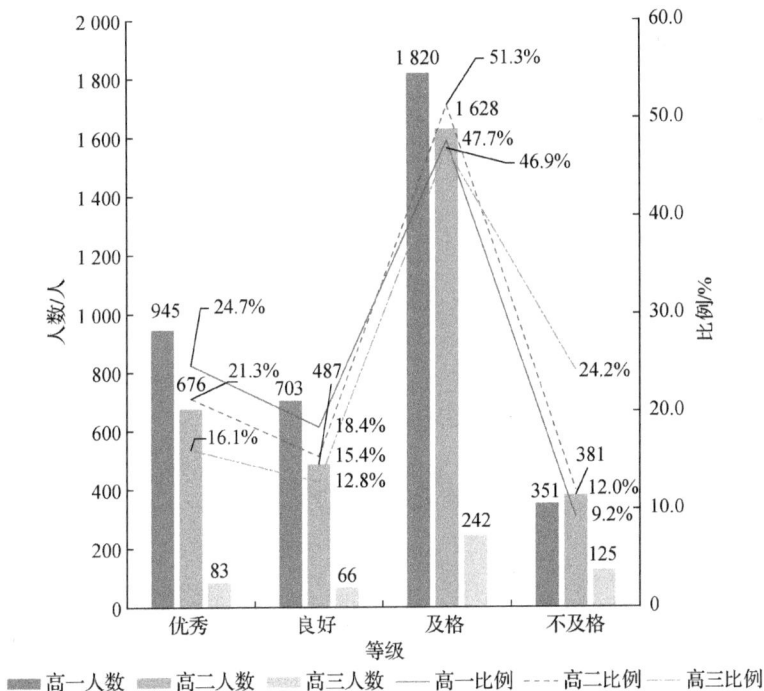

图 3-40 不同年级中学生肺活量等级

研究发现肺活量等级优良组高一学生 1 648 人,占高一年级总调研人数的 43.1%;高二学生 1 163 人,占调研高二总人数的 36.7%;高三学生 149 人,占高三总调研人数的 28.9%,可见高一年级的肺活量优良率最高,其次是高二和高三,呈现肺活量优良率随着年级升高而降低。肺活量等级不及格等级组,呈现学生肺活量不及格率随着年级增高而升高的趋势,即及格率随着年级升高而降低的趋势,高一为90.8%、高二为88.0%、高三为75.8%。结果见表3-27和图3-40。可见从年级方面考虑学生肺活量方面的治理,未来学校体育教育中,要着重加强高年级学生的身体机能训练,提升学生身体机能水平。

以肺活量等级为因变量,年级因素为自变量,采用卡方检验进行单因素分析,结果如表3-27所示。根据列联表卡方检验的使用条件,所有理论频数均>5,因此读取 Pearson Chi-Square 统计检验结果。在不同年级学生的肺活量的四个等级方面,结果显示,$\chi^2 = 32.86$,$P = 0.000 < 0.01$,表明不同年级学生四种肺活量等级分布的差异具有显著性统计学意义。

身体机能是人体各器官和组织整体体现的活动能力。中学生体质健康测试中主要采用肺活量指标来体现身体机能水平。一般而言,中学生肺活量越大,心肺功能就越强,一定程度上也反映了中学生的身体机能和发育水平。从肺活量得分来看,我国中学生肺活量平均得分为 72.61 分,整体处于及格等级;从肺活量优良和达标率方面来看,本研究显示中学生肺活量优良率为 39.4%,达标率为 88.6%,不及格率为 11.4%,由此可见我国中学生身体机能方面虽然优良率较高,但肺活量得分表现出来的学生心肺功能整体不佳,这与已有研究结果一致[1],尤其是还有 11.4% 学生不及格,而已有研究表明心肺功能是健康体适能的核心指标[2],直接影响学生现在和未来的健康,因此未来需要着重加强关注。

●二、我国中学生身体机能影响因素

采用多元线性回归分析结果显示,回归方程显著,$F = 72.030$,$P < 0.001$,其中地区、年级和性别是影响中学生肺活量得分的显著影响因素($P < 0.001$),如表3-28。本研究显示城乡间中学生肺活量水平无统计学差异,这与已有研究结果有些不同,如许慧等学者[3]对 1985—2014 年河南省

---

① 鲁天学,李国忠.云南省景颇、基诺等"特有少数民族"中学生体质现状调查[J].楚雄师范学院学报,2020,35(3):144-152.

② 梁哲,张羽.中小学生身体形态、心肺功能与学业成绩的关系:基于新旧国家体质健康标准的分析[J].体育与科学,2016,37(5):89-97.

③ 许慧,梁潇,刘亚旋.1985—2014年河南省7~18岁中小学学生肺活量的动态分析[J].中国健康教育,2019,35(9):798-801.

7～18岁中小学生肺活量变化动态进行分析,发现城市学生肺活量好于农村;刘友红等①等对银川市2010—2019年的7～13岁青少年肺活量进行研究,也发现城市学生肺活量高于农村。但由于国家对农村经济、医疗等方面的政策倾斜发挥了作用,使得城乡间学生肺活量水平差距正在缩小②,另外可能与测量的范围、测量对象的年龄不同等也有关。本研究的研究对象为全国中学生,而上述两项研究的研究对象均为我国局部地区学生,另外学段年龄也不同,已有研究表明儿童青少年随着年龄的增长身体机能水平呈上升趋势,可能也是造成研究结果差异的重要因素。

表3-28 中学生肺活量得分的多元线性回归分析结果

人口学影响因素	B	β	t 值	p 值
(常量)	86.620		57.179	<0.001
地区	−4.362	−0.153	−13.267	<0.001
城乡	−0.768	−0.016	−1.418	0.156
年级	−4.658	−0.123	−10.807	<0.001
性别	1.917	0.041	3.604	<0.001

第四节　我国中学生身体素质现状与影响因素

● 一、速度素质

(一) 我国中学生速度素质总体现状

速度素质是学生身体素质发展的重要指标,通常用50 m跑来测量学生的速度素质③。本研究也以50 m跑指标来了解中学生速度素质,依据《标

---

① 刘友红,曹娟,李静,等.银川市2010—2019年7～13岁儿童青少年肺活量变化趋势及影响因素[J].中国学校卫生,2002,12:1869-1872.
② 许良.全国城乡学生体质20年动态分析[J].体育科技文献通报,2011,19(2):1-4.
③ 教育部体卫艺司.第八次全国学生体质与健康调研结果发布[J].中国学校卫生,2021,42(9):1281-1282.

准》的测量方法和评分方法进行测量和评分,通过描述性统计发现中学生 50 m 跑平均用时为 8.47 s,平均得分为 75.91 分。

依据《标准》中对不同学段学生 50 m 跑等级评价的标准,将中学生 50 m 跑按照 50 m 跑测试结果得分分为优秀、良好、及格和不及格四类。经统计分析发现学生 50 m 跑各等级比例由高到低分别为优秀(19.8%)、良好(15.5%)、及格(59.1%)和不及格(5.6%)。其中优良率为 35.3%,但依然有 5.6% 的学生 50 m 跑处于不及格水平,可见该部分学生的速度素质水平需要进一步提升。具体见表 3-29 和图 3-41。

表 3-29 中学生 50 m 跑等级整体情况(N=7 509)

类型	人数/人	占比/%
优秀	1 485	19.8
良好	1 164	15.5
及格	4 441	59.1
不及格	419	5.6
合计	7 509	100

注:部分学生未参与本项测试。

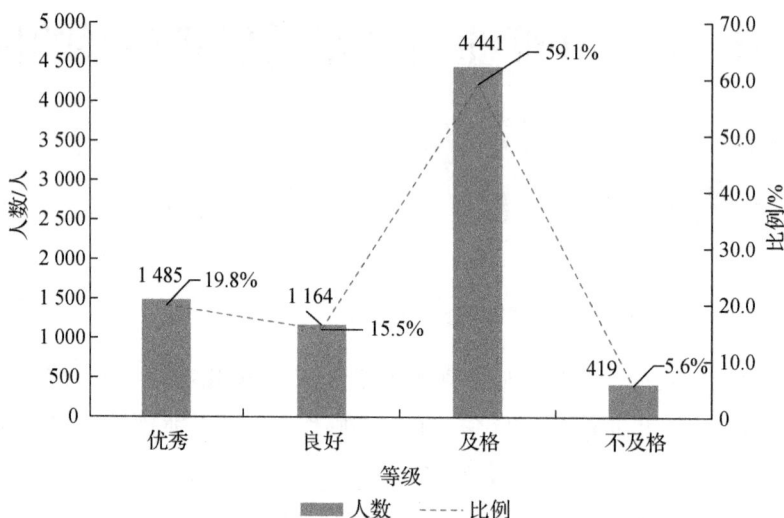

图 3-41 中学生 50 m 跑等级分布

（二）不同人口学特征中学生速度素质测试结果和得分现状

1. 不同性别中学生速度素质

在性别方面，采用独立样本 t 检验判断男生和女生 50 m 跑和 50 m 跑得分差异，研究数据剔除显著异常值。结果显示，男生的 50 m 跑成绩显著高于女生，男生 50 m 跑的平均成绩为 7.71 s，女生 50 m 跑的平均成绩为 9.22 s。独立样本 t 检验结果显示 $P=0.000<0.01$，表明不同性别的学生 50 m 跑成绩存在显著性差异（表 3-30，图 3-42）。同时结果还显示，男生 50 m 跑的得分显著高于女生，$P=0.007<0.01$，表明不同性别的学生 50 m 跑得分也存在显著性差异（表 3-31，图 3-43）。即男生的 50 m 测试成绩和得分都显著高于女生。

表 3-30 不同性别和城乡中学生 50 m 跑测试结果差异比较（N＝7 509）

人口学指标	组别	50 m 跑		t 值	P 值
		人数/人	$(\overline{X}\pm S)/s$		
性别	男	3 736	7.71±0.85	−64.877	0.000
	女	3 773	9.22±1.14		
城乡	城市	3 678	8.45±1.23	−1.360	0.174
	乡镇	3 831	8.49±1.28		
合计		7 509	8.47±1.26	—	—

注：部分学生未参与本项测试。

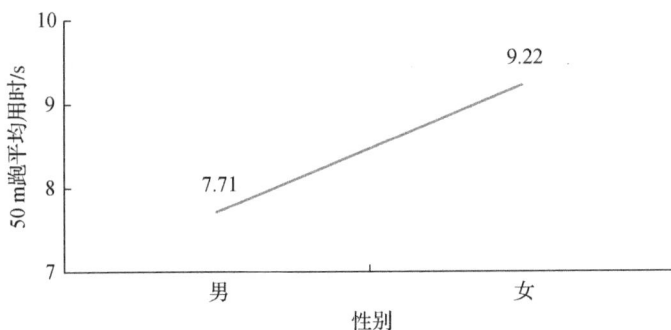

图 3-42 不同性别中学生 50 m 跑平均用时

表 3-31 不同性别和城乡中学生 50 m 跑得分差异比较(N=7 509)

指标	组别	50 m 跑得分		t 值	P 值
		人数/人	($\overline{X}\pm S$)/分		
性别	男	3 736	80.40±15.26	23.714	0.000
	女	3 773	71.46±17.34		
城乡	城市	3 678	76.68±16.51	3.881	0.000
	乡镇	3 831	75.17±17.31		
合计		7 509	75.91±16.94	—	—

注:部分学生未参与本项测试。

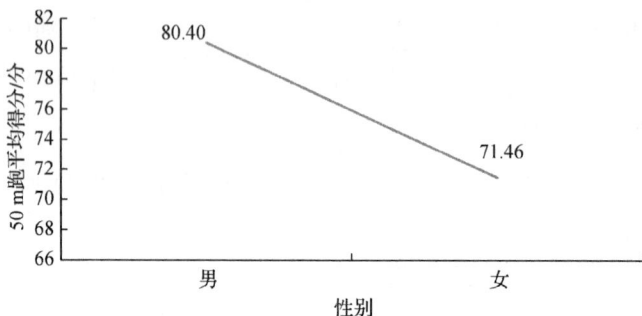

图 3-43 不同性别中学生 50 m 跑平均得分

2. 不同城乡中学生速度素质

在城乡方面,采用独立样本 t 检验判断城市和乡镇中学生 50 m 跑和 50 m 跑得分差异,研究数据剔除显著异常值。结果显示,城市中学生的 50 m 跑成绩略高于乡镇学生,但 $P>0.05$($P=0.174$),表明城市和乡镇的学生 50 m 跑测试结果不存在统计学差异(表 3-30,图 3-44)。结果还显示,城市学生 50 m 跑得分高于乡镇学生,但 $P<0.05$($P=0.000$),表明城市和乡镇的学生 50 m 跑得分存在显著性差异(表 3-31,图 3-45)。即城市学生和乡镇学生的 50 m 测试结果基本相同,但城市学生的 50 m 测试得分显著高于乡镇的学生。

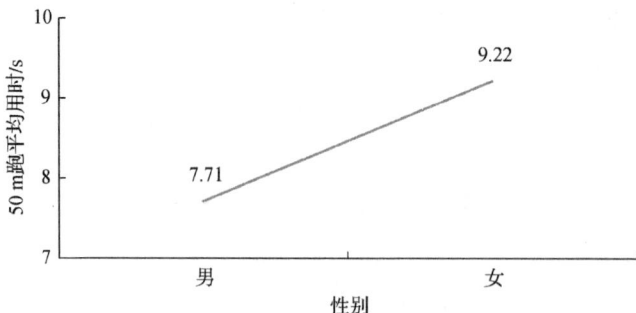

图 3-44 不同城乡中学生 50 m 跑平均用时

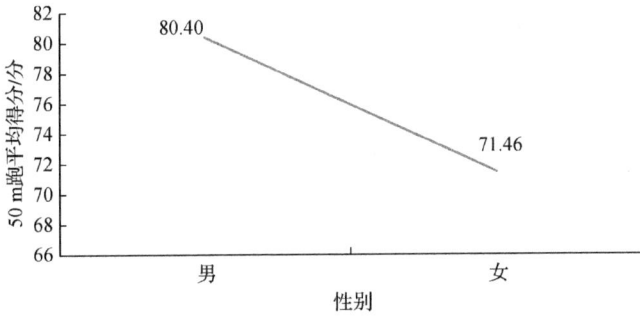

图 3 - 45　不同城乡中学生 50 m 跑平均得分

3. 不同地区中学生速度素质

在地区方面,采用单因素方差分析法判断不同地区学生 50 m 跑成绩是否有差异。学生按照地区分为东部、中部和西部三组,剔除显著异常值。结果显示,中学生 50 m 跑测试结果在地区方面无差异($F=0.971$,$P=0.379>0.05$)。经过进一步事后多重检验,发现东部地区学生的 50 m 跑测试平均用时(8.47 s)比中部地区学生 50 m 跑测试平均用时(8.44 s)平均用时长,所以东部地区学生的 50 m 跑速比中部地区慢,但 $P>0.05$($P=0.723$),表明东部和西部地区两组学生 50 m 跑测试结果不存在统计学差异;东部地区学生的 50 m 跑测试结果(8.47 s)略低于西部学生 50 m 跑测试结果(8.49 s),但 $P>0.05$($P=0.950$),表明两组学生 50 m 跑测试结果不具有统计学差异;中部地区学生的 50 m 跑测试平均用时略低于西部学生 50 m 跑测试平均用时,但 $P>0.05$($P=0.418$),表明中部学生和西部学生 50 m 跑测试结果不具有统计学差异。结果见表 3 - 32、图 3 - 46。由于对不同性别学生的要求不同,评分标准不同,所以学生的速度素质还需要结合学生的 50 m 跑得分进行进一步深入分析。

表 3 - 32　不同地区和年级是学生 50 m 跑测试结果差异比较(N=7 509)

人口学指标	组别	50 m 跑		F 值	P 值	事后多重比较
		人数/人	$(\bar{X}\pm S)$/s			
地区	东部	2 754	8.47±1.29	0.971	0.379	东部≈中部
	中部	2 431	8.44±1.21			东部≈西部 中部≈西部
	西部	2 324	8.49±1.27			东部≈中部≈西部
年级	高一	3 812	8.44±1.19	7.011	0.001	高一≈高二
	高二	3 183	8.48±1.28			高三>高二 高三>高一
	高三	514	8.65±1.53			高三>高一≈高二
合计		7 509	8.47±1.26	—	—	—

注:部分学生未参与本项测试。

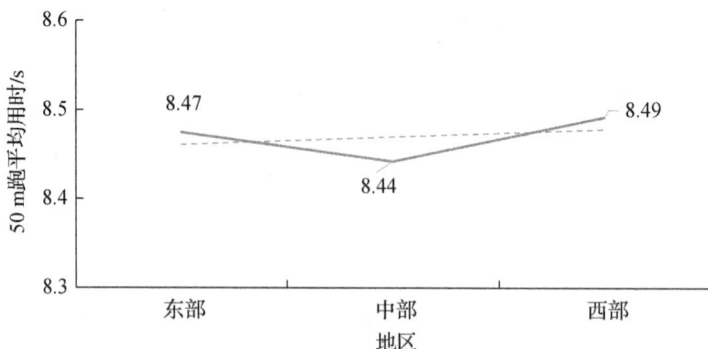

图 3-46　不同地区中学生 50 m 跑平均用时

　　在地区方面,采用单因素方差分析法判断不同地区学生 50 m 跑得分是否有差异。学生按照地区分为三组,剔除显著异常值。结果显示,50 m 跑得分在地区方面具有差异($F=4.622$,$P=0.010<0.05$)。经过进一步事后多重检验,发现东部地区学生的 50 m 跑得分低于中部学生的 50 m 跑得分,且 $P>0.05$($P=0.070$),表明东部和中部两组学生 50 m 跑得分不存在显著性统计学差异;东部地区学生的 50 m 跑得分低于西部学生 50 m 跑得分,且 $P<0.05$($P=0.013$),表明两组学生 50 m 跑得分具有显著性统计学差异,即西部学生的 50 m 跑得分显著高于东部学生;中部地区学生的 50 m 跑得分低于西部学生 50 m 跑得分,但 $P>0.05$($P=1.000$),两组学生 50 m 跑得分不具有显著性统计学差异。即反映出西部中学生的速度素质好于东部学生,但中部和西部、东部和中部地区的中学生的速度素质无统计学差异,结果见表 3-33、图 3-47。

表 3-33　不同地区和年级中学生 50 m 跑得分差异比较(N=7 509)

人口学指标	组别	50 m 跑得分		F 值	P 值	事后多重比较
		人数/人	($\bar{X}\pm S$)/分			
地区	东部	2 754	75.14±18.09	4.622	0.010	东部≈中部 中部≈西部 西部>东部
	中部	2 431	76.21±16.02			
	西部	2 324	76.50±16.43			
年级	高一	3 812	77.46±15.49	46.001	0.000	高一>高二 高二>高三 高一>高三 高一>高二>高三
	高二	3 183	74.88±18.00			
	高三	514	70.77±18.88			
合计		7 509	75.91±16.94	—	—	—

注:部分学生未参与本项测试。

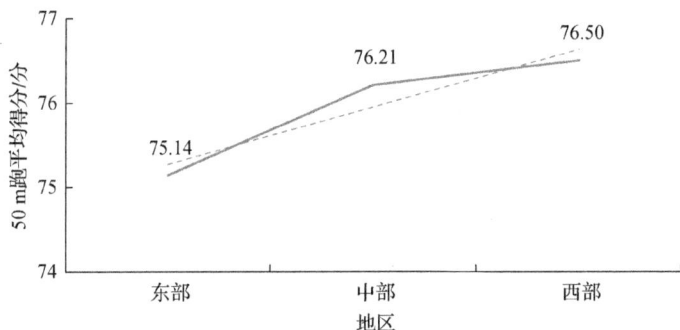

图 3-47　不同地区中学生 50 m 跑平均得分

4. 不同年级中学生速度素质

在年级方面,采用单因素方差分析法判断不同年级学生 50 m 跑是否有差异。学生按照年级分为三组,剔除显著异常值。结果显示,50 m 跑测试结果在年级上存在显著差异($F=7.011$,$P=0.001<0.01$)。经过进一步事后多重检验,虽然高二年级学生的 50 m 跑测试平均用时稍高于高一年级学生,但高一学生的 50 m 跑测试结果与高二学生的 50 m 跑测试平均用时不存在统计学差异($P=0.359>0.05$);高二学生的 50 m 跑测试结果低于高三学生($P=0.045<0.05$);高一学生的 50 m 跑测试平均用时显著低于高三学生($P=0.006<0.01$)。结果如表 3-32、图 3-48。

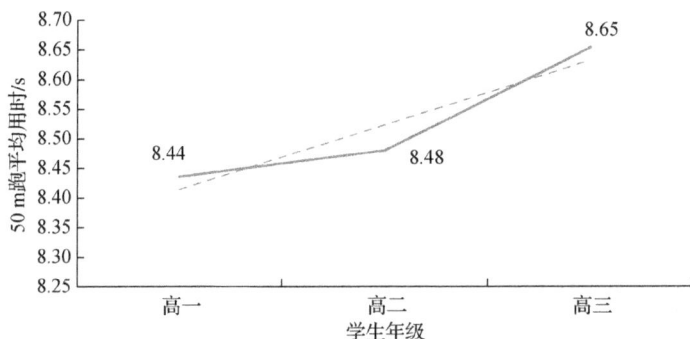

图 3-48　不同年级中学生 50 m 跑平均用时

在年级方面,采用单因素方差分析法判断不同年级学生 50 m 跑得分是否有差异。学生按照年级分为三组,剔除显著异常值。结果显示,50 m 跑得分在年级上存在显著差异($F=46.001$,$P=0.000<0.01$)。经过进一步事后多重检验,发现高一学生的 50 m 跑得分显著高于高二学生的 50 m 跑得分,且 $P<0.01$,高一和高二年级学生 50 m 跑得分存在显著性统计学差异($P=0.000$);高一学生 50 m 跑得分显著高于高三学生 50 m 跑得分,且 $P<0.01$,

高一和高三学生 50 m 跑得分存在显著性统计学差异($P=0.000$);高二学生 50 m 跑得分显著高于高三学生 50 m 跑得分,且 $P<0.01$,高二和高三年级学生 50 m 跑得分存在显著性统计学差异($P=0.000$)。即高一学生的速度素质显著好于高二学生和高三学生,高二学生速度素质显著好于高三学生,呈现随年级增高而速度越慢的趋势,结果见表 3 - 33 和图 3 - 49。

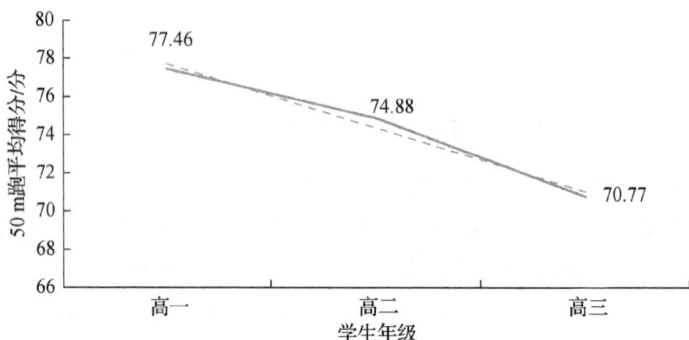

图 3 - 49　不同年级中学生 50 m 跑平均得分

(三) 不同人口学特征中学生速度素质等级分布现状

基于不同人口学指标对学生 50 m 跑进行分析可了解不同人口学指标下的学生 50 m 跑等级的差异。依据《标准》中对不同学段学生 50 m 跑等级评价的标准,将中学生 50 m 跑测试成绩分为优秀、良好、及格和不及格四类。基于人口学特征分析学生的 50 m 跑等级差异,可精准了解学生速度素质存在的问题,并进行针对性治理。

1. 不同性别中学生速度素质等级分布

从不同性别方面来看学生的 50 m 跑等级分布,基于描述性统计发现,按照四个等级类别比例由高到低的排序,男生排序为及格、优秀、良好、不及格;女生的排序为及格、良好、不及格、优秀,结果见表 3 - 34、图 3 - 50。

在及格等级组,男生及格人数为 1 950 人,占所有参与调研男生的 52.2%;女生及格人数为 2 491 人,占所有参与调研女生的 66.0%,可见女生 50 m 跑测试成绩在及格等级组的比例高于男生。在优秀和良好等级组,男生为 1 652 人,占男生总人数的 44.2%;女生为 997 人,占女生总人数的 26.4%,可见男生 50 m 跑方面的优良率高于女生。在不及格等级组,男生为 134 人,占比 3.6%;女生 285 人,占比 7.6%。可见女生的 50 m 跑不及格率整体高于男生,因此未来在学校体育教育中,要着重加强女生速度素质的提升。

表 3 - 34　不同人口学特征的中学生 50 m 跑等级比较(N=7 507)

| 人口学指标 | 选项 | 人数/人(比例/%) | 50 m 跑等级 | | | | | | | 统计值 | |
| | | | 优秀 | | 良好 | | 及格 | | 不及格 | | | |
			人数/人(比例/%)		人数/人(比例/%)		人数/人(比例/%)		人数/人(比例/%)		χ^2值	P 值
性别	男	3 736(49.8)	1 214(32.5)		438(11.7)		1 950(52.2)		134(3.6)		790.237	0.000
	女	3 773(50.2)	271(7.2)		726(19.2)		2 491(66.0)		285(7.6)			
城乡	城市	3 678(49.0)	763(20.7)		611(16.6)		2 118(57.6)		186(5.1)		15.646	0.001
	乡镇	3 831(51.0)	722(18.8)		553(14.4)		2 323(60.6)		233(6.1)			
地区	东部	2 754(36.7)	540(19.6)		391(14.2)		1 646(59.8)		177(6.4)		13.880	0.031
	中部	2 431(32.4)	481(19.8)		374(15.4)		1 450(59.6)		126(5.2)			
	西部	2 324(30.9)	464(20.0)		399(17.2)		1 345(57.9)		116(5.0)			
年级	高一	3 812(50.8)	834(21.9)		599(15.7)		2 231(58.5)		148(3.9)		84.188	0.000
	高二	3 183(42.4)	592(18.6)		506(15.9)		1 858(58.4)		227(7.1)			
	高三	514(6.8)	59(11.5)		59(11.5)		352(68.5)		44(8.6)			
合计		7 509(100.0)	1 485(19.8)		1 164(15.5)		4 441(59.1)		419(5.6)			

注:部分学生未参与本项测试。

147

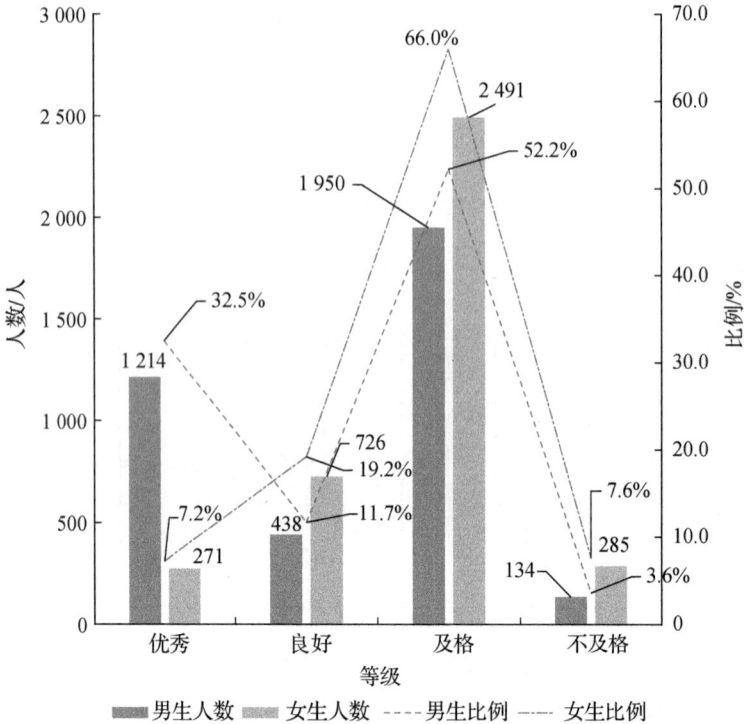

图 3-50 不同性别中学生 50 m 跑成绩等级分布

以 50 m 跑等级为因变量,性别因素为自变量,采用卡方检验进行单因素分析,结果如表 3-34 所示。根据列联表卡方检验的使用条件,所有理论频数均>5,因此读取 Pearson Chi-Square 统计检验结果。在不同性别学生的 50 m 跑四个等级方面,结果显示,$\chi^2 = 790.237$,$P = 0.000 < 0.01$,表明不同性别学生 50 m 跑四个等级分布的差异具有显著性统计学意义。

2. 不同城乡中学生速度素质等级分布

从不同城乡方面来看学生 50 m 跑四个等级,基于描述性统计发现,无论城市还是乡镇,两个组的人数和占比从多到少的排序都为及格、优秀、良好、不及格,结果见表 3-34 和图 3-51。

在及格等级组,城市 50 m 跑等级为及格的学生有 2 118 人,占所有参与调研城市学生的 57.6%;乡镇及格学生为 2 323 人,占所有参与调研乡镇学生的 60.6%,可见城市学生的及格率低于乡镇学生。在优秀良好组,城市学生有 1 374 人,占所有参与调研城市学生的 37.3%;乡镇学生为 1 275 人,占乡镇参与调研学生的 33.2%,可见城市学生的 50 m 跑优良率略高于乡镇学生。在不及格等级组,城市学生 50 m 跑等级为不及格的有 186 人,占比 5.1%;乡镇学生为 233 人,占比 6.1%,可见城市学生不及格率低于乡镇学生。因此未来在学校体育教育中,要着重加强城市学生速度素质方面的训练。

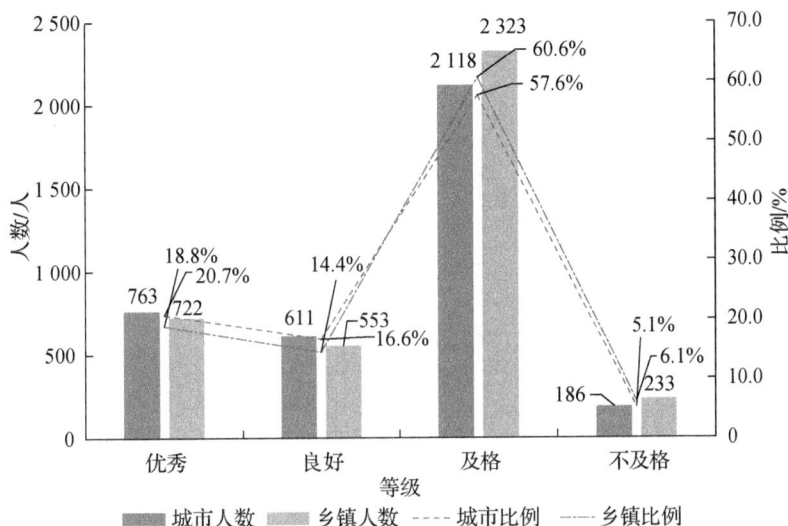

图 3-51 不同城乡中学生 50 m 跑等级分布

以 50 m 跑等级为因变量,城乡因素为自变量,采用卡方检验进行单因素分析,结果如表 3-34 所示。根据列联表卡方检验的使用条件,所有理论频数均>5,因此读取 Pearson Chi-Square 统计检验结果。在不同城乡学生的 50 m 跑的四个等级方面,结果显示,$\chi^2 = 15.646$,$P = 0.001 < 0.05$,表明不同城乡学生 50 m 跑四个等级分布具有显著性统计学差异。

3. 不同地区中学生速度素质等级分布

从不同地区方面来看学生的 50 m 跑等级分布,基于描述性统计发现,三个地区学生在四个等级分布方面与上文基于城乡的 50 m 跑等级的排序大致一致,三个地区学生 50 m 跑四个等级比例由多到少的排序皆为及格、优秀、良好、不及格,结果见表 3-34、图 3-52。

在及格等级组,东部地区学生 1 646 人,占所有参与调研学生的 59.8%;中部地区学生 1 450 人,占所有参与调研学生的 59.6%;西部地区学生 1 345 人,占所有参与调研学生的 57.9%,可见东部地区学生的及格人数高于中部和西部,但在整体及格率方面,东部地区学生(93.6%)低于中部学生

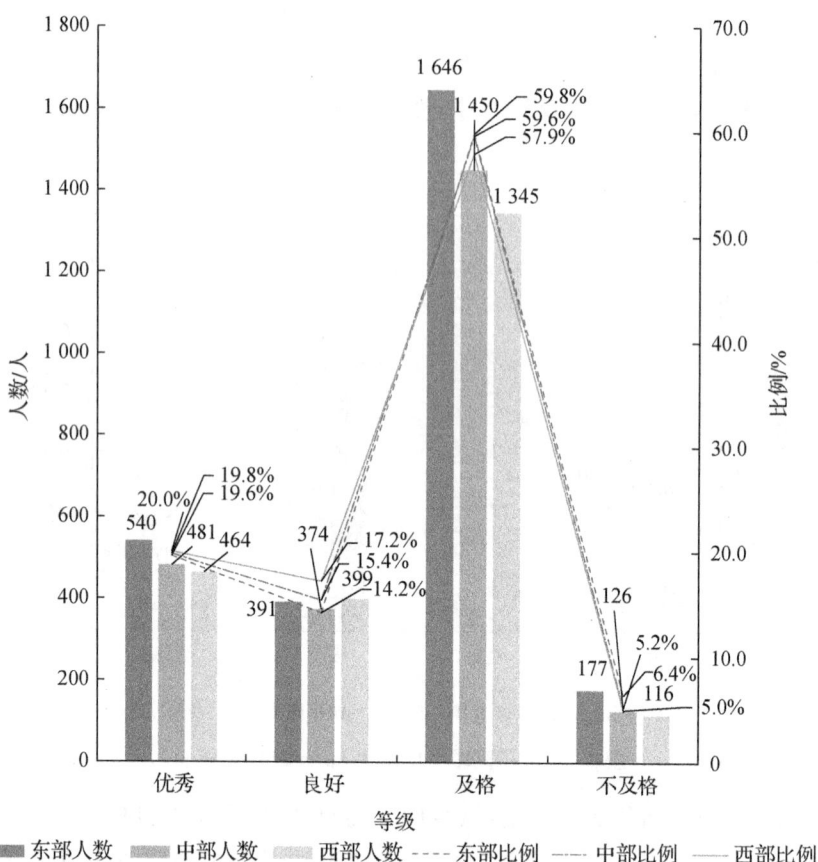

图 3 - 52　不同地区中学生 50 m 跑等级分布

（94.8%）和西部学生（95.1%）在。优秀和良好等级组，东部地区学生 931 人，占调研总人数的 33.8%；中部地区学生 855 人，占调研总人数的 35.2%；西部地区学生 863 人，占调研总人数的 37.2%，即优良率方面，西部地区高于中部，中部高于东部。在不及格等级组，东部地区学生 177 人，占比6.4%；中部地区学生 126 人，占比 5.2%；西部地区学生 116 人，占比 5.0%，可见不及格等级组人数比例由高到低分别为东部、中部和西部。

可见，从地区方面考虑，未来学校体育教育中，尤其是体育教育和家庭教育，要加强所有学生的速度素质训练，培养学生养成良好的锻炼习惯，特别注重东部学生的速度素质的训练。

以 50 m 跑等级为因变量，地区因素为自变量，采用卡方检验进行单因素分析，结果如表 3 - 34 所示。根据列联表卡方检验的使用条件，所有理论频数均>5,因此读取 Pearson Chi-Square 统计检验结果。在不同地区学生的 50 m 跑的四个等级方面,结果显示,$\chi^2=13.88$,$P=0.031<0.05$,表明不同地区学生 50 m 跑四个等级分布具有显著性差异。

4. 不同年级中学生速度素质等级分布

从不同年级方面来看学生的 50 m 跑等级分布,基于描述性统计发现,高一、高二两个组的 50 m 跑等级人数和占比由高到低的排序都为及格、优秀、良好、不及格;而高三学生组的排序为及格、优秀和良好、不及格。可见三个年级的四个等级排序基本一致,结果见表 3-34、图 3-53。

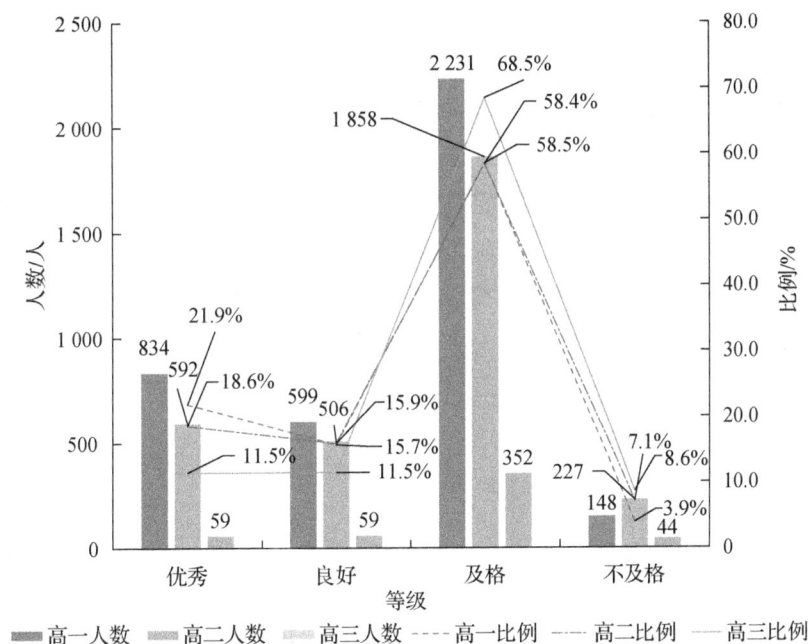

图 3-53　不同年级中学生 50 m 跑等级分布

在优良组,高一学生 1 433 人,占高一年级总调查人数的 37.6%;高二学生 1 098 人,占高二调查总人数的 34.5%;高三学生 118 人,占高三调查总人数的 23.0%,可见高一年级的 50 m 跑优良率最高,其次是高二和高三,呈现 50 m 跑优良率随着年级升高而降低的趋势。学生 50 m 跑的及格率呈现随着年级升高而降低的趋势,高一 96.1%、高二 92.9%、高三 91.5%,学生速度素质呈现随年龄增长而降低的趋势。这可能由于学生随着年级的升高,离高考越来越近,学业压力也随之变高,学生锻炼时间可能减少。因而从年级方面考虑学生 50 m 跑方面的治理,未来学校体育教育中,要着重加强高年级学生的速度素质训练,提升学生速度素质水平。

以 50 m 跑等级为因变量,年级因素为自变量,采用卡方检验进行单因素分析,结果如表 3 - 34 所示。根据列联表卡方检验的使用条件,所有理论频数均>5,因此读取 Pearson Chi-Square 统计检验结果。在不同年级学生的 50 m 跑的四个等级方面,结果显示,$\chi^2 = 84.188$,$P = 0.000 < 0.01$,表明不同年级学生 50 m 跑四个等级分布的差异具有显著性统计学意义。

综上所述,中学生速度素质优良率为 35.3%,及格率为 94.4%,反映学生速度素质整体优良率较好。中学生速度素质存在性别和年级差异。在 50 m 测试结果方面,男生的速度素质好于女生,高三学生高于高二和高一学生,在地区和城乡方面无差异,东部、中部和西部地区学生 50 m 测试结果无差异;但从 50 m 得分方面看学生速度素质,男生好于女生,城市学生好于乡镇学生,高一学生好于高二和高三学生;从学生速度素质的不同等级来看,学生速度素质的等级差异与性别、城乡、地区和年级都有关;从学生 50 m 成绩等级分布来看,优良率整体较高,等级分布与性别、城乡、地区和年级有关。

●二、柔韧素质

(一) 我国中学生柔韧素质总体现状

柔韧素质是学生健康体能发展水平的重要指标,直接影响学生的健康水平,通常用坐位体前屈来反映学生的柔韧素质[1]。本研究即采用坐位体前屈来反映学生的柔韧素质,本研究研究发现 12.25 cm,平均得分为 70.72 分。依据《标准》对不同学生学段学生坐位体前屈等级评价的标准,将中学生坐位体前屈按照坐位体前屈值分为优秀、良好、及格和不及格四类。经描述性统计发现学生不同类型坐位体前屈等级比例由高到低分别为:及格(64.0%)、优秀(10.7%)、良好(16.8%)和不及格(8.4%)。其中有 91.5%

---

① 教育部体卫艺司.第八次全国学生体质与健康调研结果发布[J].中国学校卫生,2021,42(9):1281 - 1282.

的学生坐位体前屈等级在及格或及格以上，优秀率为 10.7％，离《"健康中国 2030"规划纲要》提出的"到 2030 年国家学生体质健康标准达标优秀率达 25％以上目标"仍有一定距离，有 8.4％的学生不及格（表 3－35 和图 3－54），可见中学生柔韧素质需要进一步关注与治理。

表 3－35　中学生坐位体前屈等级整体情况（N＝7507）

类型	人数/人	占比/％
优秀	805	10.7
良好	1 265	16.8
及格	4 812	64.0
不及格	634	8.4
总计	7 516	100

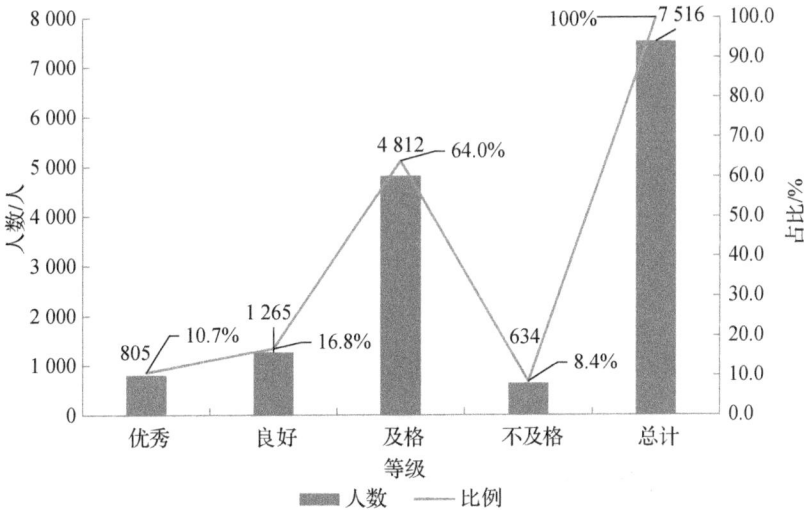

图 3－54　中学生坐位体前屈等级分布

（二）不同人口学特征的中学生柔韧素质测试结果和得分现状

1. 不同性别中学生柔韧素质

在性别方面，采用独立样本 t 检验判断男生和女生坐位体前屈测试结果和坐位体前屈得分差异，研究数据剔除显著异常值。结果显示，女生的坐位体前屈测试成绩显著好于男生，独立样本 t 检验结果显示 $P＝0.000＜0.01$，表明不同性别的学生坐位体前屈测试结果存在显著性差异(表 3 - 36、图 3 - 55)。结果还显示,女生的坐位体前屈得分显著高于男生,$P=0.000<0.01$,表明不同性别的学生坐位体前屈得分存在显著性差异(表 3 - 37、图 3 - 56)。

表 3 - 36　不同性别和城乡中学生坐位体前屈测试结果差异比较(N=7 516)

人口学指标	组别	坐位体前屈		t 值	P 值
		人数/人	$(\overline{X}\pm S)/cm$		
性别	男	3 734	10.92±7.12	−64.877	0.000
	女	3 782	13.57±6.49		
城乡	城市	3 679	12.25±6.76	−1.360	0.174
	乡镇	3 837	12.26±7.11		
合计		7 516	12.25±6.94	—	—

注:部分学生未参与本项测试。

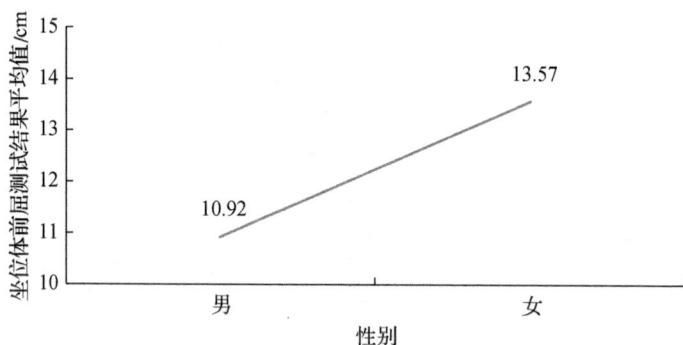

图 3 - 55　不同性别中学生坐位体前屈测试结果平均值

表 3 - 37　不同性别和城乡中学生坐位体前屈得分差异比较 (N=7 516)

人口学指标	组别	坐位体前屈		t 值	P 值
		人数/人	$(\overline{X}\pm S)/分$		
性别	男	3 734	70.53±17.28	23.714	0.000
	女	3 782	70.91±18.24		
城乡	城市	3 679	71.12±16.61	3.881	0.000
	乡镇	3 837	70.34±18.82		
合计		7 516	70.72±17.77	—	—

注:部分学生未参与本项测试。

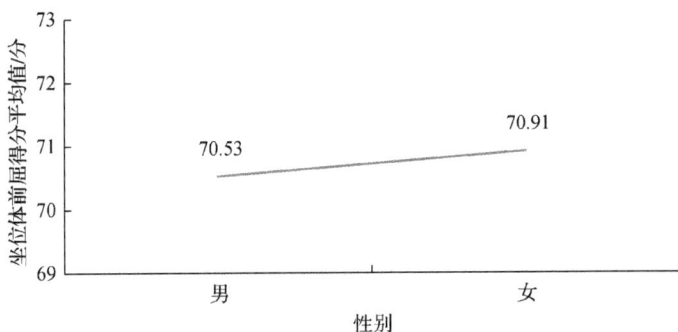

图 3-56 不同性别中学生坐位体前屈得分平均值

2. 不同城乡中学生柔韧素质

在城乡方面,采用独立样本 t 检验判断城市和乡镇中学生坐位体前屈测试结果和坐位体前屈得分差异,研究数据剔除显著异常值。结果显示,乡镇学生的坐位体前屈测试结果略好于城市学生,但 $P>0.05(P=0.174)$,城市和乡镇学生坐位体前屈测试结果不存在显著性差异(表 3-36、图 3-57)。结果还显示,城市学生坐位体前屈得分显著高于乡镇学生,且 $P<0.001(P=0.000)$,城市和乡镇学生坐位体前屈得分存在显著性差异(表 3-37、图 3-58)。

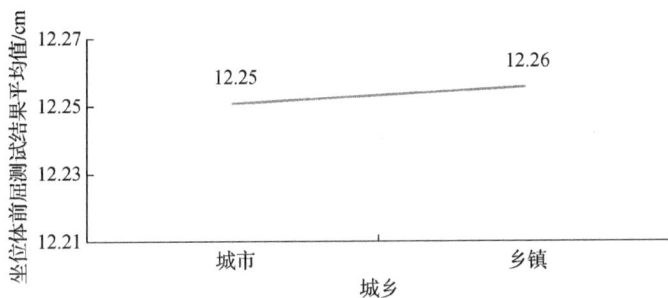

图 3-57 不同城乡中学生坐位体前屈测试结果平均值

3. 不同地区中学生柔韧素质

在地区方面,采用单因素方差分析法判断不同地区学生坐位体前屈测试结果是否有差异。学生按照地区分为三组,剔除显著异常值。结果显示,坐位体前屈在地区方面具有显著差异($F=33.225,P=0.000<0.01$)。经过进一步事后多重检验,发现东部地区学生的坐位体前屈测试结果(11.86 cm)低于中部学生(13.19 cm),$P<0.01(P=0.000)$,两组学生坐位体前屈存在显著性统计学差异;东部地区学生的坐位体前屈测试结果

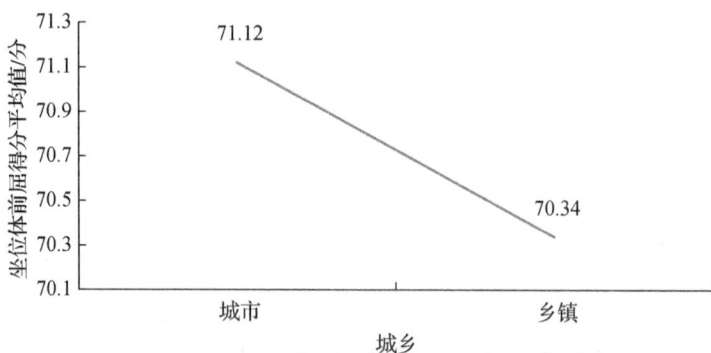

图 3-58　不同城乡中学生坐位体前屈得分平均值

(11.86 cm)略高于西部学生(11.75 cm),但 $P>0.05(P=0.913)$,两组学生坐位体前屈不具有显著性统计学差异;中部地区学生的坐位体前屈测试结果(13.19 cm)高于西部学生(11.75 cm),且 $P<0.01(P=0.000)$,中部学生和西部学生坐位体前屈具有显著性统计学差异。即在坐位体前屈测试结果方面,东部地区学生显著低于中部地区学生,东部地区与西部地区学生之间的测试结果无统计学差异,中部学生显著高于西部地区学生,即呈现出"中间高、两头低"的特点。结果如表 3-38 和图 3-59。

表 3-38　不同地区和年级中学生坐位体前屈测试结果差异比较(N=7 516)

人口学指标	组别	坐位体前屈		F 值	P 值	事后多重比较
		人数/人	$(\overline{X}\pm S)$/cm			
地区	东部	2 762	11.86±7.27	33.225	0.000	中部>东部 东部≈西部 中部>西部 中部>东部≈西部
	中部	2 428	13.19±6.92			
	西部	2 326	11.75±6.45			
年级	高一	3 816	11.68±6.91	26.933	0.000	高一≈高二 高一>高二 高一>高三 高一≈高二>高三
	高二	3 184	12.83±6.82			
	高三	516	12.97±7.54			
合计		7 516	12.25±6.94	—	—	—

注:部分学生未参与本项测试。

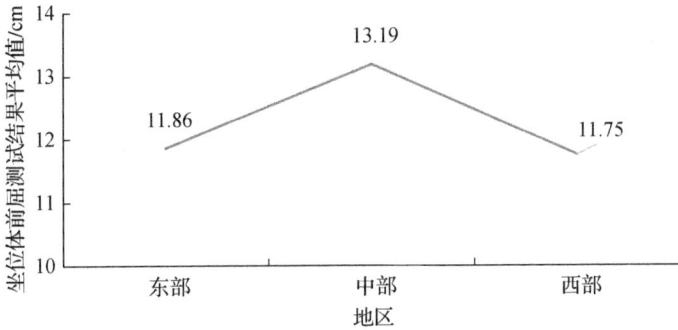

图 3-59 不同地区中学生坐位体前屈测试结果平均值

在地区方面,采用单因素方差分析法判断不同地区学生坐位体前屈得分是否有差异。学生按照地区分为三组,剔除显著异常值。结果显示,坐位体前屈得分在地区方面具有显著差异($F=25.055$,$P=0.000<0.01$)。经过进一步事后多重检验,发现东部地区学生的坐位体前屈得分(69.70 分)显著低于中部学生(72.76 分),且 $P<0.01$($P=0.000$),表明东部和中部两组学生坐位体前屈得分存在显著性统计学差异;东部地区学生的坐位体前屈得分(69.70 分)略低于西部学生(69.80 分),且 $P>0.05$($P=0.997$),两组学生坐位体前屈得分不具有显著性统计学差异;中部地区学生的坐位体前屈得分(72.76 分)显著高于西部学生(69.80 分),且 $P<0.01$($P=0.000$),两组学生坐位体前屈得分具有显著性统计学差异。即学生坐位体前屈得分在地区方面,中部学生显著高于东部和西部学生,东部和西部学生无统计学差异。结果如表 3-39 和图 3-60。

表 3-39 不同地区和年级中学生坐位体前屈得分差异比较(N=7 516)

人口学指标	组别	坐位体前屈得分		F 值	P 值	事后多重比较
		人数/人	($\overline{X}\pm S$)/分			
地区	东部	2 762	69.70±19.23	25.055	0.000	中部>东部 中部>西部 东部≈西部 中部>东部≈西部
	中部	2 428	72.76±16.93			
	西部	2 326	69.80±16.62			
年级	高一	3 816	70.46±17.9	4.683	0.009	高一>高二 高二>高三 高一>高三 高一>高二>高三
	高二	3 184	71.31±17.05			
	高三	516	68.97±20.86			
合计		7 516	70.72±17.77	—	—	—

注:部分学生未参与本项测试。

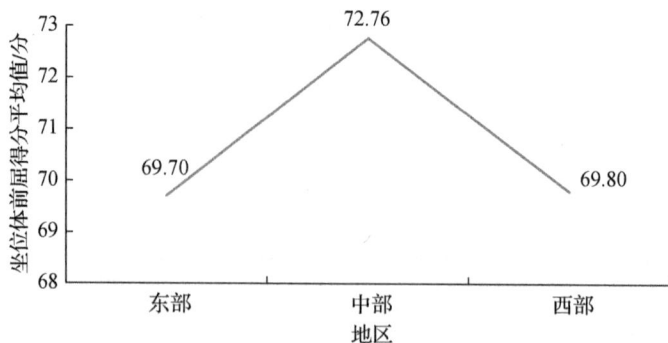

图 3-60　不同地区中学生坐位体前屈得分平均值

4. 不同年级中学生柔韧素质

在年级方面,采用单因素方差分析法判断不同年级学生坐位体前屈测试结果是否有差异。学生按照年级分为三组,剔除显著异常值。结果显示,坐位体前屈在年级上存在显著差异($F=26.933,P=0.000<0.01$)。经过进一步事后多重检验,高一学生的坐位体前屈测试结果(11.68 cm)显著低于高二学生(12.83 cm),且 $P=0.000<0.01$,两组学生的坐位体前屈测试结果具有显著性统计学差异;高二学生的坐位体前屈测试结果(12.83 cm)略低于高三学生(12.97 cm),且 $P=0.970>0.05$,两组学生坐位体前屈测试结果不存在统计学差异;高一学生的坐位体前屈测试结果(11.68 cm)显著低于高三学生(12.83 cm),且 $P=0.001<0.01$,两组学生的坐位体前屈测试结果具有显著性统计学差异。结果如表 3-38 和图 3-61。

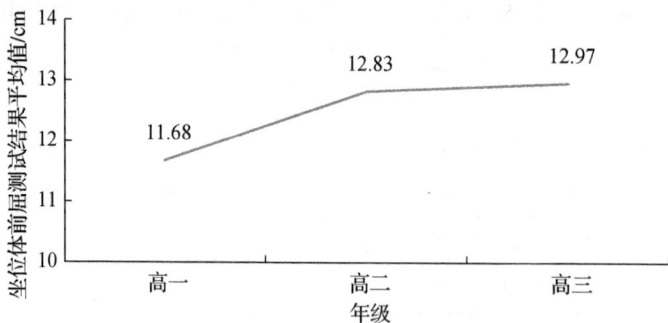

图 3-61　不同年级中学生坐位体前屈测试结果平均值

在年级方面,采用单因素方差分析法判断不同年级学生坐位体前屈得分是否有差异。学生按照年级分为三组,剔除显著异常值。结果显示,坐位体前屈得分在不同年级存在显著差异($F=4.683$，$P=0.009<0.01$）。经过进一步事后多重检验，发现高一学生的坐位体前屈得分（70.46 分）略低于高二学生（71.31 分），且 $P>0.05$（$P=0.122$），高一和高二年级学生坐位体前屈得分无统计学差异；高一学生坐位体前屈得分（70.46 分）略高于高三学生（68.97 分），且 $P>0.05$（$P=0.321$），高一和高三年级学生坐位体前屈得分无统计学差异；高二学生坐位体前屈得分（71.31 分）高于高三学生（68.97 分），且 $P<0.05$（$P=0.046$），高二和高三年级学生坐位体前屈得分存在统计学差异。结果如表 3-39 和图 3-62。

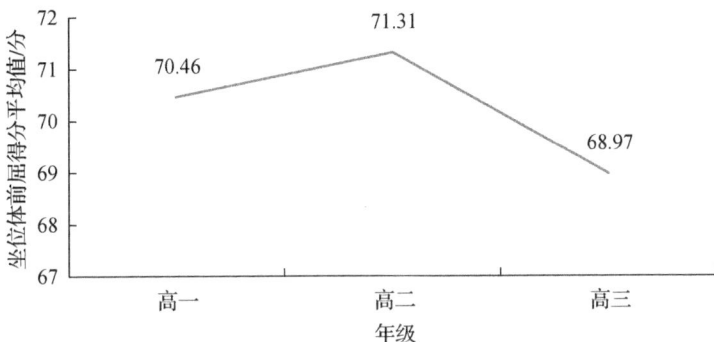

图 3-62　不同年级中学生坐位体前屈得分平均值

（三）不同人口学特征的中学生柔韧素质等级分布情况

1. 不同性别中学生柔韧素质等级分布

基于不同人口学指标对学生坐位体前屈进行分析可了解不同人口学指标下的坐位体前屈等级的差异。依据《标准》中对不同学段学生坐位体前屈等级评价的标准，将中学生坐位体前屈依据坐位体前屈值分为优秀、良好、及格和不及格四类。基于人口学特征分析学生的坐位体前屈等级差异，可精准了解中学生柔韧素质方面存在的问题并进行有针对性的治理。

从不同性别方面来看学生的坐位体前屈等级分布，基于描述性统计发现，无论男生组还是女生组，坐位体前屈在各等级的人数比例由多到少的排序都为及格、良好、优秀和不及格（表 3-40、图 3-63）。

表3-40 不同人口学特征中学生坐位体前屈等级比较(N=7 516)

人口学指标	选项	人数/人(比例/%)	坐位体前屈等级				统计值	
			优秀 人数/人(比例/%)	良好 人数/人(比例/%)	及格 人数/人(比例/%)	不及格 人数/人(比例/%)	χ^2值	P值
性别	男	3 734(49.7)	349(9.3)	656(17.6)	2 419(64.8)	310(8.3)	16.112	0.001
	女	3 782(50.3)	456(12.1)	609(16.1)	2 393(63.3)	324(8.6)		
城乡	城市	3 679(48.9)	380(10.3)	595(16.2)	2 433(66.1)	271(7.4)	17.648	0.001
	乡镇	3 837(51.1)	425(11.1)	670(17.5)	2 379(62.0)	363(9.5)		
地区	东部	2 762(36.7)	300(10.9)	425(15.4)	1 762(63.8)	275(10.0)	84.773	0.000
	中部	2 428(32.3)	338(13.9)	455(18.7)	1 470(60.5)	165(6.8)		
	西部	2 326(30.9)	167(7.2)	385(16.6)	1 580(67.9)	194(8.3)		
年级	高一	3 816(50.8)	384(10.1)	644(16.9)	2 473(64.8)	315(8.3)	30.176	0.000
	高二	3 184(42.4)	348(10.9)	542(17.0)	2 045(64.2)	249(7.8)		
	高三	516(6.9)	73(14.1)	79(15.3)	294(57.0)	70(13.6)		
合计		7 516(100.0)	805(10.7)	1 265(16.8)	4 812(64.0)	634(8.4)	—	

注:部分学生未参与本项测试。

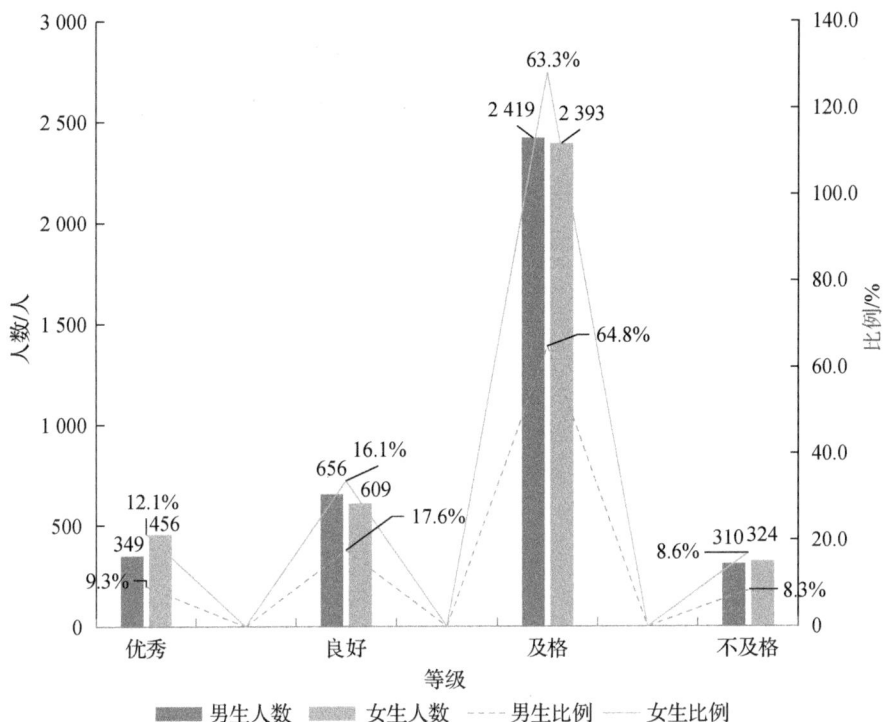

图 3-63　不同性别中学生坐位体前屈等级分布

　　在及格等级组,男生在该组的比例高于女生,男生人数为 2 419 人,占所有参与调研男生的 64.8%;女生人数为 2 393 人,占所有参与调研女生的63.3%,男生坐位体前屈测试及格的比例高于女生。在优秀和良好等级组,女生的坐位体前屈测试结果好于男生,即女生优良率高于男生,男生为1 005 人,占男生总人数的 26.9%;女生为 1 065 人,占女生总人数的 28.2%。在不及格等级组,男生不及格率低于女生,男生 310 人,占比 8.3%;女生 324人,占比 8.6%。可见男女生的坐位体前屈不及格率整体比较高,男女生的柔韧素质都需要进一步提升,因此未来在学校体育教育中,要着重提高学生柔韧素质水平。结果见表 3-40 和图 3-63。

　　以坐位体前屈等级为因变量,性别因素为自变量,采用卡方检验进行单因素分析,结果如表 3-40 所示。根据列联表卡方检验的使用条件,所有理论频数均>5,因此读取 Pearson Chi-Square 统计检验结果。在不同性别学生的四个坐位体前屈等级方面,结果显示,$\chi^2=16.112,P=0.001<0.01$,表

明不同性别学生四种坐位体前屈等级分布的差异具有显著性统计学意义。

2. 不同城乡中学生柔韧素质等级分布

从不同城乡方面来看学生的四类坐位体前屈等级，基于描述性统计发现，无论城市还是乡镇，两个组的人数和占比从多到少的排序都为：及格、良好、优秀、不及格（表3-40、图3-64），与上文总体和基于性别的坐位体前屈等级排序一致。

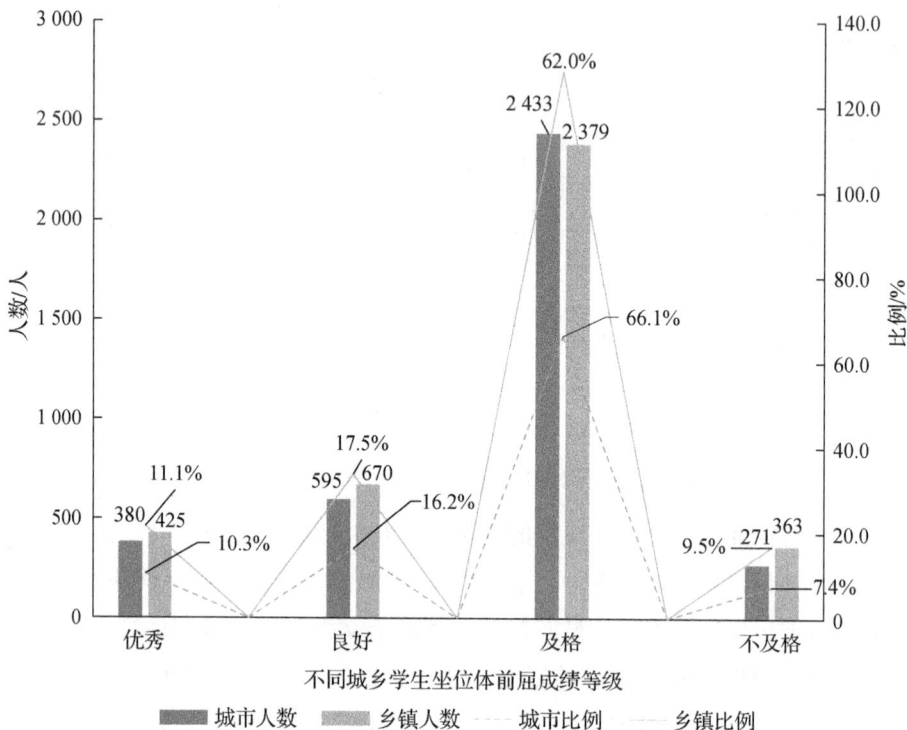

图3-64 不同城乡中学生坐位体前屈等级分布

在及格等级组，城市学生有2 433人，占所有参与调研城市学生的66.1%；乡镇学生有2 379人，占所有参与调研乡镇学生的62.0%，可见及格等级组中，乡镇学生及格的比例低于城市学生，及格率方面，城市中学生的及格率（92.6%）高于乡镇学生（90.6%）。在优秀良好组，城市学生有975人，占参与调研城市学生的26.5%；乡镇中学生1 095人，占参与调研乡镇学生的28.6%，可见城市学生的坐位体前屈优良率略低于乡镇学生。在不及格等级组，城市学生271人，占比7.4%；乡镇学生363人，占比9.5%，可见城市学生不及格率低于乡镇学生。因此未来在学校体育教育中,要着重提升乡镇学生柔韧素质。结果见表 3 - 40 和图 3 - 64。

以坐位体前屈等级为因变量,城乡因素为自变量,采用卡方检验进行单因素分析,结果如表 3 - 40 所示。根据列联表卡方检验的使用条件,所有理论频数均>5,因此读取 Pearson Chi-Square 统计检验结果。在不同城乡学生的坐位体前屈的四个等级方面,结果显示,$\chi^2 = 17.648$,$P = 0.001 < 0.01$,表明不同城乡学生四种坐位体前屈等级分布有显著性统计学差异。

3. 不同地区中学生柔韧素质等级分布

从不同地区方面来看学生的坐位体前屈等级分布,基于描述性统计发现,东部和中部的学生在四个等级分布按照比例由多到少的排序皆为及格、良好、优秀、不及格,而西部地区排序为及格、良好、不及格、优秀(表 3 - 40、图 3 - 65)。

在及格等级组,东部地区学生 1 762 人,占所有参与调研东部学生的 63.8%;中部地区学生 1 470 人,占所有参与调研中部学生的 60.5%;西部地区学生 1 580 人,占所有参与调研西部学生的 67.9%,即西部地区学生的及格等级比例高于东部学生,东部高于学生中部学生。在优秀和良好等级组,东部地区学生 725 人,占东部调研总人数的 26.3%;中部地区学生 793 人,占中部调研总人数的 32.6%;西部地区学生 552 人,占西部调研总人数的 23.8%,可见中部学生的优良率高于东部学生,东部学生高于西部学生。结合以上分析可以发现,东部共 2 487 名学生及格,及格率为 90.1%;中部学生及格人数为 2 263 人,及格率为 93.1%;西部学生及格的人数为 2 132 人,及格率为 91.7%,因此从及格率方面看,中部学生的及格率高于西部学生,西部学生高于东部学生。在不及格等级组,东部地区学生 275 人,占比 10.0%;中部地区学生 165 人,占比 6.8%;西部地区学生 194 人,占比 8.3%,可见不及格等级组比例最高的是东部学生,其次是西部和中部学生。结果见表 3 - 40 和图 3 - 65。

可见从地区方面考虑,未来学校体育教育中,要着重提升东部和西部地区学生的柔韧素质。

以坐位体前屈等级为因变量,地区因素为自变量,采用卡方检验进行单因素分析,结果如表 3 - 40 所示。根据列联表卡方检验的使用条件,所有理论频数均>5,因此读取 Pearson Chi-Square 统计检验结果。在不同地区学生的坐

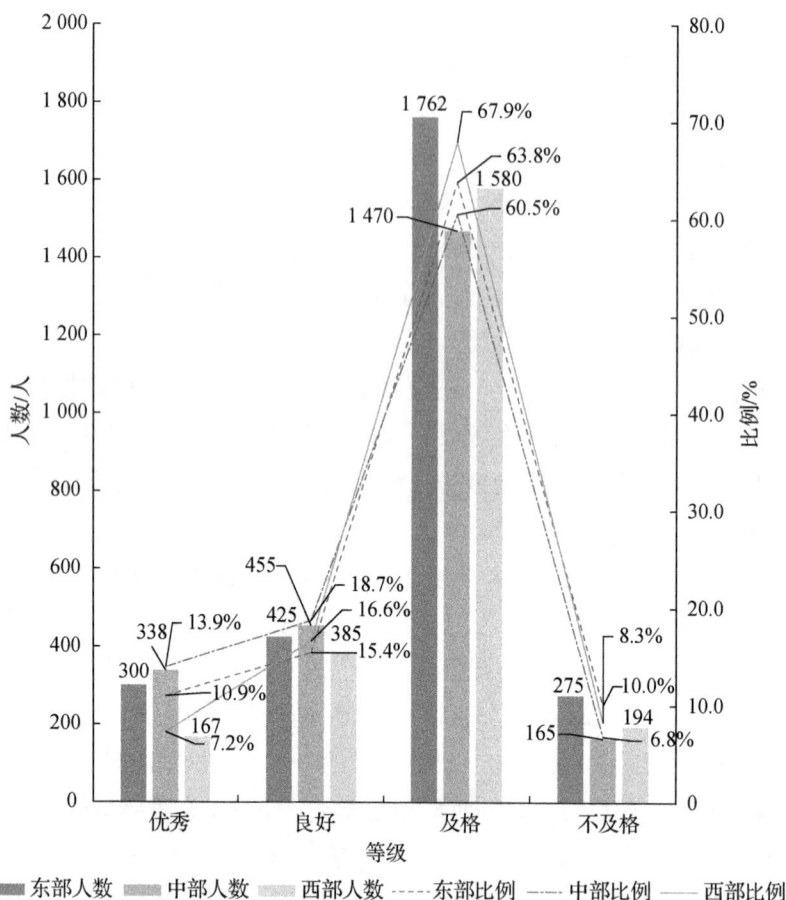

图 3-65 不同地区中学生坐位体前屈等级分布

位体前屈的四个等级方面,结果显示,$\chi^2 = 84.773$,$P = 0.000 < 0.01$,表明不同地区学生四种坐位体前屈等级分布具有显著性差异。

4. 不同年级中学生柔韧素质等级分布

从不同年级方面来看学生的坐位体前屈等级分布,基于描述性统计发现,三个年级学生坐位体前屈各等级人数和占比由高到低的排序都为及格、良好、优秀、不及格(表 3-40、图 3-66)。

在坐位体前屈优良等级组,高一学生共有 1 028 人,占高一年级调研总人数的 27.0%;高二学生共有 890 人,占高二调研总人数的 27.9%;高三学生 152 人,占高三调研总人数的 29.4%,可见高一年级学生的坐位体前屈优良率最低,其次是高二学生,高三学生最高,呈现学生坐位体前屈优良率随

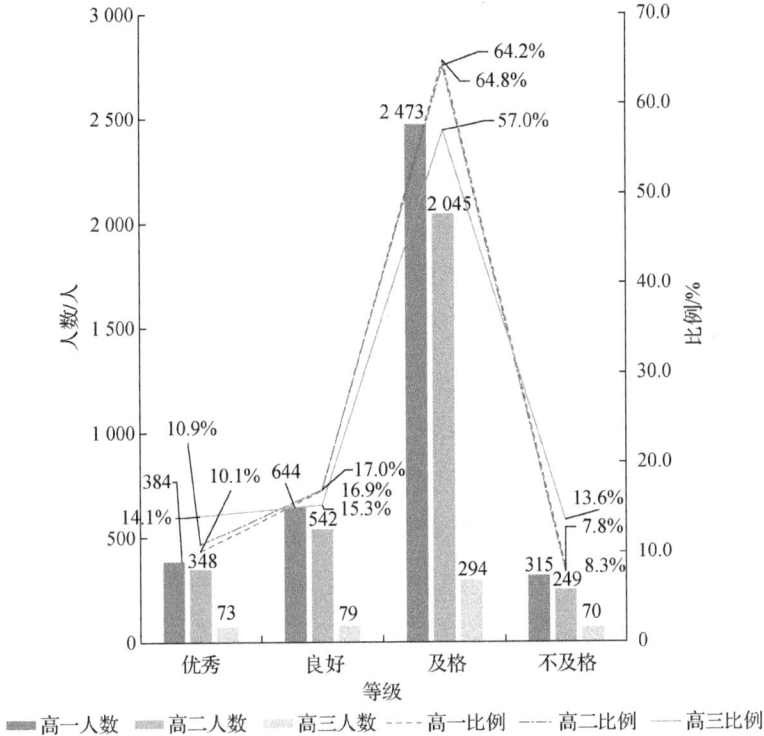

图 3-66 不同年级中学生坐位体前屈等级分布

着年级升高而增加的趋势。在不及格等级组,高一学生 315 人,占高一年级调研总人数的8.3%;高二学生 249 人,占高二调研总人数的 7.8%;高三学生 70 人,占高三调研总人数的 13.6%,即在坐位体前屈不及格组的比例方面,高三学生高于高一学生,高一学生高于高二学生,呈"两头高、中间低"的特点。结果见表 3-40 和图 3-66。

可见从年级方面考虑学生坐位体前屈方面的治理,未来学校体育教育中,要着重加强高二年级学生的柔韧素质训练,提升学生柔韧素质。

以坐位体前屈等级为因变量,年级因素为自变量,采用卡方检验进行单因素分析,结果如表 3-40 所示。根据列联表卡方检验的使用条件,所有理论频数均>5,因此读取 Pearson Chi-Square 统计检验结果。在不同年级学生的坐位体前屈的四个等级方面,结果显示,$\chi^2=30.176,P=0.000<0.01$,表明不同年级学生四种坐位体前屈等级分布的差异具有显著性统计学差异。

●三、爆发力素质

（一）我国中学生爆发力素质总体现状

爆发力水平是学生身体健康的重要指标,立定跳远是反映学生下肢爆发力水平的重要指标[①]。本研究采用立定跳远指标来反映学生的下肢爆发力(下同),依据《标准》调研并评分后发现,我国中学生的立定跳远的平均距离为 196.20 cm,平均得分为 69.87 分。依据《标准》对不同学生学段学生立定跳远等级评价的标准,将中学生立定跳远测试成绩按照立定跳远分为优秀、良好、及格和不及格四个等级。经统计分析发现学生不同类型立定跳远等级比例由高到低分别为:及格(55.9%)、优秀(12.8%)、良好(19.5%)和不及格(11.9%)。但依然有近 11.8%的学生在立定跳远方面处于不及格的水平,反映了学生下肢爆发力仍需要进一步提升。具体见表 3-41 和图 3-67。

表 3-41 中学生立定跳远等级整体情况 （N=7520）

等级	人数/人	占比/%
优秀	962	12.8
良好	1 465	19.5
及格	4 201	55.9
不及格	892	11.9
总计	7 520	100

注:部分学生未参与本项测试。

（二）不同人口学特征中学生爆发力测试结果和得分现状

1. 不同性别中学生爆发力

在性别方面,采用独立样本 t 检验判断男生和女生立定跳远测试结果和

---

① 教育部体卫艺司.第八次全国学生体质与健康调研结果发布[J].中国学校卫生,2021,42(9):1281-1282.

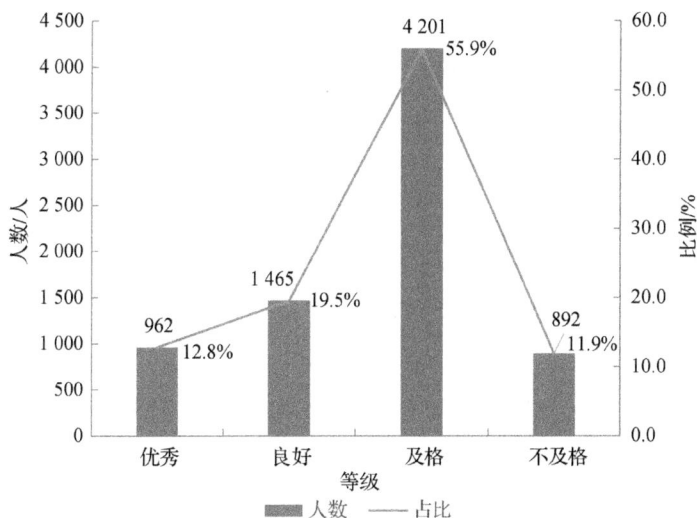

图 3－67 中学生立定跳远等级分布

立定跳远得分差异,研究数据剔除显著异常值。结果显示,男生的立定跳远测试结果显著高于女生,独立样本 t 检验结果显示 $P＝0.000＜0.01$,表明不同性别的学生立定跳远存在显著性差异(表 3－42、图 3－68)。同时结果还显示,女生的立定跳远得分显著高于男生,且 $P＝0.000＜0.01$,表明不同性别的学生立定跳远得分存在显著性差异(表 3－43、图 3－69)。男生的立定跳远测试结果高于女生,但得分却低于女生,是因为男女生的评分标准不同,男生的评分标准高于女生。

表 3－42 不同性别和城乡中学生立定跳远测试结果差异比较(N＝7 520)

人口学指标	组别	立定跳远		t 值	P 值
		人数/人	($\overline{X}\pm S$)/cm		
性别	男	3 738	220.77±25.75	87.018	0.000
	女	3 782	171.92±22.85		
城乡	城市	3 683	196.03±34.90	−4.32	0.666
	乡镇	3 837	196.37±34.07		
合计		7 520	196.20±34.48	—	—

注:部分学生未参与本项测试。

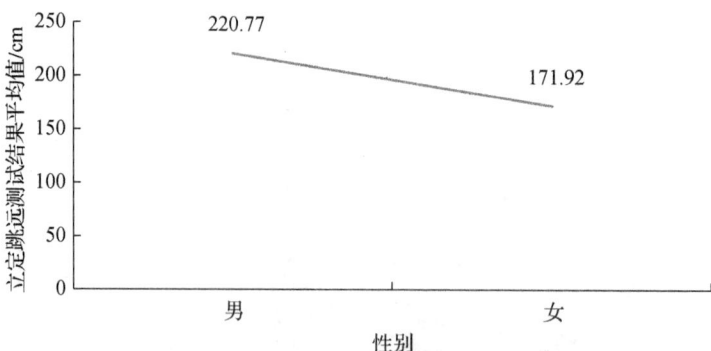

图 3-68　不同性别中学生立定跳远测试结果平均值

表 3-43　不同性别和城乡中学生立定跳远得分差异比较(N=7 520)

| 人口学指标 | 组别 | 立定跳远 | | t 值 | P 值 |
		人数/人	($\overline{X}\pm S$)/分		
性别	男	3 738	67.31±21.94	−11.153	0.000
	女	3 782	72.39±17.31		
城乡	城市	3 683	70.37±19.56	2.168	0.030
	乡镇	3 837	69.38±20.23		
合计		7 520	69.87±19.91	—	—

注:部分学生未参与本项测试。

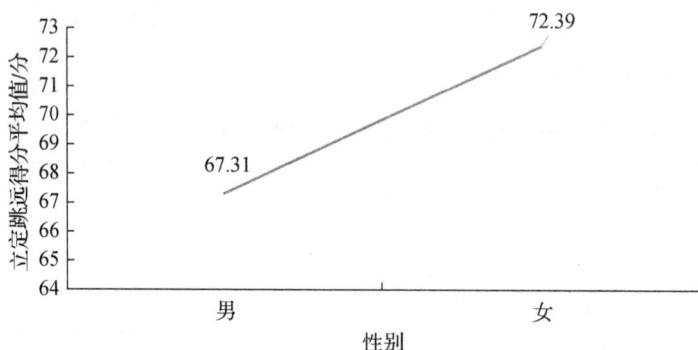

图 3-69　不同性别中学生立定跳远得分平均值

2. 不同城乡中学生爆发力素质

在城乡方面,采用独立样本 t 检验判断城市和乡镇中学生立定跳远测试结果和立定跳远得分差异,研究数据剔除显著异常值。结果显示,城市学生的立定跳远测试结果(196.03 cm)略低于乡镇学生(196.37 cm),但 $P>0.05$

（$P=0.666$），城市和乡镇学生立定跳远测试结果不存在统计学差异（表 3 - 42、图 3 - 70）。结果还显示，城市学生立定跳远得分（70.37 分）高于乡镇学生（69.38 分），且 $P<0.05$（$P=0.030$），城市和乡镇学生立定跳远得分存在统计学差异（表 3 - 43、图 3 - 71）。

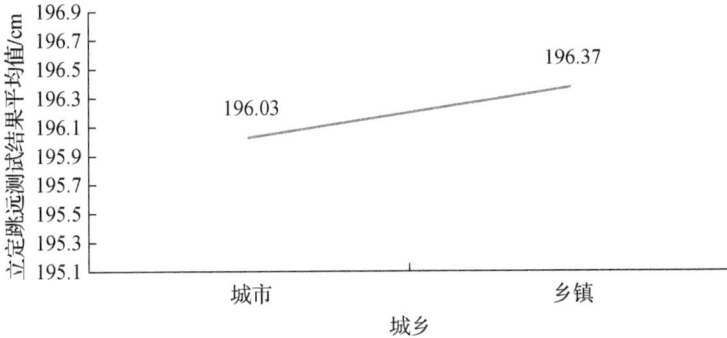

图 3 - 70　不同城乡中学生立定跳远测试结果平均值

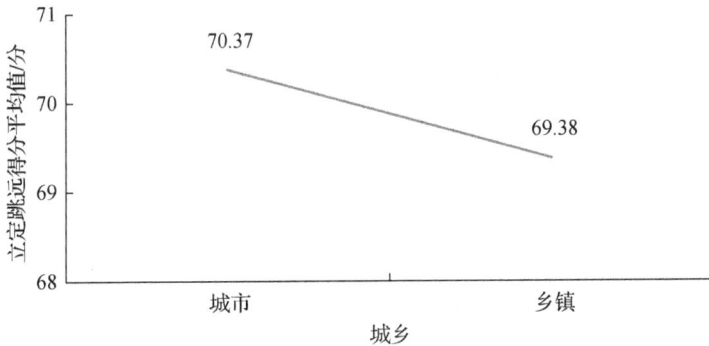

图 3 - 71　不同城乡中学生立定跳远得分平均值

3. 不同地区中学生爆发力素质

在地区方面，采用单因素方差分析法判断不同地区学生立定跳远测试结果是否有差异。学生按照地区分为三组，剔除显著异常值。结果显示，不同地区中学生立定跳远测试结果具有显著差异（$F=8.777$，$P=0.000<0.01$）。经过进一步事后多重检验，发现东部地区学生的立定跳远测试结果（198.17 cm）略好于中部学生（195.95 cm），但 $P>0.05$（$P=0.063$），两组学生立定跳远测试结果不具有统计学差异；东部地区学生的立定跳远测试结果（198.17 cm）显著好于西部学生（194.13 cm），且 $P<0.01$（$P=0.000$），两

组学生立定跳远测试结果具有显著性统计学差异;中部地区学生的立定跳远测试结果(195.95 cm)略高于西部学生(194.13 cm),但 $P>0.05(P=0.203)$,两组学生立定跳远测试结果不具有统计学差异,即在不同地区学生立定跳远测试成绩方面,东部地区学生显著好于西部地区学生,西部和中部学生、中部和东部学生无统计学差异。结果见表 3-44 和图 3-72。

表 3-44 不同地区和年级中学生立定跳远测试结果差异比较(N=7 520)

人口学指标	组别	立定跳远		F 值	P 值	事后多重比较
		人数/人	$(\overline{X}\pm S)$/cm			
地区	东部	2 763	198.17±33.67	8.777	0.000	东部≈中部 东部>西部 中部≈西部
	中部	2 431	195.95±34.50			
	西部	2 326	194.13±35.27			
年级	高一	3 819	196.40±34.05	2.245	0.106	高一≈高二 高一≈高三 高三>高二
	高二	3 185	195.53±34.95			
	高三	516	198.90±34.52			
合计		7 520	196.20±34.48	—	—	—

注:部分学生未参与本项测试。

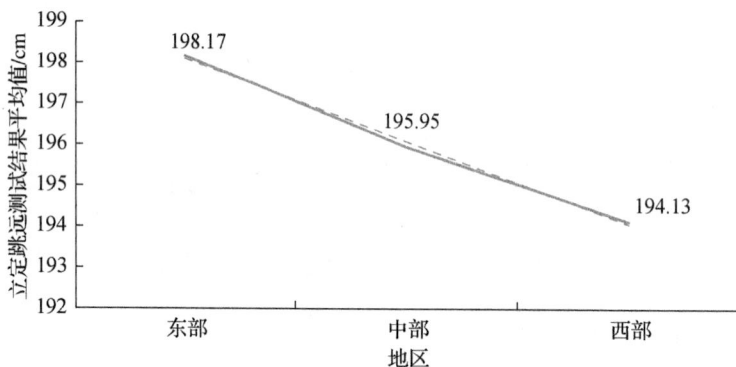

图 3-72 不同地区中学生立定跳远测试结果平均值

在地区方面,采用单因素方差分析法判断不同地区学生立定跳远得分是否有差异。学生按照地区分为三组,剔除显著异常值。结果显示,不同地区中学生立定跳远得分具有显著差异($F=5.832,P=0.003<0.01$)。经过进一步事后多重检验,发现东部地区学生的立定跳远得分(70.68 分)显著高于中部学生(68.81 分),且 $P<0.01(P=0.002)$,表明东部和中部两组学生

立定跳远得分具有显著性统计学差异;东部地区学生的立定跳远得分(70.68分)略高于西部学生(70.01分),且 $P>0.05(P=0.529)$,东西两组学生立定跳远得分不具有统计学差异;中部地区学生的立定跳远得分(68.81分)略低于西部学生(70.01分),且 $P>0.05(P=0.138)$,两组学生立定跳远得分不具有统计学差异。即在学生立定跳远得分方面,东部学生最高,中部学生最低,西部学生居中,且东部学生显著高于中部学生,东部和西部学生、中部和西部学生无统计学差异。结果见表3-45和图3-73。

表 3-45 不同地区和年级中学生立定跳远得分差异比较(N=7 520)

人口学指标	组别	立定跳远得分		F 值	P 值	事后多重比较
		人数/人	($\bar{X}\pm S$)/分			
地区	东部	2 763	70.68±17.88	5.832	0.003	东部>中部 东部≈西部 中部≈西部
	中部	2 431	68.81±21.02			
	西部	2 326	70.01±20.94			
年级	高一	3 819	71.31±19.19	22.547	0.000	高一>高二 高二≈高三 高一≈高三
	高二	3 185	68.12±20.93			
	高三	516	69.95±17.73			
合计		7 520	69.87±19.91	—	—	—

注:部分学生未参与本项测试。

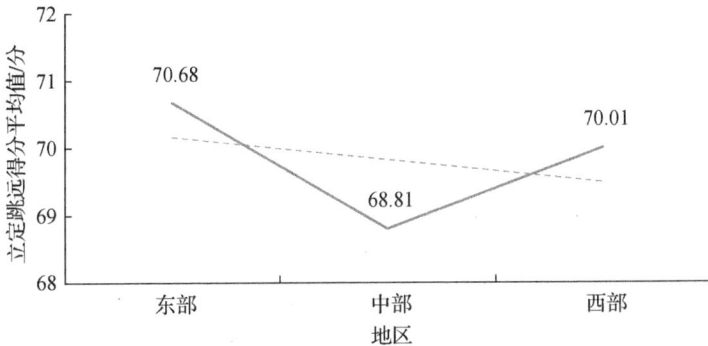

图 3-73 不同地区中学生立定跳远得分平均值

4. 不同年级中学生爆发力素质

在年级方面,采用单因素方差分析法判断不同年级学生立定跳远测试结果是否有差异。学生按照年级分为三组,剔除显著异常值。结果显示,中学生立定跳远测试结果无统计学差异($F=2.245,P=0.106>0.05$)。经过进一步事后多重检验,发现高一学生的立定跳远测试结果(196.40 cm)略好于高二学生(195.53 cm),但 $P>0.05$($P=0.878$),表明高一和高二两个年级学生立定跳远测试结果不具有统计学差异;高二学生的立定跳远测试结果(195.53 cm)低于高三学生(198.90 cm),且 $P<0.05$($P=0.013$),两个年级学生立定跳远测试结果具有统计学意义;高一学生的立定跳远测试结果(196.40 cm)略低于高三学生(198.90 cm),但 $P>0.05$($P=0.368$),两组学生立定跳远结果不具有显著性差异。可见,不同年级学生立定跳远测试结果,高三学生最好,高一学生最差,高二学生居中,高三与高二学生具有统计学差异,高三和高一学生、高二和高一学生不具有统计学差异。结果见表3-44、图3-74。

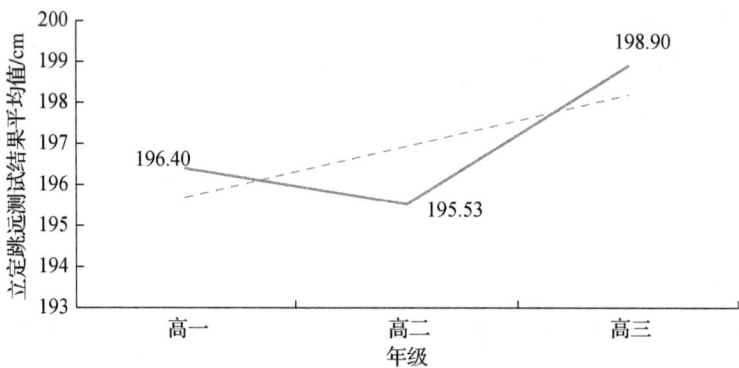

图3-74 不同年级学生立定跳远测试结果平均值

在年级方面,采用单因素方差分析法判断不同年级学生立定跳远得分是否有差异。学生按照年级分为三组,剔除显著异常值。结果显示,不同年级中学生立定跳远得分具有显著差异($F=22.547$,$P=0.000<0.01$)。经过进一步事后多重检验,发现高一学生的立定跳远得分(71.31分)显著高于高二学生(68.12分),且 $P<0.01$($P=0.000$),表明高一和高二年级学生立定跳远得分存在显著性统计学差异;高一学生立定跳远得分(71.31分)略高于高三学生(68.95分),且 $P>0.05$($P=0.430$),高一和高三年级学生立定跳远得分无统计学差异;高二学生立定跳远得分(68.12分)略低于高三学生(68.95分),且 $P>0.05$($P=0.283$),高二和高三年级学生立定跳远得分无统计学差异。可见在不同年级中学生的立定跳远得分方面,高一学生最高,高二学生最低,高三学生居中,且高一学生显著高于高二学生,高一和高二学生、高一和高三无学生统计学差异。结果见表3-45和图3-75。

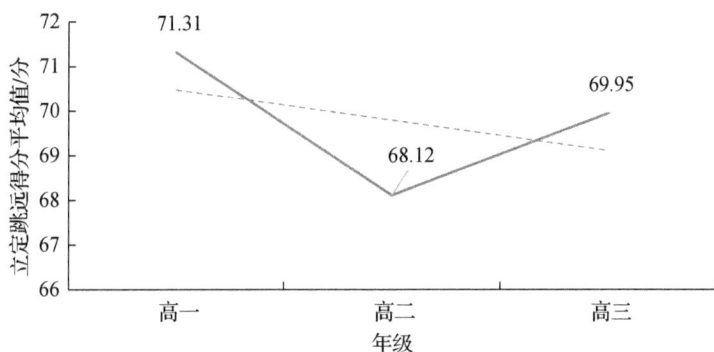

图 3 - 75　不同年级中学生立定跳远得分平均值

(三) 不同人口学特征的中学生爆发力素质等级分布情况

基于不同人口学指标对学生立定跳远进行分析可了解不同人口学指标下的立定跳远等级的差异。依据《标准》中对不同学段学生立定跳远等级评价的标准,将中学生立定跳远按照立定跳远成绩分为优秀、良好、及格和不及格四个等级。基于人口学特征分析学生的立定跳远等级差异,可精准了解中学生下肢爆发力方面存在的问题并进行针对性治理。

1. 不同性别中学生爆发力素质等级分布

从不同性别方面来看学生的立定跳远等级分布,基于描述性统计发现,男生组比例从高到低的排序为及格、良好、不及格、优秀;女生组比例从高到低的排序为及格、良好、优秀、不及格。结果见表 3 - 46,图 3 - 76。

在及格等级组,男生人数为 2 118 人,占所有参与调研男生的 56.7%;女生人数为 2 083 人,占所有参与调研女生的 55.1%,可见男生立定跳远成绩在及格等级组的比例高于女生。在优秀和良好等级组,男生人数为 1 072 人,占男生总人数的 28.6%;女生人数为 1 355 人,占女生总人数的 35.8%,可见女生立定跳远成绩在优良组的比例超过男生,即女生立定跳远成绩优良率高于男生。在不及格等级组,男生为 548 人,占比 14.7%;女生 344 人,占比 9.1%,中学生立定跳远成绩的不及格率整体比较高,尤其是男生立定跳远不及格率超过女生。可见无论男生还是女生,立定跳远成绩的优良率仅为 30% 左右,不及格率依然较高,尤其是男生的不及格率,因此未来在学校体育教育中,要加强男生爆发力的教学与训练,特别是男生的下肢爆发

表 3 - 46 不同人口学特征中学生立定跳远等级比较（N=7 520）

人口学指标	选项	人数/人（比例/%）	立定跳远等级				统计值	
			优秀 人数/人（比例/%）	良好 人数/人（比例/%）	及格 人数/人（比例/%）	不及格 人数/人（比例/%）	χ²值	P值
性别	男	3 738(49.7)	390(10.4)	682(18.2)	2 118(56.7)	548(14.7)	88.087	0.000
	女	3 782(50.3)	572(15.1)	783(20.7)	2 083(55.1)	344(9.1)		
城乡	城市	3 683(49.0)	478(13.0)	722(19.6)	2 087(56.7)	396(10.8)	8.573	0.036
	乡镇	3 837(51.0)	484(12.6)	743(19.4)	2 114(55.1)	496(12.9)		
地区	东部	2 763(36.7)	322(11.7)	549(19.9)	1 633(59.1)	259(9.4)	51.696	0.000
	中部	2 431(32.3)	306(12.6)	427(17.6)	1 374(56.5)	324(13.3)		
	西部	2 326(30.9)	334(14.4)	489(21.0)	1 194(51.3)	309(13.3)		
年级	高一	3 819(50.8)	576(15.1)	717(18.8)	2 130(55.8)	396(10.4)	58.976	0.000
	高二	3 185(42.4)	340(10.7)	624(19.6)	1 778(55.8)	443(13.9)		
	高三	516(6.9)	46(8.9)	124(24.0)	293(56.8)	53(10.3)		
合计		7 520(100.0)	962(12.8)	1 465(19.5)	4 201(55.9)	892(11.9)	—	—

注：部分学生未参与本项测试。

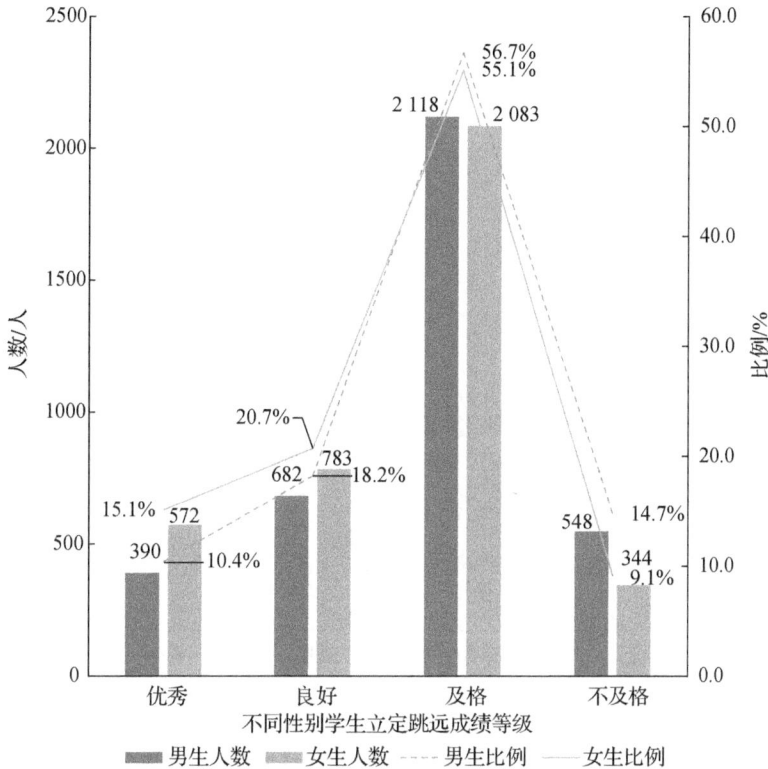

图 3-76 不同性别中学生立定跳远等级分布

力。结果见表 3-46 和图 3-76。

以立定跳远等级为因变量,性别因素为自变量,采用卡方检验进行单因素分析,结果如表 3-46 所示。根据列联表卡方检验的使用条件,所有理论频数均>5,因此读取 Pearson Chi-Square 统计检验结果。在不同性别学生的四个立定跳远等级方面,结果显示,$\chi^2 = 88.087$,$P = 0.000 < 0.01$,表明不同性别学生立定跳远四个等级间的差异具有显著性统计学意义。

2. 不同城乡中学生爆发力素质等级分布

从不同城乡方面来看四个立定跳远等级,基于描述性统计发现,城市学生在四个立定跳远等级中的比例从多到少的排序为及格、良好、优秀、不及格;乡镇组学生的排序为及格、良好、不及格、优秀,两者比例在不及格和优秀之间稍有差异,城市学生优秀率(13.0%)高于及格率(10.8%),乡镇学生不及格率(12.9%)高于优秀率(12.6%)。结果见表 3-46 和图 3-77。

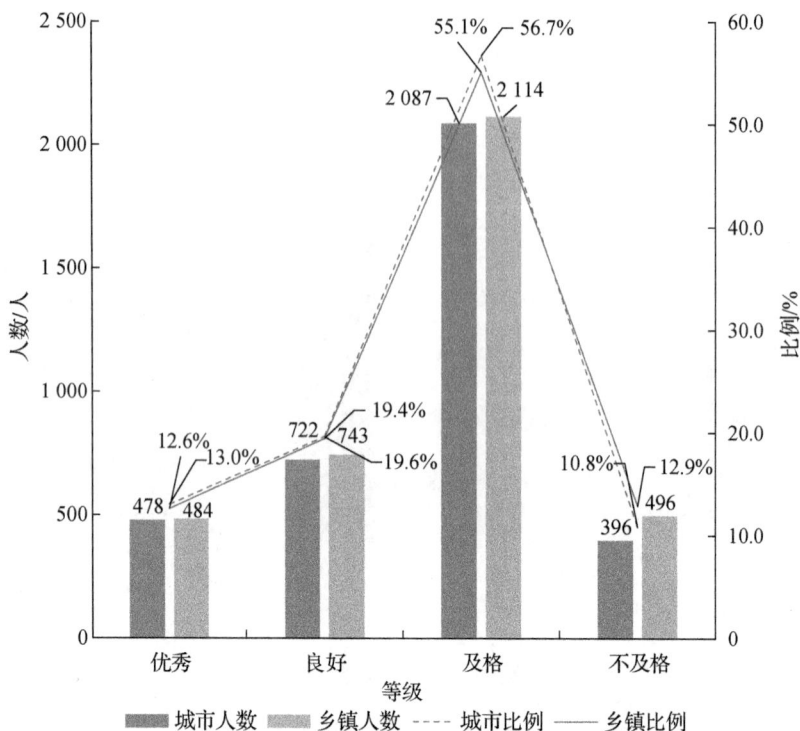

图 3-77 不同城乡中学生立定跳远等级分布

在及格等级组，城市学生有 2 087 人，占所有参与调研城市学生的 56.7%；乡镇学生有 2 114 人，占所有参与调研乡镇学生的 55.1%，可见乡镇学生的及格等级组比例低于城市学生。在优秀和良好等级组，城市学生 1 200 人，占所有参与调研城市学生的 32.6%；乡镇学生为 1 227 人，占所有参与调研乡镇学生 32.0%，可见城市学生的立定跳远优良率略高于乡镇学生。在不及格等级组，城市学生有 396 人，占比 10.8%；乡镇学生有 496 人，占比 12.9%，可见城市学生不及格率低于乡镇学生。因此未来在学校体育教育中，要着重加强乡镇学生下肢力量的教学和训练。结果见表 3-46 和图 3-77。

以立定跳远等级为因变量，城乡因素为自变量，采用卡方检验进行单因素分析，结果如表 3-46 所示。根据列联表卡方检验的使用条件，所有理论频数均>5，因此读取 Pearson Chi-Square 统计检验结果。在不同城乡学生的立定跳远的四个等级方面，结果显示，$\chi^2=8.573$，$P=0.036<0.05$，表明

不同城乡学生在立定跳远四个等级分布方面具有统计学差异。

3. 不同地区中学生爆发力素质等级分布

从不同地区方面来看学生的立定跳远等级分布,基于描述性统计发现,东部和西部地区立定跳远四个等级比例由多到少的排序皆为及格、良好、优秀、不及格;而中部地区排序为及格、良好、不及格、优秀,结果见表3-46和图3-78。

在及格等级组,东部地区学生1 633人,占所有参与调研东部学生的59.1%;中部地区学生1 374人,占所有参与调研中部学生的56.5%;西部地区学生1 194人,占所有参与调研西部学生的51.3%,可见东部地区学生在及格等级组中的比例高于中部学生、中部学生高于西部学生。在优秀和良好等级组,东部地区学生871人,占东部调研总人数的31.6%;中部地区学生733人,占中部调研总人数的30.2%;西部地区学生823人,占西部调研总人数的35.4%,可见西部学生的优良率高于东部学生,东部学生高于中部学生。在不及格等级组,东部地区学生259人,占比9.4%;中部地区学生324人,占比13.3%;西部地区学生309人,占比13.3%,可见立定跳远成绩在不及格等级组比例最高的是中部和西部学生,其次是东部学生。基于以上分析可以发现,东部地区学生及格人数为2 504人,及格率为90.7%;中部地区学生及格人数为2 107人,及格率为86.7%;西部地区学生及格人数为2 017人,及格率为86.7%,从及格率方面看,东部学生的及格率高于中部和西部学生。结果见表3-46和图3-78。

以立定跳远等级为因变量,地区因素为自变量,采用卡方检验进行单因素分析,结果如表3-46所示。根据列联表卡方检验的使用条件,所有理论频数均>5,因此读取Pearson Chi-Square统计检验结果。在不同地区学生立定跳远的四个等级方面,结果显示,$\chi^2=51.696$,$P=0.000<0.01$,表明不同地区学生立定跳远四个等级分布具有显著性差异。可见从地区方面考虑,未来学校体育教育中,要着重加强中部和西部地区学生的爆发力的教学和训练,提升学生爆发力水平。

4. 不同年级中学生爆发力素质等级分布

从不同年级方面来看学生的立定跳远等级分布,基于描述性统计发现,高一年级不同立定跳远成绩等级比例由高到低的排序为及格、良好、优秀、不及格;而高二和高三年级排序为及格、良好、不及格、优秀,可见各个年级中,高一年级的优秀率相对较高。结果见表3-46和图3-79。

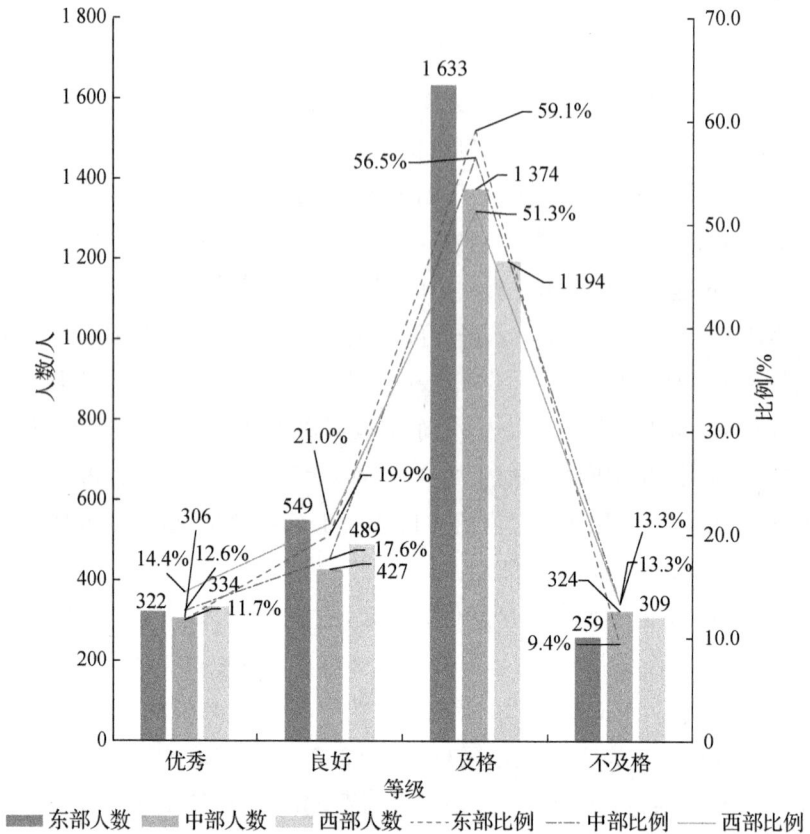

图 3 - 78   不同地区中学生立定跳远等级分布

在优秀和良好等级组,高一学生 1 293 人,占高一调研总人数的 33.9%;高二学生 964 人,占高二调研总人数的 30.3%;高三学生 170 人,占高三调研总人数的 32.9%,可见高一年级的立定跳远优良率最高,其次是高三和高二学生,学生立定跳远成绩优良率在年级方面呈现"两头高、中间低"的特点。在不及格等级组,高一学生 396 人,占高一调研总人数的 10.4%;高二学生 443 人,占高二调研总人数的 13.9%;高三学生 53 人,占高三调研总人数的 10.3%,可见高二学生不及格率最高,其次是高一和高三学生,即呈现"中间高、两头低"的特点。结果见表 3 - 46 和图 3 - 79。

以立定跳远等级为因变量,年级因素为自变量,采用卡方检验进行单因素分析,结果如表 3 - 46 所示。根据列联表卡方检验的使用条件,所有理论频数均>5,因此读取 Pearson Chi-Square 统计检验结果。在不同年级学生

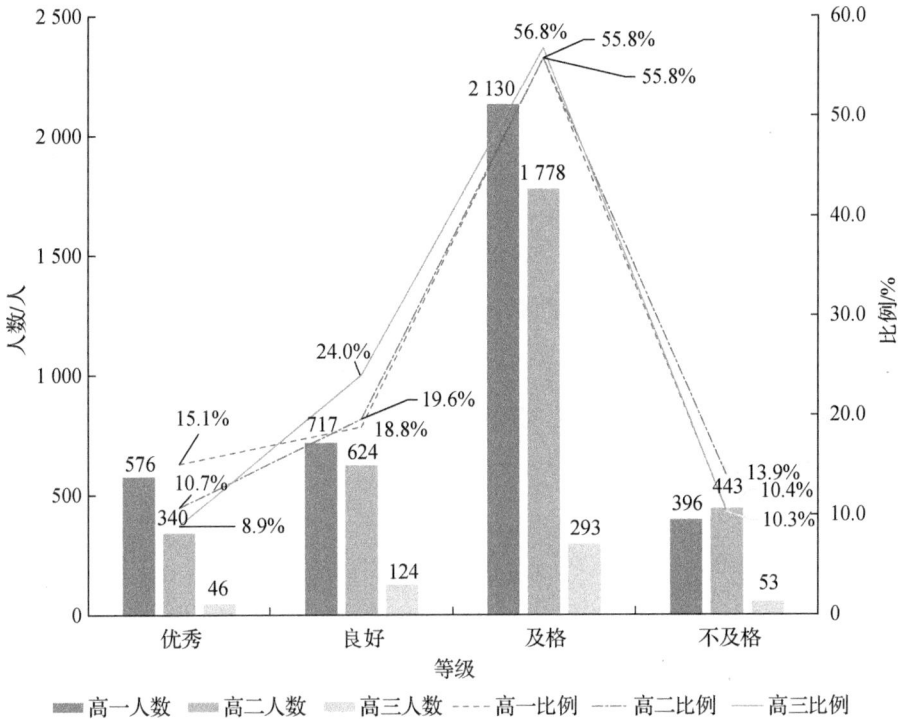

图 3-79 不同年级中学生立定跳远等级分布

的立定跳远的四个等级方面,结果显示,$\chi^2=58.976$,$P=0.000<0.01$,表明不同年级学生立定跳远四个等级分布的差异具有显著性统计学意义。

综上,学生立定跳远成绩的及格率为 88.2%,依然有 11.8% 的中学生立定跳远不及格,且总体优良率也仅有 32.3%,立定跳远成绩反映了学生爆发力水平,可见学生的爆发力依然需要提升。从年级方面考虑学生爆发力素质的治理与提升,在未来学校体育教育中,要加强中学生爆发力相关教学与训练,加强爆发力对于人运动技能提升的价值和作用教育,教会学生爆发力训练的不同方法和手段,教会学生如何测量和评价爆发力等相关内容,特别要注重高二年级学生。

● 四、力量素质

(一) 我国中学生力量素质总体现状

引体向上测试成绩可以反映男生肩臂的最大力量;仰卧起坐测试成绩可以反映女生腹部肌肉和髋部肌肉的力量,两者都是反映学生力量素质的重要指标[1]。为此,结合《标准》对学生体质健康测试的内容,本研究中男生主要采用引体向上、女生采用仰卧起坐来反映学生的力量素质。测试结果显示男生引体向上平均做 5.66 个,平均得分为 36.41 分,整体处于不及格等级;女生 1 min 仰卧起坐平均做 32.60 个,平均得分为 65.14 分,整体处于及格等级。依据《标准》对不同学段学生力量测试项目等级评价的标准,将男生引体向上和女生 1 min 仰卧起坐测试按照成绩分为优秀、良好、及格和不及格四类。经统计分析发现学生不同类型力量测试等级比例由高到低分别为:及格(47.0%)、不及格(40.1%)、良好(7.0%)、优秀(5.8%)。其中有 59.8% 的学生及格,有 40.1% 的学生在力量测试等级方面处于不及格水平,可见该部分学生的力量素质需要进一步提升。具体见表 3 - 47 和图 3 - 80。

表 3 - 47　中学生力量等级整体情况 (N＝7420)

类型	总计	优秀	良好	及格	不及格
人数/人	7 420	434	522	3 487	2 977
比例/%	100	5.8	7.0	47.0	40.1

注:部分学生未参与本项测试。

---

① 教育部体育卫生与艺术教育司.第八次全国学生体质与健康调研结果发布[J].中国学校卫生,2021,42(9):1281-1282.

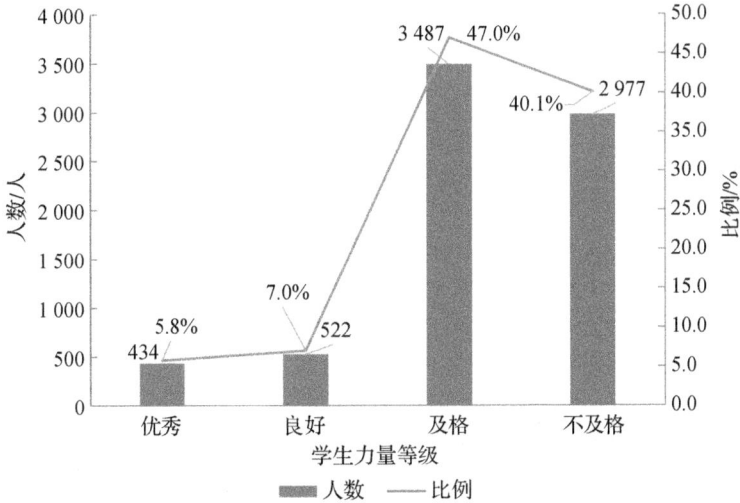

图 3 - 80　中学生力量等级分布

(二) 不同人口学特征的中学生力量素质测试结果和得分

1. 不同城乡男女生力量素质

在城乡方面,采用独立样本 t 检验判断城市和乡镇男生引体向上测试结果的差异。结果显示,乡镇男生的引体向上测试结果(5.77 个)略高于城市学生(5.53 个),但 $P>0.05$($P=0.128$),表明城市和乡镇男生引体向上测试结果不存在统计学差异(表 3 - 48、图 3 - 81)。结果还显示,乡镇男生的引体向上得分(36.79 分)略高于城市男生(35.99 分),但 $P>0.05$($P=0.442$),表明城市和乡镇男生引体向上得分不存在统计学差异(表 3 - 49、图 3 - 82)。可见城市和乡镇男生的肩臂最大力量无统计学差异。

表 3 - 48　不同城乡的男生引体向上、女生 1 min 仰卧起坐素质测试结果差异比较

选项	男生引体向上				女生 1 min 仰卧起坐			
	人数/人	($\bar{X} \pm S$)/个	t 值	P 值	人数/人	($\bar{X} \pm S$)/个	t 值	P 值
城市	1 759	5.53±4.81	−1.523	0.128	1 864	32.42±11.38	−1.054	0.292
乡镇	1 943	5.77±4.82			1 854	32.79±9.59		
合计	3 702	5.66±4.82	—	—	3 718	32.60±10.52	—	—

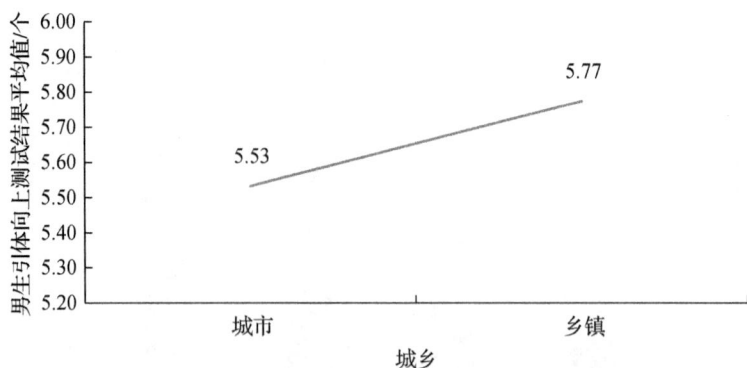

图 3-81　不同城乡男生引体向上测试结果平均值

表 3-49　不同城乡的男生引体向上、女生 1 min 仰卧起坐得分差异比较

选项	男生引体向上				女生 1 min 仰卧起坐			
	人数/人	$(\overline{X}\pm S)$/分	t 值	P 值	人数/人	$(\overline{X}\pm S)$/分	t 值	P 值
城市	1 759	35.99±31.91	−0.770	0.442	1 864	64.04±22.02	−3.502	0.000
乡镇	1 943	36.79±31.7			1 854	66.25±16.16		
合计	3 702	36.41±31.8	—	—	3 718	65.14±19.35	—	—

注：部分学生未参与本项测试。

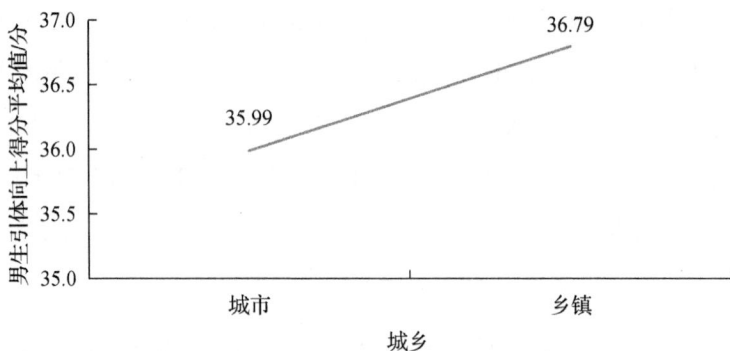

图 3-82　不同城乡男生引体向上得分平均值

在城乡方面，采用独立样本 t 检验判断城市和乡镇女生 1 min 仰卧起坐测试结果的差异。结果显示，乡镇女生 1 min 仰卧起坐测试结果（32.79 个）略高于城市学生（32.42 个），但 P>0.05（P=0.292），表明城市和乡镇女生 1 min 仰卧起坐测试结果不存在统计学差异（表 3-48、图 3-83）。结果还显示，乡镇女生 1 min 仰卧起坐得分（66.25 分）高于城市女生（64.04 分），且

$P < 0.01(P = 0.000)$,表明城市和乡镇女生 1 min 仰卧起坐得分存在统计学差异(表 3-49、图 3-84)。

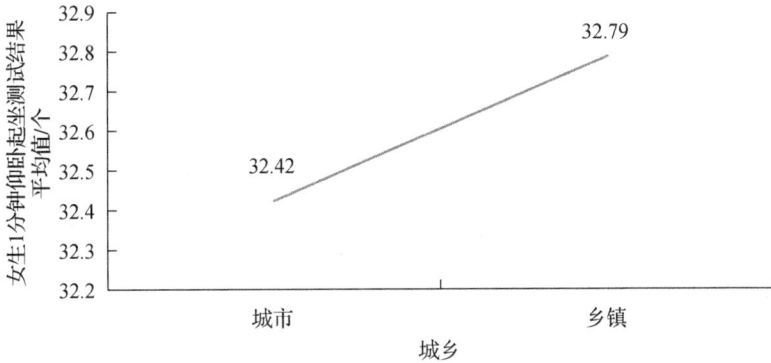

图 3-83　不同城乡女生 1 min 仰卧起坐测试结果

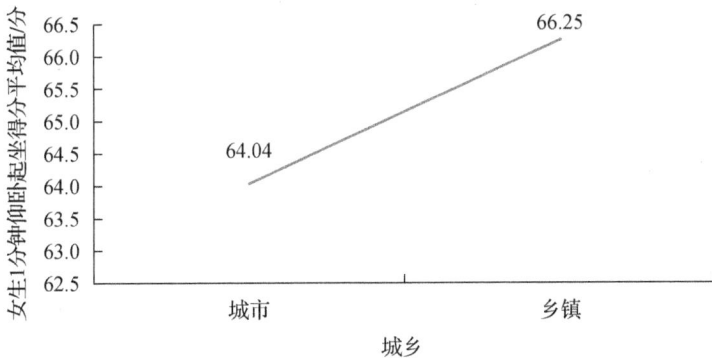

图 3-84　不同城乡女生 1 min 仰卧起坐得分平均值

2. 不同地区男女生力量素质

在地区方面,采用单因素方差分析法判断不同地区男生引体向上测试结果是否有差异。将男生按照地区分为三组,剔除显著异常值。结果显示,不同地区男生引体向上测试结果具有显著差异($F = 116.793, P = 0.000 < 0.01$)。经过进一步事后多重检验,发现东部地区男生引体向上测试结果显著高于中部地区男生,且 $P < 0.01(P = 0.000)$,两组男生引体向上测试结果存在显著性统计学差异;东部地区男生引体向上测试结果略高于西部地区男生,且 $P > 0.05(P = 0.110)$,两组男生引体向上测试结果不具有统计学差异;西部地区男生引体向上测试结果显著高于中部地区男生,且 $P<0.01$ ($P=0.000$),中部和西部男生引体向上测试结果具有显著性统计学差异。经分析发现,不同地区男生引体向上测试结果,东部学生>中部学生,西部学生>中部学生,东部学生≈西部学生。结果见表 3-50 和图 3-85。

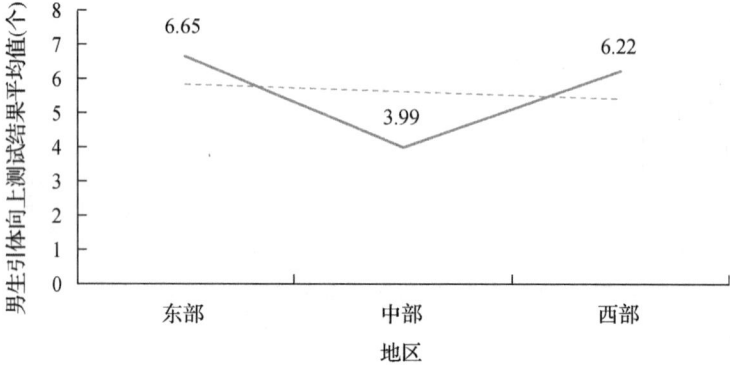

图 3-85　不同地区男生引体向上测试结果平均值

在地区方面,采用单因素方差分析法判断不同地区男生引体向上测试得分是否有差异。将男生按照地区分为三组,剔除显著异常值。结果显示,不同地区男生引体向上测试得分具有显著差异($F=128.183, P=0.000<0.01$)。经过进一步事后多重检验,发现东部地区男生引体向上测试得分(43.46 分)高于中部地区男生(24.98 分),且 $P<0.01$,表明东部和中部两组男生引体向上测试得分(43.46 分)具有显著性统计学差异;东部地区男生引体向上测试得分(39.89 分)高于西部地区男生(39.89 分),且 $P<0.05$($P=0.020$),两组男生引体向上测试得分具有统计学显著性差异;西部地区男生引体向上测试得分高于中部地区男生(24.98 分),且 $P<0.01$($P=0.000$),两组男生引体向上测试得分具有显著性统计学差异。经分析发现,不同地区男生引体向上得分,东部学生>中部学生,西部学生>中部学生,东部学生≈西部学生。结果见表 3-51 和图 3-86。

表 3-50 不同地区男生引体向上、女生 1 min 仰卧起坐测试结果差异比较

类别	男生引体向上					女生 1 min 仰卧起坐				
	人数/人	$(\bar{X}\pm S)$/个	F值	P值	事后多重比较	人数/人	$(\bar{X}\pm S)$/个	F值	P值	事后多重比较
东部	1 445	6.65±4.94			东部>中部	1 270	33.98±11.48			东部>中部
中部	1 210	3.99±3.89	116.793	0.000	西部>中部	1 183	32.02±9.62	16.744	0.000	东部>西部
西部	1 047	6.22±5.10			东部≈西部	1 265	31.77±10.20			西部≈中部
合计	3 702	5.66±4.82	—	—	—	3 718	32.60±10.52	—	—	—

注：部分学生未参与本项测试。

表 3-51 不同地区男生引体向上、女生 1 min 仰卧起坐得分差异比较

类别	男生引体向上					女生 1 min 仰卧起坐				
	人数/人	$(\bar{X}\pm S)$/分	F值	P值	事后多重比较	人数/人	$(\bar{X}\pm S)$/分	F值	P值	事后多重比较
东部	1 445	43.46±31.36			东部>中部	1 270	67.10±20.42			东部>中部
中部	1 210	24.98±27.88	128.183	0.000	西部>中部	1 183	63.77±19.21	10.349	0.000	东部>西部
西部	1 047	39.89±33.01			东部≈西部	1 265	64.45±18.20			西部≈中部
合计	3 702	36.41±31.80	—	—	—	3 718	65.14±19.35	—	—	—

注：部分学生未参与本项测试。

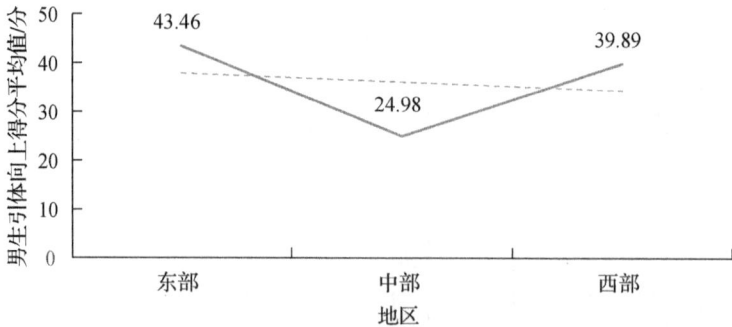

图 3-86　不同地区男生引体向上得分平均值

在地区方面,采用单因素方差分析法判断不同地区女生 1 min 仰卧起坐测试结果是否有差异。将女生按照地区分为三组,剔除显著异常值。结果显示,不同地区女生 1 min 仰卧起坐测试结果具有显著差异($F=16.744$,$P=0.000<0.01$)。经过进一步事后多重检验,发现东部地区女生 1 min 仰卧起坐测试结果(33.98 个)显著高于中部地区女生(32.02 个),且 $P<0.01$($P=0.000$),两组女生 1 min 仰卧起坐测试结果(33.98 个)有显著性统计学差异;东部地区女生 1 min 仰卧起坐测试结果(33.98 个)显著高于西部地区女生(31.77 个),且 $P<0.01$($P=0.000$),两组女生 1 min 仰卧起坐测试结果具有显著性统计学差异;中部地区女生 1 min 仰卧起坐测试结果(32.02 个)略高于西部地区女生(31.77 个),但 $P>0.05$($P=0.895$),中部和西部地区女生 1 min 仰卧起坐测试结果不具有统计学差异。经分析发现,不同地区女生 1 min 仰卧起坐测试结果,东部学生>中部学生,东部学生>西部学生,西部学生≈中部学生。结果见表 3-50 和图 3-87。

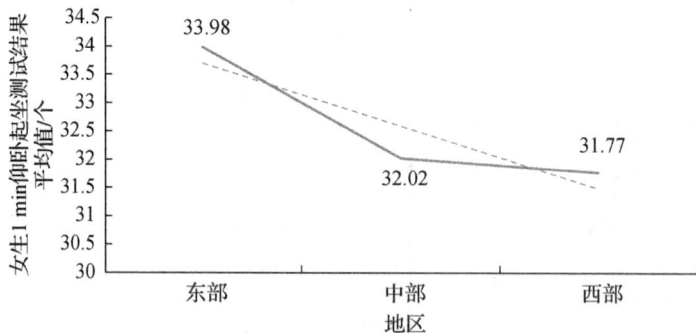

图 3-87　不同地区女生 1 min 仰卧起坐测试结果平均值

在地区方面,采用单因素方差分析法判断不同地区女生 1 min 仰卧起坐测试得分是否有差异。将女生按照地区分为三组,剔除显著异常值。结果显示,不同地区女生 1 min 仰卧起坐测试得分具有显著差异($F=10.349$,$P=0.000<0.01$)。经过进一步事后多重检验,发现东部地区女生 1 min 仰卧起坐测试得分(67.10 分)高于中部地区女生(63.77 分),且 $P<0.01$($P=0.000$),表明东部和中部地区两组女生 1 min 仰卧起坐测试得分具有显著性统计学差异;东部地区女生 1 min 仰卧起坐得分(67.10 分)高于西部地区女生(64.45 分),且 $P<0.01$($P=0.002$),两组女生 1 min 仰卧起坐测试得分具有显著性统计学差异;西部地区女生 1 min 仰卧起坐测试得分(64.45 分)高于中部地区女生(63.77 分),但 $P>0.05$($P=0.746$),两组地区女生 1 min 仰卧起坐测试得分不具有统计学差异。经分析发现,不同地区女生 1 min 仰卧起坐得分,东部学生>中部学生,东部学生>西部学生,西部学生≈中部学生。结果见表 3-51 和图 3-88。

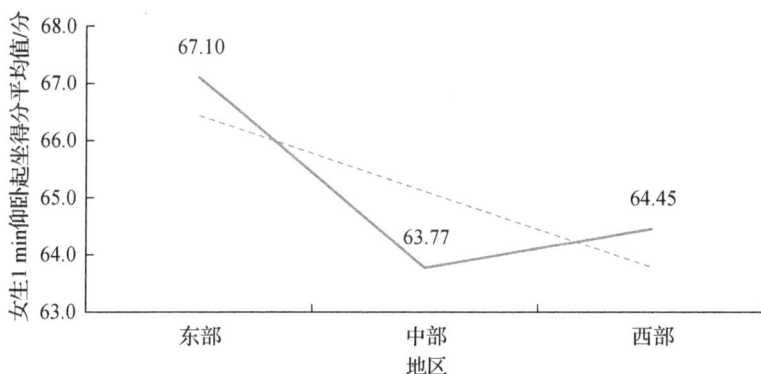

图 3-88 不同地区女生 1 min 仰卧起坐得分平均值

3. 不同年级男女生力量素质

在年级方面,采用单因素方差分析法判断不同年级男生引体向上测试结果是否有差异。学生按照年级分为三组,剔除显著异常值。结果显示,不同年级男生引体向上测试结果不具有统计学差异($F=3.102$,$P=0.051>0.05$)。经过进一步事后多重检验,发现高一男生引体向上测试结果与高二男生无统计学差异($P=0.232>0.05$);高二男生引体向上测试结果与高三男生无统计学差异($P=0.051>0.05$);高一男生引体向上测试结果与高三学生无统计学差异($P=0.370>0.05$)。经分析发现,不同地区男生引体向上测试结果:高一学生≈高二学生,高二学生≈高三学生,高一学生≈高三学生。结果见表 3-52 和图 3-89。

表 3 - 52　不同年级男生引体向上、女生 1 min 仰卧起坐测试结果差异比较

类别	男生引体向上 人数/人	$(\bar{X}\pm S)$/个	F值	P值	事后多重比较	女生 1 min 仰卧起坐 人数/人	$(\bar{X}\pm S)$/个	F值	P值	事后多重比较
高一	1 885	5.57±4.79			高一≈高二	1 881	32.43±10.64			高一≈高二
高二	1 572	5.85±4.92	3.102	0.051	高一≈高三	1 571	32.58±10.66	2.652	0.071	高一≈高三
高三	245	5.13±4.31			高二≈高三	266	34.01±8.63			高二<高三
合计	3 702	5.66±4.82	—	—	—	3 718	32.6±10.52	—	>	—

注：部分学生未参与本项测试。

表 3 - 53　不同年级男生引体向上、女生 1 min 仰卧起坐得分差异比较

类别	男生引体向上 人数/人	$(\bar{X}\pm S)$/分	F值	P值	事后多重比较	女生 1 min 仰卧起坐 人数/人	$(\bar{X}\pm S)$/分	F值	P值	事后多重比较
高一	1 885	39.15±31.47			高一>高二	1 881	65.55±19.59			高一≈高二
高二	1 572	34.85±32.12	24.127	0.000	高一>高三	1 571	64.42±19.81	2.130	0.119	高一≈高三
高三	245	25.31±29.13			高二>高三	266	66.47±14.08			高二≈高三
合计	3 702	36.41±31.8	—	—	—	3 718	65.14±19.35	—	—	—

注：部分学生未参与本项测试。

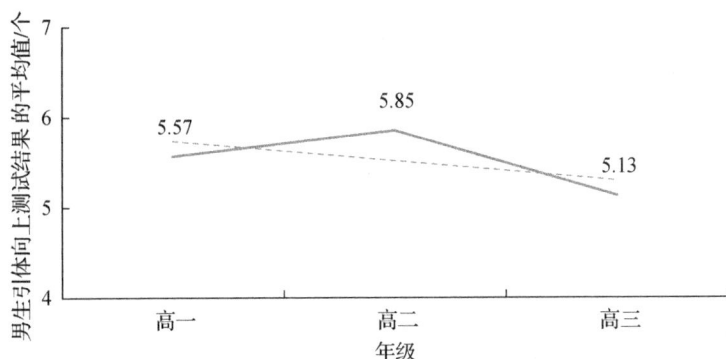

图 3-89 不同年级男生引体向上测试结果平均值

在年级方面,采用单因素方差分析法判断不同年级男生引体向上测试得分是否有差异。学生按照年级分为高一、高二和高三三组,剔除显著异常值。结果显示,不同年级男生引体向上得分具有显著统计学差异($F=24.127$,$P=0.00001$)。经过进一步事后多重检验,发现高一男生引体向上得分(39.15分)显著高于高二男生引体向上得分(34.85分),且 $P<0.01$($P=0.000$),高一和高二年级男生引体向上测试得分存在显著性统计统计学差异;高一男生引体向上测试得分(39.15分)显著高于高三男生得分(25.31分),且 $p<0.01$($P=0.000$),高一和高三年级男生引体向上测试得分存在显著性差异;高二男生引体向上测试得分(34.85分)显著高于高三男生得分(25.31分),且 $P<0.01$($P=0.000$),高二和高三年级男生引体向上测试得分存在显著性统计学差异,即不同地区男生引体向上得分:高一学生>高二学生,高二学生>高三学生,高一学生>高三学生。结果见表 3-53 和图 3-90。

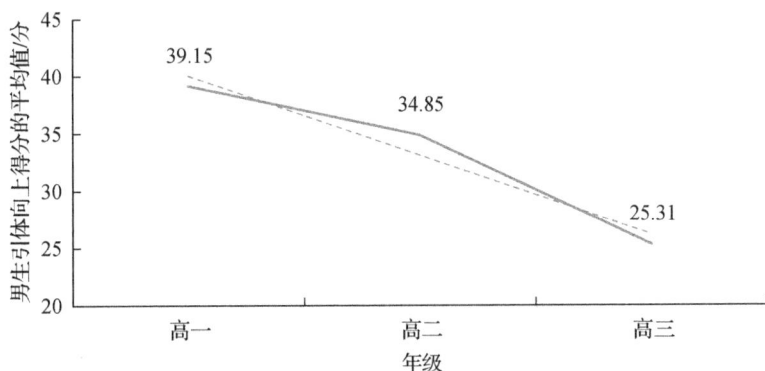

图 3-90 不同年级男生引体向上得分平均值

在年级方面,采用单因素方差分析法判断不同年级女生 1 min 仰卧起测试结果是否有差异。学生按照年级分为高一、高二和高三三组,剔除显著异常值。结果显示,不同年级女生 1 min 仰卧起坐测试结果不具有统计学差异($F=2.652,P=0.071>0.05$)。经过进一步事后多重检验,发现高一女生 1 min 仰卧起坐测试结果(32.43 个)略低于高二女生测试结果(32.58 个),且 $P=0.966>0.057$,所以高一和高二年级女生 1 min 仰卧起坐测试结果无统计学差异;高二女生 1 min 仰卧起坐测试结果(32.58 个)略低于高三女生测试结果(34.01 个),且 $P=0.210>0.05$,所以高二和高三两组女生 1 min 仰卧起坐测试结果无统计学差异;高一女生 1 min 仰卧起坐测试结果(32.43 个)低于高三女生测试结果(34.01 个),且 $P=0.048<0.053$,所以高一和高三两组女生 1 min 仰卧坐结果具有统计学差异。经分析发现,不同地区女生 1 min 仰卧起坐测试结果高一学生≈高二学生,高二学生≈高三学生,高一学生<高三学生,结果见表 3 - 52 和图 3 - 91。

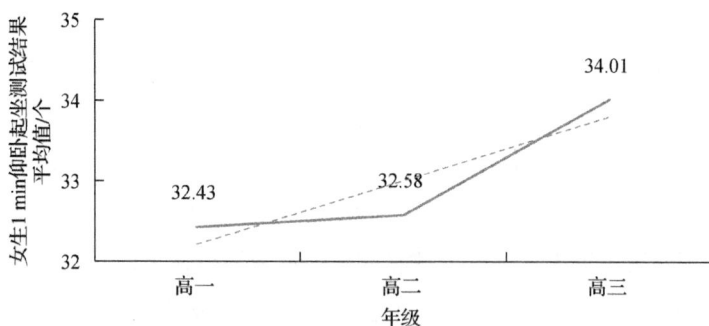

图 3 - 91 不同年级女生 1 min 仰卧起坐测试结果平均值

在年级方面,采用单因素方差分析法判断不同年级女生 1 min 仰卧起坐得分是否有差异。学生按照年级分为高一、高二和高三三组,剔除显著异常值。结果显示不同年级女生 1 min 仰卧起坐得分无统计学差异($F=2.130$,$P=0.119>005$)。经进一步事后多重检验,发现高一女生 1 min 仰卧起坐得分(65.55 分)虽然略高于高二女生得分(64.42 分),但 $P=0.256>0.05$,高一和高二年级女生 1 min 仰起坐测试得分无统计学差异;高一女生 1 min 仰卧起坐测试得分(65.55 分)虽然略低于高三女生得分(66.47 分),但 $P=0.725>0.05$,所以高一和高三年级女生 1 min 仰卧起坐测试得分无统计学差异;;高二女生 1 min 仰卧起坐测试得分(64.42 分)虽然略低于高三女生得分(66.47 分),但 $P=0.119>0.05$,高二和高三年级女生 1 min 仰卧起坐测试得分无统计学差异。见表 3 - 53 和图 3 - 92。

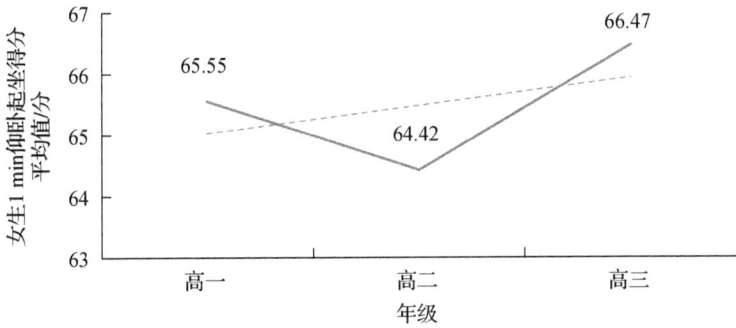

图 3-92　不同年级女生 1 min 仰卧起坐得分平均值

(三) 不同人口学特征的中学生力量素质等级分布情况

基于不同人口学指标对学生力量方面进行分析,可了解不同人口学指标下的力量测试等级的差异,为精准治理学生力量训练方面的问题提供参考。

1. 不同性别中学生力量素质等级分布

从不同性别方面来看男生引体向上和女生 1 min 仰卧起坐测试等级分布,基于描述性统计发现,男生组四个等级依据引体向上成绩由高到低排序为不及格(64.5%)、及格(24.7)、优秀(6.5%)和良好(4.3%);女生组四个等级依据 1 min 仰卧起坐的成绩由高到低排序为及格(69.2%)、不及格(15.8%)、良好(9.8%)和优秀(5.2%),男生的不及格率(64.5%)远高于女生(15.8%)。可见男女生反映力量项目的不及格率整体比较高,尤其是男生不及格率高于女生,因此未来在学校体育教育中,要着重加强男生力量的训练。结果见表 3-54 和图 3-93。

表 3-54　男生引体向上和女生 1 min 仰卧起坐成绩等级比较(N=7 420)

性别	类型	总计	优秀	良好	及格	不及格
男	人数/人	3 702	240	158	916	2 388
	比例/%	49.9	6.5	4.3	24.7	64.5
女	人数/人	3 718	194	364	2 571	589
	比例/%	50.1	5.2	9.8	69.2	15.8
合计	人数/人	7 420	434	522	3 487	2 977
	比例/%	100	5.8	7.0	47.0	40.1

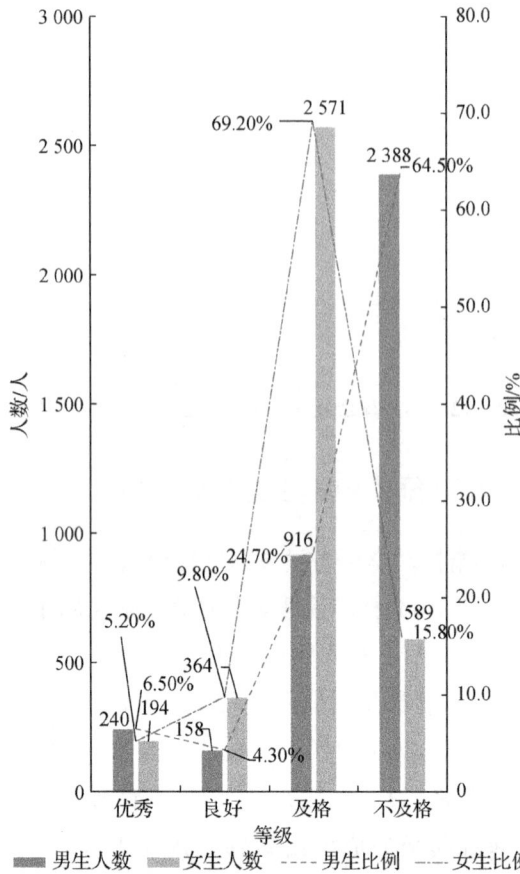

图 3 - 93　男生引体向上和女生 1 min 仰卧起坐成绩等级分布

2. 不同城乡中学生力量素质等级分布

从不同城乡方面来看男生引体向上等级,基于描述性统计发现,无论城市还是乡镇,四个等级的人数和比例从高到低的排序都为不及格、及格、优秀、良好(表 3 - 55、图 3 - 94)。

表 3 - 55　不同城乡男女生力量等级比较

项目	人口学指标	选项	总计 人数/人 (比例/%)	优秀 人数/人 (比例/%)	良好 人数/人 (比例/%)	及格 人数/人 (比例/%)	不及格 人数/人 (比例/%)	统计值 χ^2 值	P 值
引体向上(男)	城乡	城市	1 759 (100.0)	124 (7.0)	65 (3.7)	425 (24.2)	1 145 (65.1)	4.873	0.181
		乡镇	1 943 (100.0)	116 (6.0)	93 (4.8)	491 (25.3)	1 243 (64.0)		
	合计		3 702 (100.0)	240 (6.5)	158 (4.3)	916 (24.7)	2 388 (64.5)	—	—

续表

项目	人口学指标	选项	总计 人数/人（比例/%）	优秀 人数/人（比例/%）	良好 人数/人（比例/%）	及格 人数/人（比例/%）	不及格 人数/人（比例/%）	统计值 χ^2 值	P 值
1 min 仰卧起坐（女）	城乡	城市	1 864 (100.0)	108 (5.8)	207 (11.1)	1 217 (65.3)	332 (17.8)	30.188 8	0.000
		乡镇	1 854 (100.0)	86 (4.6)	157 (8.5)	1 354 (73.0)	257 (13.9)		
	合计		3 718 (100.0)	194 (5.2)	364 (9.8)	2 571 (69.2)	589 (15.8)	—	—

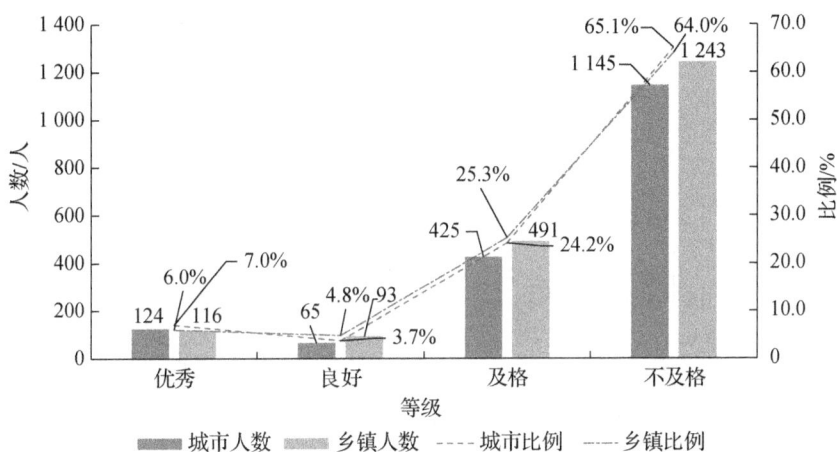

图 3-94　不同城乡男生引体向上等级分布

在及格等级组,城市男生有 425 人,占所有参与调研城市男生的24.2%;乡镇男生 491 人,占所有参与调研乡镇男生的 25.3%,可见乡镇男生及格等级组人数和比例高于城市男生。在优秀良好组,城市男生有 189 人,占所有参与调研城市男生的 10.7%;乡镇男生 209 人,占参与调研乡镇男生的 10.8%,可见城市男生引体向上优良率略低于乡镇男生。在不及格等级组,城市男生有 1 145 人,占比 65.1%;乡镇男生 1 243 人,占比 64.0%,可见城市男生不及格率略高于乡镇男生。因此未来在学校体育教育中,要着重加强乡镇男生力量方面的教学与训练。结果见表 3-55 和图 3-94。

以男生引体向上成绩为因变量,城乡因素为自变量,采用卡方检验进行单因素分析,结果如表 3-55 所示。根据列联表卡方检验的使用条件,所有理论频数均>5,因此读取 Pearson Chi-Square 统计检验结果。在不同城乡男生引体向上的四个等级方面,结果显示,$\chi^2=4.873,P=0.181>0.05$,表明不同城乡男生引体向上成绩四个等级分布无统计学差异。

从不同城乡方面来看女生 1 min 仰卧起坐等级,基于描述性统计发现,无论城市还是乡镇四个等级的人数和比例从高到低的排序都为及格、不及格、良好、优秀(表 3-55、图 3-95)。

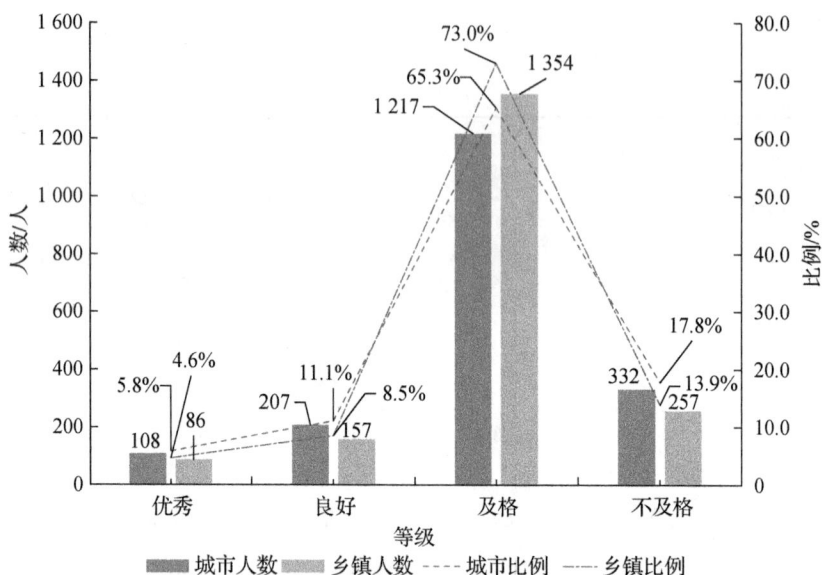

图 3-95 不同城乡女生 1 min 仰卧起坐等级分布

在优秀良好组,城市女生有 315 人,占所有参与调研城市女生的16.9%;乡镇女生 243 人,占参与调研乡镇女生的 13.1%,可见城市女生 1 min 仰卧起坐优良率高于乡镇女生。在不及格等级组,城市女生有 332 人,占比17.8%;乡镇女生 257 人,占比 13.9%,可见城市女生不及格率略高于乡村女生。因此未来在学校体育教育中,要着重加强乡镇女生力量方面的教学与训练。结果见表 3-55 和图 3-95。

以女生 1 min 仰卧起坐成绩为因变量,城乡因素为自变量,采用卡方检验进行单因素分析,结果如表 3-55 所示。根据列联表卡方检验的使用条件,所有理论频数均>5,因此读取 Pearson Chi-Square 统计检验结果。在不同城乡女生 1 min 仰卧起坐的四个等级方面,结果显示,$\chi^2=30.188,P=0.000<0.01$,表明不同城乡女生 1 min 仰卧起坐成绩四个等级分布有显著性差异。

3. 不同地区中学生力量素质等级分布

从不同地区方面来看男生引体向上等级分布,基于描述性统计发现,三个地区男生引体向上成绩四个等级比例由高到低的排序皆为不及格、及格、优秀、良好(表3-56、图3-96)。

表3-56 不同地区男女生力量等级比较

项目	人口学指标	选项	总计 人数/人(比例/%)	优秀 人数/人(比例/%)	良好 人数/人(比例/%)	及格 人数/人(比例/%)	不及格 人数/人(比例/%)	统计值 χ^2 值	P 值
引体向上等级(男)	地区	东部	1 445 (100.0)	121 (8.4)	69 (4.8)	465 (32.2)	790 (54.7)	208.502	0.000
		中部	1 210 (100.0)	33 (2.7)	21 (1.7)	192 (15.9)	964 (79.7)		
		西部	1 047 (100.0)	86 (8.2)	68 (6.5)	259 (24.7)	634 (60.6)		
	合计		3 702 (100.0)	240 (6.5)	158 (4.3)	916 (24.7)	2 388 (64.5)	—	—
1 min仰卧起坐等级(女)	地区	东部	1 270 (100.0)	115 (9.1)	148 (11.7)	842 (66.3)	165 (13.0)	78.002	0.000
		中部	1 183 (100.0)	29 (2.5)	110 (9.3)	828 (70.0)	216 (18.3)		
		西部	1 265 (100.0)	50 (4.0)	106 (8.4)	901 (71.2)	208 (16.4)		
	合计		3 718 (100.0)	194 (5.2)	364 (9.8)	2 571 (69.2)	589 (15.8)	—	—

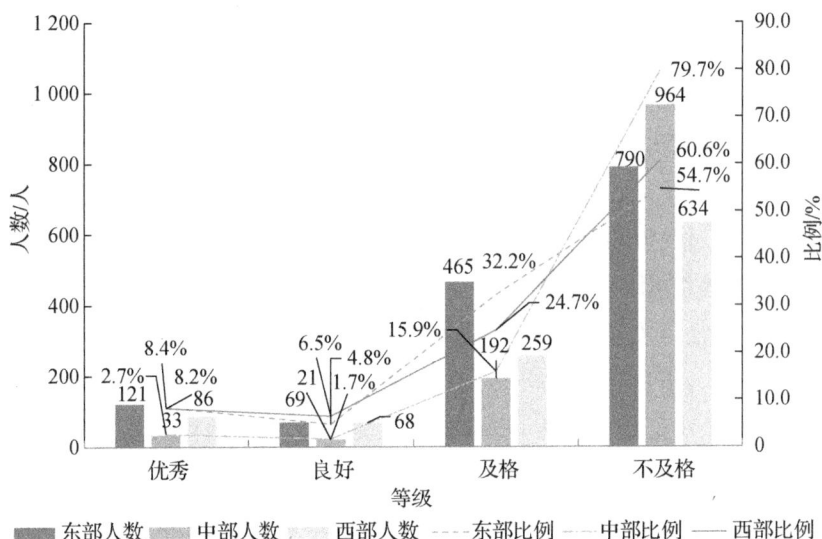

图3-96 不同地区男生引体向上等级分布

在及格等级组，东部地区男生 465 人，占所有参与调研东部男生的 32.2%；中部地区男生 192 人，占所有参与调研中部男生的 15.9%；西部地区男生 259 人，占所有参与调研西部男生的 24.7%，可见东部地区男生的及格比例高于西部男生，西部男生高于中部男生。在优秀和良好等级组，东部地区男生 190 人，占东部调研总人数的 13.2%；中部地区男生 54 人，占中部调研总人数的 4.4%；西部地区男生 154 人，占西部调研总人数的 14.7%，可见西部男生的优良率高于东部男生，东部男生高于中部男生。在不及格等级组，东部地区男生为 790 人，占比 54.7%；中部地区男生 964 人，占比 79.7%；西部地区男生 634 人，占比 60.6%，可见男生引体向上成绩在不及格等级组比例最高的是中部，其次是西部，再次是东部。基于以上分析可以发现，东部地区男生及格及以上人数共 655 名，及格率为 45.4%；中部地区男生及格及以上人数共 246 人，及格率为 20.3%；西部地区男生及格及以上人数共 413 人，及格率为 39.4%。从及格率方面看，东部地区男生高于西部地区男生，西部地区男生高于中部地区男生。结果见表 3-56 和图 3-96。

以引体向上成绩等级为因变量，地区因素为自变量，采用卡方检验进行单因素分析，结果如表 3-56 所示。根据列联表卡方检验的使用条件，所有理论频数均>5，因此读取 Pearson Chi-Square 统计检验结果。在不同地区男生引体向上的四个等级方面，结果显示，$\chi^2 = 208.502$，$P = 0.000 < 0.01$，表明不同地区男生引体向上四个等级分布具有显著性差异。可见从地区方面考虑，未来学校体育教育中，要着重加强中部和西部地区男生力量素质的教学和训练，提升男生力量水平。

从不同地区方面来看女生 1 min 仰卧起坐等级分布，基于描述性统计发现，三个地区女生 1 min 仰卧起坐四个等级比例由高到低的排序皆为及格、不及格、良好、优秀（表 3-56、图 3-97）。

在及格等级组，东部地区女生 842 人，占所有参与调研东部女生的 66.3%；中部地区女生 828 人，占所有参与调研中部女生的 70.0%；西部地区女生 901 人，占所有参与调研西部女生的 71.2%，可见西部地区女生及格等级比例高于中部地区女生，中部地区女生高于东部地区女生。在优秀和良好等级组，东部地区女生 263 人，占东部调研总人数的 20.8%；中部地区女生 139 人，占中部调研总人数的 11.8%；西部地区女生 156 人，占西部调研总人数的 12.4%，可见东部地区女生的优良率高于西部地区女生，西部地

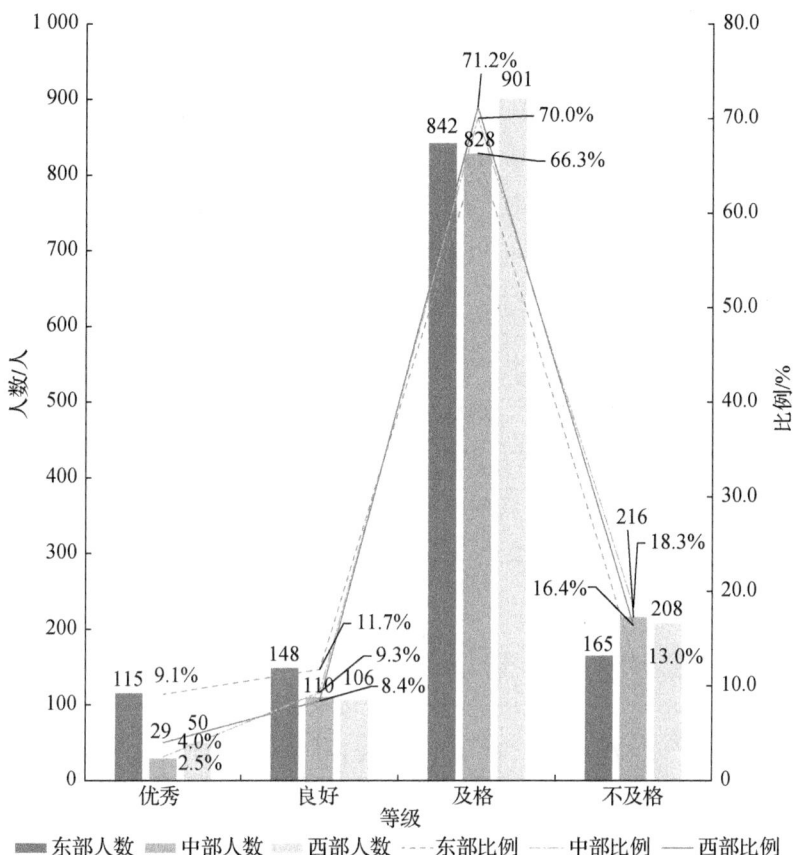

图 3 - 97　不同地区女生 1 min 仰卧起坐等级分布

区女生高于中部地区女生。在不及格等级组,东部地区女生为 165 人,占比 13.0%;中部地区女生 216 人,占比 18.3%;西部地区女生 208 人,占比 16.4%,可见女生 1 min 仰卧起坐在不及格等级组比例最高的是中部,其次是西部,再次是东部。基于以上分析可以发现,东部地区女生及格及以上人数共 1 105 名,及格率为 87.1%;中部地区女生及格及以上人数共 967 人,及格率为 81.8%;西部地区女生及格及以上人数共 1 057 人,及格率为 83.6%,从及格率方面看,东部地区女生的及格率高于西部地区女生,西部地区女生高于中部地区女生。结果见表 3 - 56 和图 3 - 97。

　　以 1 min 仰卧起坐成绩等级为因变量,地区因素为自变量,采用卡方检验进行单因素分析,结果如表 3 - 56 所示。根据列联表卡方检验的使用条件,所有理论频数均>5,因此读取 Pearson Chi-Square 统计检验结果。在不同地区女生 1 min 仰卧起坐的四个等级方面,结果显示,$\chi^2 = 78.002$,$P = 0.000 < 0.01$,表明不同地区女生 1 min 仰卧起坐四个等级分布具有显著性差异。可见从地区方面考虑,未来学校体育教育中,要着重加强中部和西部地区女生的力量相关教学和训练,提升中部和西部女生力量水平。

4. 不同年级中学生力量素质等级分布

从不同年级方面来看男生引体向上等级分布,基于描述性统计发现,高一、高二、高三年级男生引体向上成绩等级比例由高到低的排序都为不及格、及格、优秀、良好(表 3-57、图 3-98)。

表 3-57 不同年级男女生力量等级比较

项目	人口学指标	选项	总计 人数/人 (比例/%)	优秀 人数/人 (比例/%)	良好 人数/人 (比例/%)	及格 人数/人 (比例/%)	不及格 人数/人 (比例/%)	统计值 χ^2值	P值
引体向上等级(男)	年级	高一	1 885 (100.0)	138 (7.3)	81 (4.3)	500 (26.5)	1 166 (61.9)	26.410	0.000
		高二	1 572 (100.0)	98 (6.2)	73 (4.6)	359 (22.8)	1 042 (66.3)		
		高三	245 (100.0)	4 (1.6)	4 (1.6)	57 (23.3)	180 (73.5)		
	合计		3 702 (100.0)	240 (6.5)	158 (4.3)	916 (24.7)	2 388 (64.5)	—	—
1 min 仰卧起坐等级(女)	年级	高一	1 881 (100.0)	110 (5.8)	200 (10.6)	1 286 (68.4)	285 (15.2)	14.114	0.028
		高二	1 571 (100.0)	75 (4.8)	150 (9.5)	1 083 (68.9)	263 (16.7)		
		高三	266 (100.0)	9 (3.4)	14 (5.3)	202 (75.9)	41 (15.4)		
	合计		3 718 (100.0)	194 (5.2)	364 (9.8)	2 571 (69.2)	589 (15.8)	—	—

在优秀和良好等级组,高一男生 219 人,占参与调研高一男生的 11.6%;高二 171 人,占参与调研高二男生的 10.8%;高三 8 人,占参与调研高三男生的 3.2%,可见高一男生的引体向上优良率最高,其次是高二,再次是高三,男生引体向上成绩优良率呈现随着年级升高而下降的特点。在不及格等级组,高一男生 1 166 人,占高一调研男生人数的 61.9%;高二 1 042 人,占高二调研男生人数的 66.3%;高三 180 人,占高三调研男生人数的

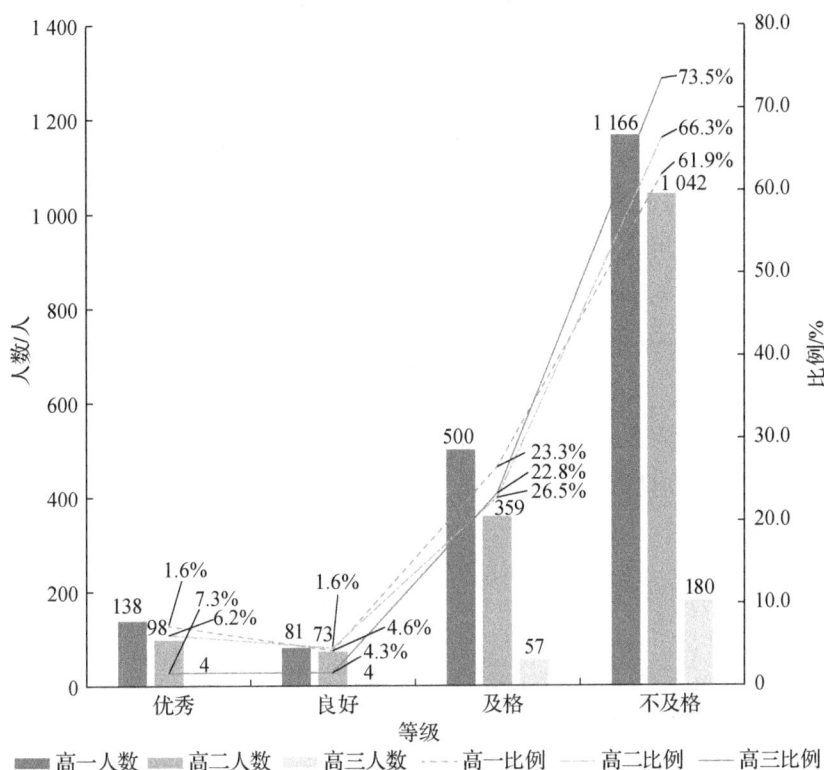

图 3 - 98 不同年级男生引体向上等级分布

73.5%,可见男生引体向上成绩不及格率呈现随年级升高而升高的特点。结果见表 3 - 57 和图 3 - 98。

以引体向上等级为因变量,年级因素为自变量,采用卡方检验进行单因素分析,结果如表 3 - 57 所示。根据列联表卡方检验的使用条件,所有理论频数均＞5,因此读取 Pearson Chi-Square 统计检验结果。在不同年级男生引体向上的四个等级方面,结果显示,$\chi^2 = 26.410$,$P = 0.000 < 0.01$,表明不同年级男生引体向上四个等级分布的差异具有显著性统计学意义。

男生引体向上成绩的总体及格率仅为 35.5%,且总体优良率仅为 10.8%,引体向上成绩反映了男生肩臂的最大力量,可见男生肩臂的最大力量需要重点治理,大力提升。从年级方面考虑男生力量素质的治理与提升,在未来学校体育教育中,要加强男生力量的相关教学与训练,加强力量对于人体健康的价值和作用教育,教会学生力量训练的不同方法和手段、如何测量和评价力量等相关内容,特别要注重高三年级学生的教学与训练。

从不同年级方面来看女生 1 min 仰卧起坐等级分布,基于描述性统计发现,高中三个年级女生 1 min 仰卧起坐成绩等级比例由高到低的排序均为及格、不及格、良好、优秀(表 3-57、图 3-99)。

在优秀和良好等级组,高一女生 310 人,占高一调研女生人数的16.4%;高二女生 225 人,占高二调研女生人数的 14.3%;高三女生 23 人,占高三调研女生的 8.7%,可见高一年级女生的仰卧起坐优良率最高,其次是高二,再次是高三(8.7%),女生 1 min 仰卧起坐成绩优良率呈现随着年级升高而下降的特点。在不及格等级组,高一女生 285 人,占高一调研女生人数的15.2%;高二女生 263 人,占高二调研女生人数的 16.7%;高三女生 41 人,占高三调研女生人数的 15.4%,可见高中三个年级女生 1 min 仰卧起坐不及格率呈现"中间高两头低"的特点。结果见表 3-57 和图 3-99。

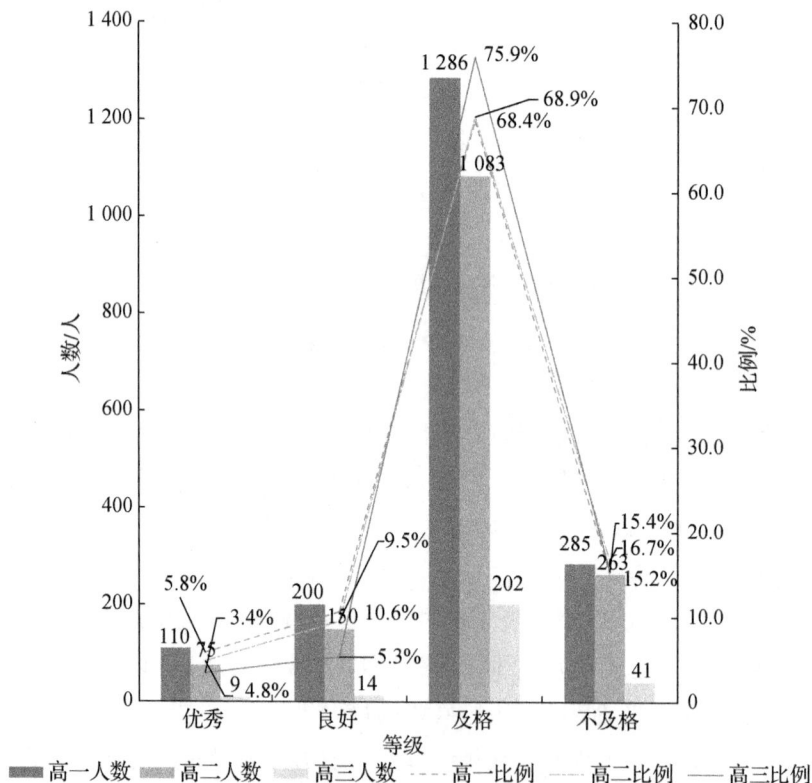

图 3-99 不同年级女生 1 min 仰卧起坐等级分布

以仰卧起坐等级为因变量,年级因素为自变量,采用卡方检验进行单因素分析,结果如表3-57所示。根据列联表卡方检验的使用条件,所有理论频数均>5,因此读取 Pearson Chi-Square 统计检验结果。在不同年级女生仰卧起坐的四个等级方面,结果显示,$\chi^2=14.114$,$P=0.028<0.05$,表明不同年级女生 1 min 仰卧起坐四个等级分布的差异具有显著性统计学意义。

女生 1 min 仰卧起坐成绩的总体及格率为 84.2%,但依然有 15.8% 的女生仰卧起坐不及格,反映女生力量素质依然需要进一步提升。从年级方面考虑女生力量素质的治理与提升,在未来学校体育教育中,要加强女生力量的相关教学与训练,加强力量对于人体健康的价值和作用教育,教会女生力量训练的不同方法和手段、女生如何测量和评价力量等相关内容,特别要注重高一和高二年级女生的力量教学与训练。

●五、耐力素质

(一) 我国中学生耐力素质总体现状

男生 1 000 m 和女生 800 m 测试是反映中女生耐力素质的重要指标之一,通过耐力测试可以反映出中女生的有氧耐力水平,提高中女生的心血管机能水平[①]。为此,结合《标准》对学生体质健康测试的内容,本研究中男生主要采用 1000 m 跑、女生采用 800 m 跑来反映学生的耐力素质。测试结果显示男生 1000 m 跑平均用时 246.98 s,平均得分为 72.22 分,整体处于及格等级;女生 800 m 跑平均用时 249.23 s,平均得分为 69.04 分,整体处于及格等级。

依据《标准》对不同学生学段学生耐力等级评价的标准,按照男生 1 000 m 和女生 800 m 的成绩分为优秀、良好、及格和不及格四类。经统计分析发现学生整体及格率为 82.07%,优秀率为 17.87%,但有 17.93% 的学生在耐力等级方面处于不及格水平,可见学生耐力素质的优秀率未达到《"健康中国 2030"规划纲要》提出的"到 2030 年国家学生体质健康标准达标优秀率达25% 以上"的目标,可见学生的耐力素质需要进一步治理,尤其是不及格的学生应成为重点的治理对象。具体见表 3-58 和图 3-100。

---

① 教育部体卫艺司.第八次全国学生体质与健康调研结果发布[J].中国学校卫生,2021,42(9):1281-1282.

表 3-58　中学生耐力等级整体情况(N=7 318)

类型	人数/人	占比/%
优秀	1 308	17.87
良好	1 016	13.88
及格	3 682	50.32
不及格	1 312	17.93
合计	7 318	100

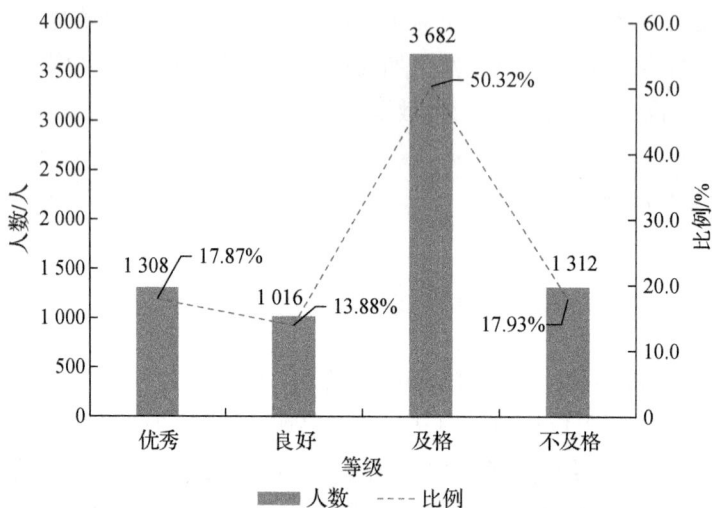

图 3-100　中学生耐力等级分布

(二) 不同人口学特征的中学生耐力素质测试结果与得分

1. 不同性别和城乡中学生耐力素质

在城乡方面,采用独立样本 t 检验判断城市和乡镇男生 1 000 m 跑测试结果的差异。结果显示,城市男生的 1 000 m 跑测试结果(252.59 s)用时比乡镇男生 1 000 m 跑的用时(241.77 s)长,且 $P<0.01$($P=0.000$),表明城市和乡镇男生 1 000 m 跑测试结果具有显著统计学差异,即乡镇男生的 1 000 m跑测试结果显著好于城市男生 1 000 m 跑结果(表 3-59、图 3-101)。结果还显示,乡镇男生的 1 000 m 跑得分(74.25 分)高于城市男生(70.04 分),且 $p=0.000<0.01$,城市和乡镇男生 1 000 m 跑得分存在显著统计学差异(表 3-60,图 3-102)。可见城市和乡镇男生在耐力素质方面存在显著统计学差异,即乡镇男生的耐力素质好于城市男生。

表 3-59　不同城乡中学生耐力素质测试结果差异比较

选项	男生 1 000 m 跑				女生 800 m 跑			
	人数/人	($\overline{X}\pm S$)/s	t 值	P 值	人数/人	($\overline{X}\pm S$)/s	t 值	P 值
城市	1 744	252.59±55.36	6.007	0.000	1 852	252.52±46.69	4.503	0.000
乡镇	1 872	241.77±52.95			1 848	245.95±41.92		
合计	3 616	246.98±54.39	—	—	3 700	249.23±44.49	—	—

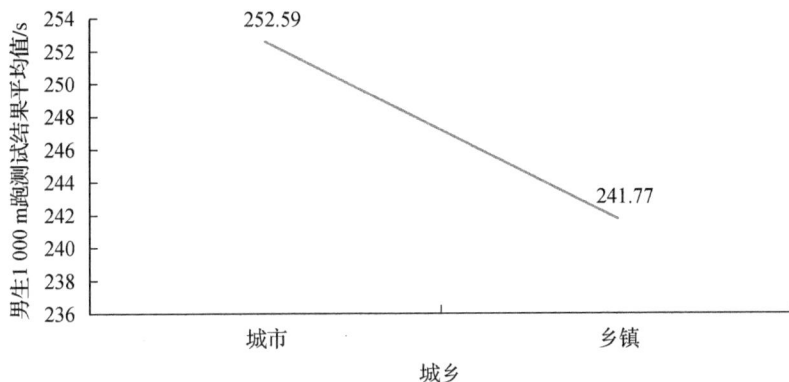

图 3-101　不同城乡男生 1 000 m 跑测试结果平均值

表 3-60　不同城乡中学生耐力素质得分差异比较

选项	男生 1 000 m 跑				女生 800 m 跑			
	人数/人	($\overline{X}\pm S$)/分	t 值	P 值	人数/人	($\overline{X}\pm S$)/分	t 值	P 值
城市	1 744	70.40±24.29	-5.427	0.000	1 852	67.42±24.72	-4.205	0.000
乡镇	1 872	74.25±22.31			1 848	70.65±21.92		
合计	3 616	72.22±23.38	—	—	3 700	69.04±23.42	—	—

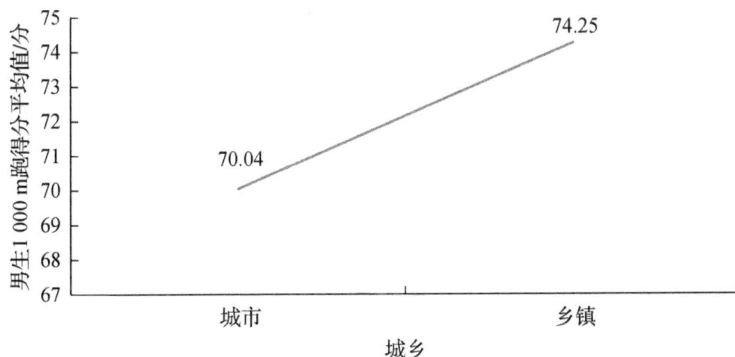

图 3-102　不同城乡男生 1 000 m 跑得分平均值

　　在城乡方面,采用独立样本 T 检验判断城市和乡镇女生 800 跑测试结果的差异。结果显示,城市女生的 800 m 跑测试结果(252.52 s)用时比乡镇女生(245.95 s)长,且 $P<0.01$($P=0.000$),表明城市和乡镇女生 800 m 跑测试结果具有显著统计学差异(表 3-59、图 3-103)。结果还显示,乡镇女生的 800 m 跑得分(70.65 分)高于城市女生得分(67.42 分),且 $P<0.01$($P=0.000$),城市和乡镇女生 800 m 跑得分存在显著统计学差异(表 3-60、图 3-104)。可见城市和乡镇女生的耐力素质具有显著统计学差异,且乡镇女生的耐力素质好于城市女生的耐力素质。在中长跑得分方面,男生 1 000 m 跑平均分(72.22 分)高于女生 800 m 跑平均分(69.04 分),高出约 3.18 分,即从中长跑得分方面,可知中学男生的耐力素质好于女生的耐力素质。

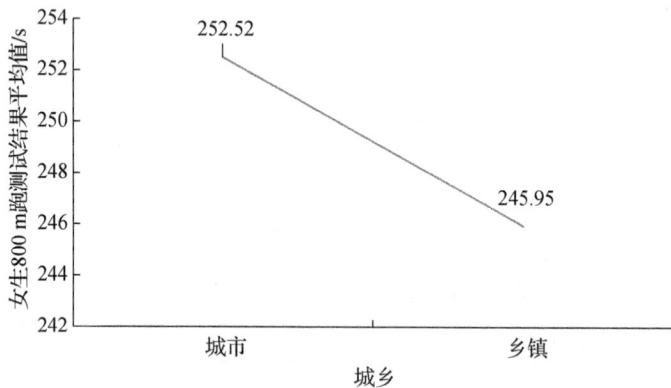

图 3-103　不同城乡女生 800 m 跑测试结果平均值

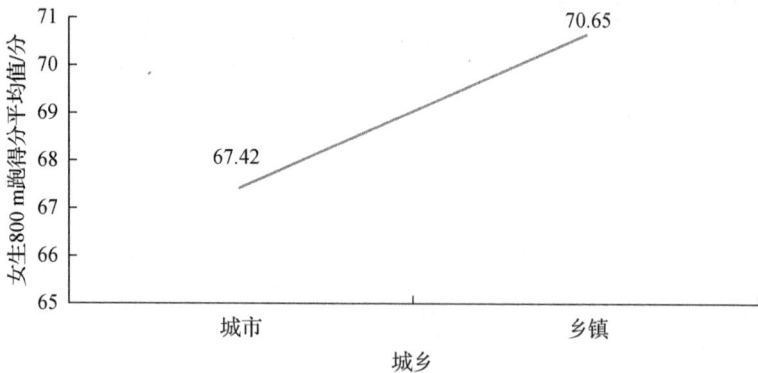

图 3-104　不同城乡女生 800 m 跑得分平均值

2. 不同地区中学生耐力素质

在地区方面,采用单因素方差分析法判断不同地区男生 1 000 m 跑测试结果是否有差异。将男生按照地区分为东部、中部和西部三组,剔除显著异常值。结果显示,不同地区男生 1 000 m 跑测试结果具有显著差异($F=20.519, P=0.000<0.01$)。经过进一步事后多重检验,发现东部地区男生 1 000 m 跑用时(242.27 s)比中部地区男生用时(245.24 s)短,可见东部地区男生 1 000 m 跑的测试结果略好于中部,但 $P>0.05$($P=0.546$),两组男生 1 000 m 跑测试结果不存在显著差异。东部地区男生 1 000 m 跑用时(242.27 s)比西部男生 1 000 m 跑用时短(256.32 s),且 $P<0.01$($P=0.000$),两组间男生 1 000 m 跑测试结果具有显著统计学差异;西部地区男生 1 000 m 跑用时(256.32 s)比中部男生 1 000 m 跑用时(245.24 s)长,且 $P<0.01$($P=0.000$),中部和西部男生 1 000 m 跑测试结果具有显著性统计,中部地区男生 1 000 m 跑测试结果好于西部地区男生。经分析发现,不同地区间男生 1 000 m 跑测试结果为:东部地区学生≈中部地区学生;西部地区学生>中部地区学生,东部地区学生>西部地区学生。结果见表 3－61 和图 3－105。

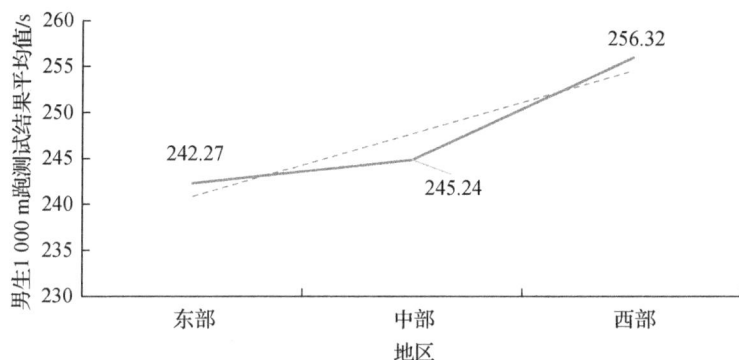

图 3－105　不同地区男生 1 000 m 跑测试结果平均值

在地区方面,采用单因素方差分析法判断不同地区男生 1 000 m 跑测试得分是否有差异。将男生按照地区分为三组,剔除显著异常值。结果显示,不同地区男生 1 000 m 跑测试得分具有显著差异($F=18.279, P=0.000<0.01$)。经过进一步事后多重检验,发现东部地区男生 1 000 m 跑得分高于中部地区男生,但 $P>0.05$($P=0.145$),表明东部和中部两组男生 1 000 m

表 3-61　不同地区中学生耐力素质测试结果差异比较

选项	男生 1 000 m 跑					女生 800 m 跑				
	人数/人	(X̄±S)/s	F值	P值	事后多重检验	人数/人	(X̄±S)/s	F值	P值	事后多重检验
东部	1 450	242.27±46.83			东部≈中部	1 265	243.44±37.18			东部>中部
中部	1 131	245.24±59.25	20.519	0.000	东部>西部	1 175	250.16±42.92	18.973	0.000	东部>西部
西部	1 035	256.32±57.59			中部>西部	1 260	254.19±51.48			西部≈中部
合计	3616	247.38±54.39	—	—	—	3 700	249.23±44.49	—	—	—

表 3-62　不同地区中学生耐力素质得分差异比较

选项	男生 1 000 m 跑					女生 800 m 跑				
	人数/人	(X̄±S)/分	F值	P值	事后多重检验	人数/人	(X̄±S)/分	F值	P值	事后多重检验
东部	1 450	74.40±19.83			东部≈中部	1 265	72.15±19.17			东部>中部
中部	1 133	72.63±24.94	18.279	0.000	中部>西部	1 175	68.64±22.71	20.279	0.000	东部>西部
西部	1 035	68.72±25.7			东部>西部	1 260	66.28±27.28			中部≈西部
合计	3 618	72.22±23.38	—	—	—	3 700	69.04±23.42	—	—	—

跑测试得分不具有统计学差异;东部地区男生 1 000 m 跑测试得分高于西部地区男生,且 $P<0.05(P=0.000)$,两组男生 1 000 m 跑测试得分具有显著性统计学差异;中部地区男生 1 000 m 跑得分高于西部地区男生,且 $P<0.05(P=0.001)$,两组男生 1 000 m 跑测试得分具有统计学差异。见表 3-62 和图 3-106。经分析发现,不同地区男生 1 000 m 跑得分,东部地区男生的耐力水平高于西部地区男生,西部地区男生低于中部地区男生,但中部地区男生和东部地区男生耐力水平相差不大。结果见表 3-62 和图 3-106。

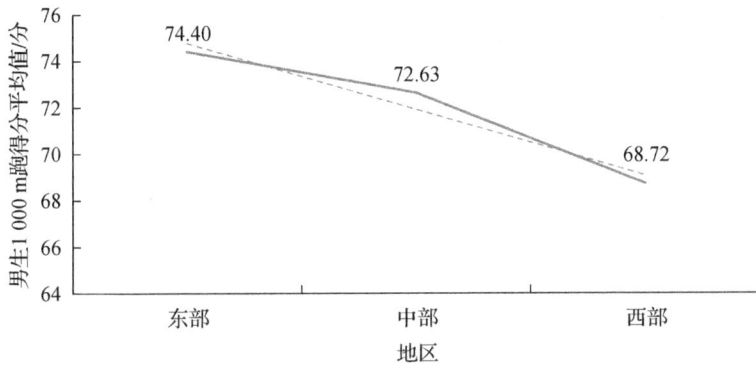

图 3-106 不同地区男生 1 000 m 跑得分平均值

在地区方面,采用单因素方差分析法判断不同地区女生 800 m 跑测试结果是否有差异。将女生按照地区分为三组,剔除显著异常值。结果显示,不同地区女生 800 m 跑测试结果具有显著差异($F=18.973,P=0.000<0.01$)。经过进一步事后多重检验,发现东部地区女生 800 m 跑用时比中部地区女生短,且 $P<0.01(P=0.000)$,两组女生 800 m 跑测试结果存在显著性统计学差异;东部地区女生 800 m 跑用时比西部地区女生短,且 $P<0.01$ $(P=0.000)$,两组女生 800 m 跑测试结果具有显著统计学差异;西部地区女生 800 m 跑用时比中部地区女生略长,但是 $P>0.05(P=0.103)$,中部和西部女生 800 m 跑测试结果具有统计学差异。经分析发现,不同地区女生 800 m 跑测试结果,东部地区学生>中部地区学生,东部地区学生>西部地区学生,西部地区学生≈中部地区学生。结果见表 3-61、图 3-107。

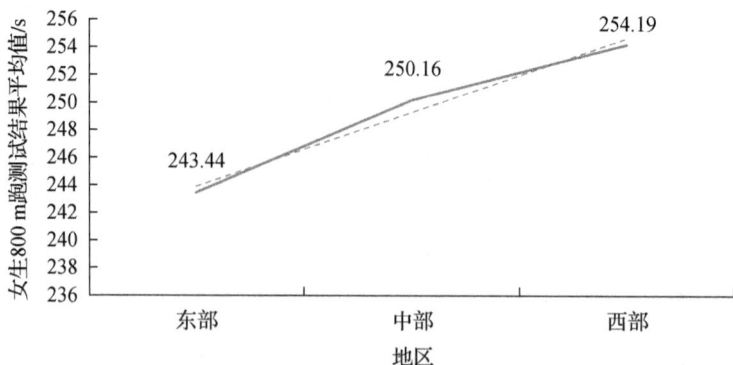

图 3‑107　不同地区女生 800 m 跑测试结果平均值

在地区方面,采用单因素方差分析法判断不同地区女生 800 m 跑测试得分是否有差异。将女生按照地区分为三组,剔除显著异常值。结果显示,不同地区女生 800 m 跑测试得分具有显著差异($F=20.279$,$P=0.000<0.01$)。经过进一步事后多重检验,发现东部地区女生 800 m 跑得分高于中部女生,且 $P<0.01$($P=0.000$),表明东部和中部两组女生 800 m 跑测试得分不具有统计学差异;东部地区女生 800 m 跑测试得分显著高于西部女生,但 $P<0.01$($P=0.000$),两组女生 800 m 跑测试得分具有显著性统计学差异;中部地区女生 800 m 跑得分高于西部女生,且 $P>0.05$($P=0.059$),两组女生 800 m 跑测试得分不具有统计学差异。经分析发现,东部地区女生的耐力水平高于中部地区女生,东部地区女生好于西部地区女生,但中部地区女生和西部地区女生耐力水平相差不大。结果见表 3‑62 和图 3‑108。

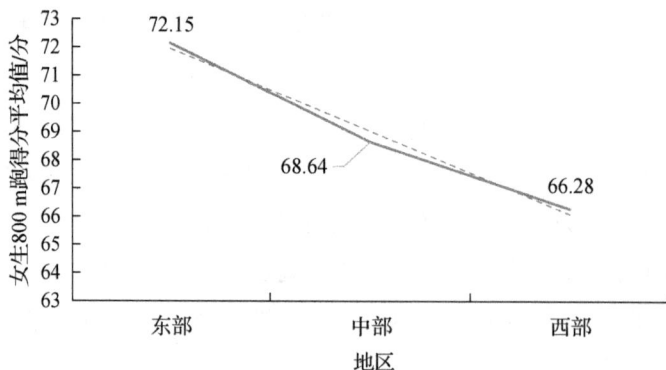

图 3‑108　不同地区女生 800 m 跑得分平均值

表 3 - 63 不同年级中学生耐力素质测试结果差异比较

类别	男生 1 000 m 跑				女生 800 m 跑			
	人数/人	($\bar{X}\pm S$)/s	F值	P值	事后多重比较	人数/人	($\bar{X}\pm S$)/s	F值	P值	事后多重比较
高一	1 804	245.37±55.43			高一≈高二	1 865	251.09±45.84			高一≈高二
高二	1 567	248.27±55.34	1.803	0.165	高一≈高三	1 567	248.61±44.2	7.619	0.000	高三>高一
高三	245	250.68±37.77			高二≈高三	268	239.97±34.29			高二≈高三
总计	3 616	246.98±54.39	—	—	—	3 700	249.23±44.49	—	—	—

表 3 - 64 不同年级学生耐力素质得分差异比较

类别	男生 1 000 m 跑				女生 800 m 跑			
	人数/人	($\bar{X}\pm S$)/分	F值	P值	事后多重比较	人数/人	($\bar{X}\pm S$)/分	F值	P值	事后多重比较
高一	1 804	73.92±23.81			高一>高二	1 865	68.35±24.29			高一≈高二
高二	1 569	70.92±23.44	11.157	0.000	高一>高三	1 567	69.14±23.37	5.069	0.006	高三>高一
高三	245	68.04±18.19			高二≈高三	268	73.20±15.94			高二<高三
总计	3 618	72.22±23.38	—	—	—	3 700	69.04±23.42	—	—	—

3. 不同年级中学生耐力素质

在年级方面,采用单因素方差分析法判断不同年级男生 1 000 m 测试结果是否有差异。将男生按照年级分为三组,剔除显著异常值。结果显示,不同年级男生 1 000 m 跑测试结果不具有统计学差异($F=1.803$,$P=0.165>0.05$)(表 3-63 和图 3-109),即不同年级男生 1 000 m 跑测试结果:高一男生≈高二男生,高二男生≈高三男生,高一男生≈高三男生。

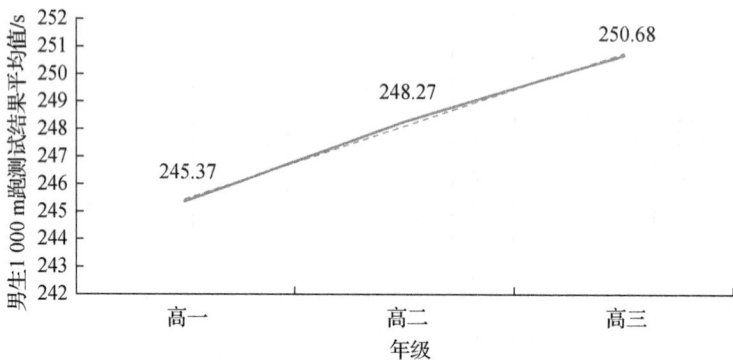

图 3-109 不同年级男生 1 000 m 跑测试结果平均值

在年级方面,采用单因素方差分析法判断不同年级男生 1 000 m 跑测试得分是否有差异。将男生按照年级分为三组,剔除显著异常值。结果显示,不同年级男生 1 000 m 跑得分具有显著性差异($F=11.157$,$P=0.000<0.01$)。经过进一步事后多重检验,发现高一男生 1 000 m 跑得分显著高于高二男生,且 $P<0.01$($P=0.001$),高一和高二年级男生 1 000 m 跑测试得分存在显著性统计学差异;高一男生 1 000 m 跑测试得分显著高于高三男生,且 $P<0.01$($P=0.000$),高一和高三年级男生 1 000 m 跑测试得分存在统计学差异;高二男生 1 000 m 跑得分略高于高三男生,且 $P>0.05$($P=0.081$),高二和高三年级男生 1 000 m 跑测试得分不存在统计学差异。经分析发现,不同年级男生 1 000 m 跑得分,高一男生>高二男生,高二男生≈高三男生,高一男生>高三男生。结果见表 3-64 和图 3-110。

在年级方面,采用单因素方差分析法判断不同年级女生 800 m 跑测试结果是否有差异。将女生按照年级分为三组,剔除显著异常值。结果显示,不同年级女生 800 m 跑测试结果具有统计学差异($F=7.619$,$P=0.000<$

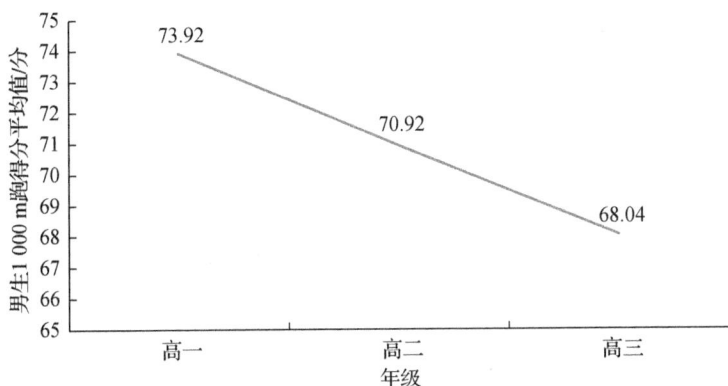

图 3－110　不同年级男生 1 000 m 跑得分平均值

0.01)。经过进一步事后多重检验,发现虽然高一女生 800 m 跑用时比高二女生长,但高一和高二年级女生 800 m 跑测试结果无统计学差异($P=0.288>$0.05);高一女生 800 m 跑用时明显比高三女生长,两组女生 800 m 跑测试结果有显著统计学差异($P=0.000<0.01$);高二女生 800 m 跑用时比高三女生长,两组女生 800 m 跑测试结果无统计学差异($P=2.95>0.05$)。经分析发现,不同年级女生 800 m 跑测试结果:高一女生≈高二女生;高一女生<高三女生,高二女生≈高三女生。结果见表 3－63 和图 3－111。

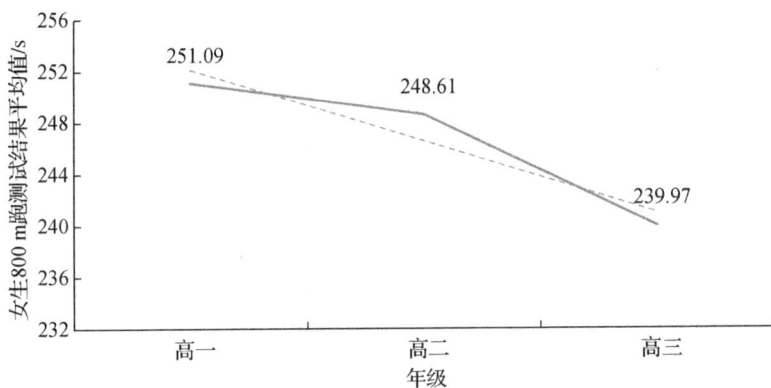

图 3－111　不同年级女生 800 m 跑测试结果平均值

在年级方面,采用单因素方差分析法判断不同年级女生 800 m 跑得分是否有差异。将女生按照年级分为三组,剔除显著异常值。结果显示,不同年级女生 800 m 跑得分具有显著差异($F=5.069,P=0.006<0.01$)。经过

进一步事后多重检验,发现高一女生 800 m 跑得分低于高二女生,且 $P>$ 0.05($P=0.696$),高一和高二年级女生 800 m 跑得分不存在统计学差异;高一女生 800 m 跑得分显著低于高三女生,且 $P<0.01$($P=0.000$),高一和高三年级女生 800 m 跑得分具有显著性统计学差异;高二女生 800 m 跑得分显著低于高三女生,且 $P<0.01$($P=0.001$),高二和高三年级女生 800 m 跑得分存在显著性统计学差异。经分析发现,不同年级女生 800 m 跑得分,高三女生>高一女生,高三女生>高二女生,高一女生≈高二女生。结果见表 3-64 和图 3-112。

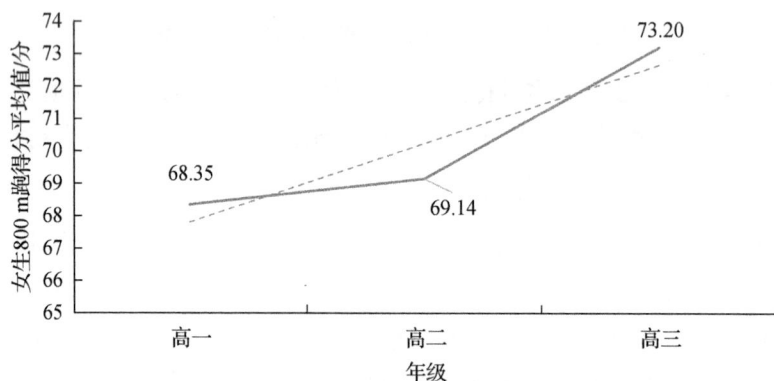

图 3-112 不同年级女生 800 m 跑得分平均值

(三) 不同人口学特征的中学生耐力素质等级分布情况

基于不同人口学指标对学生耐力进行分析可了解不同人口学指标下的耐力等级的差异。依据《标准》中对不同学段学生耐力等级评价的标准,将中学生耐力按照耐力成绩分为优秀、良好、及格和不及格四类。基于人口学特征分析学生的耐力等级差异,可精准治理学生身体机能方面存在的问题。

1. 不同性别中学生耐力素质等级分布

从不同性别方面来看男生 1 000 m 跑和女生 800 m 跑测试等级分布,基于描述性统计发现,男生组四个等级依据 1 000 m 跑成绩由高到低排序为及格(48.0%)、优秀(20.4%)、不及格(18.4%)、良好(13.2%);女生组四个等级依据 800 m 跑的成绩由高到低排序为及格(52.6%)、不及格(17.5%)、优秀(15.4%)、良好(14.5%),可见男生的优良率高于女生,但是不及格率远也高于女生。因此未来在学校体育教育中,要着重加强男生耐力素质的训练与提升。结果见表3-65和图3-113。

表3-65 男生1 000 m跑和女生800 m跑等级比较

性别	类型	总计	优秀	良好	及格	不及格
男	人数/人	3 618	738	480	1 736	664
	比例/%	100.0	20.4	13.2	48.0	18.4
女	人数/人	3 700	570	536	1 946	648
	比例/%	10.0	15.4	14.5	52.6	17.5
合计	人数/人	7 318	1 308	1 016	3 682	1 312
	比例/%	100	17.88	13.88	50.31	17.93

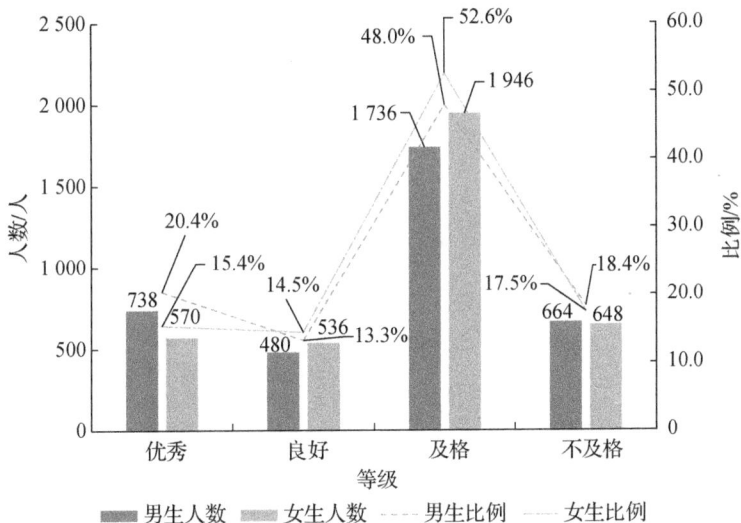

图3-113 男生1 000 m跑/女生800 m跑等级分布

2. 不同城乡中学生耐力素质等级分布

从不同城乡方面来看男生1 000 m跑等级,基于描述性统计发现,城市男生四个等级的人数和比例从高到低的排序为及格、不及格、优秀、良好;乡镇男生四个等级的人数和比例从高到低的排序为及格、优秀、不及格、良好(表3-66、图3-114)。

表 3-66　不同城乡中学生耐力等级比较

项目	人口学指标	选项	总计 人数/人 (比例/%)	优秀 人数/人 (比例/%)	良好 人数/人 (比例/%)	及格 人数/人 (比例/%)	不及格 人数/人 (比例/%)	统计值 χ^2 值	统计值 P 值
1 000 m 跑等级 (男)	城乡	城市	1 746 (100.0)	310 (17.8)	236 (13.5)	832 (47.7)	368 (21.0)	25.437	0.000
		乡镇	1 872 (100.0)	428 (22.9)	244 (13.0)	904 (48.3)	296 (15.8)		
	合计		3 618 (100.0)	738 (20.4)	480 (13.3)	1 736 (48.0)	664 (18.3)	—	—
800 m 跑等级 (女)	城乡	城市	1 852 (100.0)	269 (14.5)	238 (12.8)	994 (53.7)	351 (19.0)	13.915	0.003
		乡镇	1 848 (100.0)	301 (16.3)	298 (16.1)	952 (51.5)	297 (16.1)		
	合计		3 700 (100.0)	570 (15.4)	536 (14.5)	1 946 (52.6)	648 (17.5)	—	—

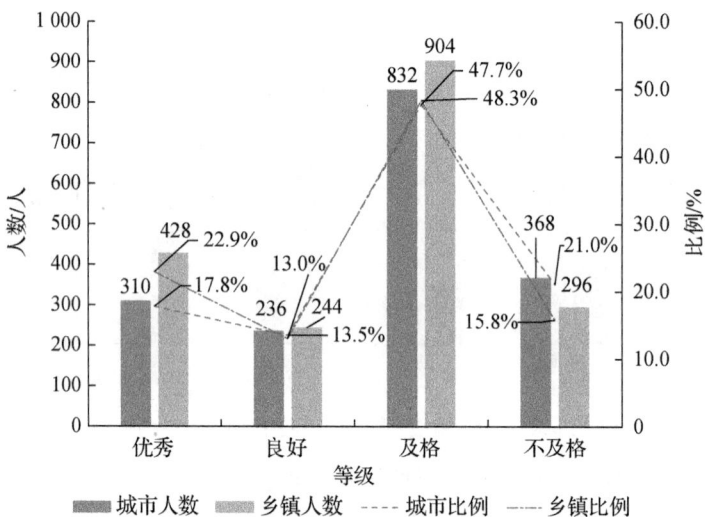

图 3-114　不同城乡男生 1 000 m 跑等级分布

在优秀和良好组，城市男生有 546 人，占所有参与调研城市男生的 31.3%；乡镇男生 672 人，占所有参与调研乡镇男生的 35.9%，可见城市男生 1 000 m 跑优良率略低于乡镇男生。在不及格等级组，城市男生有 368 人，占比 21.1%；乡镇男生 296 人，占比 15.8%，可见城市男生不及格率略高于乡镇男生。因此未来在学校体育教育中，要着重加强城市男生耐力方面的教学与训练。结果见表 3-66 和图 3-114。

以男生 1 000 m 跑成绩为因变量,城乡因素为自变量,采用卡方检验进行单因素分析,结果如表 3-66 所示。根据列联表卡方检验的使用条件,所有理论频数均>5,因此读取 Pearson Chi-Square 统计检验结果。在不同城乡男生 1 000 m 跑成绩的四个等级方面,结果显示,$\chi^2 = 25.437$,$P = 0.000 < 0.01$,表明不同城乡男生 1 000 m 跑成绩四个等级分布无统计学差异。

从不同城乡方面来看女生 800 m 跑等级,基于描述性统计发现,城市女生四个等级的人数和比例从高到低的排序为及格、不及格、优秀、良好;乡镇女生四个等级的人数和比例从高到低的排序为及格、优秀、良好、不及格(表 3-66、图 3-115)。

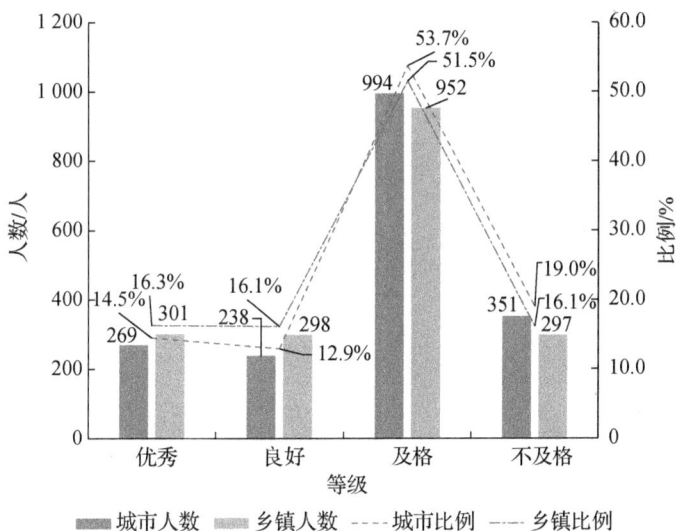

图 3-115 不同城乡女生 800 m 跑等级分布

在优秀良好组,城市女生有 507 人,占所有参与调研城市女生的 27.3%;乡镇女生为 599 人,占所有参与调研乡镇女生的 32.4%,可见城市女生 800 m 跑优良率略低于乡镇女生。在不及格等级组,城市女生有 351 人,占比 19.0%;乡镇女生 297 人,占比 16.1%,可见城市女生不及格率略高于乡镇女生。因此未来在学校体育教育中,要着重加强城市女生耐力方面的教学与训练。结果见表 3-66 和图 3-115。

以女生 800 m 跑成绩为因变量,城乡因素为自变量,采用卡方检验进行单因素分析,结果如表3-66所示。根据列联表卡方检验的使用条件,所有理论频数均>5,因此读取 Pearson Chi-Square 统计检验结果。在不同城乡女生 800 m 跑成绩的四个等级方面,结果显示,$\chi^2 = 13.915$,$P = 0.003 < 0.01$,表明不同城乡女生 800 m 跑成绩四个等级分布存在显著统计学差异。

3. 不同地区中学生耐力素质等级分布

从不同地区方面来看男生 1 000 m 跑成绩等级分布,基于描述性统计发现,三个地区男生 1 000 m 跑成绩四个等级比例最高的都为及格组(表3-67、图3-116)。

表3-67 不同地区中学生耐力等级比较

项目	人口学指标	选项	总计 人数/人 (比例/%)	优秀 人数/人 (比例/%)	良好 人数/人 (比例/%)	及格 人数/人 (比例/%)	不及格 人数/人 (比例/%)	统计值 χ^2 值	P 值
1 000 m 跑等级(男)	地区	东部	1 450 (100.0)	299 (20.6)	201 (13.9)	748 (51.6)	202 (13.9)	50.519	0.000
		中部	1 133 (100.0)	258 (22.8)	127 (11.2)	528 (46.6)	220 (19.4)		
		西部	1 035 (100.0)	181 (17.5)	152 (14.7)	460 (44.4)	242 (23.4)		
	合计		3 618 (100.0)	738 (20.4)	480 (13.2)	1 736 (48.0)	664 (18.4)	—	—
800 m 跑等级(女)	地区	东部	1 265 (100.0)	193 (15.3)	185 (14.6)	741 (58.6)	146 (11.5)	53.570	0.000
		中部	1 175 (100.0)	179 (15.2)	163 (13.9)	595 (50.6)	238 (20.3)		
		西部	1 260 (100.0)	198 (15.7)	188 (14.9)	610 (48.4)	264 (21.0)		
	合计		3 700 (100.0)	570 (15.4)	536 (14.5)	1 946 (52.6)	648 (17.5)	—	—

在及格等级组,东部地区男生 748 人,占所有参与调研东部男生的 51.6%;中部地区男生 528 人,占所有参与调研中部男生的 46.6%;西部地区男生 460 人,占所有参与调研西部男生的 44.4%,可见东部地区男生在及格等级组的比例高于西部地区男生,西部地区男生高于中部地区男生。在优秀和良好等级组,东部地区男生 500 人,占东部调研男生人数的 34.5%;中部地区男生 385 人,占中部调研男生人数的 34.0%;西部地区男生 333

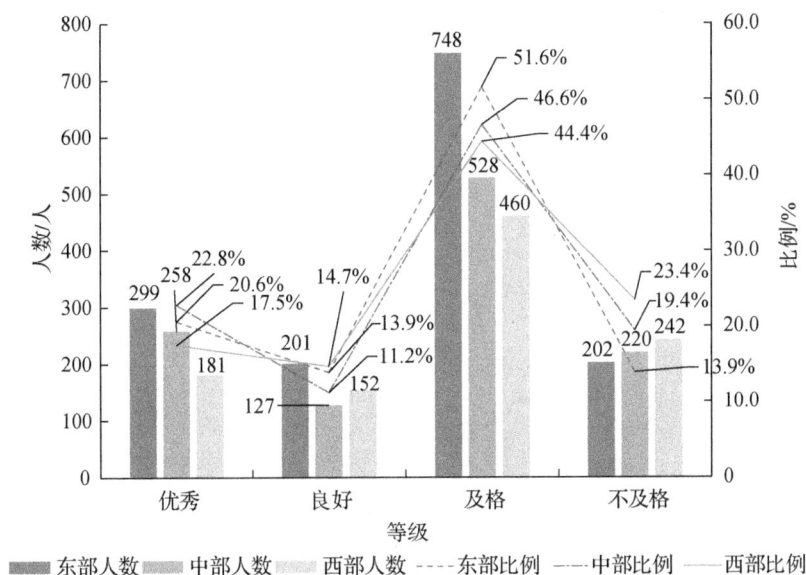

图 3 - 116　不同地区男生 1 000 m 跑等级分布

人,占西部调研男生人数的 32.2%,可见东部地区男生的优良率高于中部地区男生,中部地区男生高于西部地区男生。在不及格等级组,东部地区男生 202 人,占比 13.9%;中部地区男生 220 人,占比 19.4%;西部地区男生 242 人,占比 23.4%,可见男生 1 000 m 跑成绩在不及格等级组比例最高的是西部,其次是中部,再次是东部。基于以上分析可以发现,东部地区及格及以上人数共 1 248 名,及格率为 86.1%;中部地区男生及格及以上人数为 913 人,及格率为 80.6%;西部男生及格及以上的人数为 793 人,及格率为 76.6%,从及格率方面看,东部地区学生的及格率高于中部地区学生,中部地区学生高于西部地区学生。可见从地区方面考虑,未来学校体育教育中,要着重加强西部地区男生的耐力素质的教学和训练,同时要注重提升所有男生耐力水平。结果见表 3 - 67 和图 3 - 116。

以男生 1 000 m 跑成绩等级为因变量,地区因素为自变量,采用卡方检验进行单因素分析,结果如表 3 - 67 所示。根据列联表卡方检验的使用条件,所有理论频数均>5,因此读取 Pearson Chi-Square 统计检验结果。在不同地区男生 1 000 m 跑的四个等级方面,结果显示,$\chi^2 = 50.519$, $P = 0.000 < 0.01$,表明不同地区男生 1 000 m 跑四个等级分布具有显著性差异。

从不同地区方面来看女生 800 m 跑等级分布,基于描述性统计发现,三个地区女生800 m跑成绩四个等级比例最高的都是及格组(表3-67、图3-117)。

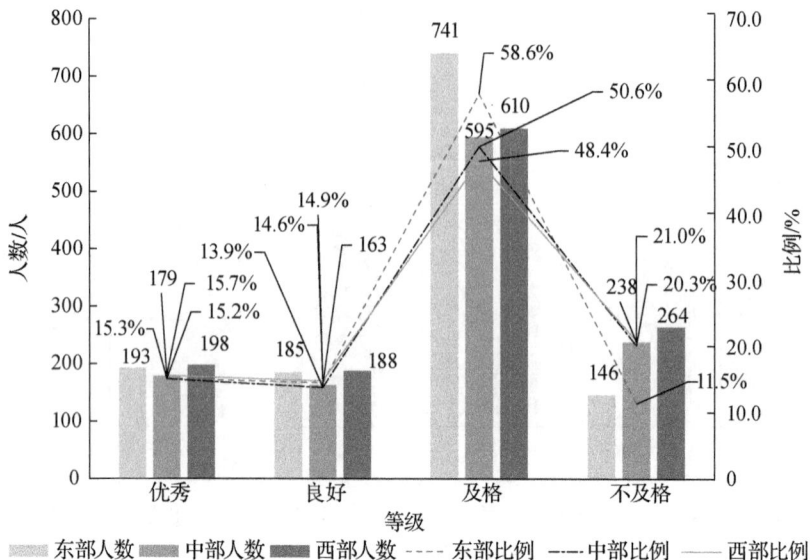

图3-117 不同地区女生800 m跑等级分布

在及格等级组,东部地区女生741人,占所有参与调研东部女生的58.6%;中部地区女生595人,占所有参与调研中部女生的50.6%;西部地区女生610人,占所有参与调研西部女生的48.4%,可见东部地区女生在及格等级组的人数和比例高于中部地区女生和东部地区女生。在优秀和良好等级组,东部地区女生378人,占东部调研女生人数的29.9%;中部地区女生342人,占中部调研女生人数的29.1%;西部地区女生386人,占西部调研女生人数的30.6%,可见东部地区女生的优良率高于中部地区女生、低于西部地区女生。在不及格等级组,东部地区女生146人,占比11.5%;中部地区女生238人,占比20.3%;西部地区女生264人,占比21.0%,可见女生800 m跑在不及格等级组比例最高的是西部,其次是中部。基于以上分析可以发现,东部地区女生及格及以上人数共1 119人,及格率为88.5%;中部地区女生及格及以上人数为937人,及格率为79.7%;西部女生及格及以上人数996人,及格率为79.0%,从及格率方面看,东部地区女生的及格率高于西部地区女生,西部地区女生高于中部地区女生。可见从地区方面考虑,未来学校体育教育中,要着重加强中部和西部地区女生耐力相关教学和训练,提升中部和西部女生耐力水平。结果见表3-67和图3-117。

以女生 800 m 跑成绩等级为因变量,地区因素为自变量,采用卡方检验进行单因素分析,结果如表 3-67 所示。根据列联表卡方检验的使用条件,所有理论频数均>5,因此读取 Pearson Chi-Square 统计检验结果。在不同地区女生 800 m 跑的四个等级方面,结果显示,$\chi^2 = 53.570$,$P = 0.000 < 0.01$,表明不同地区女生 800 m 跑四个等级分布具有显著性差异。

4. 不同年级中学生耐力素质等级分布

从不同年级方面来看男生 1 000 m 跑等级分布,基于描述性统计发现,三个年级男生 1 000 m 跑成绩四个等级比例最高的均为及格组(表 3-68、图 3-118)。

表 3-68　不同年级中学生耐力等级比较

项目	人口学指标	选项	总计 人数/人 (比例/%)	优秀 人数/人 (比例/%)	良好 人数/人 (比例/%)	及格 人数/人 (比例/%)	不及格 人数/人 (比例/%)	统计值 χ^2 值	P 值
1 000 m 跑等级 (男)	年级	高一	1 804 (100.0)	418 (23.2)	275 (15.2)	803 (44.5)	308 (17.1)	62.974	0.000
		高二	1 569 (100.0)	297 (18.9)	190 (12.1)	773 (49.3)	309 (19.7)		
		高三	245 (100.0)	23 (9.4)	15 (6.1)	160 (65.3)	47 (19.2)		
	合计		3 618 (100.0)	738 (20.4)	480 (13.2)	1 736 (48.0)	664 (18.4)	—	—
800 m 跑等级 (女)	年级	高一	1 865 (100.0)	312 (16.7)	241 (12.9)	939 (50.4)	373 (20.0)	47.659	0.000
		高二	1 567 (100.0)	230 (14.7)	247 (15.8)	834 (53.2)	256 (16.3)		
		高三	268 (100.0)	28 (10.4)	48 (17.9)	173 (64.6)	19 (7.1)		
	合计		3 700 (100.0)	570 (15.4)	536 (14.5)	1 946 (52.6)	648 (17.5)		

在优秀和良好等级组,高一男生 693 人,占高一年级调研男生人数的 38.4%;高二男生 487 人,占高二调研男生人数的 31.0%;高三男生 38 人,占高三调研男生人数的 15.5%,可见高一年级男生 1 000 m 跑优良率最高,其次是高二男生,再次是高三男生,男生 1 000 m 跑成绩优良率呈现随着年级升高而下降的特点。在不及格等级组,高一男生 308 人,占高一年级调研男生人数的 17.1%;高二男生 309 人,占高二调研男生人数的 19.7%;高三

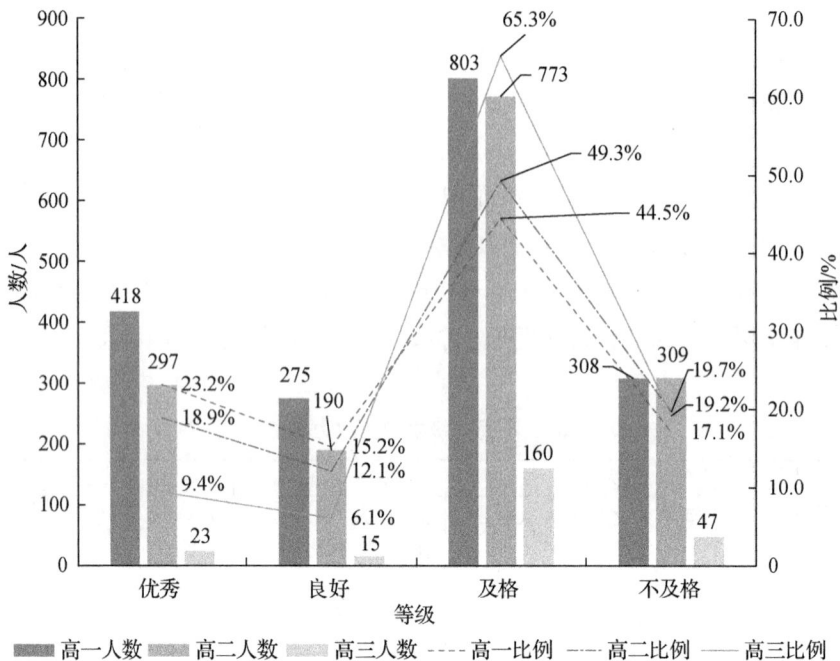

图 3 - 118　不同年级男生 1 000 m 跑等级分布

男生 47 人,占高三调研男生人数的 19.2%,男生 1 000 m 跑成绩不及格率"中间高、两头低"的特点。结果见表 3 - 68 和图 3 - 118。

男生 1 000 m 跑成绩的总体及格率为 81.6%,总体优良率为 33.6%,依然有 18.4% 的男生在 1 000 m 跑测试中不及格。1 000 m 跑成绩反映了男生耐力素质水平,可见男生耐力素质依然需要加强治理、大力提升。从年级方面考虑男生力量素质的治理与提升,在未来学校体育教育中,要加强男生耐力素质相关教学与训练,加强耐力素质对于人体健康的价值和作用教育,教会学生耐力训练的不同方法和手段、如何测量和评价耐力等相关内容,特别要注重高二年级学生的耐力相关内容的教学与训练。

以 1 000 m 跑等级为因变量,年级因素为自变量,采用卡方检验进行单因素分析,结果如表 3 - 68 所示。根据列联表卡方检验的使用条件,所有理论频数均>5,因此读取 Pearson Chi-Square 统计检验结果。在不同年级男生的 1 000 m 跑的四个等级方面,结果显示,$\chi^2 = 62.974$,$P = 0.000 < 0.01$,表明不同年级男生 1 000 m 跑四个等级分布的差异具有显著性统计学意义。

从不同年级方面来看女生 800 m 跑成绩等级分布,基于描述性统计发现,高中三个年级女生 800 m 跑成绩等级占比最高的均为及格组(表 3 - 68、图 3 - 119)。

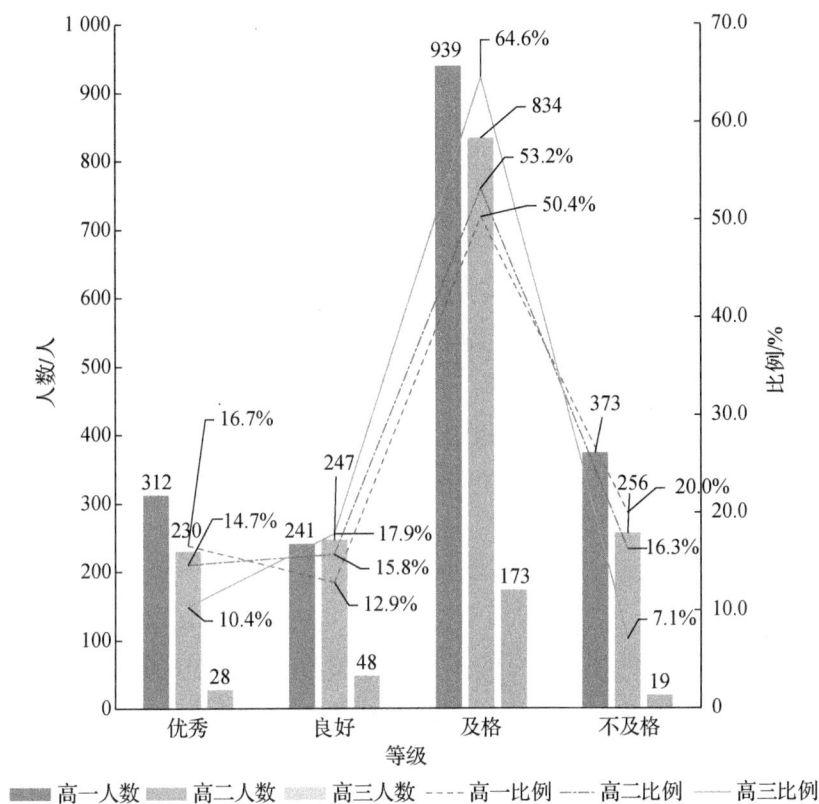

图 3 - 119 不同年级女生 800 m 跑等级分布

在优秀和良好等级组,高一女生 553 人,占高一年级调研女生人数的 29.6%;高二女生 477 人,占高二调研女生人数的 30.5%;高三女生 76 人,占高三调研女生人数的 28.3%,可见高二年级女生 800 m 优良率最高,其次是高一女生,再次是高三女生,女生 800 m 跑成绩优良率呈现"中间高、两头低"的特点。在不及格等级组,高一女生 373 人,占高一年级调查女生人数的 20.0%;高二女生 256 人,占高二调查女生人数的 16.3%;高三女生 19 人,占高三调查女生人数的 7.1%,女生 800 m 跑成绩不及格率呈现随着年级升高而下降的特点。结果见表 3 - 68 和图 3 - 119。

女生 800 m 跑成绩的总体及格率为 82.5%,高于男生 1 000 m 跑成绩的总体及格率(81.6%),但依然有 17.5%的女生 800 m 跑成绩不及格,反映了女生耐力素质依然需要进一步提升。从年级方面考虑女生耐力素质的治理与提升,在未来学校体育教育中,要加强女生耐力素质的相关教学与训练,加强耐力对于人体健康的价值和作用教育,教会女生耐力训练的不同方法和手段、如何测量和评价耐力等相关内容,特别要注重高一年级女生的耐力教学与训练。

以女生 800 m 跑成绩等级为因变量,年级因素为自变量,采用卡方检验进行单因素分析,结果如表 3 - 68 所示。根据列联表卡方检验的使用条件,所有理论频数均>5,因此读取 Pearson Chi-Square 统计检验结果。在不同年级女生的 800 m 跑的四个等级方面,结果显示,$\chi^2 = 47.659$,$P = 0.000 <$ 0.01,表明不同年级女生 800 m 跑等级分布的差异具有显著性统计学意义。

身体素质是学生运动的基础,也是体现中学生身体健康和生长发育的重要因素[①]。从中学生体质健康测试的各项指标得分情况来看,本研究结果显示我国中学生身体素质各指标得分情况呈现"横看成岭侧成峰,远近高低各不同"的特征。我国中学生各身体素质指标平均得分由高到低的排序为:50 m 跑(75.91±16.94)、男生 1 000 m 跑(72.22±23.38)、坐位体前屈(70.72±17.77)、立定跳远(69.87±19.91)、女生 800 m 跑(69.04±23.42)、女生 1 min 仰卧起坐(65.14±19.35)、男生引体向上(36.41±31.80),由此可以发现我国中学生 50 m 跑指标反映的速度素质在所有指标中最好,引体向上指标反映的力量素质最差。从中学生身体素质各指标测试成绩的等级分布来看,我国中学生各项身体素质测试指标的优良率由高到低分别为:50 m 跑(35.3%)、男生 1000 m 跑(33.7%)、立定跳远(32.3%)、女生 800 m 跑(29.9%)、坐位体前屈(27.5%)、女生 1 min 仰卧起坐(27.5%)、男生引体向上(10.8%),即我国中学生身体素质各指标优良率由高到低分别为速度素质、男生耐力素质、爆发力、女生耐力素质、柔韧素质、力量素质,总体学生力量最差,这与已有的研究结果一致[②]。引体向上成绩差可能是练习者对项目的喜欢程度、体重增长、个人认知偏差和社会支持薄弱等原因造成的[③]。

---

① 陶芳标.儿童少年卫生学[M].8 版.北京:人民卫生出版社,2017.
② 黄玉.江苏省高中生健康素养与体质健康的关系研究[D].南京:南京体育学院,2019.
③ 何素艳,石岩.我国男生引体向上"零"分探因:基于三角互证的研究策略[J].武汉体育学院学报,2019,53(10):81-87.

　　在中学生身体素质的影响因素方面,本研究基于人口学指标对我国中学生的身体素质情况进行了研究。从身体素质各指标测试结果来看,本研究采用被加拿大、日本和波兰等国家广泛采用的指标——50 m跑来评价速度素质[1],本研究结果显示性别、年级是影响学生速度素质的人口学影响因素,而不同城乡和地区间学生速度素质无统计学差异,研究结果与已有研究结果一致[2]。已有研究结果显示,青少年速度素质发展表现出一定的阶段性和性别差异性,7～15岁为青少年和儿童速度素质发展的敏感期,本研究调查对象主要为15岁及以上的高中生,已经经历了15岁之前这段时间的速度的发展,由于前期发展具有一定的阶段性和性别差异性,所以15岁以后的中学生的速度素质在性别和年级方面呈现出一定的差异性。随着年级增高、高中学业压力增加,许多学生放弃了体育锻炼,逐渐养成低运动量生活方式[3],造成高年级学生速度素质反而没有低年级好。静态柔韧素质是柔韧素质的基础,已有研究显示柔韧素质是健康体适能的重要组成部分,直接影响着人们的生活质量[4]。已有研究显示柔韧素质与人体自身关节结构、关节周围软组织的伸展性、关节周围组织的体积、神经肌肉对肌肉的调控能力等有一定的关系[5][6]。本研究依据《标准》采用1 min仰卧起坐来反映和评价我国中学生的柔韧素质,研究结果显示性别、地区和年级是影响学生柔韧素质的人口学因素,这与已有研究结果一致[7]。另外,性别和地区是影响学生爆发力的人口学因素,性别和城乡、地区是影响学生力量素质和耐力素质的人口学因素。以1 000 m(男生)和800 m(女生)来测试耐力素质,发现男生耐力素质优于女生,城市落后于乡村,而东部耐力较强,这与上述肺活量研究成

① 袁圣敏,吴键.中国儿童青少年1985—2010年速度素质发展敏感期变化[J].中国学校卫生,2018,39(2):304-306.
② 汪君萍,刘凯文.青少年生长发育的速度素质特征与发展阶段研究[J].广州体育学院学报,2017,37(6):100-104.
③ 戴炜,席薇,苏媛媛,等.天津市2014年13～22岁学生体质健康达标状况[J].中国学校卫生,2016,37(8):1124-1126.
④ Cattuzzo M T, dos Santos Henrique R, Ré A H N, et al. Motor competence and health related physical fitness in youth: A systematic review[J]. Journal of Science and Medicine in Sport, 2016, 19(2): 123-129.
⑤ 李琛.浅析柔韧素质训练对青少年足球运动员的影响[J].田径,2021(4):30-32.
⑥ 赵雪峰.PNF拉伸法在花球舞蹈啦啦操柔韧素质训练中的运用研究[J].中国学校体育(高等教育),2016,3(12):67-71.
⑦ 黄玉.江苏省高中生健康素养与体质健康的关系研究[D].南京:南京体育学院,2019.

果一致;同时,高一男生优于高二高三,高三女生优于高一高二。上述部分项目为中考项目,受政策支持和机构协助影响较大,同时发达地区相关配套措施拥有一定优势,因此,需要广泛开展体考改革调研,保证教育公平,提高政策支持与机构协助的导向力度①。

社会生态学理论模型发现个体发展不仅仅受到人口学因素的影响,还受到社会生态系统中各因素的影响,如公共政策层(国家、省和地方法律法规等)、社区层(设计、交通和空间)、组织层(机构、学校、工作学习场所)、人际层(家庭、朋友、社会网络)以及个人层(知识、态度和技能)等方面的综合影响②,而学生体质也同样如此,因此对于中学生的体质的干预与治理应该综合考虑,多方施策。

---

① 甄志平,李晗冉,赵宏,等.我国不同地区中考体育的项目设置与评价机制研究[J].中国考试,2021(6):37-45.

② 成刚,卢嘉琪,陈郑.家庭资本对中学生体质健康的影响研究[J].教育科学研究,2020(11):44-50+64.

我国中学生健康素养与
体质健康的相关性

第一节　我国中学生健康素养总体与
体质健康的相关性

●一、健康素养总体与体质健康总体的相关性

在健康素养总体与体质健康总体相关性方面,将健康素养与体质健康总得分进行皮尔逊相关性分析(双变量相关性分析),分析结果显示,中学生健康素养得分与体质健康测试总得分的相关系数 $r=0.092(P<0.01)$,表明中学生健康素养与体质健康之间存在正相关,如表 4 - 1 所示。

表 4 - 1　我国中学生健康素养总体与体质健康总得分的相关性分析

项目	统计值	体质健康测试总分
健康素养	r	0.092**
	P	0.000

注:＊＊代表 $P<0.01$。

在健康素养与体质健康关系方面,本研究结果显示健康素养总体得分与体质健康测试总体得分之间存在显著正相关关系,即健康素养和体质健康两者相互影响,即中学生健康素养水平越高,体质健康相对越好,这与已有研究结果一致。个人健康素养是指个人有能力获得、理解和使用信息与服务,为自己和他人提供与健康相关决定和行动的能力,健康素养水平较高

的人表明获取和利用健康信息的知识和能力、健康行为等相对较好,且能够依据已有的知识与经验做出正确的健康决策,体育锻炼和体力活动是健康生活方式的重要组成部分,且已有大量研究正面体力活动对人体质健康具有正向作用,因此健康素养的提升可以促进学生体质的提升。

●二、健康素养总体与身体形态的相关性

在中学生健康素养总体得分与中学生身体形态(BMI)得分的相关性方面,将中学生健康素养总体得分与中学生身体形态(BMI)得分进行皮尔逊相关性分析(双变量相关性分析),分析结显示,中学生健康素养总体得分与中学生身体形态(BMI)得分的相关系数 $r=0.000$,$P=0.995$($P>0.05$),表明中学生健康素养总体得分与身体形态(BMI)得分不具有相关性,如表 4-2 所示。

表 4-2　中学生健康素养总体得分与身体形态测试指标 BMI 得分的相关性分析

项目	统计值	体重指数
健康素养	r	0.000
	P	0.995

对中学生健康素养与身体形态的相关性进行分析,有利于从健康素养的角度对学生的身体形态进行治理。本研究发现中学生的健康素养总体得分与 BMI 得分不具有相关性,本研究结果与来自荷兰[①]和土耳其[②]的两项研究结果一致,即青少年儿童健康素养与 BMI 不具有相关性。但对大学生群体的研究发现,具备健康素养的大学生 BMI 值范围为正常的比例高于不具备健康素养的大学生,具备健康素养的大学生体重过轻和超重的比例低于不具备健康素养的大学生,且具有统计学差异[③]。另外两项研究[一项来自

①　Rademakers J, Hahnraths M T H, van Schayck O C P, et al. Children's Health Literacy in Relation to Their BMI z-Score, Food Intake, and Physical Activity: A Cross-Sectional Study among 8-11-Year-Old Children in The Netherlands[J]. Children, 2022, 9(6): 925.

②　Haney M O. Health literacy and predictors of body weight in Turkish children[J]. Journal of Pediatric Nursing, 2020, 55: e257-e262.

③　陈青杨. 广西 17—19 岁大学生健康素养、体力活动和体质的现状及关联性[D]. 桂林:广西师范大学,2023.

美国纽约的超重儿童和青少年(6～19岁)样本,另一项来自中国台湾儿童(11～12岁)的人群研究],结果显示儿童的健康素养与其BMI呈负相关关系,即健康素养越高,儿童超重或肥胖的可能性就越小[1][2]。研究结果不一致的原因可能是研究的对象的差异,美国纽约和我国台湾的两项研究主要对象为肥胖和超重儿童;另外大学生群体可能与青少年儿童存在差异,另外可能是研究方法的不同,本研究主要是针对两者得分的相关性进行研究,整体考察中学生健康素养与BMI的相关性,而针对大学生的研究主要从大学生是否具备健康素养和BMI之间的关系进行探讨两者的相关性,考察的点有所差异,可能造成了结果的差异。

●三、健康素养总体与身体机能的相关性

肺活量是评估肺功能的重要指标,它与许多呼吸系统疾病的发病率密切相关。通过研究健康素养和肺活量的关系,可通过干预健康素养因素预防和管理呼吸系统疾病,从而提供更有效的预防和治疗策略。在中学生健康素养与身体机能相关性方面,将中学生健康素养总体得分与身体机能测试指标肺活量得分进行皮尔逊相关性分析(双变量相关性分析),分析结果显示,中学生健康素养总体得分与身体机能测试指标肺活量得分的相关系数 $r=0.068$, $P=0.000$ ($P<0.01$),表明中学生健康素养总体得分与身体机能测试指标肺活量得分之间存在显著正相关关系,具体如表4-3所示。

表4-3 中学生健康素养总体得分与身体机能测试指标肺活量得分的相关性分析

项目	统计值	肺活量
健康素养	r	0.068**
	P	0.000

注: * * 代表 $P<0.01$。

① Sharif I, Blank A E. Relationship between child health literacy and body mass index in overweight children[J]. Patient education and counseling, 2010, 79(1): 43-48.
② Shih S F, Liu C H, Liao L L, et al. Health literacy and the determinants of obesity: a population-based survey of sixth grade school children in Taiwan[J]. BMC Public Health, 2016, 16(1): 1-8.

本研究显示中学生健康素养和肺活量之间存在显著正相关关系。具备健康素养的个体在保持身体健康的同时,具备了解、关心和维护自身健康的能力,而个体肺活量是指个体在一次最大呼气后,再进行最大吸气时所吸入的气体量。一般具备较高健康素养的中学生通常更加注重生活方式的健康,如合理饮食与适度运动、积极的心态和充足休息等,这些习惯有助于中学生提高肺功能和肺活量,为此中学生健康素养与肺活量之间存在显著正相关关系。

●四、健康素养总体与身体素质的相关性

在中学生健康素养与身体素质的相关性方面,将中学生健康素养总体得分与中学生身体素质各测试指标,即 50 m 跑、坐位体前屈、1 min 仰卧起坐(女生)、立定跳远、引体向上(男生)、1 000 m 跑(男生)和 800 m 跑(女生)的得分进行皮尔逊相关性分析(双变量相关性分析),分析结果显示,中学生健康素养总体得分与身体素质各测试指标得分的相关系数 r 分别为 -0.001、0.087、0.072、0.016、0.069、0.012、-0.012,P 值分别为:0.928、0.000、0.000、0.216、0.000、0.520 和 0.524,表明中学生健康素养总体得分与中学生坐位体前屈总得分、女生 1 min 仰卧起坐总得分、男生引体向上总得分呈正相关关系,且关系显著,具体如表 4-4 所示。

表 4-4　中学生健康素养总体得分与身体机能测试指标肺活量得分的相关性分析

项目	统计值	50 m 跑	坐位体前屈	1 min 仰卧起坐(女生)	立定跳远	引体向上(男生)	1 000 m 跑(男生)	800 m 跑(女生)
健康素养	r	-0.001	0.087^{**}	0.072^{**}	0.016	0.069^{**}	0.012	-0.012
	P	0.928	0.000	0.000	0.216	0.000	0.520	0.524

注:＊＊代表 $P<0.01$。

本研究显示中学生健康素养与其柔韧性呈显著正相关关系,研究还显示初中女生健康素养与腰部以及腹部肌肉的力量和耐力、中学男生与上肢力量成正相关关系。具备较高健康素养的中学生通常更注重锻炼身体,经常锻炼和运动有助于增加肌肉力量、关节的灵活性和上肢力量等,从而提高个体的柔韧性、力量等,另外适当的体育锻炼和伸展运动可以促进血液循环,缓解肌肉紧张,从而改善柔韧性。

第二节 我国中学生健康素养三个方面与体质健康的相关性

●一、健康素养三个方面与体质健康总体的相关性

在健康素养三个方面与体质健康总得分相关性方面,将健康素养三个方面得分分别与体质健康总得分进行皮尔逊相关性分析(双变量相关性分析),分析结果显示,中学生基本健康知识与理念得分与体质健康测试总得分的相关系数为 $r=0.090,P=0.000(P<0.01)$,表明基本健康知识与理念和体质健康之间存在显著正相关;中学生健康生活方式与行为得分与体质健康测试总得分的相关系数为 $r=0.084,P=0.000(P<0.01)$,表明中学生健康生活方式与行为和体质健康之间存在显著正相关;中学生健康技能得分与体质健康测试总得分的相关系数为 $r=0.073,P=0.000(P<0.01)$,表明中学生基本健康知识与理念和体质健康之间存在显著正相关关系;可见中学生健康素养三个方面得分与体质健康相关性由高到低分别为基本健康知识与理念(0.090)、健康生活方式与行为(0.084)、健康技能(0.073)(表4-5)。

表4-5 中学生健康素养三个方面与体质健康测试得分的相关性分析

项目	统计值	体测总分
基本健康知识与理念	r	0.090**
	P	0.000
健康生活方式与行为	r	0.084**
	P	0.000
健康技能	r	0.073**
	P	0.000

注: ** 代表 $P<0.01$。

本研究结果显示中学生健康素养三个方面即基本健康知识与理念、健康生活方式与行为、健康技能与体质健康测试总分都是显著正相关关系,研

究结果与黄玉对江苏省高中生的研究结果一致①。首先,从健康教育理论角度,健康教育理论认为为个体提供给个体康知识和理念,可以促使个体形成积极的健康行为。对中学生群体来说,中学生通过了解健康知识,形成健康的理念,可帮助中学生做出有益于身体健康的选择,从而提高他们的体质健康水平。第二,社会认知理论认为通过社会交往和社会支持,中学生可以获得有关健康知识和正确的健康理念,并受到他人的激励和支持来改变生活方式行为。因此,社会认知理论认为,知识与理念的传播和社会支持可以促进个体采取积极的生活方式行为,从而改善体质健康。基于以上分析可以发现,为中学生提供基本健康知识和正确的健康理念,可促进他们对健康行为的认知,激发他们采取积极的生活方式行为,并通过社会交往和社会支持来改善体质健康。第三,从行为变化理论角度看,个体的行为受多种因素影响,个体可通过改变行为来改善健康状况。根据这一理论,提供健康知识和正确的健康理念可以增加中学生对健康行为的认知,进而激发中学生采取积极的生活方式行为,如适度的体育锻炼、健康饮食、良好的睡眠等,从而提高体质健康水平。

●二、健康素养三个方面与身体形态的相关性

在健康素养三个方面与身体形态相关性方面,将健康素养三个方面得分分别与身体形态(体重指数,BMI)得分进行皮尔逊相关性分析(双变量相关性分析),分析结果显示,中学生基本健康知识与理念得分与 BMI 总得分的相关系数为 $r=0.001$,$P=0.930(P>0.05)$,表明基本健康知识与理念和 BMI 存在正相关关系,但是关系不显著,不存在统计学意义;中学生健康生活方式与行为得分与 BMI 得分的相关系数为 $r=0.000$,$P=0.971(P>0.05)$,表明中学生健康生活方式与行为和 BMI 得分之间不存在相关关系;中学生健康技能得分与 BMI 得分的相关系数为 $r=-0.003$,$P=0.843(P>0.05)$,表明中学生健康技能和 BMI 得分之间存在负相关关系,但两者关系不显著,不存在统计学意义(表 4-6)。

① 黄玉.江苏省高中生健康素养与体质健康的关系研究[D].南京:南京体育学院,2021.

表 4 - 6 中学生健康素养三个方面与身体形态指标(体重指数,BMI)得分的相关性分析

项目	统计值	体重指数(BMI)
基本健康知识与理念	r	0.001
	P	0.930
健康生活方式与行为	r	0.000
	P	0.971
健康技能	r	−0.003
	P	0.843

本研究结果显示中学生基本健康知识与理念、健康生活方式与行为得分与中学生 BMI 得分为正相关关系,但是关系不显著。具体可能为,中学生 BMI 受先天和后天多种因素的影响,包括遗传、家庭环境、所处地域等,基本健康知识与理念、健康生活方式与行为可能是影响 BMI 的一部分因素,而其他因素可能对 BMI 得分产生更大的影响。因此,尽管存在正相关关系,但由于其他因素的干扰,这种关系在统计上不显著。

●三、健康素养三个方面与身体机能的相关性

在健康素养三个方面与身体机能相关性方面,将健康素养三个方面得分分别与身体机能(肺活量)得分进行皮尔逊相关性分析(双变量相关性分析),分析结果显示,中学生基本健康知识与理念得分与肺活量得分的相关系数为 $r=0.063$, $P=0.000$($P<0.01$),表明中学生基本健康知识与理念与肺活量之间存在显著正相关关系;中学生健康生活方式与行为得分与肺活量得分的相关系数为 $r=0.061$, $P=0.000$($P<0.01$),表明中学生健康生活方式与行为和肺活量之间存在显著正相关关系;中学生健康技能得分与肺活量总得分的相关系数为 $r=0.060$, $P=0.000$($P<0.01$),表明中学生健康技能和肺活量之间存在显著正相关关系;可见中学生健康素养三个方面得分与体质健康相关性由高到低分别为基本健康知识与理念(0.063)、健康生活方式与行为(0.061)、健康技能(0.060)(表 4 - 7)。

表 4－7　中学生健康素养三个方面与身体机能指标（肺活量）得分的相关性分析

项目	统计值	肺活量
基本健康知识与理念	r	0.063**
	P	0.000
健康生活方式与行为	r	0.061**
	P	0.000
健康技能	r	0.060**
	P	0.000

注：＊＊代表 $P < 0.01$。

本研究显示健康素养的三个方面分别与身体机能（肺活量）存在显著正相关关系，健康促进理论和行为改变理论可以解释该结果。中学生健康基本知识与理念的提升可以帮助学生更全面地认识到运动的价值，进而改变态度和信念，激发了内在动机后将采取健康行为，如经常参加有氧运动，进而提高自身肺活量。另外，中学生掌握健康技能，如自我管理和自我激励等健康技能，也有助于中学生日常生活和学习中保持健康生活方式，进而提高身体机能。

●四、健康素养三个方面与身体素质的相关性

在健康素养三个方面与身体素质相关性方面，将健康素养三个方面得分分别与身体素质各指标得分进行皮尔逊相关性分析（双变量相关性分析），分析结果显示，中学生基本健康知识与理念、健康生活方式与行为、健康技能三个方面的得分分别与男女生的坐位体前屈测试得分、女生 1 min 仰卧起坐测试得分、男生引体向上测试得分成正相关关系，且关系显著（$P < 0.01$），说明中学生健康素养的三个方面与柔韧性相关，且女生健康素养的三个方面素养与女生的柔韧性、男生健康素养的三个方面素养与上肢力量正相关；女生健康素养的三个方面与力量成正相关（表 4－8）。

表 4-8　中学生健康素养三个方面与身体素质得分的相关性分析

项目	统计值	50 m 跑	坐位体前屈	女生 1 min 仰卧起坐	立定跳远	男生引体向上	男生 1 000 m 跑	女生 800 m 跑
基本健康知识与理念	r	0.001	0.076**	0.051**	0.010	0.064**	0.011	0.019
	P	0.927	0.000	0.006	0.453	0.001	0.557	0.308
健康生活方式与行为	r	0.002	0.079**	0.084**	0.011	0.067**	0.024	-0.031
	P	0.867	0.000	0.000	0.391	0.000	0.208	0.102
健康技能	r	-0.009	0.080**	0.051**	0.026*	0.058**	-0.006	-0.025
	P	0.502	0.000	0.006	0.045	0.002	0.748	0.181

注：＊＊代表 $P < 0.01$；＊代表 $P < 0.05$。

本研究显示中学生的健康素养的三个方面分别与身体素质的柔韧性和力量指标呈现显著正相关，这反映中学生对健康价值认识、积极健康生活方式的意愿以及锻炼中展现的有效技能，可能会共同促进身体素质的提升，特别是柔韧性和力量方面，与他们的健康素养水平密切相关。

我国中学生健康素养与体质健康治理的现实困境与突破路径

第一节　我国中学生健康素养与体质健康治理的现实困境

　　青少年健康素养水平和体质健康水平,影响其成年后的健康结果。本研究显示我国中学生健康素养水平较低,与《"健康中国 2030"规划纲要》提出的到 2030 年全国居民健康素养水平指标要达到 30% 的目标仍具有较大差距,亟须对中学生健康素养进行重点治理。本研究还发现我国中学生健康素养三个方面素养水平均不高且呈现不均衡特点。在健康素养三个维度方面,健康技能素养水平最高,健康生活方式与行为水平次之,健康知识与理念素养水平最低,地区、家庭居住地、学校类型是影响健康素养三个维度水平的重要因素;在健康素养六类问题素养水平方面,我国中学生六类健康问题素养水平呈现不均衡特点,我国中学生六类健康问题素养水平由高到低依次为基本医疗素养、健康信息素养、安全与急救素养、传染病预防素养、科学健康观素养和慢性病防治素养。家庭居住地和年级是我国中学生六类问题的共同影响因素,其中学校类型影响除慢病外的五类问题素养的共同影响因素。本研究显示我国中学生体质健康总体水平较过去有所提升,但仍处于及格等级,整体状况依然不佳。在身体形态方面,本研究结果显示依然有近 1/5 的中学生处于超重/肥胖状态;在身体机能方面,本研究结果显示我国中学生的心肺功能水平处于及格等级,且有 11.4% 的学生心肺功能不佳;在素质方面,学生速度素质最好,力量和柔韧等素质较差。

　　综合分析表明,我国中学生的健康素养和体质健康水平普遍有待提高。面对这一巨大挑战,深入探讨其背后的现实困境及其成因就显得尤为重要。

这不仅对于制定有效的健康教育策略至关重要,而且对于在健康中国战略框架下,探索和实施促进中学生健康素养和体质健康的创新治理路径,具有深远的实践价值。

●一、健康促进政策制度不完善

(一) 健康促进政策制定的滞后性与适应性

青少年健康素养和体质健康公共政策是各级政府为解决青少年健康素养和体质健康相关公共问题、实现特定时期的青少年公共健康管理目标所制定的一系列行为规范和行动准则。青少年健康素养和体质健康政策是保障和促进青少年健康素养和体质健康提升的重要手段,也是引导和规范各利益相关体在青少年健康素养和体质健康方面作为的重要依据。我国党和政府历来对于民众健康和促进民众健康特别重视,并出台了各级各类健康促进政策,这些政策对于提升和促进全民健康起到了巨大的促进作用。

在健康素养促进政策方面,国家和地方各级出台了许多政策以促进全民健康素养水平的提升。以中国知网上政府文件数据库为检索数据库,截至 2024 年 1 月底,以“健康素养”为标题,共查到文件 312 件,具体见表 5-1。

表 5-1 知网收录的我国中央单位和地方单位发布的标注为健康素养的文件

序号	文件名称	发布日期
1	《关于进一步推进职业健康保护行动提升劳动者职业健康素养水平的通知》	2024/1/27
2	《2023 年,我市居民健康素养水平又提高了!》	2023/12/21
3	《关于印发〈资溪县 2023 年居民健康素养监测方案〉的通知》	2023/12/4
4	《2022 年全国居民健康素养水平达到 27.78%》	2023/8/19
5	《我市 2023 年居民健康素养水平稳步提升》	2023/8/18
6	《2022 年西畴县城乡居民健康素养监测调查分析报告》	2023/8/17
7	《对省政协十三届一次会议第 13010176 号提案〈关于提高居民健康素养水平,助力健康山东建设的建议〉的答复》	2023/8/4

序号	文件名称	发布日期
8	《海南省卫生健康委员会关于举办 2023 年海南省健康素养监测现场调查业务培训班(第一、二期)的通知》	2023/7/30
9	《2023 年广州市番禺区居民健康素养知识竞赛活动举行》	2023/7/12
10	《2022 年度中央对地方健康素养促进转移支付项目绩效评价报告》	2023/5/22
11	《2022 年郴州市居民健康素养水平监测结果公示》	2023/4/25
12	《关于做好 2023 年度基本公共卫生服务健康素养促进和居民健康素养监测项目工作的通知》	2023/3/20
13	《对省十三届人大代表第 20220863 号建立健全健康教育体系 提高公民健康素养 降低慢性疾病发病率建议的答复》	2022/9/20
14	《关于做好 2022 年国家基本公共卫生服务项目健康素养促进专项工作的通知》	2022/7/26
15	《文昌市卫生健康委员会关于印发〈2022 年文昌市健康素养水平监测调查工作方案〉的通知》	2022/5/20
16	《崇左市卫生健康委员会关于推荐 2021 年度健康素养促进项目先进单位和先进个人的通知》	2022/1/11
17	《北京市教育委员会关于公布北京市中小学生健康素养展示大赛等系列活动获奖名单的通知》	2021/12/28
18	《2021 年福建省居民生态环境与健康素养工作项目成交公告》	2021/11/15
19	《关于印发 2021 年丹东市健康素养促进项目实施方案的通知(依申请公开)》	2021/9/10
20	《关于公布 2021 年度安徽省健康素养巡讲专家的通知》	2021/8/24
21	《崇左市卫生健康委员会关于表扬崇左市 2020 年健康素养促进项目先进单位和先进个人的通知》	2021/7/30
22	《浙江省卫生健康委办公室关于做好浙江省公民健康素养大讲堂工作的通知》	2021/1/18
23	《内江市 2020 年健康素养水平监测结果的公示》	2021/1/7
24	《江西省居民环境与健康素养监测项目竞争性磋商公告》	2020/12/10
25	《江西省 2020 年居民健康素养监测工作方案》	2020/12/3
26	《海南省卫生健康委"＋素养 促健康"——海南自贸港〈健康素养 66 条〉短视频系列宣传活动项目中标结果公告》	2020/11/23
27	《2020 年郴州市城区居民健康素养水平调查结果公示》	2020/10/13
28	《关于表彰参加省直机关"人防知识暨健康素养知识竞赛"获奖个人的通报》	2020/9/11

续表

序号	文件名称	发布日期
29	《广东省生态环境厅办公室关于开展居民环境与健康素养监测、宣传及科普工作的通知》	2020/9/1
30	《关于开展"上海市百万市民防疫知识与健康素养大赛"的通知》	2020/8/9
31	《文昌市卫生健康委员会 关于2020年中医健康素养相关知识、中医药法律法规知识网络有奖竞答活动微信小程序开发招标询价的邀请函》	2020/8/3
32	《关于五指山市2019年建成区居民健康素养水平监测结果的公示》	2020/7/29
33	《关于发布〈中国公民生态环境与健康素养〉的公告》	2020/7/24
34	《居民环境与健康素养提升专项(2020年度)(20C00245)采购公告》	2020/7/22
35	《关于举办2020年居民生态环境与健康素养提升技术培训班的通知》	2020/7/22
36	《关于做好2020年健康素养促进项目工作的通知》	2020/5/29
37	《五指山市卫生健康委员会关于2019年居民健康素养水平监测结果的公示》	2020/5/22
38	《湖南省卫生健康委关于2019年健康中国(湖南)行活动和健康素养水平的情况通报》	2020/5/20
39	《关于印发〈2020年柳州市全民健康素养促进行动计划重点工作攻坚实施方案〉的通知》	2020/5/11
40	《关于印发〈2020年甘肃省健康素养促进行动项目实施方案〉的通知》	2020/4/29
41	《广东省卫生健康委办公室关于开展第三届全省居民健康素养知识竞赛的通知》	2020/4/26
42	《广东省卫生健康委办公室关于做好2020年健康素养促进项目工作的通知》	2020/4/26
43	《资阳市卫生健康委员会关于印发〈资阳市居民健康素养和烟草流行监测工作方案(2020年版)〉的通知》	2020/4/8
44	《自治区卫生健康委办公室关于做好2020年健康素养促进项目工作的通知》	2020/4/8
45	《关于做好2020年健康素养促进项目工作的通知》	2020/4/1
46	《关于公开征求〈中国公民生态环境与健康素养(征求意见稿)〉意见的通知》	2020/3/13
47	《普洱市卫生健康委关于印发〈2019年普洱市健康素养促进项目地方病健康教育技术方案〉的通知》	2019/12/16

237

序号	文件名称	发布日期
48	《关于推荐 2019 年健康素养促进项目先进单位和先进个人的通知》	2019/12/13
49	《关于举行 2019 年全国科普日·八桂科普大行动贵港活动暨贵港市全民健康素养促进行动启动仪式的通知》	2019/9/16
50	《万宁市人民政府办公室关于印发〈万宁市全民健康素养促进行动规划(2019—2020)实施方案〉的通知》	2019/9/2
51	《关于印发〈2019 年钦州市全民健康素养促进行动计划重点工作攻坚方案〉的通知》	2019/8/13
52	《百色市卫生计生委关于印发百色市居民健康素养监测工作方案(2019 年版)的通知》	2019/8/8
53	《百色市卫生健康委员会办公室关于做好 2019 年全市居民健康素养监测工作的通知》	2019/8/1
54	《关于对全区健康素养促进工作开展调研指导的通知》	2019/7/17
55	《关于印发〈全省健康素养知识"五上五进"行动方案〉的通知》	2019/6/17
56	《关于印发〈2019 年广西全民健康素养促进行动计划重点工作攻坚方案〉的通知》	2019/6/12
57	《关于发布 2018 年城区居民健康素养水平监测结果的通告》	2019/5/20
58	《楚雄州卫生健康委关于印发〈楚雄州 2019 年城乡居民健康素养监测工作实施方案〉的通知》	2019/5/9
59	《柳州市卫生健康委关于印发 2019 年柳州市疾病预防控制中心健康素养专项资金项目实施方案的通知》	2019/4/26
60	《关于印发〈2019 年甘肃省健康素养促进行动项目实施方案〉的通知》	2019/4/2
61	《江西省首届全民健康素养传播作品创作大赛征稿启事》	2019/4/1
62	《关于召开大足区健康素养促进行动重点疾病和重点领域健康教育项目培训会的通知》	2019/3/26
63	《朔州市 2019 年健康素养促进行动项目督导总结》	2019/3/21
64	《北京市卫生健康委员会关于做好北京市 2019 年健康素养促进项目工作的通知》	2019/3/18
65	《关于举办国家基本公共卫生服务项目暨居民健康素养知识竞赛的通知》	2019/3/5
66	《郑州市 2018—2019 年度千万郑州人健康素养水平提升计划实施方案》	2019/1/18
67	《省卫生健康委 省委宣传部 省文化和旅游厅等 5 部门关于印发〈浙江省健康素养进农村文化礼堂三年行动计划〉的通知》	2019/1/9

续表

序号	文件名称	发布日期
68	《商洛市人民政府办公室关于印发〈全民健康素养促进行动计划(2018—2020 年)〉的通知》	2019/1/7
69	《泸州市卫生和计划生育委员会关于调整泸州市健康素养科普专家库成员名单的通知》	2019/1/7
70	《广东省卫生健康委办公室关于通报表扬 2018 年广东省居民健康素养知识竞赛省级决赛获奖单位的通知》	2018/12/28
71	《泸州市卫生和计划生育委员会关于我市健康素养科普专家库成员名单的公示》	2018/12/27
72	《北京市卫生健康委员会关于印发〈北京市农村地区居民健康素养提升行动方案(2018 年—2020 年)〉的通知》	2018/12/27
73	《关于举办全省小学生健康素养知识竞赛活动的通知》	2018/12/21
74	《来宾市人民政府关于同意建立来宾市全民健康素养促进行动计划联席会议制度的批复》	2018/11/22
75	《沈阳市人民政府办公厅关于印发〈沈阳市健康素养促进三年行动方案(2018—2020 年)〉的通知》	2018/11/18
76	《健康宁波建设全民健康素养提升行动楼宇和移动电视宣传项目的延迟议标公告》	2018/11/15
77	《健康宁波建设全民健康素养提升行动楼宇和移动电视宣传项目邀请招标公告》	2018/11/9
78	《辛集市卫生和计划生育局关于印发〈2018 年健康素养促进行动项目实施方案〉的通知》	2018/11/1
79	《宁波市卫生计生委道路遮阳雨棚健康素养发布项目单一来源采购公示》	2018/10/19
80	《河北省卫生计生委办公室关于召开健康素养促进行动项目 2017 年度总结暨 2018 年度启动培训会的通知》	2018/10/19
81	《广东省卫生计生委办公室关于开展"中国公民健康素养 66 条"网络知识竞赛的通知》	2018/10/12
82	《重庆市武隆区卫生和计划生育委员会办公室关于做好 2018 年健康素养促进行动项目的通知》	2018/9/29
83	《重庆市武隆区卫生和计划生育委员会办公室转发国家卫生健康委"心理健康素养十条(2018 年版)"的通知》	2018/9/27
84	《关于印发〈2017 年黑龙江省居民健康素养监测工作方案〉的通知》	2018/9/20
85	《省卫生计生委关于召开 2018 年健康素养促进行动项目启动会的通知》	2018/9/14
86	《浙江省卫生计生委办公室关于开展 2018 年健康素养促进行动的通知》	2018/9/14

续表

序号	文件名称	发布日期
87	《北京市卫生和计划生育委员会关于印发〈2018 年北京市健康素养促进行动实施方案〉的通知》	2018/8/27
88	《百色市卫生计生委关于印发〈百色市居民健康素养监测工作方案(2018 年版)〉的通知》	2018/8/20
89	《关于举办 2018 年百色市健康素养监测启动会暨技术培训班的通知》	2018/8/20
90	《北海市卫生计生委关于印发〈北海市居民健康素养监测工作方案(2018 年版)〉的通知》	2018/8/14
91	《攀枝花市卫生和计划生育委员会关于印发〈攀枝花市 2018 年居民健康素养与烟草流行监测方案〉的通知》	2018/8/8
92	《绍兴市卫生计生委关于 2017 年绍兴市居民健康素养监测结果的公示》	2018/8/2
93	《省卫生计生委办公室 团省委办公室省妇联办公室关于成立省妇女儿童健康素养教育项目办公室的通知》	2018/7/17
94	《关于印发〈淮安市全民健康素养提升工程暨健康生活方式进社区行动实施方案〉的通知》	2018/7/11
95	《公民健康素养 66 条宣传册验收报告公示》	2018/6/26
96	《自治区卫生计生委关于做好 2018 年健康素养促进行动的通知》	2018/6/26
97	《衡水市创建省级卫生城市领导小组办公室关于举办健康素养促进知识巡讲的通知》	2018/6/25
98	《我省启动居民环境与健康素养监测调查》	2018/6/20
99	《楚雄州卫生计生委关于转发〈2018 年云南省健康素养促进行动项目实施方案〉的通知》	2018/6/15
100	《青海省卫生计生委关于印发〈青海省 2018 年健康素养促进行动项目实施方案〉的通知》	2018/5/21
101	《自治区健康教育所 2018 年宁夏健康素养促进行动项目公益广告及科教片中标结果公示》	2018/5/11
102	《关于印发〈2018 年甘肃省健康素养促进行动项目实施方案〉的通知》	2018/5/10
103	《关于印发〈提高全民健康素养推进健康黄南建设任务分工〉的通知》	2018/5/7
104	《关于召开 2018 年全市卫生计生宣传工作暨健康素养促进行动项目启动工作会的通知》	2018/4/25
105	《关于召开居民环境与健康素养监测工作动员培训会议的通知》	2018/4/7

序号	文件名称	发布日期
106	《青海省人民政府办公厅关于印发〈提高全民健康素养推进健康青海建设任务分工〉的通知》	2018/3/30
107	《自治区健康教育所关于召开 2018 年宁夏健康素养促进行动项目公益广告及科教片招标解读说明会的通知》	2018/3/28
108	《百色市人民政府办公室关于印发〈百色市全民健康素养促进行动工作实施方案（2018—2020 年）〉的通知》	2018/3/11
109	《自治区卫生计生委办公室关于举办 2018 年全区健康素养促进行动项目启动培训班的通知》	2018/3/8
110	《关于印发〈钦州市全民健康素养促进行动计划（2017—2020 年）〉的通知》	2018/1/30
111	《关于报送 2017 年银川市健康素养促进行动项目总结的通知》	2018/1/29
112	《关于开展 2017 年自治区居民健康素养监测和中国公民中医药健康文化素养调查工作的通知》	2018/1/18
113	《关于举办居民环境与健康素养监测技术培训班的通知》	2018/1/18
114	《关于转发省卫计委关于印发〈江西省 2017 年健康素养促进行动项目实施方案〉的通知》	2018/1/18
115	《关于开展中国公民中医药健康文化素养调查、居民健康素养监测培训工作的通知》	2018/1/14
116	《关于印发〈自贡市全民健康素养促进行动规划（2017—2020）〉的通知》	2017/12/28
117	《关于下达 2017 年省拨健康素养促进行动专项补助资金的通知》	2017/11/17
118	《宁波市公民健康素养促进行动绩效评估和居民健康素养水平监测报告项目邀请招标公告》	2017/11/13
119	《宁波市远教健康大讲堂受众健康素养水平评估项目邀请招标公告》	2017/11/13
120	《关于提升山东省老年人群健康素养的提案》	2017/10/27
121	《河池市人民政府办公室关于印发〈河池市全民健康素养促进行动实施方案（2017—2020 年）〉的通知》	2017/10/8
122	《梧州市人民政府办公室关于印发〈我市全民健康素养促进行动计划（2017—2020 年）〉的通知》	2017/10/1
123	《关于做好 2017 年中央转移支付安徽省健康素养促进行动项目的通知》	2017/9/25
124	《玉林市人民政府办公室关于印发〈玉林市全民健康素养促进行动计划（2017—2020 年）〉的通知》	2017/9/22

续表

序号	文件名称	发布日期
125	《贺州市人民政府办公室关于印发〈贺州市全民健康素养促进行动计划(2017—2020 年)〉的通知》	2017/9/21
126	《关于印发〈2017 年健康素养促进行动项目甘肃省实施方案〉的通知》	2017/9/7
127	《海南省卫生和计划生育委员会办公室关于印发〈2017 年健康素养促进行动项目实施方案〉的通知》	2017/9/4
128	《桂林市人民政府办公室关于印发〈桂林市全民健康素养促进行动计划(2017—2020 年)〉的通知》	2017/8/21
129	《关于举办全省大众传播与健康素养能力提升培训班的通知》	2017/8/1
130	《关于报送 2016 年中央转移支付地方健康素养促进行动项目工作总结的通知》	2017/7/4
131	《浙江省卫生计生委办公室关于做好 2017 年度浙江省公民健康素养大讲堂工作的通知》	2017/6/28
132	《关于发布〈公民环境与健康素养测评技术指南(试行)〉的公告》	2017/6/14
133	《关于发布〈公民环境与健康素养测评技术指南(试行)〉的公告》	2017/6/1
134	《关于 2017 年安徽省健康素养巡讲专家评选情况的通报》	2017/5/27
135	《关于印发〈四川省全民健康素养促进行动规划(2017—2020 年)〉的通知》	2017/5/18
136	《广西壮族自治区人民政府办公厅关于印发〈广西全民健康素养促进行动计划(2017—2020 年)〉的通知》	2017/5/3
137	《关于开展大连市"合理用药 全民健康素养提升行动"的通知》	2017/4/27
138	《绍兴市爱卫会绍兴市卫生计生委关于开展 2017 年健康中国行——绍兴全民健康素养促进活动的通知》	2017/4/25
139	《关于印发〈石家庄市全民健康素养促进行动实施方案〉的通知》	2017/4/17
140	《关于征求〈公民环境与健康素养测评技术指南(试行)(征求意见稿)〉意见的函》	2017/4/14
141	《2017 年别斯托别乡地方病防治健康素养促进行动项目实施方案》	2017/3/14
142	《河北省卫生计生委办公室关于开展 2016 年度中央补助地方健康素养促进行动重点项目中期督导的通知》	2017/3/8
143	《关于做好南昌市 2016 年中央转移支付地方健康素养促进行动项目的通知》	2017/2/16

序号	文件名称	发布日期
144	《邢台市卫生计生委关于印发〈健康邢台——全民健康素养促进行动"十三五"规划〉的通知》	2017/1/12
145	《关于征求〈四川省全民健康素养促进行动规划（2016—2020）〉意见建议的公告》	2016/12/30
146	《关于印发〈2016年中央转移支付地方健康素养促进行动项目甘肃省实施方案〉的通知》	2016/12/26
147	《河北省卫生计生委办公室关于印发〈中国公民健康素养基本知识和技能课件模板〉的通知》	2016/11/21
148	《河北省卫生计生委办公室关于印发〈健康河北——全民健康素养促进行动"十三五"规划〉的通知》	2016/11/16
149	《玉树藏族自治州人民政府办公室关于举行玉树州全民健康素养促进行动暨健康教育"六进"活动启动仪式的通知》	2016/10/13
150	《关于做好2016年中央补助地方健康素养促进行动项目的通知》	2016/9/12
151	《北京市卫生和计划生育委员会关于印发〈2016年中央转移支付地方健康素养促进行动项目工作方案〉的通知》	2016/9/5
152	《关于开展韶关市居民健康素养知识竞赛的通知》	2016/7/28
153	《广东省卫生计生委办公室关于开展全省居民健康素养知识竞赛的通知》	2016/7/14
154	《重庆市南川区人民政府办公室关于印发〈南川区全民健康素养促进行动实施规划（2016—2020年）〉的通知》	2016/6/27
155	《关于报送2015年健康素养促进行动和健康中国行活动总结材料的通知》	2016/6/13
156	《关于做好全省居民健康素养知识技能宣传工作的通知》	2016/6/3
157	《关于2016年度安徽省健康素养巡讲专家评选情况的通报》	2016/5/20
158	《关于开展健康素养促进项目提升精神卫生服务能力巡讲活动的通知》	2016/5/11
159	《河北省卫生计生委办公室关于开展2014、2015年度中央补助地方健康素养促进行动重点项目中期督导评估的通知》	2016/4/8
160	《阿坝州卫生和计划生育委员会关于转发〈四川省2015年中央转移支付地方健康素养促进项目管理方案〉的通知》	2016/3/7
161	《浙江省卫生计生委办公室关于做好2016年度"健康中国行——浙江省公民健康素养大讲堂"工作的通知》	2016/2/29
162	《甘肃省疾病预防控制中心2014年中转健康素养经费项目竞争性谈判废标公告》	2015/12/31

续表

序号	文件名称	发布日期
163	《关于举办江都区"健康素养"教育百场讲座启动仪式及首场健康讲座的通知》	2015/12/25
164	《关于印发〈2015年中央转移支付地方健康素养促进行动项目甘肃省实施方案〉的通知》	2015/12/24
165	《甘肃省疾病预防控制中心2014年中转健康素养经费项目竞争性谈判公告》	2015/12/23
166	《自治区卫生计生委关于印发〈广西壮族自治区全民健康素养促进行动规划（2015—2020年）〉的通知》	2015/12/4
167	《海口市卫生局关于印发〈2015年海口市居民健康素养监测工作方案〉的通知》	2015/12/4
168	《北京市卫生与计划生育委员会关于印发〈2015年中央补助地方健康素养促进行动项目工作方案〉的通知》	2015/11/17
169	《合肥市2015年健康安徽行——全民健康素养促进活动巡讲方案》	2015/11/9
170	《关于召开中央补助我省健康素养促进行动项目暨健康中国行总结启动会及培训班的通知》	2015/11/9
171	《重庆市卫生和计划生育委员会办公室关于印发〈重庆市全民健康素养促进行动实施规划（2015—2020年）〉的通知》	2015/11/4
172	《北京市卫生和计划生育委员会关于做好2015年健康素养监测工作的通知》	2015/10/20
173	《关于做好2015年海口市美兰区居民健康素养与烟草流行监测项目的通知》	2015/10/20
174	《海口市卫生局关于印发〈海口市全民健康素养促进行动规划（2014—2020年）〉的通知》	2015/9/23
175	《关于举办2015健康素养促进行动项目暨健康中国行宁夏宣传活动启动培训的通知》	2015/9/20
176	《市卫生计生委关于做好本市2015年中央补助地方健康素养和烟草流行监测项目工作的通知》	2015/8/11
177	《关于做好本市2015年中央补助地方健康素养和烟草流行监测项目工作的通知》	2015/8/7
178	《榆林市人民政府办公室关于转发〈榆林市全民健康素养促进行动规划（2015—2020年）实施方案〉的通知》	2015/7/20
179	《关于开展提高全民健康素养专项活动的通知》	2015/6/23
180	《关于举办全省基层居民健康素养和中医药适宜技术技能大赛的补充通知》	2015/6/15
181	《关于印发〈2015年全省居民健康素养和烟草流行监测项目工作方案〉的通知》	2015/6/4

续表

序号	文件名称	发布日期
182	《关于举办全省基层居民健康素养和中医药适宜技术技能大赛的通知》	2015/5/19
183	《东营市全民健康素养促进行动规划（2015—2020）实施方案》	2015/5/19
184	《关于组织开展 2014 年健康素养促进项目重点工作考核验收的通知》	2015/5/18
185	《内蒙古自治区卫生计生委关于举办全区 2015 年中央补助地方健康素养促进行动项目启动会暨项目培训班的通知》	2015/5/11
186	《"健康素养 66 条"年画设计作品征集公告》	2015/5/7
187	《关于落实〈陇南市城乡居民健康素养提升工程实施方案（2014—2020 年）〉2015 年工作任务的通知》	2015/5/7
188	《关于印发〈2014 年鞍山市健康素养促进行动项目实施方案〉的通知》	2015/3/23
189	《烟台市卫生计生委关于〈烟台市全民健康素养促进行动规划（2015—2020 年）实施方案〉的通知》	2015/3/19
190	《关于落实〈甘肃省城乡居民健康素养提升工程行动计划〉2015 年工作任务的通知》	2015/3/13
191	《重庆市卫生和计划生育委员会关于印发〈重庆市中医健康素养促进项目实施方案〉的通知》	2015/3/9
192	《关于印发〈2014 年宁夏健康素养促进行动项目实施方案〉的通知》	2015/1/26
193	《龙岩市卫生和计划生育委员会关于印发〈龙岩市全民健康素养促进行动规划（2014—2020 年）〉的通知》	2015/1/4
194	《雅安市卫生和计划生育委员会关于印发〈雅安市卫计委市民健康素养提升大行动实施方案〉的通知》	2015
195	《衡水市卫生局办公室关于印发〈衡水市 2014 年中央补助地方健康素养促进行动项目实施方案〉的通知》	2014/12/29
196	《关于做好 2014 年中央补助地方健康素养促进行动项目的通知》	2014/12/26
197	《关于印发〈山东省全民健康素养促进行动规划（2014—2020）实施方案〉的通知》	2014/12/17
198	《内蒙古自治区卫生计生委关于印发〈2014 年蒙中医健康素养促进项目实施方案〉的通知》	2014/12/17
199	《山东省卫生和计划生育委员会关于印发〈山东省全民健康素养促进行动规划（2014—2020）实施方案〉的通知》	2014/12/17
200	《市卫生计生委关于印发〈2014 年天津市中医健康素养促进项目工作任务方案〉的通知》	2014/11/17

序号	文件名称	发布日期
201	《福建省卫生计生委关于印发〈全民健康素养促进行动规划（2014—2020 年）〉的通知》	2014/11/14
202	《内蒙古自治区卫生计生委关于印发〈内蒙古自治区 2014 年中央补助地方健康素养促进行动项目实施方案〉的通知》	2014/11/10
203	《关于印发〈2014 年中央补助地方健康素养促进行动项目实施方案〉的通知》	2014/10/24
204	《关于印发〈2014 年中央补助地方健康素养促进行动项目实施方案〉的通知》	2014/10/13
205	《北京市卫生与计划生育委员会关于印发〈2014 年中央补助地方健康素养促进行动项目工作方案〉的通知》	2014/9/29
206	《关于举办 2014 年全省健康素养项目启动会暨培训班的通知》	2014/9/17
207	《金昌市人民政府办公室关于印发〈金昌市城乡居民健康素养提升工程行动计划(2014—2020 年)〉的通知》	2014/9/3
208	《关于印发〈韶关市落实广东省实施全民健康素养促进行动规划(2014—2020 年)工作方案〉的通知》	2014/9/2
209	《庆阳市人民政府办公室关于印发〈庆阳市城乡居民健康素养提升工程实施方案(2014—2020 年)〉的通知》	2014/8/28
210	《关于印发〈2014 年度无锡市城乡居民健康素养干预及监测评估工作方案〉的通知》	2014/8/6
211	《省卫生计生委省爱卫办关于下达 2014 年省公民健康素养讲师团成员授课计划的通知》	2014/7/30
212	《全民健康素养促进行动规划（2014—2020 年）》	2014/7/24
213	《关于举办 2014 年全省居民健康素养和烟草流行监测培训班的通知》	2014/7/9
214	《爱卫办关于印发〈九江市全民健康素养促进行动工作意见(2014—2020 年)〉的通知》	2014/7/1
215	《北京市卫生和计划生育委员会关于开展 2014 年北京市健康素养与成人烟草调查工作的通知》	2014/6/25
216	《关于报送健康中国行——全民健康素养促进活动进展情况的通知》	2014/6/16
217	《转发关于印发〈全民健康素养促进行动规划(2014—2020 年)〉的通知》	2014/6/6
218	《内蒙古自治区卫生和计划生育委员会关于报送 2013 年中央补助地方健康素养促进行动项目总结的通知》	2014/6/4
219	《北京市卫生和计划生育委员会关于转发〈国家卫生计生委关于印发全民健康素养促进行动规划(2014—2020 年)〉的通知》	2014/5/30

续表

序号	文件名称	发布日期
220	《海南省卫生厅办公室转发国家卫生计生委关于印发〈全民健康素养促进行动规划(2014—2020年)〉的通知》	2014/5/29
221	《甘肃省人民政府办公厅关于印发〈甘肃省城乡居民健康素养提升工程行动计划(2014—2020年)〉的通知》	2014/5/21
222	《五指山市卫生局关于印发〈五指山市地方健康素养促进项目实施方案〉的通知》	2014/5/12
223	《重庆市卫生和计划生育委员会关于印发〈健康中国行——全民健康素养促进活动重庆市实施方案(2014—2016年)〉的通知》	2014/5/9
224	《关于举办2014年全省农村居民健康素养技能大赛的通知》	2014/5/8
225	《阿坝州爱卫办阿坝州卫生局关于印发〈阿坝州2013年"健康中国行——全民健康素养促进"活动方案〉的通知》	2014/3/12
226	《阿坝州卫生局阿坝州爱卫办关于印发〈阿坝州2013年中央补助健康素养促进行动项目管理方案〉的通知》	2014/3/11
227	《关于印发〈健康省会行——全民健康素养促进活动实施方案(2013—2016年)〉的通知》	2014/3/6
228	《关于做好全市2013—2014年度中央补助健康素养促进行动项目重点疾病防控健康教育工作的通知》	2014/3/4
229	《浙江省爱卫办浙江省卫生计生委关于公布浙江省公民健康素养讲师团成员的通知》	2014/3/4
230	《关于印发〈健康中国行——衡阳市全民健康素养促进活动方案(2013—2016年)〉的通知》	2014/2/26
231	《五指山市全民健康素养促进活动方案(2013—2016年)》	2014/2/21
232	《市卫生计生委印发〈健康中国行——全民健康素养促进活动实施方案(2013—2016年)〉》	2014/2/14
233	《关于印发上海市〈健康中国行——全民健康素养促进活动实施方案(2013—2016年)〉的通知》	2014/2/13
234	《转发江西省人民政府血吸虫病地方病防治领导小组办公室关于印发〈2013—2014年江西省地方病、麻风病健康素养促进项目实施方案〉的通知》	2014/1/26
235	《关于开展合肥市健康素养巡讲专家遴选工作的通知》	2014/1/20
236	《福建省卫生计生委关于印发〈健康中国行——全民健康素养促进活动福建省实施方案(2013—2016年)〉的通知》	2014/1/17
237	《吉林省卫生计生委关于印发〈健康中国行——吉林省全民健康素养促进活动方案(2013——2016年)〉的通知》	2013/12/29
238	《关于做好2013—2014年"安徽省中央补助地方健康素养促进行动项目"有关工作的通知》	2013/12/25

247

序号	文件名称	发布日期
239	《关于印发〈健康中国行——全民健康素养促进活动韶关市实施方案(2013—2016年)〉的通知》	2013/12/24
240	《山东省卫生厅关于印发〈健康中国行——全民健康素养促进活动山东省实施方案(2013—2016年)〉的通知》	2013/12/24
241	《浙江省卫生厅办公室关于印发〈健康中国行——浙江全民健康素养促进活动方案(2013—2016)〉的通知》	2013/12/23
242	《关于印发〈健康抚顺行——全民健康素养促进活动方案(2013—2016年)〉的通知》	2013/12/18
243	《关于举办2013年中央补助地方健康素养促进行动项目启动会暨综合培训班的通知》	2013/12/17
244	《内蒙古自治区卫生厅关于印发〈内蒙古自治区健康中国行——全民健康素养促进活动方案(2013—2016年)〉的通知》	2013/12/16
245	《四川省爱卫办 四川省卫生厅 关于印发〈四川省"健康中国行——全民健康素养促进"活动方案(2013—2016年)〉的通知》	2013/12/12
246	《关于做好本市2013年中央补助地方健康素养促进行动项目的通知》	2013/12/10
247	《山东省卫生厅关于印发〈山东省2013年中央补助地方居民健康素养监测工作实施方案〉的通知》	2013/12/9
248	《关于印发〈健康中国行——全民健康素养促进活动甘肃省实施方案(2013—2016年)〉的通知》	2013/12/3
249	《关于印发〈2013年中央补助地方健康素养促进行动项目甘肃省实施方案〉的通知》	2013/11/28
250	《内蒙古自治区卫生厅关于印发〈内蒙古自治区2013年中央补助地方健康素养促进行动项目实施方案〉的通知》	2013/11/22
251	《内蒙古自治区卫生厅关于举办内蒙古自治区2013年中央补助地方健康素养促进行动项目启动及控烟工作培训班的通知》	2013/11/7
252	《国家卫生计生委办公厅关于印发〈健康中国行——全民健康素养促进活动方案(2013—2016年)〉的通知》	2013/10/31
253	《福建省卫生厅关于做好2013年中央补助地方健康素养促进行动项目的通知》	2013/10/28
254	《关于印发〈抚顺市2013年"提高居民健康素养——我们在行动"活动方案〉的通知》	2013/10/26
255	《海南省卫生厅关于做好2013年中央补助地方健康素养促进行动项目的通知》	2013/10/24

序号	文件名称	发布日期
256	《重庆市卫生局关于调整健康素养促进行动项目领导小组及管理办公室成员的通知》	2013/10/15
257	《关于组织开展 2013 年全省居民健康素养和青少年烟草流行监测工作的通知》	2013/10/14
258	《关于发布〈中国公民环境与健康素养(试行)〉的公告》	2013/9/29
259	《内蒙古自治区卫生厅关于报送中央补助地方健康素养促进行动项目总结的通知》	2013/7/17
260	《关于开展"中央安徽省补助健康素养促进行动"项目督查的通知》	2013/6/24
261	《内蒙古自治区中央补助地方健康素养促进行动项目督导情况通报》	2013/5/10
262	《关于印发〈2013 年银川市健康素养促进行动食品安全宣传教育活动实施方案〉的通知》	2013/5/3
263	《关于报送中央补助地方健康素养促进行动项目工作进展情况的通知》	2013/4/8
264	《卫生部办公厅关于印发〈母婴健康素养——基本知识与技能(试行)〉的通知》	2013/3/20
265	《内蒙古自治区卫生厅关于开展健康素养促进行动项目和无烟医疗卫生系统创建工作督导检查的通知》	2013/3/18
266	《关于做好 2012 年中央补助地方健康素养促进行动项目的通知》	2012/12/28
267	《关于成立合肥市健康素养促进行动领导小组和专家指导组的通知》	2012/11/27
268	《关于印发〈2012 年中央补助地方健康素养促进行动项目甘肃省实施方案〉的通知》	2012/11/7
269	《关于做好 2012 年中央补助地方健康素养促进行动项目广东省实施工作的通知》	2012/10/18
270	《关于召开 2012 年中央补助地方健康素养促进行动项目甘肃省启动会暨培训班的通知》	2012/9/27
271	《关于做好 2012 年中央补助地方健康素养和烟草流行监测项目抽样信息报送工作的通知》	2012/9/18
272	《内蒙古自治区卫生厅关于印发〈内蒙古自治区 2012 年中央补助地方健康素养促进行动项目实施方案〉的通知》	2012/9/12
273	《福建省卫生厅关于做好 2012 年中央补助地方健康素养促进行动项目工作的通知》	2012/9/11
274	《重庆市卫生局关于成立市健康素养促进行动项目领导小组及管理办公室的通知》	2012/9/11

续表

序号	文件名称	发布日期
275	《关于印发〈山东省 2012 年中央补助地方健康素养监测项目实施方案〉的通知》	2012/9/10
276	《内蒙古自治区卫生厅关于参加卫生部举办的 2012 年中央补助地方健康素养促进行动项目培训班的通知》	2012/8/7
277	《关于转发〈母婴健康素养——基本知识与技能(试行)〉的通知》	2012/4/22
278	《承德市卫生局关于转发〈母婴健康素养——基本知识与技能(试行)〉的通知》	2012/4/18
279	《河北省卫生厅关于转发〈卫生部办公厅关于印发《母婴健康素养——基本知识与技能(试行)》的通知〉的通知》	2012/4/5
280	《转发卫生部办公厅〈母婴健康素养——基本知识与技能(试行)〉的通知》	2012/3/26
281	《转发卫生部办公厅关于印发〈母婴健康素养——基本知识与技能(试行)〉的通知》	2012/3/12
282	《福建省卫生厅转发卫生部办公厅关于印发〈母婴健康素养——基本知识与技能(试行)〉的通知》	2012/3/1
283	《关于转发〈卫生部办公厅关于印发《母婴健康素养——基本知识与技能(试行)》的通知〉的通知》	2012/2/16
284	《关于印发〈母婴健康素养——基本知识与技能(试行)〉的通知》	2012/2/8
285	《卫生部办公厅关于印发〈母婴健康素养——基本知识与技能(试行)〉的通知》	2012/1/12
286	《关于印发〈2011 年中央补助地方公共卫生专项资金甘肃省烟草控制与健康素养项目实施方案〉的通知》	2011/11/4
287	《市卫生局、爱卫办关于印发〈2011 年度淮安市城乡居民健康素养干预及效果评估工作方案〉的通知》	2011/4/25
288	《关于印发〈吉林省健康素养监测项目实施方案〉的通知》	2011
289	《河北省卫生厅关于组织进行"健康河北、幸福人民"公民健康素养知识竞赛的通知》	2011
290	《河北省卫生厅关于做好"健康河北、幸福人民"2011 年河北省公民健康素养基本知识竞赛的通知》	2011
291	《关于转发〈关于开展 2010 年天津市城乡社区卫生服务专业人员健康素养传播技能大赛活动的通知〉的通知》	2010/12/2
292	《转发市卫生局〈关于开展 2010 年天津市城乡社区卫生服务专业人员健康素养传播技能大赛活动的通知〉》	2010/9/30
293	《关于在全市开展艾滋病防治政策知识暨健康素养基本知识与技能巡讲活动的通知》	2010/9/14

续表

序号	文件名称	发布日期
294	《关于印发〈扬州市 2010 年城乡居民健康素养干预及监测工作方案〉的通知》	2010/4/15
295	《关于成立"淮安市健康素养讲师团"的通知》	2010/4/8
296	《关于召开淮安市健康素养干预及监测、医疗卫生机构烟草控制工作会议的通知》	2010/3/26
297	《关于印发〈2010 年度淮安市城乡居民健康素养干预及监测工作方案〉的通知》	2010/3/26
298	《关于印发〈太原市 2009 年中央补助地方烟草控制与健康素养项目管理方案〉的通知》	2009/5/27
299	《关于印发〈2009 年度内蒙古烟草控制与健康素养项目工作实施方案〉的通知》	2009/5/4
300	《关于印发〈山东省 2008 年中央补助地方健康素养项目方案〉的通知》	2009/4/10
301	《永泰县卫生局转发〈中国公民健康素养促进行动工作方案（2008—2010 年）〉的通知》	2008/10/31
302	《转发〈卫生部办公厅关于印发《中国公民健康素养促进行动工作方案（2008—2010 年）》的通知〉》	2008/10/20
303	《三亚市卫生局关于印发〈三亚市市民健康素养促进行动实施方案（2008—2010 年）〉的通知》	2008/9/18
304	《关于举行全省农民健康知识电视大奖赛和健康素养促进行动启动仪式暨"健康之路"文艺汇演的通知》	2008/9/18
305	《关于转发〈卫生部办公厅关于印发《中国公民健康素养促进行动工作方案（2008—2010 年）》的通知〉的通知》	2008/9/12
306	《关于参加中国公民健康素养促进行动甘肃省启动仪式的通知》	2008/9/2
307	《河北省卫生厅关于转发〈卫生部办公厅关于印发《中国公民健康素养促进行动工作方案（2008—2010 年）》的通知〉的通知》	2008/9/1
308	《马鞍山市人民政府办公室关于成立市城市居民健康素养知识与技能普及评估和竞赛活动领导小组的通知》	2008/7/18
309	《关于做好〈中国公民健康素养——基本知识与技能（试行）〉宣传普及工作的通知》	2008/5/6
310	《河北省卫生厅关于转发〈中国公民健康素养——基本知识与技能（试行）〉的通知》	2008/3/19
311	《卫生部办公厅关于印发〈中国公民健康素养促进行动工作方案（2008—2010 年）〉的通知》	2008
312	《中国公民健康素养——基本知识与技能（试行）》	2008/1/4

由上表可知,2008 年 1 月,卫生部发布了《中国公民健康素养——基本知识与技能(试行)》,界定了中国公民应该具备的基本知识和理念、健康生活方式与行为以及基本技能的内容,以促进中国公民健康素养的提升,之后,各地转发了该文件或发布了该文件相应的实施文件,如行动方案和工作方案等。后因民众对于健康的需求发生了变化,国家卫生计生委办公厅于2015 年印发了《中国公民健康素养——基本知识与技能(2015 年版)》;原国家卫生健康委员会于 2014 年发布了《全民健康素养促进行动规划(2014—2020 年)》,明确了我国在 2014—2020 年期间,我国全民健康素养的目标和任务;之后又先后发布了《关于加强健康促进与教育的指导意见》《健康中国行动(2019—2030 年)》等文件;中共中央、国务院于 2016 年颁布了《"健康中国 2030"规划纲要》,明确将全国居民健康素养水平提升作为健康中国建设的重要指标;职业健康司《关于进一步推进职业健康保护行动 提升劳动者职业健康素养水平的通知》(2024)明确提出了要因地制宜推进职业健康知识"进机构、进学校……"等;国卫办人口发〔2024〕1 号《关于全面开展健康家庭建设的通知》提出通过健康家庭建设提升家庭健康素养和居民健康素养。由此可以看出,我国各级各地政府特别重视全民健康素养工作,着重出台各项政策促进全民健康素养的提升,并于每年进行我国居民健康素养监测工作,但监测工作的主要对象为 15 岁以上的公民,对于 15 岁以下的公民尚缺少监测的组织、制度、有效工具和方案等,且关于儿童青少年健康素养的治理文件还相对较少,当前中学生的健康素养水平整体较低,可见当前关于儿童青少年健康素养治理的政策落后于儿童青少年的实际健康需要,为此关于儿童青少年健康素养的治理政策等需要进一步提前设计,形成系统设计与实施文件,为儿童青少年健康素养提升保驾护航。

在青少年体质健康促进政策方面,相关研究发现国家各级各类政府发布了 700 余项青少年体质健康促进文件[①],而已有的研究中显示青少年体质健康促进政策具有一定的科学性和指导性,对于青少年体质健康水平提升起到了重要促进作用;但是当前的青少年体质健康促进政策中依然存在一定的问题需要改进提升,如健康促进政策内容存在实践差异化及内部要素

[①] 侍崇艳,韩萍萍,张美玲,等.基于 PMC 指数模型的青少年体质健康促进政策量化评价与实证研究[J].体育与科学,2022,43(6):73-85.

分布不均衡①、健康促进的指标不合理等问题②、青少年体质健康政策法律化定位不足③等问题存在,迫切需要改进提升。

　　儿童青少年阶段是人生的一个特殊阶段,也是人生价值观和行为习惯形成的一个重要阶段,在该阶段学生身心发展特点与生活方式等有着较大的差异,所以针对儿童青少年的健康素养政策也应该适应该阶段人群的特点和需要,而当前关于健康素养提升的政策的对象多为全民政策和针对职业人群、孕妇、婴儿和老人等重点人群的政策,适应儿童青少年的健康素养促进政策还是相对较少,为此未来可以进一步制定超前且适应儿童青少年重点人群的政策文件。另外相关研究显示当前的部分重要政策更新速度偏慢,致使影响政策效力发挥,迫切需要更新④。如 1990 颁布的《学校卫生工作条例》和《学校体育工作条例》,是为了规范学校卫生和体育工作,保障学生的身心健康的法规文件⑤,但两份文件已颁布实施 30 余年,我国儿童青少年面临的健康问题和健康需求已经发生变化,为此相关文件迫切需要修订。

(二) 政策执行与实施有效性和持续性不足

　　在全球化进程加速的背景下,各国人民健康问题已成为全球关注的焦点。各国政府和组织为应对日益严峻的公共卫生挑战纷纷出台各类健康促进政策。然而,健康促进政策的成效不仅取决于其设计的优劣,更在于健康促进政策执行与实施。在健康促进的政策执行与实施方面,我国同世界各国一样也特别重视全民健康和体质健康促进工作,并且出台了系列文件,形成了自上而下的健康促进工作系统政策,但在健康素养和体质健康政策的执行与实施过程中,可能会遇到各种各样的困难和阻碍,这些困难和阻碍可能影响健康素养政策执行与实施的有效性和可持续性。

　　第一,财力支持的有限性可能会影响政策实施的效果。健康素养和体

① 张文鹏,吴安月,李启迪.新时代青少年体质健康促进的政府注意力研究:以政策文本为例[J].中国体育科技,2023,59(12):25-34+61.
② 李红娟,代晓彤.学生体质监测的根本目的是健康促进[J].中国学校卫生,2022,43(1):6-9.
③ 王莹,戴俊,闷绍飞.体教融合视域下青少年体质健康促进政策法律化研究[J].沈阳体育学院学报,2022,41(4):50-56.
④ 刘波,郎峰,韩勇,等.新时代修订《学校体育工作条例》的背景、依据和路径研究[J].体育科学,2022,42(6):11-18.
⑤ 陶芳标.构建面向健康中国 2030 青少年健康促进体系[J].中国学校卫生,2023,44(1):1-5.

质健康政策的实施需要一定的经费保障,如健康和体育知识理念的普及工作、人员的工资、奖励等都需要一定的经费支持,在财政预算有限的情况下,很多体质健康和健康素养提升项目提供足够的资金支持,包括体育和健康教育的相关材料、体育和健康教育培训活动和体育设施建设,而如果缺少相应的资金,可能会影响健康促进政策执行的效果。

第二,政策执行力度不足亦会影响政策实施的效果。体育和健康促进政策执行力度的强弱直接关系到健康促进政策能否达到预期目标,以及能否在长时间范围内持续产生积极有效影响。即使政策制定得当,但在执行过程中也可能由于缺乏某些条件导致执行力度不足等原因而导致政策难以落地。执行力度包括体育和健康促进政策的宣传力度、体育和健康促进资源配置的力度、体育和健康政策宣传人员和执行人员的培训力度、激励力度和监督评估落实力度等多个方面。一个强有力的体育和健康促进政策执行体系能够确保政策得到积极广泛的传播,体育和健康资源得到有效利用,执行政策的工作人员能力得到充分发挥,以及体育和健康政策实施效果能够得到及时反馈,以调整或优化体育和健康政策。体育和健康促进政策的持续性是实现全民长期健身和健康效益的关键。体育和健康促进政策执行力度的不足可能导致政策在短时期范围内难以见效,在长时间范围内则可能因为缺乏持续的政策关注和投入而逐渐失效。因此,体育和健康促进政策的大力执行和持续实施对维护和提升全国居民包括儿童青少年体质健康水平和健康素养水平至关重要。

第三,学生参与度低也是体育和健康促进政策执行和实施有效性和持续性不足的重要原因。体育和健康素养促进政策目的是稳步提升全国居民的体质健康水平和健康素养水平,进而提升健康水平,但如果全国居民尤其是中学生不参与或不积极参与体育和健康促进政策的执行中,则体育和健康素养促进政策的执行效果必然会受到严重影响。究其原因可能是学生对于体育和健康素养促进政策了解和接受度低。很多居民如成人忙于工作、学生忙于学习,外加对政策宣传度不高等原因可能会造成大家对政策的目标、内容和预期效果缺乏全面的了解和理解,为此他们可能不会支持或参与政策的实施甚至会抵触,这无形中会降低体育和健康素养促进政策的执行效果。同时居民对体育和健康素养促进政策的不理解或抵触可能导致家长不支持学校的体育和健康教育活动、居民不赞同社区宣讲活动等,致使政策执行有效性和持续性受到影响。另外全国居民包括中学生的反馈是政策调整和优化的重要依据。如果他们参与度低，健康促进政策制定者可能难以获取及时有效的反馈信息，从而无法及时调整政策以适应变化。

（三）政策评估和反馈机制不完善

有效的评估和反馈机制是政策目标得以实现的保证。如果缺乏有效通畅的评估和反馈机制则政策实施效果难以衡量和了解，政策实施也无法根据政策实施的实际情况进行及时应对和变化调整。为此，健康促进政策的成效很大程度上取决于其评估与反馈机制的完善程度。当前，许多健康促进政策在设计时未能充分考虑评估与反馈的需求，导致在实施过程中难以获取准确的执行数据和公众反馈。此外，评估资源的不足、评估方法的不科学、反馈渠道的不畅通等问题，也制约了健康促进政策评估与反馈机制的有效运行。评估与反馈机制的不完善会导致政策制定者无法准确了解政策实施的实际情况，无法及时调整政策以适应变化，也无法确保政策目标的实现。这不仅浪费了资源，也可能对公众健康产生负面影响。如当前学生健康素养促进政策的相关评估反馈机制尚不健全，当前对于 15 岁以下的青少年儿童等尚缺少针对性的评估机制，为此需要加强。另外青少年体质健康的评估机制有且相对比较通畅，每年全国的大中小学等都要对学生体质健康进行测量，并上报到国家学生体质健康测试网中，但部分学校对于各自学校的学生的体测结果并不能评估后反馈给学生，且一些政策执行的优劣尚缺少专门的评估部门，另外一部分评估部门既是运动员又是裁判员，导致评估机制不健全等，迫切需要改进。

●二、健康教育资源配置不均

健康教育资源是指用于支持和促进个体或群体健康知识、技能、态度和行为改变的各种信息、服务、设施和活动，主要包括健康教育资料，健康服务、教育活动、健康设施、健康信息和技术支持和社区支持等等，有效利用健康资源对于提升中学生健康素养、促进健康行为和提高生活质量和健康状况具有重要作用。当前健康教育资源的分配不均是影响和制约中学生健康素养水平提升的一个重要因素。这种不均衡主要表现在以下几个方面：

（一）不同地区健康教育资源分配不均

我国地大物博,不同地区间的气候、地势、传统和经济发展等特点不同,造成不同地区间的健康教育资源也存在显著差异。如城市与农村、经济发达地区与经济欠发达地区之间健康教育资源不同。城市学校通常拥有更快的健康信息、更好的健康教育设施、更丰富的健康教育教学资料和更专业的健康教育教师,而农村和偏远地区的学校资源则相对匮乏,不同地区间的健康教育资源的不均衡分配可能会加剧健康不平等。资源充足的地区中学生健康状况相对较好,而资源不足的地区中学生则可能面临更多的健康问题,这种差异随着时间的推移可能会进一步扩大。另外,一般发达地区的健康教育机构内的健康工作人员水平也较高,而这也可能会促进当地人群的健康素养水平[1]。无论是发达地区还是欠发达地区,在省级和市级层面,都存在健康教育机构人员配备不足、专业资质与需求不匹配以及经费预算有限等问题[2][3][4][5]。随着数字技术的持续发展,不同地区开始建设健康教育资源库,但是健康教育素材也存在着专业性不强和科普性良莠不齐等问题[6]。

（二）不同学校健康教育资源分配不均衡

相关研究显示虽然国家已经制定了许多政策来帮助学校教育均衡发展,不同学校间的教育资源失衡问题依然存在[7]。不同学校间健康教育资源配置也会有所差异,尤其是重点学校与非重点学校之间健康教育资源配置差异会比较大。重点学校往往能获得来自政府和社会更多的投入和支持,

[1] 尹龙龙,辛璐,冷艳,等.基于健康教育机构水平拟合模型研究健康素养影响因素[J].中国健康教育,2020,36(12):1073-1076+1081.

[2] 张璇.我国健康教育专业机构人力资源研究现状[J].健康教育与健康促进,2019,14(1):61-63.

[3] 韩梅.2017年北京市健康教育专业机构人力资源及能力分析[J].健康教育与健康促进,2018,13(6):485-487.

[4] 徐学鹏,江凡,曲晨,等.2016年江苏省健康教育机构设置和能力建设现状[J].江苏预防医学,2018,29(2):234-235.

[5] 李志新,范超楠,刘兆炜.2015年四川省健康教育机构现况调查[J].预防医学情报杂志,2018,34(10):67-72.

[6] 刘丽,顾沈兵,高晶蓉,等.数字化健康教育多维度立体应用模式初探[J].中国健康教育,2015,31(7):707-710.

[7] 陈斌,周永利,黄建团,等.新发展阶段中小学体育高质量发展的内涵、困境与纾解[J].广州体育学院学报,2024,2:1-18.

而非重点学校则可能连基本的健康教育设施、师资和教材都难以保障。同时不同学校间健康教育教师的专业水平和教学能力在不同学校之间存在差异。一些非重点学校可能缺乏合格的健康教育教师,或者教师的专业培训不足,影响了教学质量。另外,一些学校健康教育课程可能被边缘化,课时安排不足,或者被其他学科课程所占用,导致学生无法获得足够的健康知识。

(三) 不同家庭和社会环境健康教育资源配置不均衡

不同家庭经济状况、文化背景、家长教育水平和社区的健康教育和体育活动、公共健康宣传等都是影响学生获取健康教育资源数量和质量的重要因素。经济条件较好的中学生家庭能够为他们提供更加全面的营养、更多健康相关书籍、更多体育活动和健康服务的机会。在家庭经济条件较差的中学生家庭中,学生可能会缺乏参与体育活动和健康教育活动的机会,缺乏足够的资金购买健康书籍,也可能因为经济原因而忽视个人健康。另外受过良好教育的家长可能会重视健康教育,并会主动配合学校和社区的健康教育,并为其子女提供必要的健康信息和健康支持。而教育水平较低的家长可能会因为健康意识和能力不足,无法为孩子提供充足的健康教育机会和资源。健康支持性环境对中学生健康素养也可能会产生积极影响,反之亦然[①]。中学生所在社区中的健康步道、公园、体育锻炼设施、公共健康宣传和教育活动等资源,可为中学生提供学习和实践健康知识和技能的机会,促进中学生健康素养水平的提升。相反,较差的社区体育活动设施、社会媒体和网络环境中宣传的不健康信息和行为模式等也会对中学生健康产生负面影响,减少健康教育的效果。

●三、健康评价机制不完善

健康评价是了解青少年健康素养和体质健康现状和不足,针对性治理健康素养和体质健康的前提,而健康评价机制是确保健康评价能够顺利进

---

① 仲学锋,毛涛,曲晨,等.基于社会生态学模式的居民健康素养影响素定性研究[J].中国健康教育,2022,38(10):904－908.

行和合理客观的前提。健康评价机制是一种系统性的健康评估体系,它通过一定的标准和方法对健康现象或健康活动的价值、效果、性能等方面进行系统的分析和价值判断。健康评价机制的目的是更好地指导和改进健康相关活动和现象,提高健康活动效率和质量,促进健康目标的实现。当前业界和学界都特别关注青少年的健康成长,并在健康政策和健康研究方面做出了许多重要的工作。但随着社会和科学技术的飞速发展,健康评价机制还存在部分问题有待进一步提升。如当前对于青少年健康素养和体质健康评价方面还存在着评价具体目标不明确、评价内容不全面、评价方法手段不先进、评价主体不全面、评价对象不配合、评价周期不合理、评价结果的应用不及时、评价的监督和改进制度不完善等问题存在。

(一) 评价具体目标不明确

健康素养方面,如 2016 年中共中央、国务院印发的《"健康中国 2030"规划纲要》政策要求到 2020 年居民健康素养水平达到 20%的目标、到 2030 年居民健康素养水平要达到 30%的目标,但是当前很多中小学的体育与健康教育课程教师或者学生都不了解该健康素养目标,而且针对不同阶段的学生(如小学生、初中生和高中生),健康素养目标是否应该有所差异,也需要学界和业界进一步加强研究。体质健康方面,国家对于学生体质健康水平也制定了具体目标,如 2016 年中共中央、国务院印发的《"健康中国 2030"规划纲要》要求到 2030 年,国家学生体质健康标准达标优秀率 25%以上,同样很多老师和学生也不知道该目标,同时,很多学生在体质健康测试中,也不太明确每项体质健康测试的指标测试的是哪项身体指标,以及对其自身具体的价值和意义。

(二) 评价内容不全面

在现有的健康评价中,健康评价内容往往偏向于单一的生理或心理健康指标,如体质健康或抑郁指标等,评价经常会忽视个体的差异和整体健康状况的评估。然后,每个人的体质和生活习惯等因遗传和生活环境不同等而有所差异,为此,单一的生理指标或心理指标难以全面反映一个人的整体健康状况。因此,需要建立更为全面的评价体系,综合考虑个体的生理、心理、社会等多方面因素。在本研究中,发现中学生健康素养和体质健康呈现一定的相关关系,而体质健康的评价相对更关注生理健康指标,而健康素养偏重于健康的知识和理念、健康生活方式与行为以及健康技能等,相对评价更为全面,为此,建议未来的中学生健康治理中,可以将学生的体质健康、健康素养、心理指标和社会适应指标综合测量和评价,以便更全面地了解学生综合健康状况,并为后期治理奠定基础。

(三) 评价方法手段不先进

当前现有的评价方法和工具可能无法全面覆盖健康素养和体质健康的所有方面,同时测量的工具或方法随着科学的进步依然有待于进一步提升。如当前《全国居民健康素养监测调查问卷》的评估内容包括基本健康知识和理念、健康生活方式与行为、健康技能等内容,且是当前我国相对最权威的调研问卷,但该问卷通过问卷的形式对于健康技能的评估进行评估,如果采取实际的操作进行评估可能相对更为准确些,但是时间成本和财力物力成本相对要增加,为此如何采用更科学的方法和手段对个体健康素养进行全面客观评估仍需要学界和业界进一步加强研究;其次,健康素养问卷依赖自我报告,其数据与实际现实情况依然可能存在些许偏差,如社会期望偏差和记忆偏差等,从而影响评价结果的准确性;另外问卷主要采用纸质问卷的形式,虽然能相对提升填写的质量,但是成本相对较高。在学生体质健康测试中,当前的很多测试方法依然主要依赖于传统的人工进行体质健康测试,但随着科学技术的进步,尤其是 chatgpt 等人工智能技术的飞速发展,测试的准确性和便利性较高的智能体测设备依然有待于尽快推广和普及到中小学校中。

(四) 评价主体不全面

由于学生健康是一个多学科综合性问题,所以学生健康素养和体质健康的评价通常需要多主体参与,如政府机构、教育部门、医疗卫生机构、学校、社区组织、家庭以及个人等多个主体参与进行综合评价,但当前的健康素养和体质健康评价中,国家卫生健康委员会负责全国居民健康素养的监测和评价,教育部则负责中小学生体质健康的监测和管理,而健康素养的测评主要是通过测试者填写问卷的形式获取数据,所以评价的主体主要通过个人,个人评价后数据的获取后,国家或者相关科研人员来进行综合评价,但缺少学校或者家庭等相关人员对其进行评价。体质健康的测试,主要是通过教师或者相关第三方机构对学生体质健康进行测试,但由于学生的个体体质健康状况与最近一段时间内学生的生活状况或生病等因素的影响,个体体质可能会有一定的变化,所以缺少个体的参与的体质评价的评价相对不够全面;另外,健康素养和体质健康的评价涉及多个主体,包括政府机构、教育机构、医疗卫生机构等,由于不同主体可能有不同的评价标准和目标,导致评价结果缺乏一致性和可比性。

（五）评价对象不配合

在评价过程中,可能会由于中学生等评价对象缺乏对健康素养和体质健康测评重要性的认识,或者担心评价结果会带来负面影响或认为结果对自身完全没有什么影响而使得评价对象不参加或者消极应付评价等情况产生,有的学生觉得评价过程可能过于烦琐或耗时而不愿意参与。如在学生体质健康测试中,学生在测试中不尽力或草草参加了事,致使测试的结果不能完全反映学生的真实情况,为此未来可进一步深入研究学生的参与机制。

（六）评价周期不合理

当前关于学生健康素养和体质健康评价中,可能存在周期不合理的现象,如当前的体质健康测试国家规定每年测试一次,并上传至国家体质健康测试网上,但学生的健康素养评价却没有形成定期测量的制度,无法准确反映受评学生的健康变化。

（七）评价结果的应用不及时

学生体质健康测试和健康素养评价结果出炉后,结果一般会召开发布会或在国家网站上公布相关的宏观总体结果,但微观层面上的各个学校会由于数据处理或分析效率低下、评价结果传递机制不畅等原因而导致学校教师和领导者不能及时、充分了解体质健康测试和健康素养的结果,尤其是健康素养,当前还未形成一个规律的测试制度,更无从谈起评价结果和评价结果的运用,而体质健康测试的结果有时候也会因为学校领导、体育教师、家长和学生本人不能充分重视评价结果而导致结果应用延迟或不去应用,错失了预防和干预健康素养或体质健康的最佳时机。

（八）评价的监督和改进制度不完善

在健康素养和体质健康评价中，由于监督机构缺乏必要的权威性和独立性，或者最新研究成果不足，而使得健康素养和体质健康评价过程中存在一些问题而不能得到及时发现和纠正或评价方法和工具长时间未进行更新和优化，抑或者改进制度可能因为缺乏持续的资源投入和专业指导而难以实施。如《国家学生体质健康测试标准》规定移动速度素质指标是各年级学生的共同测试指标，相关研究显示低年级学生测试 50 m 跑，其跑动距离易使低年龄段学生在测试过程中受到耐力素质的影响，而不能准确测量速度，为此建议 6—8 岁的学生选用 30 m 跑[①]。

● 四、体育与健康教育师资不足

教育部发布的《中小学健康教育指导纲要》要求学校要利用包括学科课程、班级会议、专门讲座以及墙报和展板等多种教育传播途径，全面推进健康教育的实施，并指出健康教育的主要学科载体课程为"体育与健康"，每学期应安排 6～7 课时。而当前各中小学的体育与健康课程教师数量不足，部分教师的健康教育专业培训和继续教育机会有限，影响了健康教育的质量和效果；另外体育与健康课程教师在健康教育理论知识方面的掌握不够全面[②]，可能缺乏对健康教育重要性的认识，以及营养学和生理学等相关领域的专业知识，致使学生不能够从教师那里获取相对比较全面、高质量的健康教育；同时体育与健康课程教师的健康教育意识不强、健康教育技巧、健康教育设计、实施和评价能力不足等，即健康教育胜任力不足，为此致使学生健康素养和体质健康水平不佳[③]。

---

① 杨宇航,吴进,孙有平.学生体质健康测试中速度素质测试指标的发展[J].中国学校卫生,2023, 44(7):964-968.

② 侍崇艳,张美玲,屠丽琴.从线下体育教师到线上体育与健康教师:基于防控新型冠状病毒肺炎疫情的理性思考[J].中国多媒体与网络教学学报,2020(12):158-160.

③ 侍崇艳,张美玲,林菊凤,等.中小学体育教学与健康教育融合的现实问题与实践路径[J].体育师友,2023,46(1):28-30.

●五、健康协同治理机制不畅

青少年健康保持和促进是一个系统工程,需要教育部门、卫生与公共服务部门、体育部门、青少年事务部门、非政府组织、社区、家庭和个人等各组织和部门等相互合作,共同努力为青少年提供一个高质量的健康支持网络,通过跨部门协作解决青少年学生面临的健康问题,增进其福祉。但当前由于缺少相关的协同机制,致使各部门和组织在促进青少年学生健康这方面合作效果不佳。

(一) 个人在健康治理中的中心作用发挥不足与协同治理问题

学生个体是健康的第一责任人,也是健康协同治理网络中的核心受益者与参与者,亦是健康促进活动和服务的直接接受者,其参与健康治理的积极程度,对于评估青少年或学生健康促进政策的有效性、反馈健康需求和促进健康习惯的养成至关重要。然而当前学生在健康协同治理网络中的中心作用发挥不足。究其原因有三:第一,缺乏代表性和参与度。由于学生缺乏参与决策过程的渠道,或参与意识不强,导致其没有足够的机会或平台表达自己的健康需求和意见,进而使得其声音在协同治理网络中被忽视。如相关研究显示青少年在青少年体质健康促进政策制定中的参与度不足,亟须增加青少年在青少年体质健康促进政策制定中的声音①。第二,信息不对称,由于健康信息传递机制不健全或信息不透明而使得学生无法获得健康促进活动和服务的所有信息,进而致使学生无法有效利用所有健康资源和服务,无法为自己做出正确的健康决策进而影响健康素养水平和体质健康水平。第三,缺乏跨部门合作。协同治理需要教育、卫生、体育等多个部门之间的紧密合作。如果这些部门之间的协调机制不健全,可能会导致学生在健康促进活动中得不到全面地支持和服务。第四,缺乏长期和系统的规划。青少年协同治理是一个长期系统工程,需要基于长期系统规划才能保证学生的健康需求得到持续地关注和满足。如果类似规划缺乏,则会使得

---

① 侍崇艳,韩萍萍,张美玲,等.基于 PMC 指数模型的青少年体质健康促进政策量化评价与实证研究[J].体育与科学,2022,43(6):73-85.

健康促进活动和服务出现短期化和碎片化现象,致使健康素养和体质健康水平提升有限。

(二)家庭在健康治理中的作用发挥不足与协同治理问题

家庭作为学生健康意识和健康行为养成的第一场域。家长的健康观念、生活方式以及对健康教育的重视程度,对中学生的健康习惯有着深远的影响。然而,很多家庭在孩子健康教育方面显示有诸多不足,如缺乏健康饮食和运动相关专业知识、对健康风险因素(肥胖、健康素养不高等)的认识不足等。此外,家庭收入、文化水平和父母工作等诸多因素也会影响家庭健康治理效果。信息传递不畅、缺乏合作机制和共同目标等,也限制了家庭在孩子健康治理中发挥应有的价值,使得家庭与学校和社会的协同合作治理健康素养和体质健康方面面临诸多障碍。

(三)学校在健康治理中的作用与协同障碍

学校作为学生健康教育的第二场域,承担着培养学生健康意识、知识和行为,提升学生健康水平的重要责任。通过体育与健康课程、班会、健康教育活动和校园文化建设等,学校能够对学生的健康意识和行为产生积极影响。但是,学校在实施健康教育时也面临着一系列挑战,如课程时间不足、教师专业能力有限、设施资源缺乏等。此外,学校与家庭、社会在健康治理中的协同不足也是一个突出问题。例如,学校缺乏与家长有效沟通的渠道,社会资源未能充分整合到学校健康教育中,这些问题都影响了学校健康治理的整体效果。

(四)体育、教育和卫生公共服务部门在健康治理中的作用与合作障碍

体育部门在青少年健康治理中扮演着推动体育活动、增强青少年体质的重要角色。通过举办各类体育赛事、实施体育教育和丰富体育设施等,体育部门能够积极促进青少年的身体健康和运动习惯养成。教育部门在协同治理网络中扮演着核心的角色,它不仅是教育政策的制定者和执行者,也是推动教育现代化、实现教育公平与质量提升的关键力量。卫生与公共服务部门在青少年健康治理中具有核心作用,其负责提供基本公共卫生服务、制

定健康政策、监管医疗卫生机构等。然而,在实际工作中,体育、教育和卫生与公共服务部门也面临着一些协同问题。首先,部门间的职责划分不明确,导致在青少年健康治理中出现职责重叠或责任推诿现象,影响了教育和健康服务的质量和效率。其次,各部门之间的信息共享和资源整合不够充分,缺乏有效的跨部门合作平台和机制,限制了健康治理的整体效能。最后,体育、教育与健康资源不足。一些地区尤其是偏远和贫困地区,体育、教育和健康设施缺乏,青少年难以接触到足够的体育、教育和健康资源,致使体育部门和卫生部门在青少年健康治理中的作用未能充分发挥。

另外,青少年事务部门、非政府组织、社区等也需要与其他组织和个体形成一个有机的健康治理网络,但当前在青少年健康治理中,该类部门的作用也未得到充分发挥,影响治理效果。

第二节　我国中学生健康素养与体质健康治理的突破策略与创新路径

●一、完善健康促进政策与法规体系设计,强化执行与监督力度

中学生健康素养和体质健康促进政策与法规体系是中学生健康治理效果的保障,完善健康促进政策与法规体系对保持和促进中学生健康具有重要价值,为此需要针对当前健康政策与法规体系的现实困境提出治理的突破路径,以促进中学生健康水平的提升。

(一)深化健康促进政策制定研究,增强前瞻性与实效性,引领健康治理发展方向

政策制定作为青少年健康促进政策过程的起点,是青少年健康促进政策效能发挥的前提和基础,为此,深化健康促进政策制定研究,明确健康治理的方向,对于促进中学生健康素养和体质健康水平提升具有举足轻重的意义。政策制定的前瞻性是指在制定健康促进政策时,决策者需要具备对

未来发展趋势的深刻洞察力和预测能力,能够预见和应对未来可能出现的健康挑战和机遇,该类前瞻性思维要求中学生健康政策制定者不仅仅关注当前中学生的健康问题和需求,还要考虑到中学生健康问题的长远影响和潜在的变化,从而制定出既适应当前环境又能够引领未来中学生健康成长的政策。健康促进政策的实效性是指健康促进政策在实施过程中所产生的实际效果和预期目标之间的符合程度。而健康促进政策制定的科学性是确保健康促进政策前瞻性和实效性的前提。由于健康的观念和青少年健康问题随着社会发展而不断变化,如健康的概念、学生的近视问题、超重肥胖问题、健康素养水平不高等问题,为此青少年或中学生健康促进政策不仅要有针对性,而且该类政策也要伴随青少年或中学生的健康问题的变化而进行调整和优化,进而提升健康促进政策目标的实现,促进政策效果的最大化。

加强政策研究能够帮助政策制定者了解目前中学生的健康问题,预见未来可能出现的问题和挑战,有助于把握健康治理的趋势和方向,确保健康治理有效并能促进中学生健康和福祉提升。

首先,加强中学生健康促进政策研究,需要建立完善的健康政策研究体系和政策动态更新机制。包括设立专门的青少年或学生健康政策研究和监测机构,建立配套研究制度,深入研究国家健康促进发展战略、国内外健康政策的优劣、中学生健康问题、国内外健康领域、流行病学、生物学、体育学、心理学和公共卫生等多领域的最新研究成果和发展趋势,确保政策能够及时反映健康领域的最新需求和最新挑战,为健康治理政策制定提供参考和借鉴。如当前学生健康素养监测相关政策尚缺乏尤其是 15 岁以下的学生,迫切需要设立青少年或学生健康素养监测机构,研究青少年健康素养中的相关主题和问题,制定青少年或学生的健康素养监测制度,如测试的工具、测试的方式、测试的周期、反馈机制等,形成青少年健康素养定期监测制度。另外青少年的健康促进政策动态更新机制也需要完善,如《学校卫生工作条例》《学校体育工作条例》等已经颁布实施 30 余年,也需要迫切加紧研制,更新优化。

其次,要利用现代信息技术手段,提高政策研究的准确性。当前人工智能发展迅猛,大数据资源丰富,可以综合利用人工智能和大数据等信息技术手段对健康素养、体质健康等指标进行连续多年的跟踪并进行深入分析,了解数据背后的规律,提高政策研究和政策制定的精准性。相关研究显示我国当前学生体质健康监测中缺乏对同一学生连续多年的体质与健康行为等的跟踪调研,使得后续的健康促进工作无法提供个性化指导[①]。为此未来可基于高科技信息技术手段对学生健康素养和体质健康等指标进行客观收集、连续多年收集,为政策研究和制定提供客观、全面的数据支撑。

最后,加强政策研究还要将实践探索与理论研究相结合。在青少年健康素养和体质健康促进实际工作中要不断尝试和创新,了解规律并积累成功和失败的经验,为未来的青少年健康促进政策制定提供有力的支撑。只有这样才能更好地应对未来的挑战,推动健康治理事业的持续发展。

(二) 优化政策执行机制,确保政策落地生效,提升健康治理效能

政策有效执行是实现政策目标的前提,政策执行机制是保证政策执行效果的保障。已有研究认为政策目标的实现大约有一成是由政策文本贡献的,而九成则要归功于政策的有效执行[②],为此各级政府及相关部门需要优化政策的执行机制,明确各自在健康促进政策实施中的责任和担当,加强政策执行过程中的监督和指导,确保政策得到有力和有效执行,进而提升健康治理的效能。

首先,要完善政策的执行体系,明确各级政府及相关部门的职责和分工,增加财政部门的支持力度。政策执行需要一个完善的政策执行体系,执行体系的通畅与否直接影响政策执行的效果。当前相关研究显示青少年健康促进政策执行力度不足[③],为此各级政府及其相关部门应当紧密围绕健康促进政策制定的核心目标,遵循健康促进政策的基本要求,明确划分各自在政策执行过程中应承担的职责和工作,如教育部门、学校、家庭等,确保政策执行的通畅;同时财政部门要增加对健康政策执行中的经费保障,如学生体质健康监测新设备的更换、体育和健康知识理念的普及工作中人员的工资和奖励等、体育器材和健康教育资料的购置和更换等都需要一定的经费支持,从而保障政策切实执行。

其次,要强化健康促进政策的执行力度,确保健康促进政策措施落地生

① 李红娟,代晓彤.学生体质监测的根本目的是健康促进[J].中国学校卫生,2022,43(1):6-9.

② 陈振民.政策科学:公共政策分析导论[M].北京:中国人民大学出版社,2003.

③ 陈长洲,王红英,项贤林,等.改革开放40年我国青少年体质健康政策的回顾、反思与展望[J].体育科学,2019,39(3):38-47+97.

效。强化健康促进政策的执行力度,是健康促进政策真正发挥作用的保障,也是提高健康治理效能的核心任务和关键环节。为此,健康促进政策执行部门要学习政策精神,领会政策价值、强化职责分工,细化政策实施细则,形成政策执行合力,确保政策保质保量实施。如相关研究显示当前学生体质健康监测获取数据的客观性不够,可能存在数据误测、记错、篡改等问题①,学生体质健康监测中,要强化体育教师的责任意识,确保体育教师对于学生体质健康监测政策的理解与把握,测试过程中能够做到认真、细致,数据上报过程中能够做到实事求是,数据分析中能够做到科学严谨等。

再次,要加强健康促进政策执行效果的考核。考核是衡量健康促进政策执行效果的重要方式,要将政策执行效果纳入各级各类政府和组织部门的绩效,对健康促进政策执行不力和效果不佳的部门要进行定期问责和追责,形成政策执行的强大压力,压力转化动力,进而持续提升相关部门对政策执行的动力和效果,为健康治理提供有力保障。如当前已经有部分地区对学生体质健康促进工作不佳的学校进行追责,但当前青少年健康促进中依然存在健康促进政策法律力度不够、法律责任的惩罚措施不具体、法律责任不明晰、处罚力度轻等问题存在②③,亟需成立相关部门如"青少年体质健康政策执行考核"并制定定期考核机制,加强对青少年健康促进政策执行效果的严格考核,并严格追责。

(三)完善政策评估与反馈体系,实现政策动态调整,强化健康治理监督

评估与反馈体系是实现健康促进政策动态调整与优化的前提,也是实现治理目标和治理效果的保障,建立科学完备的健康政策评估与反馈体系,定期对健康政策的实施效果进行评估,并依据评估的结果,对健康促进政策进行动态调整和优化,可促进政策能够持续有效地促进中学生的健康素养

① 隋勇,张立国,李采丰,等.人工智能赋能青少年体质健康精准治理:现实困境、治理向度和实践路径[J].中国教育学刊,2023(7):72-77.
② 王家宏.发挥党的领导优势,形成体教融合发展"中国模式"[EB/OL].(2021-04-09)[2023-07-20].http://sutt.suda.edu.cn/0e/ec/c23316a462572/page.html.
③ 王莹,戴俊,问绍飞.体教融合视域下青少年体质健康促进政策法律化研究[J].沈阳体育学院学报,2022,41(4):50-56.

和体质健康。如何建立和完善政策评估与反馈体系是健康治理的关键环节。

首先,要顶层设计科学的健康促进政策评估体系。国家青少年健康促进政策制定或评估部门要依据青少年学生健康促进的目标,设定合理、可操作性的评估指标,使得政策评估的时候有据可依。如当前有《国家青少年体质健康标准(2014 修订)》,该文件规定了青少年体质健康测试的具体指标、测试的方法、评分的方法等,但是关于该政策的评估方法等尚缺少政策支撑。

其次,要建立多维的健康促进政策的反馈体系。反馈体系是收集健康促进政策实施效果意见的重要环节。为此,各级政府和青少年健康促进各部门要建立多维的反馈途径,如座谈会、问卷调查、电话热线等,广泛收集学生、家长、学校和相关利益者等各方意见与建议,同时还需将收集的信息和问题及时整理和回复,对于有利于青少年健康成长的建议应及时纳入政策调整领域。

再次,建立健康促进政策的动态调整方略。政策评估与反馈的最终目的是实现政策的动态调整和优化。要依据评估和反馈结果及时调整健康促进政策的治理方向和治理力度,细化治理措施,确保政策可行、可达成。另外调整政策时还要注意保持政策的连续性和稳定性,避免变动太大或者太频繁造成政策无法实施。

●二、推动健康教育资源的均衡化配置与高效化利用

(一)加大投入力度,均衡地区学校资源,缩小健康教育差距

健康教育资源是青少年健康促进的基础,当前我国各地区和学校间健康教育资源配置不均,为此,第一,要增加健康教育的投入,提高健康教育资源总的数量与质量。各级政府和部门要增加健康教育经费的优先投入,同时要引导社会各界关注当前健康教育资源的不足,提升社会各组织和企业对健康教育资源的投入,增加体育设施、健康教育图书、健康教育教室、体育馆等资源的数量,提升资源的质量等。第二,要将现有的资源进行均衡配置,使得健康教育资源能够得到公平地分配与合理地利用。当前地区间、

学校间健康教育资源的数量和质量都存在着明显的差异。为此，要对不同地区和学校的资源进行重新优化，以实现资源的公平分配与最大化利用。如不同地区经济状况、学校规模、学生人数等情况不同，资源分配中要尽量按需分配，提高资源的利用率，避免个别或部分学校的健康教育资源的浪费。第三，要重点关注弱势群体与贫困地区的特殊健康需求，缩小健康教育资源的差距。对于贫困地区、农村地区以及特殊教育学校等，应重点关注并给予政策、资源等支持，确保这类地区和学校的学生能够享受到公平的健康教育资源。如国家和各级政府部门可以设立专项资金用于支持这些地区的健康教育基础设施建设，同时可以调配经济发达地区的卫生员、健康教育教师等到这些地区和学校支援，改善健康教育资源的不平衡现象。

（二）加强人工智能技术运用，实现健康教育资源共享，促进资源的高效利用

当前人工智能等信息技术发展迅猛，信息技术的发展使得数字化治理正在成为全球健康治理的方向，也为健康资源共享提供了新的平台。如通过在线教育平台和数字资源库等，可将优质的健康教育资源传播到更多地区尤其是偏远地区和学校，如偏远地区和学校可通过平台下载、观摩优质的健康教育视频课程、健康教育资料等，进而使得健康教育资源得到更广泛和更有效地利用，进而提高健康教育质量，缩小健康教育差距。

通过上述措施，可以有效地均衡健康教育资源的配置，确保每个学生都能享受到高质量的健康教育，从而提升整体的健康素养和体质健康水平。这不仅有助于学生的个人发展，也对提升整个社会的健康状况和生活质量具有重要意义。

●三、创新健康评价体系构建，提升评价科学性与实用性

（一）明确评价目标和内容，细化指标体系，全面反映学生健康状况

评价的目标是评价体系构建的关键。在构建健康评价体系时。首先要通晓国内外健康素养和体质健康的研究前沿，明确当前学生核心的健康问

题,并依据问题制定健康素养和体质健康治理和评价的目标,并细化相应的指标体系。如相关研究显示青少年体质健康测试的指标相对比较单一,缺少了血氧饱和度等生化指标监测[①],为此未来的健康素养和体质健康的评价指标可以相应增加相关指标的评价。

(二)引入先进评价方法,提高评价准确性,确保结果客观公正

当前健康素养和体质健康评价的方法存在单一和技术落后等问题,为此未来的健康素养评价中可以综合运用问卷调查、访谈、实践操作等多种方法综合评价学生的健康技能,以确保评价全面客观;其次还要引进先进的评价技术手段,提高评价的准确性。如对学生体质健康进行测量和评价时,可以运用智能化体质健康测试仪器与系统等,不仅能降低人力成本,还可有效规避犯错和违规行为[②],确保数据客观公正。

(三)加强评价结果应用,指导健康促进工作,促进学生健康发展

评价的核心目的是运用评价的结果改进现有的健康促进工作,促进学生健康发展。但当前学生体质健康测评中存在着体质健康监测周期长(一年一次)、测评结果反馈慢甚至无反馈的情况[③],为此需要健全评价反馈机制,将评价的结果及时反馈给相关部门和学生本人,让相关部门、家长和学生等了解学生当前健康的样态和问题,进而精准治理学生健康的突出问题,如中学生的超重肥胖问题。儿童青少年肥胖问题已经被认为是当今世界最主要的公共卫生问题之一,关于超重和肥胖的治理,已有研究表明肥胖可能是由多种因素引起的,包括缺乏身体活动以及久坐不动的生活方式水平高、饮食、社会经济地位、种族、移民和环境因素等,基于社会生态学理论分析可以发现,针对超重肥胖人群的干预,需要从个人的卫生服务和临床干预措施、直接影响个人和群体行为的社区等方面进行联合干预,为此学生的体质健康测试结果应该告知学生健康的相关利益部门和个人,如社区、学校、家

---

① 隋勇,张立国,李采丰,等.人工智能赋能青少年体质健康精准治理:现实困境、治理向度和实践路径[J].中国教育学刊,2023(7):72-77.
② 陆淳,刘静民,郑丽君,等.《学生体质健康标准》智能化测试的实施[J].体育学刊,2004(5):81-83.
③ 同①.

庭和个人等,让相关利益部门和个人关注中学生健康,进而干预提升中学生健康水平。

● 四、加强体育与健康教育师资队伍建设,推动专业化与创新发展

(一) 增加专业指导与培训,提升体育与健康课程教师健康教育教学水平

加强教师的培训是提升教师教育教学水平的重要途径。如国家应该定期组织教师尤其是体育与健康课程教师和心理健康教师等进行健康教学专业技能培训和健康教育教学法研讨、体育健身指导等活动,不断提高教师的健康教育胜任力。

(二) 增加编制与激励,增加体育与健康教师的数量并激发教师动力

数量足够的体育与健康教师是提高体育和健康教育质量的关键。当前承担学校健康教育和体育教育的师资主要为体育与健康课程教师,但是当前相关研究显示体育与健康教育师资不足。相关研究显示 2015 年我国体育教师缺额 154 690 人[1],虽然后来有所增加,但由于学校在校生多,依然有许多地区还存在体育教师结构性缺编问题[2][3][4][5][6]。为此,政府和教育部门应合理增加体育与健康课程教师的编制,提高师生比,尤其是教育资源不发达

① 《中国学校体育发展报告》编写组. 中国学校体育发展报告:2016[M]. 北京:高等教育出版社,2018.

② 教育部. 教育部:每年新增体育教师约 2 万人体育教师学历水平明显提高[EB/OL]. (2021 - 09 - 03)[2022 - 03 - 12]. http://www. moe. gov. cn/fbh/live/2021/53685/mtbd/202109/t20210903_558537. html.

③ 教育部. 教育部发布 2020 年全国教育事业发展统计公报 教育"十三五"主要目标如期实现[EB/OL]. (2021 - 08 - 28)[2022 - 03 - 10]. http://www. moe. gov. cn/jyb_xwfb/s5147/202108/t20210830_555619. html.

④ 张新萍,王宗平. 关于我国中小学体育生师比的思考[J]. 体育学刊,2014,21(2):116 - 119.

⑤ 周凰,邓倪姣,马卉君,等. 体教融合理念下学校体育内涵式发展实践困境与推进策略[J]. 体育文化导刊,2021(12):91 - 97.

⑥ 张鸿翼,李森. 西部地区农村小学教师结构性缺编现状调查研究:基于川、渝、滇、黔等六省市区的实证分析[J]. 云南师范大学学报(哲学社会科学版),2019,51(3):100 - 109.

的地区和学校。其次,要构建教师激励机制,如给予边远地区或贫困地区学校的体育与健康教师职业晋升机会、增加薪水等,以激发教师的教学动力,并留住优秀的体育与健康教师,进而提高教师体育与健康教育水平,提升学生健康水平。

●五、构建健康治理协同网络

青少年学生健康素养和体质健康水平的提升是一个系统工程,需要利益相关主体相互协作,协同治理以促进青少年学生健康素养和体质健康水平提升。协同治理理论认为协同治理应建立于政府、市场、社会组织相互分立的基础上,通过建立开放性的公共论坛,依托制度化的沟通渠道和对话平台,将公共治理涉及的利益相关者囊括进来,彼此在信任和互惠的基础上增进共识,形成集体决策,组织集体行动,协调各方采取一致行动①。由于健康素养和体质健康水平受地区、家庭居住地、学校类型等各方面影响,因此需要政府各级部门、学校、家庭、社区和个人等各层面更新健康素养和体质健康的治理理念、健全健康素养和体质健康的治理机制,创新健康素养和体质健康的提升方法,形成健康素养和体质健康治理的协同网络。

(一) 强化个人与家庭的健康治理责任

在中学生健康素养和体质健康治理中,学生个人和家庭发挥着最直接也是最重要的作用,为此学生个人首先要树立自己是健康第一责任人的理念,增强个人的健康意识和健康责任感。如何增强学生的健康意识和健康责任感? 首先家长要积极向学生渗透健康的相关理念,其次学校和社会要通过各种健康教育活动,让学生体验并学习健康的重要性,在课程中也要渗透健康价值、健身原理和方法等相关的内容。另外,家庭是学生健康成长的第一场域,家长对孩子的健康意识和健康行为和健康习惯的养成至关重要,因此家庭中父母增加对中学生身体活动和健康活动支持,家长要言传身教,发挥好榜样的作用和孩子健康监护人的作用。

① 吴凡.协同治理视角下的中国—东盟跨境区域合作研究[J].社会科学家,2015(7):45-48.

（二）提升学校在健康治理中的中心作用

学校是健康教育和促进的重要场所，在学生健康治理中起着举足轻重的作用。学校要创新健康教育手段，采用多样化健康促进手段发挥学校在健康治理中的中心作用，切实提升中学生健康素养水平和体质健康水平。首先，学校尤其是非重点学校要创设健康素养和体质健康支持环境来促进师生健康发展，提供多样化的途径支持学校师生健康水平提升，如健康的校园物质环境、精神和制度文化、体育活动环境，有利的学校健康促进政策和必要的健康经费支持。其次，要强化教师健康素养水平和健康教育胜任力的提升，尤其是体育与健康课程教师健康素养水平和健康治理水平。我国《中小学健康指导纲要》（2008 年）和《中小学健康教育规范》（2011 年）提出我国学校健康教育的主要载体课程是《体育与健康》课程，且相关研究表明体育健康促进是提高国民健康素养和体质健康水平的重要手段[1]。我国职前体育教师健康素养整体水平不高和在职体育教师健康教学素养失衡[2]，体育师资培养高校和中小学要关注职前和职后体育教师健康素养和健康教学素养提升。第三，要求学校要提升学生体质健康和健康素养的治理意识和能力，开设多样的体育活动服务内容和健康教育活动、健康竞赛活动等，在学校体育课程中，增加关于体重控制和减重等相关内容，确保学生校内一小时的运动时间；同时要加强健康教育，重点是健康素养的三个方面和六类问题，精准聚焦健康基本知识和理念方面教育，聚焦传染病预防、科学健康观和慢性病预防等三类问题的教育。第四，要分类重点教育。如普通高中阶段应着重强化高一和高三年级学生健康素养提升，尤其是面临高考压力的高三学生。

（三）增强政府在健康治理中的顶层设计功能

国家政府部门应做好健康素养和体质健康治理的顶层设计，如出台《青少年学生健康素养促进条例》《青少年学生体质健康促进条例》，并以立法的

---

[1] 陆东东，王帅，卢茂春，等. 多元共治：体育健康促进治理现代化的路径选择[J]. 体育与科学，2021，42(6)：70-77.

[2] 赵富学. 抗击疫情背景下体育教师健康教学素养的失衡特征因析及复位思考[J]. 北京体育大学学报，2020，43(3)：149-156.

形式固定,以促进青少年学生健康素养和体质健康促进政策的法律化。健康促进相关政策优惠向中部和西部地区、乡镇乡村、向非重点高中倾斜;各级政府部门要注重提升自身组织健康素养水平和健康素养治理水平;把健康素养和体质健康纳入学校质量评估的重要指标,建立学校健康素养督导机制,把中学生健康素养和体质健康提升行动作为重要工程,切实承担主体责任。

(四)促进跨部门的健康治理合作

跨部门合作是有效健康治理网络的关键。学校、家庭、其他教育和体育工作部门等应建立共同合作的机制,共同研究和实施健康促进政策,确保政策的连贯性和有效性。同时,各部门要共享资源和信息,协同开展健康教育活动、体育活动、减重、运动损伤与急救等活动,及时整合和利用社会资源,为学生提供全面的健康服务。如社会、社区或家庭应创造良好的体育活动氛围,如交通道路中增加学生骑行和走路的安全通道,增加学生放学走路回家的机会;社区中增加便于学生活动的场地和健康教育资料等,共同提高学生的健康水平。通过各部门协同合作形成一个多主体参与、协同健康治理网络,确保中学生在家庭、学校和社会的共同关注和支持下,健康成长。

结　语

第一节　研究结论与研究贡献

●一、研究结论

（一）我国中学生健康素养水平与影响因素

1. 健康素养总体水平与影响因素

健康素养部分采用多阶段分层整群方便抽样的方法，运用国家权威健康素养问卷对我国 31 个省 8 265 名在校普通中学生健康素养现状进行现场问卷调查，采用 SPSS 25.0 进行不同人口学特征单因素 χ^2 检验和多因素 Logistic 回归分析，研究表明我国中学生健康素养水平较低，与《"健康中国 2030"规划纲要》提出的到 2030 年全国居民健康素养水平指标要达到 30% 的目标仍具有较大差距，亟须针对中学生健康素养进行精准治理。研究发现我国少数民族中学生的健康素养水平高于汉族中学生，我国东部地区学生的健康素养水平高于中部和西部，城市中学生的健康素养水平高于农村，重点学校中学生的健康素养水平高于普通学校学生的健康素养水平，父亲学历为大专以上的中学生的健康素养水平高于父亲学历为大专以下的中学生健康素养水平。研究发现民族、地区、家庭居住地、学校类型、年级和父亲学历是中学生健康素养水平的影响因素。

2. 健康素养三个维度水平与影响因素

我国中学生健康素养的三个维度素养水平均不高且呈现不均衡特点。在健康素养三个维度方面，健康技能素养水平最高，健康生活方式与行为水平次之,健康知识与理念素养水平最低,地区、家庭居住地、学校类型是影响健康素养三个维度水平的重要因素。

3. 健康素养六类问题水平与影响因素

我国中学生六类健康问题素养水平呈现不均衡特点,我国中学生六类健康问题素养水平由高到低依次为基本医疗素养、健康信息素养、安全与急救素养、传染病预防素养、科学健康观素养和慢性病防治素养。家庭居住地和年级是我国中学生六类问题的共同影响因素,其中学校类型影响除慢病外的五类问题素养的共同影响因素。

(二) 我国中学生体质健康状况与影响因素

1. 中学生体质健康总体状况与影响因素

依据《国家学生体质健康测试标准(2014 年修订)》测试内容、测试方法和评分方法,对在全国范围内抽样的中学生进行了体质健康测试,共测试身高、体重、肺活量、50 m 跑、立定跳远、坐位体前屈、引体向上(男生)、1 min 仰卧起坐(女生)、800 m 跑(女生)、1 min 1 000 m 跑(男生)等项目,并对获取的数据基于性别、城乡、地区和年级等人口学因素进行了处理与分析,较为全面了解了我国中学生体质健康状况及人口学影响因素。研究发现我国中学生体质健康总体状况较过去有所提升,但整体状况依然不佳,需要进一步精准治理中学生健康问题。

从各指标得分看我国中学生体质健康水平,我国中学生体质各项目测试后平均得分由高到低分别为:体重指数、50 m 跑、肺活量、1 000 m 跑(男生)、坐位体前屈、立定跳远、800 m 跑(女生)、1 min 仰卧起坐(女生)、引体向上(男生),即在中学生体质健康各指标中,中学生身体形态在所有指标中最好,但依然有近 20% 的学生超重或肥胖,另外学生力量素质最差,尤其是男生力量,亟需重点关注治理。

从优秀率看我国中学生体质健康水平,仅有身体形态方面指标达到《“健康中国 2030”规划纲要》提出的到 2030 年国家学生体质健康标准达标优秀率达 25% 以上的目标,身体机能、速度素质、力量素质、耐力素质、柔韧素质、爆发力等指标的优秀率均未达到《“健康中国 2030”规划纲要》提出的“到 2030 年国家学生体质健康标准达标优秀率达 25% 以上的目标”的目标,学生力量素质、柔韧素质、爆发力素质、女生的耐力素质等方面的优秀率较低,因此在未来中学生体质健康的优秀率治理方面需重点关注。

我国中学生体质健康影响的人口学因素:性别、年级和地区是学生体质健康总成绩和总成绩等级分布的人口学影响因素,城乡不是中学生体质健康测试总得分和总得分等级分布的影响因素。本研究发现女生的体质测试总得分高于男生,高一年级总得分高于高二和高三学生,东部地区学生总得分高于中部和西部地区。

2. 我国中学生身体形态状况与影响因素

我国中学生身体形态大部分都很正常,等价评价为优秀,但超重肥胖(18.6%)和低体重(6.0%)的学生依然比较多。地区和年级是影响中学生身体形态等级分布的因素,中学生身体形态等级分布在性别、城乡方面无差异。

3. 我国中学生身体机能状况与影响因素

我国中学生身体机能水平不佳,当前的优秀率未达到《"健康中国 2030"规划纲要》提出的"到 2030 年国家学生体质健康标准达标优秀率达 25%以上"的目标,需要进一步关注并提升学生身体机能水平。从测试结果看男生的肺活量测试结果高于女生;东部学生的肺活量测试结果好于中部,中部好于西部;高二学生的肺活量测试结果好于高三学生,高一学生肺活量水平和高一学生肺活量水平差不多。从得分结果看,女生的身体机能水平得分高于男生,高一学生的肺活量得分高于高二和高三,东部高于中部,中部高于西部地区。

研究发现性别、年级和地区是影响中学生身体机能的因素,城乡不是影响中学生身体机能的相关因素。

4. 中学生身体素质状况与影响因素

我国中学生身体素质各指标呈现"横看成岭侧成峰,远近高低各不同"的特征,所有调研的身体素质的总体评分等级均为及格等级,各项素质由好到差排序为速度素质、男生耐力素质、爆发力、女生耐力素质、柔韧素质和力量素质,其中速度素质在所有身体素质指标中最好,力量素质最差;各指标的优秀率均未达到《"健康中国 2030"规划纲要》提出的"到 2030 年国家学生体质健康标准达标优秀率达 25%以上"的目标,因此中学生身体素质提升依然需要持续关注,差异化治理。

基于性别、年级、城乡和地区对中学生各项身体素质的测试结果、测试得分和等级分布的影响因素进行分析,发现性别是中学生所有身体素质的共同影响因素;年级是中学生速度素质(测试结果、测试得分和等级分布)、柔韧素质(测试结果、测试得分和等级分布)、力量素质(等级分布)、耐力素质(测试得分和等级分布)的共同影响因素;地区是中学生速度素质(测试得分、等级分布)、柔韧素质(测试结果、测试得分和等级分布)、爆发力(测试结果、测试得分和等级分布)、力量素质(测试结果、测试得分和等级分布)、耐力素质(测试结果、测试得分和等级分布)的共同影响因素;城乡是速度素质(测试结果和等级分布)、柔韧素质(测试得分和等级分布)、爆发力(测试得分和等级分布)、力量素质(测试得分和等级分布)、耐力素质(测试结果、测试成绩和等级分布)的共同影响因素。

(三)我国中学生健康素养与体质健康的相关性

我国中学生健康素养与体质健康正相关,且健康基本知识与理念、健康生活方式与行为等与心肺功能、柔韧性、力量素质等均存在正相关。

(四)我国中学生健康素养与体质健康治理的现实困境与突破路径

当前我国中学生健康素养与体质健康治理面临着诸多现实困境,具体包括健康促进政策制度不完善、健康教育资源配置不均、健康评价机制不完善、体育与健康教育师资不足、健康协同治理机制不畅等,针对现实困境,提出突破策略与创新路径:完善健康促进政策与法规体系设计,强化执行与监督力度;推动健康教育资源的均衡化配置与高效化利用;创新健康评价体系构建,提升评价科学性与实用性;构建健康治理协同网络,另外本研究的结果显示我国中学生健康素养水平和体质健康呈正相关关系,因此在青少年健康素养和体质健康治理过程中,应注意将两者进行综合治理。

●二、研究贡献

本研究贡献:第一,当前研究更多地关注于我国部分地区的中学生健康素养水平且样本量相对较小,全国范围内针对普通中学生健康素养水平及影响机制的大样本研究相对还较为缺乏。由于健康素养受到地域和经济等因素的影响,因此本研究为全面了解我国中学生健康素养、三个维度和六类健康问题现实状况提供了新证据,为今后各部门针对中学生合理选择健康素养干预方案提供了实践依据。第二,研究结果深化和拓展了健康素养和体质健康水平的影响机制,揭示了学校类型对于我国普通中学生健康素养的影响机制,验证了已有研究中关于健康素养水平受到地区、家庭居住地、年级等方面影响的相关理论。第三,提出了健康素养与体质健康综合治理的观点,挖掘了健康素养和体质健康治理方向。

第二节　研究不足与研究展望

●一、研究局限

本研究是针对全国普通中学生健康素养水平和体质健康进行研究的项目,研究中共收回 8 265 人的健康素养数据,体质健康测试共获取 7 523 人的有效数据,每人测试身高、体重、肺活量等 8 个项目,共获取 6 万余人次的数据,体现了本研究样本量大的特点,但本研究仍存在一些不足:

第一,本研究中健康素养调研均采用问卷自填的方式来调查,这种方式虽然比较方便,但缺少了他人对个体健康素养的评价,以及缺少真实互动情境下健康知识和能力的展示和运用,这种局限性可能使得调查结果与学生的实际健康素养水平存在一定偏差,无法完全准确反映学生的真实情况。

第二,本研究是基于一定时间段的全国 31 个省、直辖市和地区的横断面研究,缺少了大范围的纵向研究和其他生命历程中的健康素养和体质健康发展变化的研究。

第三,本研究中由于健康素养问卷适合于 15 岁以上的中学生,所以本研究中的中学生主要为 15 岁以上的中学生,缺少了其他年龄段学生的健康素养和体质健康的数据。

第四,本研究采用了抽样调研的方法,由于新冠疫情的反复,使得调研的数量受到了限制。

●二、研究展望

第一，本研究健康素养均采用问卷自填的方式来调查，缺少了与真实互动情境下健康知识和能力的展示和运用，故后续研究中，可以增加多样化的研究方法或多种方法综合使用，如深度访谈、技能展示、观察、虚拟现实技术等方法，了解学生在不同情境中表现出的健康素养；另外本研究中的健康素养主要为个人自评，未来研究中可以增加他人评价，或者同学评价、家长评价等内容。

第二，本研究是基于一定时间段内的全国范围内的横断面研究，研究的同为高中这个阶段的学生健康素养水平，但是之前和之后的健康素养水平知之甚少，后续可进一步深度研究同一批学生在不同年度的健康素养发展水平，追踪其健康素养在不同年龄段的动态发展，并针对性实施健康促进干预，以促进全民健康尤其是中学生健康，为健康中国建设添砖加瓦。

第三，由于健康素养问卷适合于 15 岁以上的中学生，所以本研究中的中学生主要为 15 岁以上的中学生，未来可进一步增加这个年龄段以下的初中生或其他阶段学生健康素养与体质健康的相关研究。

第四，未来研究中可以基于国家学生体质健康监测同时增加健康素养的调研，以便更全面掌握我国学生健康素养和体质健康的现状，为精准治理所有学段学生的健康素养和体质健康问题奠定基础。

参考文献

[1] 蔡瑞金,薛小安,季浏,等. MPA 或 VPA 等时替代课堂 10 分钟 LPA 对高中生体质健康的影响[J]. 武汉体育学院学报,2021,55(3):82-91.

[2] 世界卫生组织. 第七十四届世界卫生大会最新情况-2021 年 5 月 27 日[EB/OL]. (2021-05-27)[2022-07-20]. https://www. who. int/zh/news/item/27-05-2021-update-from-the-seventy-fourth-world-health-assembly- 27-may-2021.

[3] 司建平,王先菊,郭清. 河南省大学生健康素养影响因素及提升路径研究[J]. 卫生软科学,2022,36(9):90-96.

[4] 要不断提升学生体质健康水平[J]. 教学管理与教育研究,2021(18):124.

[5] National Center for Education Statistics. The nation's report card: A first look: 2013 mathematics and reading(NCES 2014-451)[R]. Washington D C: Institute of Education Sciences, U. S. Department of Education, 2013.

[6] Sanders L M, Federico S, Klass P, et al. Literacy and child health: A systematic review[J]. Archives of Pediatrics & Adolescent Medicine, 2009, 163(2): 131-140.

[7] Zarocostas J. How to fight an infodemic[J]. The Lancet, 2020, 395(10225): 676.

[8] 闫玮,庄天艺,杨培荣,等. 宝鸡市居民健康素养与新型冠状病毒肺炎疫情防控知信行的关系[J]. 西安交通大学学报(医学版),2022,43(3):468-475.

[9] Sentell T, Vamos S, Okan O. Interdisciplinary perspectives on health literacy research around the world: More important than ever in a time of COVID-19[J]. International Journal of Environmental Research and Public Health, 2020, 17(9): 3010.

[10] Abel T，McQueen D. Critical health literacy and the COVID-19 crisis [J]. Health Promotion International，2020，35(6)：1612-1613.

[11] Hernandez L M. Health literacy：Improving health，health systems，and health policy around the world：Workshop summary[M]. Washington,DC.：National Academies Press，2013.

[12] Kraus H，Hirschland R P. Minimum muscular fitness tests in school children[J]. Research Quarterly American Association for Health，Physical Education and Recreation，1954，25(2)：178-188.

[13] 李卫东,侍崇艳,殷鼎. 美国学校体育的历史演变[J]. 体育学研究，2018,1(4):16-20.

[14] Stodden D，Sacko R，Nesbitt D. A review of the promotion of fitness measures and health outcomes in youth[J]. American Journal of Lifestyle Medicine，2017，11(3)：232-242.

[15] Conrad C C. The president's council on physical fitness and sports[J]. The American Journal of Sports Medicine，1981，9(4)：199-202.

[16] 周铭扬,谢正阳,缪律,等.青少年体质健康促进的社会治理研究:国外镜鉴、基本原则与路径设计[J].天津体育学院学报,2021,36(1):29-36.

[17] 侍崇艳,韩萍萍,张美玲,等.基于PMC指数模型的青少年体质健康促进政策量化评价与实证研究[J].体育与科学,2022,43(6):73-85.

[18] 肖晶.中国共产党建党百年来学校体育发展历程与未来展望[J].青少年体育,2022(1):78-82.

[19] 李华."健康中国"背景下高职体育发展路径探索与研究[J].体育视野,2021(20):37-38.

[20] 云颖,范乾辉.海南中考体育项目设置改革研究[J].当代体育科技,2022,12(7):7-10.

[21] 李小伟.新时代体育与健康课程如何促进学生全面发展[J].中国学校体育,2019(11):23-24.

[22] CDC of USA. How does healthy people define health literacy？[EB/OL].(2021-03-06)[2022-07-22]. https://health.gov/our-work/nation-

al-health-initiatives/healthy-people/healthy-people － 2030/health-literacy-healthy-people－2030.

［23］Vandenbosch J，Van den Broucke S，Vancorenland S，et al. Health literacy and the use of healthcare services in Belgium［J］. Journal of Epidemiology and Community Health，2016，70(10)：1032－1038.

［24］Sørensen K，Pelikan J M，Röthlin F，et al. Health literacy in Europe：Comparative results of the European Health Literacy Survey(HLS-EU)［J］. European Journal of Public Health，2015，25(6)：1053－1058.

［25］贾秋萍,周金松,郭燕,等.南京市江宁区居民健康素养调查［J］.健康教育与健康促进,2019,14(3):224－228.

［26］Kutcher S，Wei Y E，Coniglio C. Mental health literacy：Past，present，and future［J］. Canadian Journal of Psychiatry Revue Canadienne De Psychiatrie，2016，61(3)：154－158.

［27］Bennett I M，Chen J，Soroui J S，et al. The contribution of health literacy to disparities in self-rated health status and preventive health behaviors in older adults［J］. The Annals of Family Medicine，2009，7(3)：204－211.

［28］Berkman N D，Sheridan S L，Donahue K E，et al. Low health literacy and health outcomes：An updated systematic review［J］. Annals of Internal Medicine，2011，155(2):97－107.

［29］DeWalt D A，Berkman N D，Sheridan S，et al. Literacy and health outcomes［J］. Journal of General Internal Medicine，2004，19(12)：1228－1239.

［30］Australian Commission on Safety and Quality in Health Care. Health literacy：Taking action to improve safety and quality［M］. Sydney：ACSQHC，2014.

［31］Vernon J A，Trujillo A，Rosenbaum S J，et al. Low health literacy：Implications for national health policy［R］. Washington D C：Department of Health Policy，School of Public Health and Health Services，

The George Washington Univsity，2007.

[32] Bostock S，Steptoe A. Association between low functional health literacy and mortality in older adults：Longitudinal cohort study[J]. BMJ(Clinical Research Ed.)，2012，344：e1602.

[33] Kickbusch I，Pelikan J M，Apfel F，et al. Health literacy：The solid facts[M]. Geneva：WHO Regional Office for Europe，2013.

[34] von Wagner C，Knight K，Steptoe A，et al. Functional health literacy and health-promoting behaviour in a national sample of British adults [J]. Journal of Epidemiology and Community Health，2007，61(12)：1086－1090.

[35] Palumbo R. The Italian health literacy project：Insights from the assessment of health literacy skills in Italy[J]. Health Policy，2016，120 (9)：1087－1094.

[36] Fernandez D M，Larson J L，Zikmund-Fisher B J. Associations between health literacy and preventive health behaviors among older adults：Findings from the health and retirement study[J]. BMC Public Health，2016，16：596.

[37] Jayasinghe U W，Harris M F，Parker S M，et al. The impact of health literacy and life style risk factors on health-related quality of life of Australian patients[J]. Health and Quality of Life Outcomes，2016，14：68.

[38] 徐百超,孔德志,骆丁,等. 吸烟对在校大学生肺功能及健康体适能的影响[J]. 中华健康管理学杂志,2021,15(4):379－384.

[39] 马晓凯,朱政,孙晨,等. 儿童青少年中高强度身体活动时长特征及其与体质健康关系探究[J]. 体育科学,2022,42(4):43－49.

[40] Bermejo-Cantarero A，Álvarez-Bueno C，Martínez-Vizcaino V，et al. Relationship between both cardiorespiratory and muscular fitness and health-related quality of life in children and adolescents：A systematic review and meta-analysis of observational studies [J]. Health and

Quality of Life Outcomes，2021，19（1）：127.

[41] 张磊.青少年身体活动、久坐行为与体质健康关系的实证研究[J].广州体育学院学报，2019，39（3）：101－104.

[42] 教育部.教育部关于 2005 年全国学生体质与健康调研结果公告[EB/OL].（2007－05－22）[2022－07－20].http：//www. moe. gov. cn/srcsite/A17/moe_943/moe_947/200705/t20070522_80580. html.

[43] 教育部体育卫生与艺术教育司.第八次全国学生体质与健康调研结果发布[J].中国学校卫生，2021，42（9）：1281－1282.

[44] Patton G C，Sawyer S M，Santelli J S，et al. Our future：A Lancet commission on adolescent health and wellbeing[J]. The Lancet，2016，387（10036）：2423－2478.

[45] Sawyer S M，Afifi R A，Bearinger L H，et al. Adolescence：A foundation for future health[J]. The Lancet，2012，379（9826）：1630－1640.

[46] Bröder J，Okan O，Bauer U，et al. Advancing perspectives on health literacy in childhood and youth[J]. Health Promotion International，2020，35（3）：575－585.

[47] 教育部发展规划司.普通高中学生数[EB/OL].（2020－06－10）[2022－07－20].http：//www. moe. gov. cn/jyb_sjzl/moe_560/jytjsj_2019/qg/202006/t20200610_464560. html.

[48] Bröder J，Okan O，Bollweg T M，et al. Child and youth health literacy：A conceptual analysis and proposed target-group-centred definition[J]. International Journal of Environmental Research and Public Health，2019，16（18）：3417.

[49] 教育部.教育部等五部门关于全面加强和改进新时代学校卫生与健康教育工作的意见[EB/OL].（2021－08－10）[2022－04－02].http：//www. moe. gov. cn/srcsite/A17/moe_943/moe_946/202108/t20210824_553917. html.

[50] Lopez C，Kim B，Sacks K. Health literacy in the United States：Enhancing assessments and reducing disparities[J]. SSRN Electronic

Journal，2022.

[51] Bröder J，Chang P，Kickbusch I，et al. IUHPE position statement on health literacy：A practical vision for a health literate world[J]. Global Health Promotion，2018,25(4):79 - 88.

[52] Simonds S K. Health education as social policy[J]. Health Education Monographs，1974，2(1_suppl)：1 - 10.

[53] Peerson A，Saunders M. Health literacy revisited：What do we mean and why does it matter? [J]. Health Promotion International，2009，24(3)：285 - 296.

[54] Parker R M，Baker D W，Williams M V,et al. The test of functional health literacy in adults[J]. Journal of General Internal Medicine，1995,10(10):537 - 541.

[55] Sørensen K，Van den Broucke S，Fullam J，et al. Health literacy and public health：A systematic review and integration of definitions and models[J]. BMC Public Health，2012，12(1)：80.

[56] Nielsen-Bohlman L，Panzer A M，Kinding D A，et al. Health literacy：A prescription to end confusion[M]. Washington, DC. ：National Academies Press，2004.

[57] World Health Organization. Health promotion glossary:WHO/HPR/HEP/98. 1[R]. Geneva:WHO，1998.

[59] McQueen D V，Kickbusch I，Potvin L. Health and modernity：The role of theory in health promotion[M]. New York:Springer，2007.

[60] Parker R M，Williams M V，Weiss B D，et al. Health literacy-report of the council on scientific affairs[J]. Jama-Journal of the American Medical Association，1999，281(6)：552 - 557.

[61] US Department of Health and Human Services. How does Healthy People define health literacy? [EB/OL](2022 - 04 - 22)[2022 - 07 - 20]. https://health. gov/healthypeople/priority-areas/health-literacy-healthy-people-2030.

［62］田新华,陈英,赵德春,等.图书馆组织健康素养行动策略［J］.图书馆,
2022(2):75-81.

［63］吕鸣,王秀波,张士靖,等.健康素养促进型组织的概念内涵、测量工具
及其影响因素［J］.医学与哲学,2022,43(8):29-32.

［64］US Department of Health and Human Services. Healthy people 2010
［M］.Washington,DC.:GPO,2009.

［65］李新华.《中国公民健康素养:基本知识与技能》的界定和宣传推广简介
［J］.中国健康教育,2008,24(5):385-388.

［66］Center for Health Care Strategies Inc. (CHCS). Fact sheet:What is
Health Literacy? ［M］. Princeton:CHCS,2000.

［67］Zarcadoolas C, Pleasant A, Greer D S. Elaborating a definition of
health literacy: A commentary［J］. Journal of Health Communica-
tion, 2003, 8: 119-120.

［68］Zarcadoolas C, Pleasant A, Greer D S. Understanding health litera-
cy: An expanded model［J］. Health Promotion International, 2005, 20
(2): 195-203.

［69］Zarcadoolas C, Pleasant A, Greer D S. Advancing health literacy: A
framework for understanding and action［M］. San Francisco, CA.:
Jossey Bass, 2006.

［70］Kickbusch I, Wait S, Maag D, et al. Navigating health: the role of
health literacy［J］. Alliance for Health and the Future, International
Longevity Centre, UK. ,2006.

［71］Paasche-Orlow M K, Wolf M S. The causal pathways linking health
literacy to health outcomes［J］. American Journal of Health Behavior,
2007, 31(1): 19-26.

［72］Smith B J, Tang K C, Nutbeam D. WHO health promotion glossary:
New terms［J］. Health Promot International,2006,21(4):340-345.

［73］Commission of the European Communities. Together for health: A strategic
approach for the EU 2008-2013［J］. White Paper, 2008(11).

[74] Doney D，Pavlekovic G，Zlatel-krageli L J，et al. Health promotion and disease prevention：A handbook for teachers，researchers，health professionals and decision makers[M]. Skopje-Lage：Hans Jocobs Publishing Company，2007.

[75] Rootman I，Gordon-El-Bihbety D. A vision for a health literate Canada[M]. Ottawa：Canadian Public Health Association，2008.

[76] Mancuso J M. Health literacy：A concept/dimensional analysis[J]. Nursing and Health Sciences，2008，10(3)：248－255.

[77] Australian Bureau of Statistics. Year book Australia：2008[M]. Canberra：Australian Bureau of Statistics，2008.

[78] 中华人民共和国卫生部. 健康 66 条：中国公民健康素养读本[M]. 北京：人民卫生出版社，2008.

[79] Yost K J，Webster K，Baker D W，et al. Bilingual health literacy assessment using the Talking Touchscreen/la Pantalla Parlanchina：Development and pilot testing[J]. Patient Education and Counseling，2009，75(3)：295－301.

[80] Adams R J，Stocks N P，Wilson D H，et al. Health literacy：A new concept for general practice？[J]. Australian Family Physician，2009，38(3)：144－147.

[81] Adkins N R，Corus C. Health literacy for improved health outcomes：Effective capital in the marketplace[J]. The Journal of Consumer Affairs，2009，43(2)：199－222.

[82] Freedman D A，Bess K D，Tucker H A，et al. Public health literacy defined[J]. American Journal of Preventive Medicine，2009，36(5)：446－451.

[83] World Health Organization. Health promotion glossary：Health literacy[R]. Geneva：WHO，2013.

[84] World Health Organization. Health promotion glossary of terms 2021[R]. Geneva，WHO，2021.

［85］ Arriaga M，Francisco R，Nogueira P，et al. Health Literacy in Portugal：Results of the health literacy population survey project 2019 − 2021［J］. International Journal of Environmental Research and Public Health，2022，19(7)：4225.

［86］ Davis T C，Long S W，Jackson R H，et al. Rapid estimate of adult literacy in medicine：A shortened screening instrument［J］. Family Medicine,1993,25(6):391 − 395.

［87］ Haghdoost A A，Rakhshani F，Aarabi M，et al. Iranian Health Literacy Questionnaire(IHLQ)：An instrument for measuring health literacy in Iran［J］. Iranian Red Crescent Medical Journal，2015，17 (6)：e25831.

［88］ Baker D W，Williams M V，Parker R M，et al. Development of a brief test to measure functional health literacy［J］. Patient Education and Counseling,1999,38(1):33 − 42.

［89］ Neill B O，Goncalves D，Ricci-Cabello I，et al. An overview of self-administered health literacy instruments［J］. PLoS One，2014，9 (12)：e109110.

［90］ Sørensen K，Van den Broucke S，Pelikan J M，et al. Measuring health literacy in populations：Illuminating the design and development process of the European Health Literacy Survey Questionnaire(HLS-EU-Q)［J］. BMC Public Health,2013,13(1):948.

［91］ 刘蕤,贺珊. 国外健康素养测评工具系统综述［J］. 现代情报,2020,40 (11):154 − 166.

［92］ Duong T V，Aringazina A，Baisunova G，et al. Measuring health literacy in Asia：Validation of the HLS-EU-Q47 survey tool in six Asian countries［J］. Journal of Epidemiology，2017，27(2)：80 − 86.

［93］ Duong V T，Lin I F，Sørensen K，et al. Health literacy in Taiwan：A population-based study［J］. Asia-Pacific Journal of Public Health，2015，27(8)：871 − 880.

[94] Huang Y J, Chen C T, Lin G H, et al. Evaluating the European health literacy survey questionnaire in patients with stroke: A latent trait analysis using rasch modeling[J]. The Patient-Patient-Centered Outcomes Research,2018,11(1):83 - 96.

[95] Huang Y J, Lin G H, Lu W S, et al. Validation of the European health literacy survey questionnaire in women with breast cancer[J]. Cancer Nursing,2018,41(2): e40 - e48.

[96] Chu-Ko F, Chong M L, Chung C J, et al. Exploring the factors related to adolescent health literacy, health-promoting lifestyle profile, and health status[J]. BMC Public Health,2021,21(1):2196.

[97] Finbråten H S, Pettersen K S, Wilde-Larsson B, et al. Validating the European Health Literacy Survey Questionnaire in people with type 2 diabetes: Latent trait analyses applying multidimensional rasch modelling and confirmatory factor analysis[J]. Journal of Advanced Nursing,2017,73(11):2730 - 2744.

[98] Nakayama K, Osaka W, Togari T, et al. Comprehensive health literacy in Japan is lower than in Europe: A validated Japanese-language assessment of health literacy [J]. BMC Public Health, 2015, 15 (1):505.

[99] Thao N T H, Thanh P H, Tai T P, et al. Reliability and validity of health literacy questionnaire(new vietnamese version of hls-eu-q47) among mothers of children under 3-year at two vaccination centers in hanoi in 2019[J]. Journal of Medical Research,2020,127(e6):3.

[100] Davis T C,Crouch M A,Long S W,et al. Rapid assessment of literacy levels of adult primary care patients[J]. Family Medicine,1991,23 (6):433 - 435.

[101] Davis T C,Long S W,Jackson R H,et al. Rapid estimate of adult literacy in medicine: A shortened screening instrument [J]. Family Medicine,1993,25(6):391 - 395.

[102] Bass P F, Wilson J F, Griffith C H. A shortened instrument for literacy screening [J]. Journal of General Internal Medicine, 2003, 18 (12):1036 - 1038.

[103] Davis T C, Wolf M S, Arnold C L, et al. Development and validation of the Rapid Estimate of Adolescent Literacy in Medicine(REALM-Teen):A tool to screen adolescents for below-grade reading in health care settings[J]. Pediatrics, 2006, 118(6):e1707 - e1714.

[104] Arozullah A M, Yarnold P R, Bennett C L, et al. Development and validation of a short-form, rapid estimate of adult literacy in medicine [J]. Medical Care, 2007, 45(11):1026 - 1033.

[105] Lee S Y D, Bender D E, Ruiz R E, et al. Development of an easy-to-use Spanish health literacy test[J]. Health Services Research, 2006, 41:1392 - 1412.

[106] Rawson K A, Gunstad J, Hughes J, et al. The METER:A brief, self-administered measure of health literacy[J]. Journal of General Internal Medicine, 2010, 25(1):67 - 71.

[107] Lee S Y D, Stucky B D, Lee J Y, et al. Short assessment of health literacy-Spanish and English:A comparable test of health literacy for Spanish and English speakers[J]. Health Services Research, 2010, 45 (4):1105 - 1120.

[108] Weiss B D, Mays M Z, Martz W, et al. Quick assessment of literacy in primary care:The newest vital sign[J]. The Annals of Family Medicine, 2005, 3(6):514 - 522.

[109] Baron-Epel O, Balin L B, Daniely Z, et al. Validation of a hebrew health literacy test[J]. Patient Education and Counseling, 2007, 67 (1/2):235 - 239.

[110] Hanson-Divers E C. Developing a medical achievement reading test to evaluate patient literacy skills:A preliminary study[J]. Journal of Health Care for the Poor and Underserved, 1997, 8(1):56 - 69.

[111] Steckelberg A, Hülfenhaus C, Kasper J, et al. How to measure critical health competences: Development and validation of the Critical Health Competence Test(CHC Test)[J]. Advances in Health Sciences Education,2009,14(1):11-22.

[112] Wallace L S,Rogers E S,Roskos S E,et al. Brief report:Screening items to identify patients with limited health literacy skills[J]. Journal of General Internal Medicine, 2006, 21(8):874-877.

[113] Norman C D,Skinner H A. eHEALS:The eHEALTH literacy scale [J]. Journal of Medical Internet Research,2006,8(4):e27.

[114] Wang J,Thombs B D,Schmid M R. The Swiss health literacy survey:Development and psychometric properties of a multidimensional instrument to assess competencies for health[J]. Health Expectations: An International Journal of Public Participation in Health Care and Health Policy,2014,17(3):396-417.

[115] Chinn D, Mccarthy C. All Aspects of Health Literacy Scale (AAHLS):Developing a tool to measure functional,communicative and critical health literacy in primary healthcare settings[J]. Patient Education and Counseling,2013,90(2):247-253.

[116] Jordan J E,Buchbinder R,Briggs A,et al. The Health Literacy Management Scale(HeLMS):A measure of an individual's capacity to seek,understand and use health information within the healthcare setting[J]. Patient Education and Counseling,2013,91(2):228-235.

[117] Massey P,Prelip M,Calimlim B,et al. Findings toward a multidimensional measure of adolescent health literacy[J]. American Journal of Health Behavior,2013,37(3):342-350.

[118] Pleasant A, Maish C, O'Leary C, et al. A theory-based self-report measure of health literacy:The calgary charter on health literacy Scale[J]. Methodological Innovations,2018,11(3):1-9.

[119] McCormack L,Bann C,Squiers L,et al. Measuring health literacy:A

pilot study of a new skills-based instrument[J]. Journal of Health Communication,2010,15(sup2):51-71.

[120] Bann C M,McCormack L A,Berkman N D,et al. The health literacy skills instrument:A 10-item short form[J]. Journal of Health Communication,2012,17(sup3):191-202.

[121] Finbråten H S,Wilde-Larsson B,Nordström G,et al. Establishing the HLS-Q12 short version of the European Health Literacy Survey Questionnaire:Latent trait analyses applying rasch modelling and confirmatory factor analysis[J]. BMC Health Services Research, 2018,18(1):1-17.

[122] Lorini C,Lastrucci V,Mantwill S,et al. Measuring health literacy in Italy:A validation study of the HLS-EU-Q16 and of the HLS-EU-Q6 in Italian language,conducted in Florence and its surroundings[J]. Annali Dell Istituto Superiore Di Sanita,2019,55(1):10-18.

[123] 黄玉.江苏省高中生健康素养与体质健康的关系研究[D].南京:南京体育学院,2019.

[124] Ormshaw M J, Paakkari L T, Kannas L K. Measuring child and adolescent health literacy:A systematic review of literature[J]. Health Education, 2013(5):433-455.

[125] Bröder J, Okan O, Bauer U, et al. Health literacy in childhood and youth:A systematic review of definitions and models[J]. BMC Public Health, 2017, 17(1): 361.

[126] Hubbard B, Rainey J. Health literacy instruction and evaluation among secondary school students[J]. American Journal of Health Education, 2007, 38(6): 332-337.

[127] Chisolm D J, Buchanan L. Measuring adolescent functional health literacy:A pilot validation of the test of functional health literacy in adults[J]. Journal of Adolescent Health, 2007, 41(3): 312-314.

[128] 李学坤,刁梦萍,刘卉萌,等.江西省中学生健康素养评估量表研制及

应用评价[J].实用临床医学,2021,22(3):84-90.

[129] 余小鸣,郭帅军,王璐,等.高中生健康素养评价问卷的结构框架及信效度分析[J].中国学校卫生,2014,35(5):672-674.

[130] 郭帅军,余小鸣,潘勇平,等.北京市高中生健康素养水平及影响因素分析[J].中国学校卫生,2016,37(10):1480-1482.

[131] 魏保建,黄名,李春玉.青少年健康素养的研究进展[J].中国儿童保健杂志,2016,24(3):264-265.

[132] 赵慧慧,周春兰,谢衍庆,等.广州市3 135名小学生健康素养现状及影响因素分析[J].护理学报,2020,27(17):30-34.

[133] 姐兰画,刘雪婷,李金星,等.2018年乌鲁木齐市第十五小学小学生健康素养现状调查结果分析[J].预防医学情报杂志,2020,36(3):292-296.

[134] 孙慧彦,吕香莲,罗永园,等.海口市中小学生健康知识行为及健康教育需求[J].中国学校卫生,2019,40(11):1727-1730.

[135] 冷艳,魏霞,李凤霞,等.山东省高年级小学生健康素养影响因素分析[J].中国健康教育,2019,35(8):680-684.

[136] 李亚君,范正,孙桐,等.山东省小学生健康素养现状及影响因素分析[J].中国学校卫生,2019,40(3):378-380.

[137] 王翎懿,王宏,程绪婷,等.初中生健康素养量表的编制与信效度分析[J].现代预防医学,2016,43(23):4296-4300.

[138] 杨伟康,薛志强,林丰,等.深圳市龙华新区小学生健康素养现状与影响因素分析[J].中国学校卫生,2015,36(11):1627-1629.

[139] Chang L C,Guo J L,Liao L L,et al. A coalition partnership of vision health through a health-promoting school program for primary school students in Taiwan[J]. Global Health Promotion, 2017, 24(3): 23-31.

[140] Guo S J, Armstrong R, Waters E, et al. Quality of health literacy instruments used in children and adolescents: A systematic review [J]. BMJ Open, 2018, 8(6): e020080.

[141] 李静娟,王艳,谢洪映,等.贵阳市高中生健康素养现状及其影响因素

分析[J].中国学校卫生,2016,37(9):1399-1402.

[142] 周苍海.西藏自治区山南市某中学高中生健康素养现状及其影响因素研究[J].安徽预防医学杂志,2019,25(3):200-202.

[143] 张艳青,张茜,汪洋,等.2019年淄博市部分高中生学习水平与健康素养的关联分析[J].预防医学论坛,2020,26(12):908-911.

[144] 崔子禕,王现,玄泽亮,等.上海市徐汇区高中生健康素养水平及健康相关行为特征[J].上海预防医学,2020,32(6):468-472.

[145] Goto E, Ishikawa H, Okuhara T, et al. Relationship of health literacy with utilization of health-care services in a general Japanese population[J]. Preventive Medicine Reports，2019, 14：100811.

[146] Palumbo R. Examining the impacts of health literacy on healthcare costs. An evidence synthesis[J]. Health Services Management Research，2017,30(4):197-212.

[147] Okan O, Messer M, Levin-Zamir D, et al. Health literacy as a social vaccine in the COVID-19 pandemic[J]. Health Promotion International，2022:197.

[148] Bröder J, Chang P, Kickbusch I, et al. IUHPE position statement on health literacy: A practical vision for a health literate world[J]. Global Health Promotion,2018, 25(4)：79-88.

[149] US Department of Health and Human Services，Office of Disease Prevention and Health Promotion. National action plan to improve health literacy[M]. Washington，DC.：U. S. Department of Health and Human Services，Office of Disease Prevention and Health Promotion，2010.

[150] Sentell T L, Halpin H A. Importance of adult literacy in understanding health disparities[J]. Journal of General Internal Medicine,2006，21(8)：862-866.

[151] Rikard R V, Thompson M S, McKinney J, et al. Examining health literacy disparities in the United States：A third look at the National

Assessment of Adult Literacy（NAAL）［J］. BMC Public Health, 2016, 16(1)：975.

［152］Fleary S A, Ettienne R. Social disparities in health literacy in the U-nited States［J］. Health Literacy Research and Practice, 2019, 3(1)：e47 - e52.

［152］Canadian Council on Learning. Health literacy in Canada：A healthy understanding［R］. Ottawa：Canadian Council on Learning, 2008.

［153］Rootman I, Gordon-El-Bihbety D. A vision for a health literate Canada［R］. Ottawa：Canadian Public Health Association, 2008.

［154］Mitic W, Rootman I. Inter-sectoral approach to improving health literacy for Canadians［R］. Vancouver：Public Health Association of British Columbia, 2012.

［155］Adams R J, Appleton S L, Hill C L, et al. Risks associated with low functional health literacy in an Australian population［J］. The Medical Journal of Australia, 2009, 191(10)：530 - 534.

［156］卫生健康委. 2020 年全国居民健康素养水平升至 23. 15％［EB/OL］. (2021 - 04 - 01)［2022 -07 -20］. http：//www. gov. cn/xinwen/2021 - 04/01/content_5597287. htm.

［157］中华人民共和国中央人民政府. 稳步提升！2021 年我国居民健康素养水平达到 25. 40％［EB/OL］. (2022 - 06 - 08)［2022 - 07 - 20］. http：//www. gov. cn/xinwen/2022 - 06/08/content_5694585. htm.

［158］Paakkari O, Torppa M, Villberg J, et al. Subjective health literacy among school-aged children［J］. Health Education, 2018, 118(2)：182 - 195.

［159］Sukys S, Trinkuniene L, Tilindiene I. Subjective health literacy among school-aged children：First evidence from Lithuania［J］. International Journal of Environmental Research and Public Health, 2019, 16(18)：3397.

［160］Shih S F, Liu C H, Liao L L, et al. Health literacy and the determinants of obesity：A population-based survey of sixth grade school children in Taiwan[J]. BMC Public Health，2016，16：280.

[161] 王娜. 商丘市高中生健康素养现状及影响因素分析[D]. 北京：北京体育大学,2019.

[162] 胡梦君. 高中生健康素养与课外体育锻炼行为及其关系研究：以漳州市芗城区为例[D]. 漳州：闽南师范大学,2022.

[163] 杜国平,张素琴,金丹,等. 江苏籍大一新生 2017—2018 年健康素养现状及影响因素[J]. 中国学校卫生,2021,42(3):459－464.

[164] Paasche-Orlow M K，Parker R M，Gazmararian J A，et al. The prevalence of limited health literacy[J]. Journal of General Internal Medicine，2005，20(2)：175－184.

[165] Beers B B，McDonald V J，Quistberg D A，et al. Disparities in health literacy between African American and non-African American primary care patients[J]. Journal of General Internal Medicine,2003,18(suppl 1)：169.

[166] Hearth-Holmes M，Murphy P W，Davis T C，et al. Literacy in patients with a chronic disease：Systemic lupus erythematosus and the reading level of patient education materials[J]. The Journal of Rheumatology,1997,24(12)：2335－2339.

[167] Moon R Y，Cheng T L，Patel K M，et al. Parental literacy level and understanding of medical information［J］. Pediatrics. 1998，102(2)：e25.

[168] Williams M V，Baker D W，Honig E G，et al. Inadequate literacy is a barrier to asthma knowledge and self-care[J]. Chest,1998,114(4)：1008－1015.

[169] Artinian N T，Lange M P，Templin T N，et al. Functional health literacy in an urban primary care clinic[J]. The Internet Journal of Advanced Nursing Practice,2002,5(2)：1－8.

[170] Schillinger D，Grumbach K，Piette J，et al. Association of health literacy with diabetes outcomes[J]. JAMA,2002,288(4)：475－482.

[171] Williams M V，Baker D W，Parker R M，et al. Relationship of functional health literacy to patients' knowledge of their chronic disease [J]. Archives of Internal Medicine，1998，158(2)：166－172.

[172] Al-Tayyib A A，Rogers S M，Gribble J N，et al. Effect of low medical literacy on health survey measurements[J]. American Journal of Public Health，2002，92(9)：1478－1481.

[173] Arnold C L，Davis T C，Berkel H J，et al. Smoking status，reading level，and knowledge of tobacco effects among low-income pregnant women[J]. Preventive Medicine，2001，32(4)：313－320.

[174] Johnson M E，Fisher D G，Davis D C，et al. Assessing reading level of drug users for HIV and AIDS prevention purposes[J]. AIDS Education and Prevention：Official Publication of the International Society for AIDS Education，1996，8(4)：323－334.

[175] 程丽楠,王亚丽,高明灿,等.吉林省初中生健康素养影响因素分析[J].中国健康教育,2017,33(2):107－110.

[176] 刘丹,李涛.长沙县高中生健康素养调查分析[J].河南预防医学杂志,2019,30(9):652－655.

[177] 胡劲松,朱江,周婧瑜,等.长沙市高中生健康素养现况及其影响因素研究[J].中国健康教育,2016,32(8):750－751.

[178] Schulenkorf T，Sørensen K，Okan O. International understandings of health literacy in childhood and adolescence：a qualitative-explorative analysis of global expert interviews[J]. International Journal of Environmental Research and Public Health，2022，19(3)：1591.

[179] Kickbusch I，Pelikan J M，Apfel F，et al. Health literacy[M]. Copenhagen：WHO Regional Office for Europe，2013.

[180] Visscher B B，Steunenberg B，Heijmans M，et al. Evidence on the effectiveness of health literacy interventions in the EU：A systematic review[J]. BMC Public Health，2018，18(1)：1414.

[181] Sheridan S L，Halpern D J，Viera A J，et al. Interventions for indi-

viduals with low health literacy: A systematic review[J]. Journal of Health Communication,2011,16(sup3):30 – 54.

[182] Inchley J, Currie D, Young T, et al. Growing up unequal: Gender and differences in young people's health and well-being[M]. Copenhagen:The WHO Regional Office for Europe,2016.

[183] Eckman M H, Wise R, Leonard A C, et al. Impact of health literacy on outcomes and effectiveness of an educational intervention in patients with chronic diseases[J]. Patient Education and Counseling, 2012,87(2):143 – 151.

[184] Lewallen T C, Hunt H, Potts-Datema W, et al. The whole school, whole community, whole child model: A new approach for improving educational attainment and healthy development for students [J]. The Journal of School Health,2015, 85(11):729 – 739.

[185] Paakkari L, Inchley J, Schulz A, et al. Addressing health literacy in schools in the WHO European Region[J]. Public Health Panorama 2019(5): 186 – 190.

[186] Paakkari L, Okan O. Health literacy – talking the language of (school) education[J]. Health Literacy Research and Practice,2019, 3(3): e161 – e164.

[187] International Union for Health Promotion and Education. Health promoting schools: An effective approach to early action on noncommunicable disease risk factors[M]. Geneva: World Health Organization, 2017.

[188] Hunt P, Barrios L, Telljohann S K, et al. A whole school approach: Collaborative development of school health policies, processes and practices[J]. The Journal of School Health, 2015, 85(11): 802 – 809.

[189] Peralta L, Rowling L, Samdal O, et al. Conceptualizing a new approach to adolescent health literacy[J]. Health Education Journal,

2017,76(7):787 - 801.

[190] Turner L, Calvert H G. The academic, behavioral, and health influ-ence of summer child nutrition programs: A narrative review and proposed research and policy agenda[J]. Journal of the Academy of Nutrition and Dietetics, 2019, 119(6): 972 - 983.

[191] Colley P, Myer B, Seabrook J, et al. The impact of Canadian school food programs on children's nutrition and health: A systematic re-view[J]. Canadian Journal of Dietetic Practice and Research, 2019, 80(2):79 - 86.

[192] McDaid D. Investing in health literacy: What do we know about the co-benefits to the education sector of actions targeted at children and young people[M]. Copenhagen: European Observatory on Health Systems and Policies, 2016.

[193] 彭林丽,王宏,何芳,等. 重庆初中生健康素养干预效果评价[J]. 中国学校卫生,2018,39(1):26 - 28.

[194] 程巧云,吴宏,郑文峰,等. 健康促进学校模式下的健康素养干预效果评价[J]. 江苏预防医学,2020,31(6):704 - 706.

[195] 何文雅,钟微,罗林峰,等. 广州市小学生健康素养干预效果分析[J]. 中国初级卫生保健,2021,35(8):68 - 70.

[196] 张烯,石劢,刘红双,等. 食育干预对初中学生健康素养的影响[J]. 中国食物与营养,2021,27(1):75 - 81.

[197] 胡玉华. 中小学生群体健康素养的概念、测量及发展策略[J]. 中国教育学刊,2019(6):44 - 50.

[198] 何桂香,周红生,邹宇华. 健康素养及其干预研究进展[J]. 中国预防医学杂志,2013,14(5):388 - 390.

[199] Vamos S, Yeung P. Development of a core online health literacy course in Canada[J]. Pedagogy in Health Promotion, 2017, 3(2):90 - 99.

[200] World Health Organization. The Ottawa charter for health promotion [M]. Geneva:WHO, 1986.

[201] World Health Organization. Shanghai declaration on promoting health in the 2030 agenda for sustainable development[J]. Health Promotion International，2017，32(1)：7 - 8.

[202] Nutbeam D. Health education and health promotion revisited[J]. Health Education Journal，2019，78(6)：705 - 709.

[203] ABC Canada Literacy Foundation. International Adult Literacy and Skills Survey(IALLS)：Report summary[J]. Abc Canada，2005.

[204] Vamos S，Rootman I，Shohet L，et al. Health literacy policies：National examples from Canada[M]//Okan O，Bauer U，Levin-Zamir D，et al. International handbook of health literacy research，practice and policy across the lifespan. Bristol：Bristol Policy Press，2019.

[205] Joint Committee on National Health Education Standards. National health education standards：Achieving excellence [M]. 2nd ed. Washington D C：The American Cancer Society，2007.

[206] US Department of Health and Human Services Office of Minority Health. National standards for Culturally and Linguistically Appropriate Services(CLAS) in health and health care[R/OL]. (2019 - 11 - 03)[2022 - 07 - 20]. https：//thinkculturalhealth. hhs. gov/assets/pdfs/EnhancedNationalCLASStandards. pdf.

[207] German Government. Gesetz zur Stärkung der Gesundheitsförderung und der Prävention(Präventionsgesetz—PrävG)[M]. Bonn：Bundesgesetzblatt Jahrgang，2015.

[208] Schaeffer D，Hurrelmann K，Bauer U，et al. Nationaler Aktionsplan Gesund-heitskompetenz：Die Gesundheitskompetenz in Deutschland Stärken[M]. Berlin：KomPart，2018.

[209] 余小鸣.学生健康素养的提升及对策[J].中国学校卫生，2015，36(7)：965 - 967.

[210] Clarke H H. Academy approves physical fitness definition[J]. Physical Fitness Newsletter，1979，25(9)：1.

[211] Corbin C B,Pangrazi R P,Franks B D. Definitions:Health,fitness, and physical activity[J]. President's Council on Physical Fitness and Sports Research Digest,2000:1 - 9.

[212] Latorre Román P Á,Moreno Del Castillo R,Lucena Zurita M,et al. Physical fitness in preschool children:Association with sex,age and weight status[J]. Child:Care,Health and Development,2017,43(2): 267 - 273.

[213] President's Council on Physical Fitness and Sports. Definitions:health, fitness,and physical activity[S]. Research Digest,2000:1 - 9.

[214] 张兴奇,方征.美国体质概念的嬗变及对我国体质研究的启示[J].体 育文化导刊,2016(10):62 - 67.

[215] 王俊超,解刘鑫.学生体质锻炼行为和自我效能感的关联[J].文体用 品与科技,2019(24):210 - 211.

[216] 陈琦,麦全安.体质健康评价与运动处方[M].北京:高等教育出版 社,2015.

[217] 何仲恺.体质与健康关系的理论与实证研究[D].北京:北京体育大 学,2001.

[218] 郇昌店.我国青少年体质健康政策协同研究[D].上海:上海体育学 院,2016.

[219] 邹志春.上海市青少年体质指标体系的初步建立与应用研究[D].上 海:上海体育学院,2011.

[220] 徐本茹.南京市区中小学生身体活动水平、久坐行为与体质健康的现 状与相关性研究:以南京市区部分中小学生为例[D].南京:南京体育 学院,2022.

[221] 季浏,尹小俭,吴慧攀,等."体教融合"背景下我国儿童青少年体质健 康评价标准的探索性研究[J].体育科学,2021,41(3):42 - 54.

[222] 李冲,史曙生.我国青少年体质健康治理现代化:基本逻辑、现实审思 与未来展望[J].上海体育学院学报,2022,46(6):21 - 30.

[223] 杨漾.上海学龄儿童青少年体质健康指标 LMS 曲线及相关参考标准

的研究[D].上海:上海体育学院,2014.

[224] 邹志春,庄洁,陈佩杰.国外青少年体质与健康促进研究动态[J].中国运动医学杂志,2010,29(4):485-489.

[225] Meredith M D,Welk G J.Fitnessgram and activitygram test administration manual[M].4th ed.Champaign:Human Kinetics,2010.

[226] FitnessGram.How It Started[EB/OL].[2022-04-21].https://fitnessgram.net/about/.

[227] FitnessGram.About FitnessGram[EB/OL].[2022-04-21].https://fitnessgram.net/about/.

[228] FitnessGram.Advisory board[EB/OL].[2022-04-21].https://fitnessgram.net/advisory-board/.

[229] Plowman S A,Sterling CL,Corbin C B,et al.The history of FitnessGram©[J].Journal of Physical Activity and Health,2006,3(S2):5-20.

[230] Welk G J,Janz K F,Laurson K R,et al.Development of criterion-referenced standards for musculoskeletal fitness in youth:Considerations and approaches by the FitnessGram scientific advisory board[J].Measurement in Physical Education and Exercise Science,2022,26(4):276-288.

[231] 高刚.新时期优化青少年学生体质健康评价指标研究:以新疆地区为例[D].上海:华东师范大学,2014.

[232] 张新萍,杨茜.中国学生体能素质持续下降的制度反思[J].武汉体育学院学报,2007,41(11):17-20.

[233] 季成叶,尹小俭.我国乡村学生1985—2005年体格发育增长变化[J].中国学校卫生,2011,32(10):1158-1163.

[234] 郭强,尹小俭,季浏.世界各国儿童青少年腰围分布特征研究[J].中国体育科技,2012,48(5):109-115.

[235] 张洋,何玲.中国青少年体质健康状况动态分析:基于2000—2014年四次国民体质健康监测数据[J].中国青年研究,2016(6):5-12.

[236] 张锐,张弛,吴飞. 1985—2014 年 7 次中国青少年体质健康监测的速度素质研究及长期发展预测[J]. 北京体育大学学报,2019,42(8):16-26.

[237] 张京舒,闫晓晋,胡佩瑾,等. 1985—2014 年中国汉族 13～18 岁学生体质健康达标优良率变化趋势及相关因素分析[J]. 中华预防医学杂志,2020,54(9):981-987.

[238] Lee I M, Shiroma E J, Lobelo F, et al. Effect of physical inactivity on major non-communicable diseases worldwide: An analysis of burden of disease and life expectancy[J]. Lancet,2012,380(9838): 219-229.

[239] 陈华卫,吴雪萍. 病残大学生体质健康知识、体力活动与体育生活方式的相关研究[J]. 中国体育科技,2022,58(3):27-34.

[240] Freitas L K P E, da Cunha Júnior A T, Knackfuss M I, et al. Obesity in adolescents and public policies on nutrition[J]. Ciência & Saúde Coletiva, 2014, 19(6): 1755-1762.

[241] Loos R J F, Yeo G S H. The genetics of obesity: From discovery to biology[J]. Nature Reviews Genetics, 2022, 23(2): 120-133.

[242] Han S, Agostini G, Brewis A A, et al. Avoiding exercise mediates the effects of internalized and experienced weight stigma on physical activity in the years following bariatric surgery[J]. BMC Obesity, 2018,5:18.

[243] Afshin A, Forouzanfar M H, Reitsma M B, et al. Health effects of overweight and obesity in 195 countries over 25 years[J]. The New England Journal of Medicine,2017,377(1):13-27.

[244] Wang Y F, Lim H. The global childhood obesity epidemic and the association between socio-economic status and childhood obesity[J]. International Review of Psychiatry, 2012,24(3):176-188.

[245] Langford R, Bonell C, Jones H, et al. Obesity prevention and the health promoting schools framework: Essential components and barriers to success[J]. The International Journal of Behavioral Nutrition and Physical Activity,2015,12:15.

［246］Kansra A R，Lakkunarajah S，Jay M S. Childhood and adolescent o-
besity：A review［J］. Frontiers in Pediatrics，2020，8：581461.

［247］国务院新闻办. 国务院新闻办就《中国居民营养与慢性病状况报告
（2020 年）》有关情况举行发布会［EB/OL］.（2020－12－24）［2022－
07－10］. http://www. gov. cn/xinwen/2020－12/24/content＿
5572983. htm.

［248］Must A，Spadano J，Coakley E H，et al. The disease burden associated
with overweight and obesity［J］. JAMA，1999，282(16)：1523－1529.

［249］Bhattacharya I，Ghayor C，Pérez Do minguez A，et al. From influen-
za virus to novel corona virus(SARS-CoV－2)：the contribution of
obesity［J］. Frontiers in Endocrinology，2020,11:556962.

［250］Sohn W，Lee H W，Lee S，et al. Obesity and the risk of primary liv-
er cancer：A systematic review and meta-analysis［J］. Clinical and
Molecular Hepatology，2021，27(1)：157－174.

［251］Fontaine K R，Barofsky I. Obesity and health-related quality of life
［J］. Obesity Reviews，2001，2(3)：173－182.

［252］Jia H M，Lubetkin E I. The impact of obesity on health-related qual-
ity-of-life in the general adult US population［J］. Journal of Public
Health，2005，27(2)：156－164.

［253］Dâmaso A R. Etiologia da Obesidade［M］// Dâmaso A R. Obesidade.
Rio de Janeiro：Medsi，2003.

［254］World Health Organization. Obesity：Preventing and managing the
global epidemic［R］. Geneva：WHO,2000.

［255］许慧,梁少慧. 2005—2014 年我国青少年体质健康现状比较分析［J］.
体育科技文献通报,2018,26(1):13－14.

［256］王莉,胡精超.中国省域国民体质健康空间分异格局研究［J］.体育科
学,2021,41(7):52－58.

［257］季钢,王智强,董山山.青少年体质测评与健康生活方式现状调查分析
［J］.中国健康教育,2020,36(2):134－137.

[258] 张磊.社会支持对青少年足球活动参与和体质健康影响的研究[J].首都体育学院学报,2019,31(1):68-74.

[259] 桂祝,孙振波.民族地区青少年体质健康影响因素分析与干预措施:以贵州省为例[J].广州体育学院学报,2018,38(3):6-11.

[260] Mittelmark M B, Wise M, Nam E W, et al. Mapping national capacity to engage in health promotion: Overview of issues and approaches[J]. Health Promotion International, 2006, 21(sup1): 91-98.

[261] 何灿."云端运动会"促学生体质健康水平提升:以江苏省中小学体质健康干预与监测点校首届夏季云端运动会为例[J].中国学校体育,2022,41(3):68-69.

[262] 陈甜,古松.气排球游戏教学对4～6岁幼儿基本动作技能及体质健康水平的影响[J].中国学校卫生,2022,43(11):1720-1724.

[263] 李洁明,刘会平,洪煜,等.身体功能训练和饮食干预对肥胖男大学生功能性动作和体质健康的影响[J].中国学校卫生,2020,41(8):1138-1142.

[264] Woodall J, Cross R, Tones K, et al. Health promotion: Planning & strategies[J]. Health Promotion, 2015: 1-640.

[265] 马德浩.发达国家青少年体质健康协同治理的经验与启示[J].沈阳体育学院学报,2022,41(5):69-75.

[266] 李冲,史曙生.青少年体质健康大数据治理的行动框架与实践路径[J].体育文化导刊,2021(8):67-73.

[267] 时维金,徐士韦.我国青少年体质健康监测法律规制研究[J].体育文化导刊,2020(11):58-63.

[268] 霍鹏宇,史曙生,朱厚伟,等.学生体质健康协同治理的演化博弈及仿真研究[J].广州体育学院学报,2022,42(3):118-128.

[269] 金剑.论新时代学生体质健康多元治理的现代化[J].体育学研究,2021,35(6):46-52.

[270] 彭书芝,柳星月,裴梦云,等.上海市医务人员健康素养现状及其影响因素分析[J].全科护理,2022,20(33):4734-4739.

[271] 答英娟,张婷,徐苗,等.上海市大学生健康素养水平及相关因素分析[J].中国学校卫生,2015,36(10):1543-1545.

[272] 姜林辉,郭锡尧,卢碧燕,等.大学生电子健康素养与体质健康的相关性[J].中国学校卫生,2022,43(7):990-994.

[273] Sharif I, Blank A E. Relationship between child health literacy and body mass index in overweight children[J]. Patient Education and Counseling, 2010, 79(1): 43-48.

[274] 孙洪亮,谢谦梅,胡晓祥.镇江市中学生健康素养与体质健康相关关系研究[J].佳木斯教育学院学报,2014(3):243-244.

[275] Lam L T, Yang L. Is low health literacy associated with overweight and obesity in adolescents: An epidemiology study in a 12-16 years old population, Nanning, China, 2012 [J]. Archives of Public Health, 2014, 72(1): 11.

[276] Chari R, Warsh J, Ketterer T, et al. Association between health literacy and child and adolescent obesity[J]. Patient Education and Counseling, 2014, 94(1): 61-66.

[277] 李小宁,李英华,郭海健.健康素养监测评估技术指南[M].南京:东南大学出版社,2013.

[278] 李英华,毛群安,石琦,等.2012年中国居民健康素养监测结果[J].中国健康教育,2015,31(2):99-103.

[279] 聂雪琼,李英华,李莉.2012年中国居民健康素养监测数据统计分析方法[J].中国健康教育,2014,30(2):178-181.

[280] 中华人民共和国教育部.普通高中体育与健康课程标准:2017年版[M].北京:人民教育出版社,2018.

[281] Skre I, Friborg O, Breivik C, et al. A school intervention for mental health literacy in adolescents: Effects of a non-randomized cluster controlled trial[J]. BMC Public Health, 2013, 13(1): 873.

[282] 冯雅男,李金龙.对体育课和健康教育关系的审视[J].体育学刊,2015,22(2):86-89.

[283] 解超,苏家福,康越鑫,等.体育健康教育与初中生健康素养关系的交叉滞后分析[J].中国学校卫生,2022,43(10):1488-1491.

[284] 吴向宁.学校体育中健康素养教育的失衡与归位[J].湖北师范大学学报(哲学社会科学版),2022,42(5):47-52.

［285］侍崇艳，陈华卫，王正伦，等.美国健身概念体育课程内容、特征及启
　　　　示：以 SPEM 和 SHL 课程为例［J］.教学与管理，2019(27)：95-98.

［286］罗平，张剑.美国青少年健康体适能教育计划开发概况［J］.上海体育
　　　　学院学报，2009，33(1)：86-90.

［287］李涵.健康体适能教育对初中生体质健康影响的研究：以常州市正衡
　　　　中学为例［D］.上海：华东师范大学，2012.

［288］王敏.广东省城乡 13～18 岁青少年体质健康现状比较研究［J］.广州
　　　　体育学院学报，2018，38(4)：105-107.

［289］谭雪庆，余小鸣，宋玉珍，等.3 省市高中生健康素养与吸烟、饮酒行为
　　　　的关联分析［J］.中国健康教育，2017，33(3)：199-202.

［290］国家卫生和计划生育委员会宣传司，中国健康教育中心.2013 年中国
　　　　居民健康素养监测报告［R］.北京，2014.

［291］Okan O，Bauer U，Levin-Zamir D，et al. International handbook of
　　　　health literacy：Research，practice and policy across the lifespan
　　　　［M］. Bristol：Policy Press，2019.

［291］侍崇艳，沈鹤军，张美玲，等.体育专业大学生健康素养：现实逻辑、潜
　　　　在风险与治理策略［J］.南京体育学院学报，2020，19(10)：68-74.

［292］李莉，李英华，聂雪琼，等.2012 年中国居民健康素养影响因素分析
　　　　［J］.中国健康教育，2015，31(2)：104-107.

［293］Martin L T，Ruder T，Escarce J J，et al. Developing predictive mod-
　　　　els of health literacy［J］. Journal of General Internal Medicine，2009，
　　　　24(11)：1211-1216.

［294］Parker R，Kreps G L. Library outreach：Overcoming health literacy
　　　　challenges［J］. Journal of the Medical Library Association，2005，93
　　　　(4 Suppl)：S81-S85.

［295］聂雪琼，李英华，李莉，等.2012—2016 年中国居民基本医疗素养水平
　　　　及其影响因素［J］.中国健康教育，2019，35(7)：579-583.

［296］孙晶晶，张帆，李梦蕾，等.国内外健康信息素养研究进展与趋势［J］.
　　　　医学信息学杂志，2021，42(8)：34-37.

［297］国家卫生计生委疾病预防控制局.中国居民营养与慢性病状况报告.
　　　　2015 年［M］.北京：人民卫生出版社，2016.

［298］McLeroy K R，Bibeau D，Steckler A，et al. An ecological perspective on health promotion programs[J]. Health Education Quarterly, 1988,15(4):351-377.

[299] 韩金勇,何佳莉.大众身体活动促进策略的国际经验与启示:基于社会生态模型分析框架[J].体育与科学,2021,42(6):61-69.

[300] 王志学,刘连发,张勇.我国青少年体育发展的时代特征与治理体系探究[J].体育与科学,2017,38(5):69-75.

[301] Ortega F B, Ruiz J R, Castillo M J, et al. Physical fitness in childhood and adolescence:A powerful marker of health[J]. International Journal of Obesity,2008,32(1):1-11.

[302] Grissom J B. Physical fitness and academic achievement[J]. Journal of Exercise Physiology Online, 2005,8(1):11-25.

[303] Hoeger W W K, Hoeger S A. Lifetime physical fitness and wellness [M]. Stanford:Cengage Learning,2018.

[304] 教育部.中小学生体质健康优良率上升至 33%[EB/OL].(2021-12-22)[2022-07-20]. http://www.moe.gov.cn/fbh/live/2021/53908/mtbd/202112/t20211223_589726.html.

[305] 李迎.青少年体质健康问题的性别差异研究:以上海市杨浦区中小学生为例[D].上海:上海体育学院,2013.

[306] 汪巧琴.北京市海淀区中学生体质健康研究[D].北京:北京体育大学,2008.

[307] 赵娜.四川省中学生体质现状分析:以成都、自贡、达州为例[D].成都:成都体育学院,2015.

[308] 宋逸,罗冬梅,胡佩瑾,等.1985—2014 年中国汉族 13~18 岁中学生体质健康达标优秀率趋势分析[J].北京大学学报(医学版),2020,52(2):317-322.

[309] 韩迪.1985—2010 年我国青少年生长发育变化及健康公平性研究[D].苏州:苏州大学,2014.

[310] 张亚平.中国中小学生体质与健康状况的地域分异规律[D].西安:陕西师范大学,2011.

[311] 马军,蔡赐河,王海俊,等.1985—2010 年中国学生超重与肥胖流行趋势[J].中华预防医学杂志,2012,46(9):776-780.

[312] 王桂桂.北京培黎职业学院学生体质健康状况的研究[D].北京:首都

体育学院,2016.

[313] 李昕容,冯瑶,常洪铭,等.高中生的身体意象与自尊、人际信任的关系[J].中国健康心理学杂志,2022,30(3):413-417.

[314] 鲁天学,李国忠.云南省景颇、基诺等"特有少数民族"中学生体质现状调查[J].楚雄师范学院学报,2020,35(3):144-152.

[315] 梁哲,张羽.中小学生身体形态、心肺功能与学业成绩的关系:基于新旧国家体质健康标准的分析[J].体育与科学,2016,37(5):89-97.

[316] 许慧,梁潇,刘亚旋.1985—2014年河南省7~18岁中小学学生肺活量的动态分析[J].中国健康教育,2019,35(9):798-801.

[317] 刘友红,曹娟,李静,等.银川市2010—2019年7~13岁儿童青少年肺活量变化趋势及影响因素[J].中国学校卫生,2022,43(12):1869-1872.

[318] 许良.全国城乡学生体质20年动态分析[J].体育科技文献通报,2011,19(2):1-4.

[319] 陶芳标.儿童少年卫生学[M].8版.北京:人民卫生出版社,2017.

[320] 何素艳,石岩.我国男生引体向上"零"分探因:基于三角互证的研究策略[J].武汉体育学院学报,2019,53(10):81-87.

[321] 袁圣敏,吴键.中国儿童青少年1985—2010年速度素质发展敏感期变化[J].中国学校卫生,2018,39(2):304-306.

[322] 汪君萍,刘凯文.青少年生长发育的速度素质特征与发展阶段研究[J].广州体育学院学报,2017,37(6):100-104.

[323] 戴炜,席薇,苏媛媛,等.天津市2014年13~22岁学生体质健康达标状况[J].中国学校卫生,2016,37(8):1124-1126.

[324] Cattuzzo M T, Dos Santos Henrique R, Ré A H N, et al. Motor competence and health related physical fitness in youth: A systematic review[J]. Journal of Science and Medicine in Sport, 2016, 19(2): 123-129.

[325] 李琛.浅析柔韧素质训练对青少年足球运动员的影响[J].田径,2021(4):30-32.

[326] 赵雪峰.PNF拉伸法在花球舞蹈啦啦操柔韧素质训练中的运用研究[J].中国学校体育(高等教育),2016,3(12):67-71.

[327] 甄志平,李晗冉,赵宏,等.我国不同地区中考体育的项目设置与评价机制研究[J].中国考试,2021(6):37-45.

［328］成刚,卢嘉琪,陈郑.家庭资本对中学生体质健康的影响研究[J].教育科学研究,2020(11):44-50.

［329］Talebi N, Nikshenas M. Correlation of health literacy with health-related physical fitness in overweight female high school students[J]. Journal of Health Promotion Management,2021,10(4):37-46.

［330］熊晓玲,李春燕,牟彩莹,等.湖北省中学生健康素养现况与体质相关性分析[J].中国地方病防治杂志,2017,32(8):871.

［331］Baker D W, Parker R M, Williams M V, et al. Health literacy and the risk of hospital admission[J]. Journal of General Internal Medicine,1998, 13(12): 791-798.

［332］Howard D H, Gazmararian J, Parker R M. The impact of low health literacy on the medical costs of medicare managed care enrollees[J]. The American Journal of Medicine,2005,118(4): 371-377.

［333］Cho Y I, Lee S Y D, Arozullah A M, et al. Effects of health literacy on health status and health service utilization amongst the elderly [J]. Social Science & Medicine,2008, 66(8): 1809-1816.

［334］Ishikawa H, Yano E. Patient health literacy and participation in the health-care process[J]. Health Expectations,2008, 11(2): 113-122.

［335］Eichler K, Wieser S, Brügger U. The costs of limited health literacy: A systematic review[J]. International Journal of Public Health, 2009, 54(5): 313-324.

［336］Berkman N D, Davis T C, McCormack L. Health literacy: What is it? [J]. Journal of Health Communication,2010, 15(Sup 2): 9-19.

［337］Haun J N, Patel N R, French D D, et al. Association between health literacy and medical care costs in an integrated healthcare system: A regional population based study[J]. BMC Health Services Research,2015, 15: 249.

［338］MacLeod S, Musich S, Gulyas S, et al. The impact of inadequate health literacy on patient satisfaction, healthcare utilization, and expenditures among older adults[J]. Geriatric Nursing,2017, 38(4): 334-341.

［339］Palumbo R. Examining the impacts of health literacy on healthcare costs: An evidence synthesis[J]. Health Services Management Research,2017,30(4):197-212.

[340] Fleary S A, Joseph P, Pappagianopoulos J E. Adolescent health literacy and health behaviors: A systematic review[J]. Journal of Adolescence,2018, 62:116-127.

[341] Röthlin F, Pelikan J, Ganahl K. Die Gesundheitskompetenz von 15-jährigen Jugendlichen in Österreich. Abschlussbericht der österreichischen Gesundheitskompetenz Jugendstudie im Auftrag des Hauptverbands der österreichischen Sozialversicherungsträger (HVSV)[R]. Wien:Ludwig Boltzmann Institut Health Promotion Research(LBIHPR),2013.

[342] 刘达.高校医学生健康素养水平影响因素及干预评价[J].中国卫生标准管理,2021,12(17):6-8.

[343] 吴凡.协同治理视角下的中国-东盟跨境区域合作研究[J].社会科学家,2015(7):45-48.

[344] 陆东东,王帅,卢茂春,等.多元共治:体育健康促进治理现代化的路径选择[J].体育与科学,2021,42(6):70-77.

[345] 赵富学.抗击疫情背景下体育教师健康教学素养的失衡特征因析及复位思考[J].北京体育大学学报,2020,43(3):149-156.

[346] 徐叶彤,芦平生.多中心治理理论视角下我国农村体育公共服务社会化供给探析[J].北京体育大学学报,2015,38(4):6-11.

编号：

姓名：

全国居民健康素养监测调查问卷

亲爱的同学：

你好！为了解全国中学生的健康素养水平，我们在全国中学生中进行抽样调查，很高兴邀请你作为学生代表参与本次调查。本调查不是考试，并对于你的信息绝对保密，不会给你的生活造成任何影响。你的数据对于我们课题研究及未来政策的提出非常重要，请你务必提供真实的想法。多谢你的支持与合作！

基本信息（请在横线上填写相关内容或选择与实际相吻合的选项数字）：

1. 你的性别：_____　　① 男　　② 女

2. 你的民族：_____　　① 汉族　　② 回族　　③ 苗族　　④ 维吾尔族
　　⑤ 满族　　⑥ 壮族　　⑦ 其他_____

3. 你的年龄（周岁）是_____岁

4. 你所在的省份及市、区：_____省_____市_____区

5. 你所在的学校的名称：_____

6. 你所在的学校的所属区域：_____① 城市　　② 镇、乡、村

7. 你所在的学校的重点情况：_____① 重点　　② 一般

8. 你所在的年级：_____① 初一　　② 初二　　③ 初三　　④ 高一
　　⑤ 高二　　⑥ 高三

9. 你的家庭人口数_____人

10. 你父亲的学历：_____① 大专以下　　② 大专　　③ 本科
　　④ 硕士研究生及以上

11. 你母亲的学历：_____ ① 大专以下　　② 大专　　③ 本科

　　④ 硕士研究生及以上

12. 你的家庭年收入情况：_____ ① 1 万元以下　　② 1 万～2.5 万元

　　③ 2.5 万～5 万元　　④ 5 万～8 万元　　⑤ 8 万～10 万元

　　⑥ 10 万元以上

一、判断题(请在你认为正确的题目后的括号内打"√"，错误的打"×")

A01. 预防流感最好的办法是服用抗生素(消炎药)。　　　　　(　)

A02. 保健食品不是药品，也不能代替药品治病。　　　　　(　)

A03. 输液(打吊针)疗效好、作用快，所以有病后要首先选择输液。(　)

A04. 水果和蔬菜的营养成分相近，可以用吃水果代替吃蔬菜。(　)

A05. 正常人的体温在一天内可以上下波动，但是波动范围一般不会超过 1 ℃。

　　　　　　　　　　　　　　　　　　　　　　　　　(　)

A06. 儿童、青少年也可能发生抑郁症。　　　　　　　　　(　)

A07. 居民可以到社区卫生服务中心(站)和乡镇卫生院(村卫生室)免费获

得健康知识。　　　　　　　　　　　　　　　　　　　(　)

A08. "久病成良医"，慢性病患者可以根据自己的感受调整治疗方案。

　　　　　　　　　　　　　　　　　　　　　　　　　(　)

A09. 健康体检发现的问题和疾病，如没有症状，可暂时不采取措施。

　　　　　　　　　　　　　　　　　　　　　　　　　(　)

二、单选题(每题后面给出的 4 个选项中，只有 1 个正确答案，请在相应选项
序号上打"√"，如果不知道，请选择④)

B01. 关于健康的概念，描述完整的是：

　　① 健康就是体格强壮，没有疾病

　　② 健康就是心理素质好，体格强壮

　　③ 健康不仅是没有疾病，而是身体、心理和社会适应的完好状态

　　④ 不知道

B02. 乙肝可以通过以下哪些方式传染给他人？

　　① 与病人或感染者一起工作、吃饭、游泳

　　② 可以通过性行为、输血、母婴传播

　　③ 同病人或感染者说话、握手、拥抱

　　④ 不知道

B03. 关于自测血压的说法,错误的是:
　　① 自测血压对高血压诊断有参考价值
　　② 高血压患者定期自测血压,可为医生制定治疗方案和评价治疗效果
　　　提供依据
　　③ 高血压患者只要自测血压稳定,就可以不用定期到门诊进行随访治疗了
　　④ 不知道

B04. 关于吸烟危害的说法,哪个是错误的?
　　① 烟草依赖是一种慢性成瘾性疾病
　　② 吸烟可以导致多种慢性病
　　③ 低焦油卷烟危害比普通卷烟小
　　④ 不知道

B05. 下列哪项不是癌症早期危险信号?
　　① 身体出现异常肿块　　　　　　② 不明原因便血
　　③ 体重增加　　　　　　　　　　④ 不知道

B06. 发生煤气中毒后,救护者首先应该怎样处理煤气中毒的人?
　　① 给病人喝水　　　　　　　　　② 将病人移到通风处
　　③ 拨打120,送医院治疗　　　　　④ 不知道

B07. 对肺结核病人的治疗,以下说法正确的是:
　　① 没有优惠政策　　　　　　　　② 国家免费提供抗结核药物
　　③ 住院免费　　　　　　　　　　④ 不知道

B08. 从事有毒有害作业时,工作人员应该:
　　① 穿工作服　　　　　　　　　　② 戴安全帽
　　③ 使用个人职业病防护用品　　　④ 不知道

B09. 缺碘最主要的危害是:
　　① 患上"非典"　　　　　　　　② 影响智力和生长发育
　　③ 引起高血压　　　　　　　　　④ 不知道

B10. 剧烈活动时,会因大量出汗而丢失体内水分。在这种情况下,最好
　　补充:
　　① 白开水　　　　② 含糖饮料　　　③ 淡盐水　　　　④ 不知道

B11. 关于国家基本公共卫生服务的理解,错误的是:
　　① 主要在大医院开展　　　　　　② 在基层医疗卫生机构开展
　　③ 老百姓可免费享受　　　　　　④ 不知道

B12. 下列哪种情况下，应暂缓给幼儿打疫苗：

    ① 哭闹时   ② 感冒发烧时

    ③ 饭后半小时内   ④ 不知道

B13. 出现发热症状，正确做法是：

    ① 及时找医生看病

    ② 根据以往经验，自行服用退烧药

    ③ 观察观察再说

    ④ 不知道

B14. 当患者依照医生的治疗方案服药后出现了不良反应，正确的做法是：

    ① 自行停药   ② 找医生处理   ③ 继续服药   ④ 不知道

B15. 要想了解某个医疗机构是否合法，可以通过以下哪种方法判断？

    ① 根据医院规模判断

    ② 咨询当地卫生局，或到卫生局网站上查询

    ③ 根据医疗设施条件判断

    ④ 不知道

B16. 某地发生烈性传染病，以下做法正确的是：

    ① 这个病与我无关，不必理会

    ② 如果我是当地人，就会关注疫情

    ③ 不管是不是当地人，都需关注疫情变化

    ④ 不知道

B17. 警示图 表示：

    ① 该场所易发生火灾

    ② 该场所某区域存在易爆物

    ③ 该物品具有毒性或该场所存在有毒物品

    ④ 不知道

B18. 全国统一的免费卫生热线电话号码是：

    ① 12302   ② 120   ③ 12320   ④ 不知道

B19. 以下关于就医的说法，错误的是：

    ① 尽可能详细地向医生讲述病情

    ② 如果有以往的病历、检查结果等，就医时最好携带

③ 为了让医生重视,可以把病情说得严重些

④ 不知道

B20. 某药品标签上印有"OTC"标识,则该药品为:

① 处方药,必须由医生开处方才能购买

② 非处方药,不用医生开处方就可以购买

③ 保健品

④ 不知道

B21. 关于开窗通风,以下说法错误的是:

① 冬天要少开窗或不开窗,避免感冒

② 开窗通风可以稀释室内空气中的细菌和病毒

③ 开窗通风可以使阳光进入室内,杀灭多种细菌和病毒

④ 不知道

B22. 用玻璃体温计测体温时,正确的读数方法是:

① 手持体温计水银端水平读取　　② 手持体温计玻璃端竖直读取

③ 手持体温计玻璃端水平读取　　④ 不知道

B23. 成年人的正常脉搏次数是:

① 30～50 次/min　　　　　　② 60～100 次/min

③ 100～120 次/min　　　　　④ 不知道

B24. 妇女从怀孕到分娩,至少要进行几次孕期检查?

① 3次　　　　　② 5次　　　　③ 7次　　　　　④ 不知道

B25. 皮肤轻微烫伤出现水泡,以下做法正确的是:

① 挑破水泡,这样恢复得快

② 水泡小不用挑破,水泡大就要挑破

③ 不要挑破水泡,以免感染

④ 不知道

B26. 发生火灾时,正确的逃生方法是:

① 用双手抱住头或用衣服包住头,冲出火场

② 向头上和身上淋水,或用浇湿的毛毯包裹身体,冲出火场

③ 边用衣服扑打火焰,边向火场外撤离

④ 不知道

三、多选题(每题有 2 个或 2 个以上正确选项,请在相应选项序号上打"√", 如果不知道,请选择⑤)

C01. 关于促进心理健康的方法,以下说法正确的是:

　　① 生活态度要乐观

　　② 把目标定格在自己能力所及的范围内

　　③ 建立良好的人际关系,积极参加社会活动

　　④ 通过吸烟、喝酒排解忧愁

　　⑤ 不知道

C02. 以下关于就医的说法,正确的是:

　　① 不是所有的病都能够治愈

　　② 只要进了医院,病就会好转

　　③ 医院就是治病的地方,治不好病就是医院的责任

　　④ 生老病死是客观规律,需要理性看待诊疗结果

　　⑤ 不知道

C03. 关于肝脏的描述,以下说法正确的是:

　　① 能分泌胆汁　　　　　　　② 有解毒功能

　　③ 是人体重要的消化器官　　④ 肝脏有左右两个

　　⑤ 不知道

C04. 孩子出现发热、皮疹等症状,家长应该:

　　① 及时带孩子去医院就诊　　② 让孩子暂停去幼儿园

　　③ 及时通知孩子所在幼儿园的老师　④ 可以让孩子照常去幼儿园

　　⑤ 不知道

C05. 下面的说法,正确的有:

　　① 老年人治疗骨质疏松,为时已晚

　　② 骨质疏松是人衰老的正常生理现象

　　③ 中老年人饮奶可以减少骨质丢失

　　④ 多运动可以预防骨质疏松

　　⑤ 不知道

C06. 选购包装食品时,应关注包装袋上的哪些信息?

　　① 生产日期　　② 保质期　　③ 营养成分表　　④ 生产厂家

　　⑤ 不知道

C07. 发现病死禽畜，应做到：

① 不宰杀，不加工　　　② 不出售，不运输

③ 不食用　　　　　　　④ 煮熟煮透可以吃

⑤ 不知道

C08. 遇到呼吸、心跳骤停（心搏骤停）的伤病员，应采取哪些措施？

① 人工呼吸　　　　　　② 胸外心脏按压

③ 拨打急救电话　　　　④ 给予高血压治疗药物

⑤ 不知道

C09. 吃豆腐、豆浆等大豆制品的好处有：

① 对身体健康有好处

② 对心血管病患者有好处

③ 增加优质蛋白质的摄入量

④ 防止过多消费肉类带来的不利影响

⑤ 不知道

C10. 运动对健康的好处包括：

① 保持合适的体重　　　② 预防慢性病

③ 减轻心理压力　　　　④ 改善睡眠

⑤ 不知道

C11. 某报纸上说，任何糖尿病患者通过服用某降糖产品，都可以完全康复。看到这条信息后，以下哪些描述是正确的？

① 这条消息不可信

② 这消息真好，赶紧去告诉患糖尿病的朋友

③ 向社区医生咨询、核实

④ 赶紧去购买

⑤ 不知道

C12. 咳嗽、打喷嚏时，正确的处理方法是：

① 用手直接捂住口鼻　　② 用手帕或纸巾捂住口鼻

③ 用胳膊肘弯处捂住口鼻　④ 不用捂住口鼻

⑤ 不知道

C13. 以下关于住院时间的说法，正确的是：

① 住院时间越长，治疗效果越好

② 治疗效果与住院时间长短没有必然的联系

③ 住院时间长短依病情而定

④ 住院时间过短是医生不负责任的表现

⑤ 不知道

C14. 以下关于就医的说法,正确的是:

① 一生病就应该去大医院

② 应尽量选择附近的社区医院诊疗,必要时再去大医院

③ 后期康复治疗时,应回到社区医院进行

④ 后期康复治疗时,应该去大医院

⑤ 不知道

C15. 母乳喂养对婴儿的好处有:

① 母乳喂养可以使婴儿少生病

② 母乳是婴儿最好的天然食品

③ 婴儿配方奶粉比母乳营养更丰富

④ 母乳喂养有利于婴儿的心理发育

⑤ 不知道

C16. 保管农药时,应注意:

① 农药应保管在固定、安全的地方

② 农药不能与食品放在一起

③ 如果手上不小心沾染了农药,只要皮肤没有破损,就不用冲洗

④ 农药要放在小孩接触不到的地方

⑤ 不知道

C17. 在户外,出现雷电天气时,以下做法正确的是:

① 躲在大树下　　　　　　② 远离高压线

③ 避免打手机　　　　　　④ 站在高处

⑤ 不知道

四、情景题(请先阅读材料,然后回答相关问题。单选题只有1个正确答案,多选题有2个或2个以上正确答案,请在相应选项序号上打"√"。如果不知道,单选题请选择④,多选题请选择⑤)

BMI,即体重指数,是目前国际上常用的衡量人体胖瘦程度以及是否健康的一个标准。具体计算方法是以体重(kg)除以身高(m)的平方,即BMI=

体重/身高^2（kg/m^2）。对于中国成年人，BMI＜18.5 为体重过低，18.5≤BMI＜24 为体重正常，24≤BMI＜28 则为超重，BMI≥28 为肥胖。

D01. 李先生，45 岁，身高 1.70 m，体重 80 kg，他的 BMI 该怎样计算？（单选题）

① $(80)^2/170=37.6$　　　　　　② $80/(1.7)^2=27.7$

③ $160/(1.7)^2=55.4$　　　　　　④ 不知道

D02. 参照中国成年人体重指数的标准，李先生属于：（单选题）

① 肥胖　　　② 体重正常　　　③ 超重　　　④ 不知道

D03. 李先生要控制体重，可以采取以下哪些方式？（多选题）

① 不吃主食　　　　　　　② 每天运动至少半小时

③ 减少油脂摄入　　　　　④ 只吃蔬菜水果

⑤ 不知道

D04. 李先生容易患以下哪种疾病？（单选题）

① 高血压　　　② 骨质疏松　　　③ 胃溃疡　　　④ 不知道

五、慢性病情况

E01. 你现在是否患有以下慢性病？（可多选）

① 没有患慢性病→跳至 E03

② 高血压　　③ 心脏病　　④ 脑血管疾病（如中风、脑梗死、脑血栓等）

⑤ 糖尿病　　⑥ 恶性肿瘤　⑦ 其他

B02. 你第一次被确诊患慢性病，到现在有_____年。（不足 1 年填"半年"）

E03. 在过去一年里，你认为自己的健康状况：

① 好　　② 比较好　　③ 一般　　④ 比较差　　⑤ 差

附录二

体质健康指标的选择与测量方法

依据《国家体质健康测试标准(2014 年修订)》文件中规定的中小学生体质测试的内容和方法,本研究的体质指标选择主要包括身体形态、身体机能、身体素质三类指标,具体指标和测量方法如下:

(1)身体形态

身高:采用机械式身高计,受试者赤足,背向立柱站立在身高计的底板上,躯干自然挺直,头部正直,两眼平视前方。记录数据以 m 为单位,精确到小数点后一位。

体重:采用电子体重计,受试者穿短衣裤,赤足自然站立在体重计踏板的中央,保持身体平稳。记录数据以千克(kg)为单位,精确到小数点后一位。

身体质量指数 BMI 计算公式:BMI=体重(kg)÷身高(m)的平方。

(2)身体机能

肺活量:准备时深呼吸,测试时单手握手柄检查吹嘴的位置,然后微弯腰吐气,紧接着立刻抬头挺胸,张大嘴巴用力吸气,嘴正对吹嘴,双手握紧柄把适当用力抵住嘴,不漏气,匀速有力地将气体吹出,吹到最后身体逐渐前倾,甚至成半蹲,测量两次,以较好的一次成绩为最后成绩。

(3)身体素质

50 m 跑:测试者按照顺序四人一组在起点准备,听到老师发出“预备”、哨响的指令后开始起跑,老师开始计时。要求站立起跑,禁止抢跑,中间不能乱道,冲过终点线。身体到达终点线的垂直面时结束计时,测试结束。

800 m 跑(女生):测试者按照顺序 12 到 16 人一组在起点准备,听到老师发出“预备”、哨响的指令后开始起跑,老师开始计时。要求站立起跑,禁止抢跑,跑出 20 m 后可以抢道。400 m 标准跑道共两圈,第一圈结束时老师摇铃提醒,完成两圈冲过终点线。身体到达终点线的垂直面时结束计时,测试结束。

1 000 m 跑（男生）：测试者按照顺序 12 到 16 人一组在起点准备，听到老师发出"预备"、哨响的指令后开始起跑，老师开始计时。要求站立起跑，禁止抢跑，跑出 20 m 后可以抢道。400 m 标准跑道共两圈半，第一圈结束时老师摇铃提醒，完成两圈半冲过终点线。身体到达终点线的垂直面时结束计时，测试结束。

1 min 仰卧起坐（女生）：测试者两人一组，一人测试，一人帮她压住腿，老师吹哨计时开始，测试者开始做仰卧起坐，要求双膝蜷缩成 90 度左右，后背紧贴地面，腹部开始发力，让头和上半身慢慢离开地面之后，上半身向膝盖处靠拢，慢慢使用腰部力量，再将上半身恢复到平躺的状态。1 min 到时老师再次吹哨，两人交换。两组结束，登记成绩。

引体向上（男生）：受试者面向单杠，自然站立；然后向后摆动双臂，跳起，双手分开与肩同宽，正握杠，身体呈直臂悬垂姿势。待身体停止晃动后，两臂同时用力，向上引体（身体不能有任何附加动作）；当下颌超过横杠上缘时，还原，呈直臂悬垂姿势，为完成 1 次。测试人员记录受试者完成的次数。以次为单位。

立定跳远：测量者两脚自然分开站立，站在起跳线后，脚尖不得抵线，两脚原地起跳，不得有垫步连跳动作。丈量起跳线至最近着陆点的距离，每人跳三次，记录其中成绩最好的一次，以米（m）为单位，保留两位小数。

坐位体前屈：参与测试者提前做拉伸运动热身，防止拉伤。测试时应两腿伸直，坐在测试区，两脚平蹬测试板，双脚距离 10 到 15 cm。上体前屈，双臂伸直，用两手中指逐渐推动游标，直到不能推动为止。不可突然发力推动游标。记录以厘米（cm）为单位，保留一位小数，测试两次取最好成绩。